ANTON STYGER

Erlebnisse mit den Zwischenwelten

Erwachen

Band 3

Styger-Verlag

Die Gebete aus diesem Buch ersetzen nicht die Betreuung durch einen Arzt, Heilpraktiker oder Psychotherapeuten, wenn der Verdacht auf eine ernsthafte Gesundheitsstörung besteht. Die Informationen aus diesem Buch sind nach bestem Wissen und Gewissen dargestellt. Der Autor und der Verlag übernehmen keinerlei Haftung für Schäden irgendwelcher Art, die direkt oder indirekt aus den Anwendungen der Gebete heraus entstehen könnten.

Styger-Verlag, Im Böschi 1, CH-6315 Oberägeri, www.styger-verlag.ch
www.antonstyger.ch **und** www.geobiologie.ch
Mail: anton-styger@geobiologie.ch **und** anton@styger-verlag.ch
Deutsche Erstausgabe: Schweiz März 2011

Texterfassung und Überarbeitung:
Spirituelle Wegbegleiterin Antonie Anderle
Mail: anderle@seelencoach.com
www.seelencoach.com

1. Lektorat: Bernadette Wagenseil, bernadette.wagenseil@t-online.de
2. Lektorat: Mimmo Dutli

Titelfoto: IN SPIRES, Art Photo&Creative Consulting, www.inspires.ch

Buchlayout und Schutzumschlaggestaltung:
Mimmo Dutli, CH-8002 Zürich, www.holisticharmony.ch

Druck: Finidr s.r.o., Ceský Tèšín, Tschechische Republik

ISBN: 978-3-9523755-0-1

Inhaltsverzeichnis

Teil 2

Vorwort

Schon wieder ist ein Jahr vergangen, ja verflogen, seit dem Schreiben des letzten Vorwortes für Band 2. Es freut mich, dass Sie, liebe Leserin, lieber Leser nun den 3. Band in Händen halten und damit standhaft Interesse am Entdecken von Neuem, Unbekannten bekunden. Viel ist passiert und abgelaufen in dieser Zeit. Noch immer läuten die Telefone ununterbrochen. Für meine Freunde ist es unmöglich geworden mich zu erreichen. Einige haben schon das Gefühl, ich wolle nichts mehr von ihnen wissen. Das ist absolut nicht so. Am schnellsten erreicht man mich über einen einfachen Brief mit dem Satz: *„Bitte rufe mich zurück.“* Die Hilfegesuche haben zwar überhand genommen, sie sind andererseits aber auch eine grosse Motivation, mein Wissen weiterzugeben. So freue ich mich jedes Mal über die Zuschriften von Menschen, die sich dafür bedanken, dass sich bei ihnen durch die Gebete eine positive Veränderung eingestellt hat. Gleichzeitig sind sie dann aber darauf gekommen, dass ihr Sohn, ihre Tochter, ihr Bruder und, und, und ein noch viel grösseres Problem hätten. So wächst mein Pendenzenberg von unerledigten Arbeiten stündlich.

Nach dem Erscheinen von Band 2 gab es eine Welle von verängstigten Anrufern, die in die fernen Welten mitreisen wollten, wenn es denn soweit sei. Wir haben deren Adressen in einem Ordner gesammelt und hoffen, dass wir nie in diese Lage kommen werden. Trotzdem habe ich vernommen, dass ein tibetanischer Klostervorsteher zur gleichen Zeit in der Pfingstnacht auf den Montag dieselbe Vision von der Reinigung der Erde gehabt hatte. Auch sandte mir jemand nach dem Erscheinen des Band 2 ein kleines Büchlein zu, mit dem Titel 'Jesus spricht', geschrieben von einer Frau, die Durchsagen von Jesus erhält. Darin findet sich eine halbe Seite, die auch in dieser Nacht durchgegeben wurde und von der Reinigung der Erde handelt und zwar ganz klar und heftig.

Ich möchte jedoch denjenigen, die besorgt sind, ans Herz legen: Haben Sie keine Angst. Wir alle sind unsterblich und unzerstörbar. Wir müssen jedoch darum besorgt sein, uns zu reinigen und von alten Untugenden und Leiden zu befreien und beginnen, uns zu lieben und zu akzeptieren und für das Geschenk des Lebens und unseres Körpers zu danken. Unsere Seele wusste, was für Aufgaben auf sie zukommen würden und hatte *„ja“* gesagt. Also haben Sie Vertrauen zu sich und in das Leben, aber vor allem zum Göttlichen, das immer in Ihnen lebt und ist.

Es gibt heute im grossen Angebot der Esoterik-Branche richtige Industriezweige, die den Menschen Sand in die Augen streuen. Einige meinen, in Asien sei das Seelenheil zu finden. Aber auch dort gibt es unzählige Richtungen und Strömungen, zu denen sich die Leute hingezogen fühlen. Viele, die sich von unseren westlichen, christlichen Werten angewidert fühlen, suchen das Heil in östlichen Weisheiten oder Teilwahrheiten. Ich nehme an, dass niemand auf dieser Welt die absolute Wahrheit und Weisheit gepachtet hat oder mitbringt, wenn doch, dann sicher nicht, um diese zu vermarkten. Von vielen leidgeplagten Menschen hört man, dass sie bei diesem oder jenem Medium waren und dort schon fünfhundert bis tausend Euro abladen mussten, bevor sie überhaupt eingelassen wurden. Auch bei Autoren/innen, die schreiben *„ich bin das Heil“* oder *„ich bin hellsichtig“* sollte man aufpassen. Vor allem, wenn sie den Menschen vorgaukeln, um sie herum sei alles nur in Farbe, meist rosarot, diese sich aber selbst nicht gut fühlen. Wenn also Pseudo-Heiler nicht wirklich sehen können, so sollte auch niemand zu ihnen hingehen. Aber eben, was macht man nicht alles, wenn man in Not ist?

Bei Menschen, die Hilfe brauchen, ist fast immer eine fremde Energie dran, die man zuerst lösen muss. Warum dies die anderen nicht bemerkten, erstaunt mich heute nicht mehr. Ich nehme an, dass sie selber von der Dunkelheit stark belastet sind und durch diese geführt und verführt werden. Viele Anzeichen, wie die Sucht nach Materiellem oder die Mediengeilheit sprechen dafür.

Ja, liebe Leserin, lieber Leser, für unser Leben ist *arbeiten* angesagt. Niemand kann Ihnen Ihre Probleme einfach lösen. Wir haben uns dafür entschieden, uns zu verändern und die alten Fesseln abzulegen. Aber von alleine passiert überhaupt nichts. Wenn jemand behauptet, Sie oder Ihr müsstet nichts dazu tun, die Engel oder das Licht oder vielleicht die erhöhte Schwingung der Erde würden es richten, so passt auf, Ihr werdet angelogen.

Auf dieser Ebene, in der wir jetzt sind, herrscht der freie Wille, geistig und seelisch. Niemand aus höheren Geistebenen darf etwas an uns verändern, ohne dass wir dies wollen und ausdrücklich verlangen. Leider, und ohne uns zu fragen, tun dies aber die niederen Geistwesen und Formen. Achtsamkeit ist deshalb angesagt, vor allem gegenüber von Menschen, die gut 'verkleidet' daherkommen. Speziell vor solchen, die auf schamanische Rituale, asiatische Zeichen und Hieroglyphen schwören oder ihre Therapie auf Pentagrammen gründen, sollten wir uns hüten. Aber auch vor Menschen, die das höchste, universelle Wissen und Schaffen nur in den Edelkristallen der Erde vermuten, sollte man sich in Acht nehmen. Es wird verbreitet, dass sich das Göttliche Wissen in solchen Steinen manifestiert und nur in denen gespeichert sei. Zuerst muss man an Seminaren solche Glaspyramiden und -platten kaufen, erst dann soll sich, nach Angaben der Verkäufer, der menschliche Geist entwickeln und befreien. Als Ausgleich sollte man solche Schlangenfänger dafür einsperren. Aber wo Menschen sind, gibt es auch solche, die versuchen Sie zu betrügen.

Ich rate Ihnen, hören Sie auf Ihr Herz und Ihre Seele und auf Ihren gesunden Menschenverstand! Seien Sie kritisch, stehen Sie mit beiden Beinen auf dem Boden. Es ist womöglich besser, ein kritischer Mensch zu sein, als einer, der immer alles glaubt, ohne auf sein Herz und seine Seele zu hören und deshalb in Teufels Küche gerät. Denn die Mitarbeiter dieser Küche lassen niemanden mehr so schnell entweichen.

Liebe Leserin, lieber Leser glauben Sie nicht, dass ich eine Freude an der Dunkelheit oder am Bösen hätte. Gerne würde ich alles um mich durch eine rosarote Brille anschauen. Doch es nützt nichts, ich muss zu mir und meinen Fehlern stehen, auch wenn ich nichts mehr davon weiss, denn sie wirken immer noch in diesem Leben. Viele, die zu beten begannen, merkten, dass sich bei ihnen ein Widerstand aufbaute. Sie sagten mir, dass es ihnen vorher besser oder leichter gegangen sei. Bald hatten sie genug von diesen Störungen und hörten wieder auf damit. Sie merkten nun selber, dass in ihnen die negative Energie begann, Befehle zu erteilen oder sie von Tätigkeiten abhielt. Weil wir in der Dualität leben, um uns zu erfahren, tragen wir das Licht, aber auch die Dunkelheit, in uns. Da ist nun jeder selber gefordert sich zu entscheiden, entweder dem Licht oder der Dunkelheit zu dienen.

Dies gelingt uns nicht so leicht, weil das Dunkle alle unsere Geheimnisse kennt, auch aus früheren Leben. Das Unlicht hat sozusagen einen Heimvorteil. Wir müssen lernen, dass verschiedene Gedanken und Wünsche gegen unseren Körper aus den dunklen Ebenen stammen. Viele dieser Muster haben wir als Druckmittel und absolute Dogmen erfahren und sie sind tief in uns verankert. Sie wurden uns von bösartigen, körperfeindlichen Menschen eingepeitscht und sie sind uns erhalten geblieben.

Natürlich ist ein zügel- oder gefühlloses Leben auf der Körperebene absolut zerstörerisch. Nicht das schlechte Gewissen schafft ein Karma-Elemental, sondern, ob etwas mir oder jemand anderem schadet. Bei vielen Leidenden muss man zuerst ihre selbsterschaffenen Leiden gegenüber dem Körper sowie die Verfluchungen und Verwünschungen im Unterbewusstsein lösen, bevor die hohen Geistwesen und Engel eingreifen und helfen dürfen. Manche beklagen sich, dass die Gebete *„nichts bewirken“*, doch sie beachten nicht, dass sie selber negative Befehle zum Körper gesandt haben. Hier ist die Eigenverantwortung gefragt und gefordert. Diese Leute glauben auch, dass ihnen ein anderer einfach alles ablösen oder sie sogar gesund machen könne. So geht das leider nicht, Sie müssen schon selber etwas dazu tun.

Jeder merkt nun, dass sich so viel verändert und irgendwie schneller geht. Die Menschen sind beunruhigt und glauben, dass sich etwas ändern müsse und es wird sich auch relativ schnell so einiges anders zeigen. Für die materiell Denkenden wird es eine riesige Herausforderung, wenn es evt. unser geliebtes Geld nicht mehr gibt und das womöglich gleichzeitig auf der ganzen Welt. Jeder ist gut beraten, wenn er versucht, auf der Gefühlsebene mit der Natur und Umwelt Kontakt aufzunehmen, speziell mit der Tier- und Pflanzenwelt. Sonst könnte es passieren, dass nach grossen Veränderungen der menschliche Körper die Schwingungen der Natur nicht mehr versteht. Das heisst, dass viele vor dem gefüllten Teller verhungern würden. Bei der Schwingungserhöhung ist das Bindeglied die Liebe zu allem, was der Schöpfergott uns gibt. Ohne diese Verbindung wird es zu schwer werden, hier leben zu müssen.

Ich glaube fest daran, dass die Menschheit schnell lernt und sich den Situationen der neuen Zeit gut anpassen wird.

AUF DASS DIE NEUE ZEIT EINE LICHTVOLLE WIRD.

Anton Styger
2011

Teil 1

1 Grosser und kleiner Spuk an und in Häusern

1.1 Verschmutztes Bett

Ein seltsames Telefonat erreichte mich an einem späten Abend. Es war eine Frau aus dem Vorarlbergischen. Ich spürte, dass sie mit den Nerven am Ende war. Sie sagte folgendes: *„Entschuldigen Sie, dass ich noch so spät anrufe. Ich brauche Hilfe. Ich habe Angst verrückt zu werden. Es sind diese Vorkommnisse, die mich so weit gebracht haben."* Sie atmete tief und gequält. Es schien so als müsse sie sich erst erholen bevor sie weiter sprechen konnte. *„Ich weiss gar nicht, wo ich anfangen soll. Es hat vor gut drei Monaten begonnen. Da entdeckte ich erstmals Verschmutzungen auf meinem Bett. Zuerst war es nur ein wenig auf dem Duvet, dann auf dem Kissen, später sogar auf dem Laken. Die sahen etwa so aus wie eingetrocknetes Himbeerjoghurt oder das von Heidelbeeren. Das ekelte mich an und ich wechselte alle Tage die Bettwäsche. Es wurde immer mehr und ich suchte Hilfe. Leider hat mich keiner ernst genommen. Die Leute wimmelten mich ab und meinten, ich übertreibe, mache dies selber oder spinne. Ich fragte beim Dorfpfarrer nach, dann im Kloster bei einem Kapuziner. Doch beide Theologen haben mir nicht geglaubt und meinten, ich triebe einen Spass mit ihnen. Ich muss allerdings dazu sagen, dass ich bis dahin selber nicht an Geister und Spuk glaubte, aber etwas war da, das mir praktisch jede Nacht diese Sauerei machte.*
Ich zündete alle Abende mehrere Kerzen in meinem Zimmer an. Schlafen konnte ich bald nicht mehr. Jeden Morgen war wieder etwas verschmiert und ich wusste nicht wie es passierte, es war immer unbemerkt von mir, völlig lautlos. Zum Schluss erhielt ich Ihre Adresse vom Österreichischen Parapsychologischen Verein. Herr Styger, Sie sind meine letzte Hoffnung. Was spielt sich bei mir in der Wohnung ab? Ich wohne in einem 25 Jahre alten

Mehrfamilienhaus." „Gut, ich versuche, es auszupendeln." Von meinen Engeln bekam ich nun die Angabe, dass bei ihr seit ein paar Monaten eine irdisch gebundene Seele, die selber von Astralwesen besetzt war, herumgeisterte und so versuchte, sich bemerkbar zu machen. Sie fand sich im irdisch gebundenen Zustand nicht zurecht und brauchte Hilfe.
Nun meinte diese Frau am Telefon, ob es ihre Nachbarin vom obersten Stock sein könne? Sie sei nicht mehr ganz richtig im Kopf gewesen bevor sie starb, zudem sei sie sehr agressiv gewesen. Vermutlich hatte sie sich zu Tode gesoffen. Einzelne im Haus munkelten sogar von Selbstmord.
Ich pendelte diese Frage aus und bekam die Antwort, dass gerade diese Frau sich nun nachts in ihrer Wohnung aufhielte. Diese Version gefiel meiner Gesprächspartnerin gar nicht, dennoch war sie bereit für sie zu beten und ihr so zu helfen. Ich instruierte sie bezüglich der Ablösung. Gleich am nächsten Tag sendete ich ihr per Post meine Gebetstexte.

Nach etwa zehn Tagen rief sie wieder an und fragte scheu, ob ich sie vergessen hätte. Der Brief sei nicht angekommen und sie werde jede Nacht fast verrückt. Sie spreche zwar die Gebete zum Erzengel Michael, doch spüre sie noch keinerlei Veränderung. Also brachte ich meine Texte erneut sofort zur Post.

Etwa vierzehn Tage waren erneut vergangen und wieder rief diese Frau aus Österreich an. Ich hatte inzwischen gar nicht mehr an sie gedacht, so viel hatte ich los gehabt. Ihr Brief war wieder nicht angekommen! Sie war enttäuscht und ich kam mir ein wenig blöd vor. Doch jetzt wurde mir klar, dass die dunklen Mächte im Spiel waren und verhindern wollten, dass ich der Frau und der Seele half. Also nochmals Kopien einpacken und diesmal per Einschreiben fortschicken. Diesmal aber hüllte ich die Unterlagen geistig in ein Schutzlicht ein, bevor ich sie wiederum persönlich bei der Post aufgab.

Nach drei Tagen rief sie mich an und bedankte sich für meine Sendung. Sie berichtete, dass sie versucht hatte, an verschiedensten Stellen in der Wohnung mit ihrer Matratze nachts zur Ruhe zu kommen. Doch egal wo sie sich aufgehalten hatte, sie war die ganze Nacht gestört worden. Sie hätte sich im Übrigen schon beinahe daran gewöhnt, allmorgendlich bekleckert aufzuwachen. Sie kenne schon alle Farben und Konsistenzen, die von der feinstofflichen Besucherin des nächtens über sie geschüttet würden.

Wir vereinbarten am selben Abend eine Zeit, zu der wir gemeinsam die Seele wegbeten wollten. Zusammen sollte es wohl funktionieren, ohne dass ich extra ins Rheintal fahren musste...

Am anderen Morgen rief sie mich vor dem Mittag an: *„Sie, das war ganz speziell. Als wir am Abend zusammen beteten, da fühlte ich, dass sie im Raum war. Ich nahm genau wahr, wo sie sich befand und wie sie sich langsam um mich herum bewegte. Hätten Sie mir nicht Mut gemacht, ich wäre vor Angst gestorben. Ihre kreisenden Bewegungen um mich dauerten fast eine halbe Stunde lang. Ich spürte wie sie mich an der Schulter und dann wieder an den Knien berührte. Es war so unangenehm. Doch plötzlich hörte es auf und es war für einen Moment alles still. Plötzlich fiel der volle Zeitungsständer um. Wie durch einen unsichtbaren Wirbelwind flogen einzelne Seiten und Reklameblätter durch die Stube. Dann war Ruhe.*

Ich brauchte eine gewisse Zeit um mich zu beruhigen bevor ich ins Bett ging. Aber stellen Sie sich vor, ich schlief so gut wie die ganzen Monate zuvor nicht mehr und der Bettanzug war das erste Mal nach so langer Zeit am Morgen sauber! Ich danke Ihnen und hoffe, dass es so bleibt."

1.2 Lärm im Gemäuer

Gut drei Monate waren vergangen, da rief diese Frau wieder an: *„Wissen Sie noch, wer ich bin?"* fragte sie und ihre Stimme zitterte. *„Es tut mir leid, dass ich Sie schon so früh am Morgen anrufe. Es spukt in meiner Wohnung wie verrückt, schon die ganze Nacht hindurch. Es tönt als ob Beton bricht oder Glas springt. Es knallt richtiggehend durch die Wohnung. Da heute Samstag ist, habe ich morgens schon um sieben Uhr bei meinen Nachbarn gefragt, ob sie auch so einen Lärm in ihrer Wohnung hätten. Aber niemand habe etwas bemerkt. Die meisten wurden leider erst von mir geweckt. Ich habe jeden zu mir in die Wohnung eingeladen, um sich einen Begriff von „meinem" Lärm zu machen. Sie kamen tatsächlich alle und haben dasselbe wie ich gehört. Keiner konnte sich vorstellen, warum es bei mir kracht und knackst, so als ob demnächst die ganz Wohnkiste zusammenbrechen würde. Nun fühle ich mich zwar bestätigt, aber Herr Styger, ich habe Angst! Können Sie das durch das Telefon hören?"*
„Oh ja, ich höre diesen Lärm sehr gut im Hintergrund. Es hat seit wir telefonieren sicher fünfzehn Mal laut geknallt, so als ob Keramikplatten brechen oder Glasscheiben bersten würden." „Ja, das ist ein sehr beunruhigendes Gefühl. Aber dieses Haus ist erst fünfundzwanzig Jahre alt, da sollte es nicht gleich zusammenstürzen. Ausserdem lärmt es ja scheinbar nur in meiner Wohnung. Aber ein Nachbar hat gleich den Statiker angerufen, doch der hat es gar nicht ernst genommen. Er meinte, es sei vielleicht der Kühlschrank oder die Kaffeemaschine oder sonst eine Spannung in einem der Einbauschränke. Nun, er will erst am Montag kommen, um es sich anzusehen. Ich hoffe, ich bin bis dahin nicht in der Klapsmühle gelandet."
Ich befragte meine Engel wegen ihres Problems: *„Sind in dieser Wohnung noch irdisch gebundene Seelen, die sich auf diese Art bemerkbar machen wollen?" „Nein." „Sind da noch gebundene Astralwesen oder Gruppen derselben im Haus?" „Nein." „Sind*

Seelen oder Astralwesen auf der anderen Ebene noch auf dem Grundstück von der Zeit bevor das Gebäude erstellt wurde?" „Nein." „Sind im Gebäude schwarzmagische Energien wie Verwünschungen, Neid, Hass oder Gewinnsucht aktiv geworden?" „Ja." „Sind diese negativen Energien von den Planern sowie den Spekulanten in die Materie eingebaut worden?" „Ja!!" „Sind es erregte Naturgeistwesen der Materie, die sich nun bemerkbar machen oder wehren?" „Ja, Ja." „Kann die Frau sich mit denen verständigen und sie aus der Materie erlösen?" „Ja."

„Also, liebe Frau, ich sage Ihnen jetzt den Text vor und Sie sprechen ihn laut nach. Zünden Sie zuerst ein paar Kerzen an, es funktioniert damit leichter." In der Zeit, als sie die Kerzen holte und sie anzündete, überlegte ich mir, was ich ihr nun vorbeten solle, damit es auch wirksam wäre? Des Öfteren schon wurde ich in Häuser gerufen, die nicht mehr bewohnbar waren. Dort knallte und lärmte es ebenso oder die Mauern bekamen grosse Risse, ohne dass es sich ein Statiker hatte erklären können. Auch war an eine vernünftige Reparatur nicht zu denken, weil in kürzester Zeit alles wieder beim Alten, also kaputt, war.
Während die Frau herumlief und sich um die Kerzen kümmerte, hörte ich fortlaufend den Lärm von berstendem Glas oder zerbrechenden Bodenplatten. Ich rief Antonie an den Apparat, damit auch sie es hören konnte.
„Ich bin so weit. Ich habe sechs Kerzen aufgestellt, mehr konnte ich im Moment nicht finden." „Das ist vollkommen genügend. Bitte sprechen Sie nun laut folgendes Gebet":

Geliebter Gott, liebe Lichteltern,
ich brauche Hilfe und die Hilfe der lieben Engel aus dem Licht und der reinen Liebe, um diesem Lärm aus der Materie ein Ende zu bereiten.
Bitte hüllt dieses Grundstück sowie dieses Gebäude vom Fundament bis übers Dach in das Licht der Liebe und Weisheit,

damit sich keine dunklen Energien darin verstecken können. Helft diesen Energieformen, dass sie den Weg aus ihrer Umklammerung finden und sie zum Erzeuger zurückkehren oder, wie diese Urgeister, wieder zur Mutter Erde zurückkehren können.
Macht dieses Haus frei von negativen Gedanken und Gefühlen, aber auch von der Geld- und Machtgier der Erbauer. Hüllt das Haus und vor allem diese Wohnung ein in das göttliche Liebeslicht von Harmonie und Frieden.
Lieber Heiland Jesus Christus, bitte fülle alle Materie dieses Hauses an mit Deinem Liebeslicht von rosaroter Farbe.
Ich lasse euch frei, ihr seid frei.
So sei es.
Danke lieber Schöpfer und Dank euch Engel des Lichtes und der Freude. Amen.

Am anderen Ende der Leitung hörte ich ein erleichtertes Seufzen. *„Ah, war das schön, so befreiend. Sie, es hat aufgehört mit dem Lärm! Danke!“*
Spät am Abend rief sie nochmals an und meldete, dass den ganzen Tag Ruhe geherrscht hatte. Sie konnte das, was geschehen war, immer noch nicht glauben und noch weniger verstehen.

1.3 Das Alte Riegelhaus

Ich wurde zu einer Familie in ein idyllisches Dörfchen gerufen. Sie hatte vor fünf Jahren ein altes Haus gekauft, das einseitig an ein anderes angebaut war. Sie war eingezogen, weil sich dort die Möglichkeit bot, Räume für die beiden heranwachsenden Kinder auszubauen, damit sie dort ihren Hobbys nachgehen konnten. Von aussen war es ein schmuckes Holzriegelhaus, wobei die Riegel rot gestrichen waren. Vor und neben ihrem Haus befand sich ein gepflegter Garten mit einem grossen Gartenhaus zum Nachbargrundstück hin. Darin war auch die Doppelgarage untergebracht, in dem ich zwei schwere Motorräder und das Familienauto stehen sah. Es war Samstag und die ganze Familie erwartete mich. Ich kam zur *'richtigen'* Zeit, denn es gab Kaffee und Kuchen und der Vater erzählte mir teils irritiert, teils schmunzelnd, weshalb er mich herbestellt hatte: *„Wir haben vor einem Jahr mit dem Umbau und der Renovierung der Aussenfassade begonnen. Der für die Planung und den Bau verantwortliche Architekt, sprach von einem 'Routineauftrag', der nach drei Monaten fertiggestellt sein sollte. Innen wollten wir den grossen Estrich ausbauen und ein Bad installieren lassen. Die unteren Stockwerke waren schon renoviert als wir vor fünf Jahren einzogen. Sehen Sie, so sah es damals aus."*

Er kramte aus der Küchenschublade ein grünes Fotoalbum hervor und legte es vor mir auf den Tisch. Früher hatte das Haus noch eine helle, verputzte Fassade gehabt. Heute zeigte es einen alten Holzständer. Im Dach war eine riesige Leere gewesen und zum First hin reichlich Platz, der sinnvoll genutzt werden konnte. In der Mitte stand ein massiger Kamin, der über dem Giebel das Dach zierte. Die enorme Höhe ermöglichte sogar den Einbau von zwei Etagen. Die Tragkonstruktion und die Dachbalken schienen massiv und gesund.

„Wir zogen einen Planer und einen Holzfachmann als Berater hinzu und nach kurzer Zeit befanden wir uns schon mitten im Umbau. Doch kaum war unser Haus eingerüstet, begannen die Probleme. Eines Nachts hörten wir von oben und von draussen einen Lärm. Die Kinder wurden aus dem Schlaf gerissen und kamen zu uns ins Schlafzimmer gerannt. Es war etwa zwei Uhr morgens. Wir schauten aus dem Fenster, konnten jedoch nicht erkennen, was den Radau verursachte. Nach oben zu gehen traute ich mich nicht. Wir gingen wieder ins Bett, aber nach etwa einer Stunde schepperte und knallte es wieder fürchterlich. Ich öffnete das Fenster und stellen Sie sich vor, das ganze Baugerüst

war umgefallen. Darauf lag viel von der oberen Fassade, vielleicht sogar die ganze. In unserer Angst riefen wir den Baumeister und den Zimmermann an. Es war in einer Nacht von Samstag auf Sonntag und beide waren glücklicherweise zu Hause in ihren Betten. Schon eine halbe Stunde später wimmelte es um unser Haus von Handwerkern. Im Licht ihrer Scheinwerfer sahen wir von der Strasse her, wie die Längsfassadenmauer vom oberen Stockwerk herausgefallen war. Das Dachgebälk hing total schief und drohte jeden Moment einzustürzen. Sie arbeiteten wie verrückt bis über den Mittag des Sonntags, um zu verhindern, dass die ganze Dachkonstruktion einbrach. Daraufhin waren die Handwerker ein paar Wochen damit beschäftigt alles wieder herzustellen und der zweite Estrichboden wurde eingezogen.

Dann gab es wieder ein Poltern und Grollen in der Nacht. Wir dachten es sei ein Erdbeben, oder das Haus breche zusammen. Ich schaute hinaus, konnte aber, ausser dass Staub aus den Ritzen der Abschlusstüre des Estrichs kam, nichts erkennen. Ich öffnete sie und mir kam ein halbes Gipswerk entgegen. Meine Frau schrie: ‚Mach um Himmels Willen die Tür wieder zu, die ganze Bude ist schon voll Staub!' Wir warteten den Morgen ab und gingen gemeinsam mit den Handwerkern hinauf. Was wir dann sahen, verschlug uns allen die Sprache. Die neue Holzdecke mit den schönen neuen Balken lag zersplittert auf dem Boden. Zum Teil hielt sie noch an den Wänden, aber das Ganze drohte jeden Augenblick herabzustürzen. Überall lagen Kaminsteine herum, es gab keine mehr, die aneinanderklebten. Ich schaute zum Giebel hoch. Dort klaffte ein riesiges Loch im Dach, die Morgensonne schien neckisch herein. Verrückt, der Kamin war zusammengebrochen und hatte die ganze Decke mitgerissen!"
Der Familienvater lachte laut auf und sagte dann: *„Zuvor hatten wir einen Kampf mit der Baubehörde und der Denkmalpflege wegen eines einzigen kleinen Dachfensters. Es wurde uns nicht bewilligt – jetzt hatten wir plötzlich eines, das fast zehn Mal*

grösser war. Keiner der Handwerker konnte sich das erklären, weder das mit dem Kamin, noch das zuvor mit der Fassade. Auch die Versicherungsexperten waren sich nicht einig. Danach gingen alle wieder munter ans Werk und nach zwei Wochen war der Schaden behoben.
Nun kamen die Sanitär- und der Heizungsfachmänner. Sie installierten ein Bad, mit Dusche und WC, im Dachgeschoss. Dazwischen verrichteten noch die Plättlileger und die Maler ihre Arbeit. Wir freuten uns auf das Einrichten der oberen Räume, doch wieder kam es anders: Erneut knackte und krachte es mitten in der Nacht ganz fürchterlich. Die Kinder kamen in unser Zimmer gerannt, und das keine Minute zu früh, denn bei ihnen liess die alte Holzdecke nach und der ganz neue Duschraum rauschte in ihr Zimmer hinunter. Die WC-Schüssel lag danach umgekehrt auf einem der Kopfkissen. Sehen Sie sich diese Fotos an, sie dokumentieren alles. Auch diesmal konnte sich kein Handwerker einen Reim darauf machen, warum das passiert war. Kein Holzbalken war faul, oder wurmstichig gewesen, nur alt und trocken.

Wieder liessen wir alles aufbauen und neu installieren. Im Dorf sprach man schon offen über unseren Umbau und die komischen Vorkommnisse. Doch es war noch nicht zu Ende, die Pechsträhne hielt an. Die Schreiner kamen mit den Türen und Wandschränken. Dieses Mal passierte es an einem Vormittag: Zwei Männer trugen Werkzeug nach oben als es im Korridor krachte und splitterte. Wir sahen vor lauter Staub gar nichts mehr, hörten nur ein Stöhnen und jemanden leise um Hilfe rufen. Die Treppe war eingestürzt und mit ihr der Lehrling, der samt Werkzeugkiste in einem der Wandschränke kopfüber steckengeblieben war. Zum grossen Glück hatte er nur ein paar Schrammen abbekommen. Sein Chef trug gerade die neue WC-Türe herein und hatte sich just in diesem Moment unter der Treppe befunden. Die Türe schützte ihn vollständig, doch war er nun unter allem begraben und konnte sich nicht selbstständig befreien.“

Alle Familienmitglieder lachten laut und konnten sich kaum mehr beruhigen. Da sagte die Mutter: *„Das war eine Show! Als ich nach dem grössten Lärm in den Gang lief, sah ich unter all dem Staub ein Beinpaar frei in der Luft hängen. Dann hörte ich den Meister brüllen und fluchen wie am Spiess. Ich sah ihn aber erst wenige Augenblicke später. Er war bis zum Gesäss in den durchbrochenen Holztreppentritten und der neuen Tür eingeklemmt. Zwischen zwei Wutausbrüchen verlangte er, ich solle umgehend den Zimmermann anrufen. Dieser solle mit zwei Arbeitern vorbeikommen und eine Motorsäge sowie eine verstellbare Bockleiter mitbringen, denn durch das Freisägen würde er sonst mit seiner schönen Türe ja noch ins Erdgeschoss hinunterfallen.*
Der Zimmermann kam innerhalb von zwanzig Minuten von einer anderen Baustelle zu uns. In der Zwischenzeit versorgte ich den Meister mit einem Kaffee-Schnaps und einem Sandwich. Aber seine sonst immer so gute Laune wollte an diesem Tag nicht mehr zurückkehren, zumal seine Retter auch erst fünf Minuten lang herzhaft über den Anblick lachten, bevor sie ihm halfen. Nach einer Stunde war er befreit und zum Glück nur leicht verletzt. Er war so wütend, dass er drei Wochen nicht das Haus betrat. So sind wir also zu unserer neuen Treppe gekommen und unser Einzug nach oben verzögerte sich wieder um einen Monat. Das Schlimmste und vielleicht auch das Ausschlaggebende kommt aber erst noch.“ Jetzt lachte niemand mehr im Raum.

„Vorletzten Samstagnachmittag reinigte ich vor dem Gartenhaus den Motorrasenmäher. Meine Frau war im eingezäunten Hausgarten beschäftigt und mein Sohn putzte seinen Motorroller vor der Garage. Als ich so gebückt über der Maschine stand fiel etwas Schweres von oben herab auf meinen Nacken, mir wurde schwarz vor Augen. Ich kam wieder zu mir und lag auf dem Rücken neben dem Rasenmäher. Ich fragte mich, ob das ein Dachziegel gewesen war und versuchte mich wieder aufzurappeln, doch es gelang nicht, etwas drückte mich zu Boden. Ich sah noch den

blauen Himmel, da drückte mir auf einmal jemand den Hals zu. Ich versuchte mich zu drehen, aber es ging nicht. Es war als wäre ich in einem Schraubstock eingeklemmt. Ich wollte schreien doch mehr als ein Gurgeln kam nicht heraus. Da bekam ich Todesangst. Als Polizist musste ich schon einige unangenehme Situationen ausstehen, aber so etwas hatte ich noch nie erlebt. Mein Sohn sah zufällig um die Gebäudeecke und entdeckte mich wie ich da so lag und stöhnte. Er rannte zu mir und rief laut seine Mutter herbei. Wie in Zeitlupe sah ich ihn heran springen und glaubte schon gar nicht mehr, dass ich überleben würde. Er schrie laut voller Angst um mich. Mir kam es aber vor als sei alles um mich in Watte gehüllt und verschlucke den Klang. Ich wurde wieder ohnmächtig. Als ich dann erwachte, standen Notarzt und Sanitäter neben mir und ich lag auf einer Bahre. Ich wurde hellwach, denn sie hatten mir etwas gespritzt. Ich wollte wissen, was passiert war, doch sie konnten es auch nicht sagen und fuhren mich erst einmal ins Spital. Nach den Untersuchungen ging es mir besser, sodass ich wieder nach Hause gehen konnte. Daheim erzählte ich alles meiner Familie, keiner konnte sich das erklären. Wir wussten nicht, dass es Kräfte gibt, die so stark sind und dazu noch unsichtbar.
Unser Dorfpfarrer hatte von einem Berufskollegen im Bernbiet von Ihnen gehört und Sie empfohlen. Wir hoffen, dass Sie uns nicht auslachen oder gar verspotten, aber wir sind mit den Nerven total am Anschlag. Das macht uns wirklich fix und fertig!"

Ich sagte nun: *„Machen Sie sich da keine Gedanken, aber können wir zusammen nach oben und dann in den Keller gehen?"* Erleichtert standen sie alle auf. Der Vater ging vor mir in den Gang und schweren Schrittes über die Treppe nach oben. Im ehemaligen Estrich angekommen öffnete er mir die Tür und trat zur Seite. Offensichtlich wünschte er, dass ich zuerst eintrat. Er blieb mit seiner Familie draussen stehen. Der Vorraum war geräumig und offen bis zum Dachfirst. Ich sah den neuen Kamin und die Geländer der umlaufenden Galerien. Unten waren zwei Zimmer und das besagte Bad angeordnet. Ich öffnete eine Türe nach der anderen und trat ein. Jedesmal hatte ich das bestimmte Gefühl, dass da jemand war und sofort wieder verschwand, wenn ich eintrat. Eine kleine, steile Stiege führte durch den Balkonboden nach oben. Neben dem Kamin war eine Tür, die in das einzige Giebelzimmer führte, das nur ein Fenster in der Fassade hatte. Auch da verschwand irgendjemand vor meinen Augen ins Dach. Die Zimmer waren alle noch leer und es schien als ob es der Familie schon im Vorfeld verleidet war dort oben einzuziehen. Ich ging wieder auf die Galerie, schloss die Tür hinter mir und schaute dabei auf die gegenüberliegende grosse Giebelwand. Diese war als alter Riegelbau belassen und zartblau angestrichen worden. Hinter dem Geländer halb versteckt sah ich, wie ein Wesen in der Trennwand verschwand. Mir fiel auf, dass alle Familienmitglieder immer noch unten bei der Eingangstür standen und mit grossen Augen zu mir hinaufschauten. Doch keiner schien sich zu trauen auch nur über die Schwelle zu treten.

Ich wollte nun die schmale Treppe hinaufsteigen. In Gedanken hatte ich schon meine Hände nach den beidseitigen Geländeholmen ausgestreckt als mich plötzlich zwei starke Hände an den Füssen festhielten. Ich war noch zwei Schritte vor dem obersten Tritt entfernt, da bekam ich gleichzeitig auch noch einen festen Schlag ins Genick, bei dem ich beinahe zu Boden ging. Ich sah mich vor meinem geistigen Auge schon die Treppe hinunterfallen und mir den Hals brechen, konnte mich aber reflexartig am Geländer festhalten. Ich kniete auf dem ersten Tritt und schaute hinab auf das geölte Hartholzparkett. Ich schüttelte mich wie ein halbbetäubter Boxer, dann stieg die Wut in mir hoch. Ich wendete meinen Kopf rasch nach rechts. Da sah ich sie: zwei alte Männer mit bösem Gesichtsausdruck. Sie verschwanden sofort. Ich schrie ihnen hinterher: *„Verreist, ihr traurigen Drecksäcke!“*

Jetzt stieg ich genauso langsam wie vorsichtig die Treppe hinunter und sah die Familie im Türlicht. Sie starrten mich nicht nur an, nein, sie hatten auch noch die Münder sperrangelweit offen. Sie waren wie zu Statuen erstarrt als ich zu ihnen herantrat. Wortlos gingen wir ins darunterliegende Geschoss. Auch dort schaute ich in alle drei Zimmer und ins Bad. Da war nichts, also stiegen wir weiter ins Erdgeschoss hinunter. Ich warf einen Blick in Küche und Stube sowie ins Gästezimmer und ins WC. Wieder nichts, also begaben wir uns in Richtung Keller. Sie schalteten das Treppenhauslicht an. Keiner von ihnen wollte hinter und schon gar nicht vor mir die Treppe hinuntergehen. Unten war in der Mitte ein langer Quergang, von dem Türen in die drei Keller und den Heizraum führten. Die Aussenwände waren alte Sandsteintrockenmauern aus grossen, groben Steinen. Der Boden war mit Bruchsteinplatten belegt. Es war feucht und roch muffig. Im dritten Kellerraum sah ich eine alte, irdisch gebundene Seele stehen. Als ich Licht machte, wurde sie unsichtbar. Sonst war nichts da unten. Ich beschloss wieder nach oben in die Küche zu gehen. Keiner aus der Familie schien Lust auf den Keller gehabt zu haben, sie standen alle noch neben der Küchentür.

Wir setzten uns wieder an den Küchentisch. Die Hausherrin fragte, ob ich noch etwas trinken wolle. Während sie servierte packte ich den Tensor aus. Nun bat ich meine geistigen Führer um Hilfe und Auskunft darüber, was in diesem und im angrenzenden Haus abliefe. *„Wie viele Seelen sind in diesem Haus gefangen?" „Vier." „Wie viele sind noch im Nachbarhaus und unerlöst?" „Drei." „Sind auch noch Astralwesen da?" „Nein." „Wie lange sind die ältesten hier gebunden?"* Ich fragte in Zwanzig-Jahres-Schritten rückwärts und bekam *„220 Jahre"* als Antwort. Der Vater sagte: *„Über dem alten Fenstersturz im Dachgeschoss ist die Jahreszahl 1756 eingemeisselt. Diese Angabe könnte also schon stimmen." „Haben Sie ein paar Kerzen da, ich möchte mit diesen Seelen reden und ihnen helfen."* Seine Frau kramte im Korridor in einer Kommode und brachte gleich vier Kerzen, die sie auf eine Glaskuchenplatte stellte und anzündete. Dann setzte sie sich wieder ans obere Ende des Tisches. Sie fasste die Hand von Sohn und Tochter, dabei sah sie nicht gerade ermutigt aus. Deshalb sagte ich: *„Ich werde diese Seelen nun rufen und sie darüber aufklären, dass sie gestorben sind. Ich nenne ihnen das heutige Datum damit sie erkennen können, dass sie teilweise schon über 220 Jahre nicht mehr physisch leben. Vielleicht erschrecken sie, doch dadurch werden sie wach und aufmerksam. Der bewusste Seelenanteil in ihnen möchte sich schon lang auf den Weg machen und sich aus diesem unsinnigen Tun befreien. Sie müssen dabei aber keine Angst haben, vielleicht nehmen Sie ja auch gar nichts wahr."*

Ich rief nun diese Seelen herbei. Sie kamen nur langsam und zögerlich angeschlurft, dann standen sie alle in der Küche, vier Männer und drei Frauen. Sie waren sehr alt. Ich schaute hinaus in den Korridor, und siehe da, dort stand noch einer. Ein junger Mann mit einer grossen Wunde am Kopf. Ich begrüsste sie alle und weckte sie mit Hilfe der Engel und Geistführer. Während des Gebetes löste sich dann einer um den anderen in Licht auf. Nach der Ablösung war keiner mehr anwesend.
Die Zuhörer atmeten erleichtert auf und begannen sich zu räkeln und zu regen – anscheinend waren sie recht angespannt gewesen. Mich interessierte, ob sie von dem jungen Mann etwas gehört hätten, doch sie schauten sich nur an und wussten scheinbar nichts von ihm. Wie es dann oft so ist, tauten sie auf und bombardierten mich mit Fragen. Es war spät geworden als ich von ihnen wegfuhr.

Etwa zehn Tage später rief die Frau an und sagte: *„Es geht uns gut. Uns sind endlich die Ängste genommen, die uns so lange im Nacken sassen. Ich habe mich auch bei meinen Nachbarn erkundigt, ob sie etwas von einem jungen Mann wüssten, der wegen einer Kopfverletzung gestorben war, doch sie wussten nichts. Aber heute rief mich der Vater des Nachbarn aus dem Altenheim* *an. Er hatte hier gelebt, bis seine Frau verstarb. Das war vor ein paar Jahren gewesen. Er erzählte mir von einem jungen Motorradfahrer, der eines Nachts betrunken in die Hauswand gefahren und sofort tot war. Er hatte ihn kurz gesehen, bevor sie ihn abtransportierten. Er trug keinen Helm und sein Kopf sah schlimm aus. Der alte Mann wollte wissen, woher ich von ihm wusste, denn der Unfall lag schon gut 24 Jahre zurück. Dann erzählte ich ihm kurz was Sie bei uns gesehen und gemacht haben. Er sagte, er wäre froh gewesen, wenn Sie schon Jahrzehnte früher gekommen wären, denn er hatte in diesem Haus in den Nächten die Hölle durchlebt, konnte dies bisher nur niemandem erzählen. Er bedankte sich für meine Offenheit, ihm seien dadurch die schlimmen Erfahrungen im Nachhinein bestätigt worden. Vielen Dank auch im Namen von uns allen."*

1.4 Schwesternhaus vor dem Umbau

Von einem Architekten, der für den Umbau eines Schwesternheimes beauftragt war, bekam ich die Anfrage ob ich ihn bau- und elektrobiologisch beraten würde. Wie ich noch merken sollte hielt er selber gar nichts davon. Die Bauherrenschaft jedoch wollte auch diese Seite von einem Fachmann abklären lassen.

So traf ich mich mit ihm in seinem Architekturbüro. Er war Engländer, der sein Studium in der Schweiz absolviert hatte. Bei meinem Versuch, ihm die Grundbegriffe von Baubiologie und Abschirmung zu vermitteln, wurde ich erst einmal auf eine Geduldsprobe gestellt. Für jede Vorsichtsmassnahme, die der körperlichen Gesundheit dienen sollte, hatte er eine Widerrede bereit. Nach dem Motto, ein Kleinkind begreift oder glaubt ja auch nicht, dass Feuer heiss ist. Es muss es erst einmal erleben. Noch selten hatte ich einen so ignoranten Kollegen erlebt, den wollte ich keinem argen Feind empfehlen. Irgendwann in dem unfruchtbaren Zwiegespräch riet ich ihm er solle ein paar Lampen mit Transformer in sein Bett mitnehmen, am besten eine angesteckte Kabelrolle noch dazu.

Gut eine Stunde später fuhren wir zum renovierungsbedürftigen Schwesternhaus für eine erste gemeinsame Besprechung. Das Gebäude stand am Rande eines grossen Dorf- und Klosterplatzes. Es war vor etwa einhundert Jahren erbaut, respektive in dieser Form umgebaut worden. Das Haus diente nun schon länger älteren Ordensschwestern als Erholungsheim.
Vor der Haustür zeigte mir der Architekt die Pläne, damit ich mir ein Bild vom Eingriff und den zu erwartenden Veränderungen machen konnte. Dann erst läuteten wir und die Leiterin des Hauses, deren Name Schwester Alessa war, hiess uns willkommen. Sie hatte angeregt das Haus vor und nach dem Umbau auf geomagnetische und elektrische Störfelder untersuchen zu lassen. Sie sagte: *„Ich habe zur heutigen Besprechung unsere Schwester Oberin aus dem Mutterhaus hergebeten, damit sie gleich selbst informiert ist. Sie wird jeden Moment eintreffen."* Unterdessen begann ich im Erdgeschoss magnetische Zonen zu orten und zu messen.
Die Hausglocke schellte laut und die Schwester Oberin kam sogleich zu uns. Sie war eine hagere Erscheinung und schien irgendwie verbittert zu sein. *„Ich bin Schwester Pia. Schwester Alessa hat mich hergerufen. Nun möchte ich wissen was das soll, was hier los ist?"* Frau Alessa erwiderte ganz ruhig: *„In diesem Erholungsheim leben bis zu zweiunddreissig Schwestern in Pension und wir dreizehn Angestellte. Seit Jahren beklagen sich Mitschwestern, dass sie nicht schlafen können und zwar immer in den Zimmern, die ich Ihnen gleich zeigen werde. Wenn eine Mitschwester auszog erging es der nächsten wieder genauso schlecht. Das muss doch irgendeinen Grund haben, das kann kein Zufall sein. Ich möchte dieser Sache auf den Grund gehen und will vor allem nicht, dass durch den Umbau noch mehr Störungen produziert werden. Ich schlage vor wir gehen jetzt nach oben und schauen uns die Zimmer an."*

Als wir durch den dunklen Gang liefen, stellte ich drei irdisch gebundene Seelen fest, die an uns vorbeikamen. In den Zimmern mass ich die magnetische Flussdichte und zeigte den Schwestern und dem Architekten wo die Störfelder lagen. Auf allen Bettplätzen verliefen mehrere Linien, die Kreuzungspunkte ergaben. Diese Situation war in den beiden oberen Etagen identisch. Es schien so als lägen hier klassische Standortprobleme für die dort Schlafenden vor. Davon war auch die Schwester Oberin überzeugt und beauftragte mich dafür zu sorgen, dass diese Linien abgeschirmt und die elektrischen Leitungen richtig verlegt werden würden.
Ich sagte: *„Ich werde mit Ihrem Planer diese Sache besprechen. Nur rate ich Ihnen zusätzlich dazu für die im Hause anwesenden irdisch gebundenen Seelen etwas zu tun. Es ist absolut möglich, dass sich diese gestört fühlen und ungut beim Umbau reagieren. Im unteren Stockwerk habe ich drei und hier oben zwei angetroffen, schwarz gekleidet und unglücklich."* *„Oh nein"*, entfuhr es den beiden Schwestern. Frau Alessa sagte: *„Es ist nicht das erste Mal, dass jemand im Haus schwarze Geister sieht. Es macht uns allen Angst."* Ich fragte: *„Was haben Sie gegen oder besser für diese gebundenen Seelen getan?"* *„Ja, wir haben sofort unter uns Schwestern Geld gesammelt und es dem Kloster dort drüben gebracht, damit sie eine Messe für die bösen, schwarzen Wesen lesen."* Ich musste lachen: *„Oh, liebe Schwestern, es ist schade um euer Geld. Es wäre doch besser in einen Konditorei-Besuch auf eine gute Tasse Kaffee und dann am Abend in ein Ablösegebet für diese Seelen investiert gewesen."* Entrüstet sagte die Schwester Oberin: *„Ach, wir sind doch nicht in der Lage solche schwarzen Wesen wegzuschicken. Mit solchen bösen Energien wollen wir nichts zu tun haben."*
„Meinen Sie denn, alle euch vorangegangenen und nun leidenden Schwestern wären böse und schlecht gewesen? Schauen Sie sich doch selber an. Sind Sie denn wegen ihrem schwarzen Kleid gleich böse? Nein, sicher nicht. Diese irdisch gebundenen Seelen hatten bei ihrem Tod einfach Angst oder sie konnten

nicht loslassen. Vielleicht wissen sie auch noch gar nicht, dass sie gestorben sind", entgegnete ich. Die Schwester Oberin schien überfordert zu sein, denn plötzlich hatte sie es sehr eilig. Schnell verabschiedete sie sich und verliess das Haus. Auch der Architekt musste nun weg. Schwester Alessa blieb übrig und fragte mich: *„Könnten Sie mir zeigen wie man mit solchen armen Seelen umgeht und ihnen hilft?" „Selbstverständlich. Ich schlage vor, dass ich allen hier mitarbeitenden Schwestern einen Vortrag halte. Darin werde ich anhand von Erlebnissen aufzeigen wie die Geisterwelt ist und wirkt. Wir könnten dann gemeinsam die irdisch Gebundenen ansprechen und erlösen."* Bald verabschiedete ich mich und fuhr durch das Klosterdorf heimwärts.

Schon nach ein paar Tagen rief Schwester Alessa an und bat um einen Termin im Schwesternhaus. Sie redete noch lange mit meiner Lebensgefährtin Antonie und lud uns beide ein mit allen Schwestern zu Mittag zu essen. Zuvor pendelte ich aus wie viele Seelen noch im Erholungsheim gebunden waren. Meine Engel gaben an, dass es vierundvierzig seien und keine Astralwesen.
Nach dem besagten Mittagessen wurden wir in ein Versammlungszimmer gebeten, da die Kapelle nicht mehr zu benutzen war. Sie war bereits geräumt und die alten Kirchenbänke in den Balkan versand. Als alle dreizehn Schwestern Platz genommen hatten begann ich meine Erlebnisse mit gebundenen Seelen und mit umsetzten oder besetzten Menschen zu schildern. Ich erklärte das Gesetz von Karma (Ursache und Wirkung; siehe Band 2) und die Erschaffung von eigenen Mustern, den sogenannten Elementalen. Als ich dann die Schwestern bat einige Kerzen anzuzünden bemerkten meine Partnerin und ich wie sich immer mehr Seelen einfanden. So rief ich die Engel und bat vor allem Erzengel Michael um Hilfe und sprach das Ablösegebet sehr ausführlich. Ich versuchte den irdisch Gebundenen zu erklären warum sie noch da waren, vielleicht auch noch nach hundert Jahren. Ich informierte sie über das aktuelle Datum, damit sie sich orientieren konnten.

Langsam hüllten sich die meisten in Licht und verschwanden nacheinander. Die Schwestern waren zutiefst gerührt, einige weinten sogar vor Freude. Das Erlebnis schien sie zu öffnen, denn auf einmal erzählte jede, dass sie schon mehrere Begegnungen mit diesen Seelen gehabt hatte. Keine hatte sich selbst so vertraut um anzuerkennen, dass dies real war. Zudem hatten sie sich, aus Angst ausgelacht oder ausgegrenzt zu werden, nicht getraut einander ihre Erlebnisse mitzuteilen.

Eine Ordensschwester erzählte: „*Wir hatten über mehrere Jahre eine Mitschwester, die immer an ihre Zimmerwand klopfte, wenn eine von uns durch den Korridor ging. Es war als Gruss gemeint oder als Zeichen wie ‚Hallo, mir geht's gut' oder ‚Komm doch herein, ich habe ein Problem'. Wir alle kannten ihre Klopfsignale und amüsierten uns oft darüber. Als sie dann gestorben war, hörten einzelne von uns, vor allem die Pensionärin, die ihr Zimmer daneben bezogen hatte, ihre Klopfzeichen immer wieder. Es hat uns einen riesigen Schreck eingejagt.*"

Eine andere Schwester schilderte: „*Ich arbeite ab und zu in der Küche oder helfe Speisen aufzutragen. Eines Tages deckte ich die Tische im Speisesaal und sah zwei Schwestern an einem Tisch in der Ecke sitzen. Als ich dann zu ihnen kam, um die Gabeln und Messer zu verteilen, verschwanden sie vor meinen Augen. Ich war so erschrocken, dass ich die Lade mit dem ganzen Besteck auf den Boden fallen liess. Noch nach Tagen zitterten mir die Knie.*"

Eine jüngere Nonne erzählte: „*Wenn ich im Keller bin um Vorräte zu holen, sehe ich oft aus dem Augenwinkel, wie jemand an mir vorbeigeht oder neben mir steht. Wenn ich dann aber den Kopf umdrehe um diese Person genauer anzuschauen, wird sie augenblicklich unsichtbar. Oft trau ich mich gar nicht allein hinunter und noch weniger jemandem davon zu erzählen*"

Eine immer lächelnde Schwester meldete sich zu Wort: „*Ich bin als Bauernkind aufgewachsen. Unser Hof lag sehr abgelegen und hinter einem kleinen Wäldchen versteckt. Der Schulweg war lang und viele Monate des Jahres auch dunkel. Es gab mehrere Möglichkeiten ins Dorf zu gelangen, aber alle Wege waren ähnlich und abgelegen. Ich hatte noch zwei Brüder und so waren wir zum Glück immer zu dritt unterwegs. Vielfach bemerkten wir, dass jemand am Strassenrand stand und dann mit uns mitlief. Oder es kamen uns mehrere entgegen, die dann, ohne uns anzusehen oder zu grüssen, an uns vorbeigingen. Jedes Mal, wenn wir genauer hinschauten oder uns nach ihnen umdrehten, wurden sie sofort unsichtbar. Es war gespenstisch und wir Kinder überlegten so manches Mal ob wir verrückt seien. Wenn wir jemandem zu Hause oder in der Schule davon berichteten, wurden wir immer als Lügner bezeichnet. Wir trauten uns oft nicht mehr alleine auf den Weg, aber niemand konnte oder wollte uns verstehen. Da ich heute so viel Klärendes darüber gehört habe, kann ich mir diese Erlebnisse in einem anderen Licht vorstellen. Ich spüre auch, dass meine Urängste darüber nun verflogen sind.*“

Schwester Alessa stand auf und sagte: „*Ich danke Ihnen und Ihrer Partnerin für die schönen, liebevollen Gebete, die Sie uns gelehrt haben. Auch danke ich im Namen derer, denen Sie geholfen haben. Sie haben viele unserer Ängste aufgelöst und neuem Denken ein Fundament gegeben. Dadurch sind Zweifel am Glauben verflogen, denn Sie haben uns bestätigt, dass wir unsterblich und ewig sind. Das gibt grosse Hoffnung und bringt mehr Freude in dieses Leben mit all seinen Prüfungen.*“

Wir beide verliessen eine Gruppe von auf einmal sehr fröhlichen Schwestern und fuhren zufrieden nach Hause.

2 Anstrengender Spitalaufenthalt

Nach drei Operationen an meinen unteren und oberen Sprunggelenken war immer noch keine grosse Veränderung bei den Schmerzen eingetreten. Nach der Versteifung des unteren Sprunggelenkes hoffte ich, dass alles wieder so sein würde wie vor dem Baustellenunfall, dem war leider nicht so. Es war ein Absturz vor dem mich mein Schutzengel noch gewarnt hatte, was ich aber ignorierte. Nun musste ich mit den Folgen leben. Nach sieben Jahren wurde ich von meinem Versicherungsagenten gedrängt, entweder den Vertrag aufzulösen oder einen letzten Heilungsversuch durch eine erneute Operation vorzunehmen. Ich entschied mich für die zweite Variante, wenn sie nur Besserung bringen würde. So landete ich bei Professor Hintermann, einem Spezialisten für Fusschirurgie im Kantonsspital in Liestal in Baselland, der mich im Mai zum ersten Mal untersuchte. Das Wartezimmer befand sich im Untergeschoss und war voll besetzt mit Patienten. Aus ihren Gesichtsausdrücken konnte man ihr Leiden ablesen. Nach etwa anderthalb Stunden wurde ich in einen kleinen Besprechungsraum gebeten, von einem Assistenzarzt untersucht und dann zum Röntgen geschickt. Bereits für nach dem Mittagessen wurde wieder ein Termin anberaumt. Man bat mich wieder in das kleine Untersuchungszimmer und eine Assistentin stellte mir die gleichen Fragen, die ich schon zuvor hatte beantworten müssen. Dann schien man mich für zwei Stunden vergessen zu haben. Eine Stunde später gestattete ich mir zu fragen ob der Herr Professor mich wohl vergessen hätte. Nein, nein, ich solle nur dort warten. Nach weiteren anderthalb Stunden wurde es mir zu bunt und ich ging.

Am nächsten Morgen rief ich an. Mein Verschwinden war erst am Abend bemerkt worden. Beim nächsten Mal war es ähnlich, nur traf ich dann den Professor tatsächlich an. Ein möglicher OP-Termin wurde festgelegt, jedoch erst ein halbes Jahr später. Wenigstens hatte ich zweimal die Möglichkeit, die vielen Seelen, die da herumhockten und aus den Zimmern schauten, anzusprechen und zu befreien.

Im Dezember war es dann soweit: Meine Freundin fuhr mich zum Spital. Ich wurde nochmals geröntgt und ein EKG wurde durchgeführt. In einem Zimmer musste ich länger warten, was mir wie ein Ruhetag vorkam. Zudem hatte ich noch drei Zimmernachbarn, von denen einer bereits am Abreisen war. Plötzlich öffnete sich die Tür einen Spalt breit und das magere Gesicht einer älteren Dame lugte herein. Sie schaute, nochmals, dann huschte sie ins Zimmer. Ich erkannte sie nicht sofort, denn sie trug ihren Wollschal bis fast unter die Nase, so als würde sie einen Überfall begehen wollen. Erst als sie mir ganz nahe war, sah ich in ihre blauen Augen, die ängstlich in die eingenickte Runde schauten. Diese Frau hätte ich hier absolut nicht erwartet. *„Herr Styger, darf ich schnell zu ihnen kommen und mich bedanken?"* Ich hatte diese Dame erst vor einer Woche im Therapieraum in Baar behandelt. Sie hiess Jupe, was im Schweizerdeutsch 'Rock' meint, trug aber einen braunen Mantel. Sie war durch die ganze Schweiz gereist, um mir ein kleines Geschenk zu bringen. Vor meiner Behandlung war diese Frau stark besetzt gewesen und zudem hoch elektrosensibel mit extremen Überreaktionen. Nun war sie sehr dankbar, weil sie seit langem das erste Mal wieder alleine im Zug unterwegs sein konnte. Die Verbesserungen, die sie erfahren hatte, machten sie überglücklich. Ich pendelte ihr noch ein paar Fragen aus. Bald hüpfte sie, umarmte mich noch und weg war sie.
Am späteren Nachmittag kam ich mit meinem direkten Bettnachbarn ins Gespräch. Er erzählte mir von seinen vielen Autounfällen, bei denen er jedes Mal Opfer war und schwer verletzt ins Krankenhaus kam. Ich sah an ihm eine Wolke von Astralwesen – von Abfallenergien. Beiläufig erklärte ich ihm kurz mit was ich mich beschäftigte. Der Zimmernachbar vis-à-vis von mir war Italiener und wegen einer Knieinfektion hier. Man öffnete ihm sein rechtes Knie und

spülte die unguten Flüssigkeiten heraus. Ihm war anzusehen, dass er sehr litt. Er war unbeherrscht und gestresst. Dauernd läuteten seine drei Handys und das Tischtelefon. Gleichzeitig schaute er TV-Filme. Wenn er, was öfters geschah, aufstand und mit seinem Flaschenwagen ins Bad schlurfte fluchte er jedes Mal, weil ihm das wegen den Schmerzen nicht leicht fiel. Als sein Stock zu Boden fiel, ging sein Temperament mit ihm durch. Er schmiss gleich noch alles, was ihm gerade in die Hände kam, hintendrein.

Nach dem Abendessen schrieb ich noch bis nach 22 Uhr, die anderen zwei schauten Fernsehen und draussen tanzten die Schneeflocken. Nach dem Lichterlöschen zog ich beim Spitalbett den Kabelstecker aus der Wand und versuchte zu schlafen. Das grosse Fenster hatte keine Vorhänge und so erhellten die Strassenbeleuchtungen das ganze Zimmer. Ich konnte deshalb nicht sofort einschlafen und schaute umher. Da bemerkte ich, dass durch die breite Türe ein alter Mann mit einer jüngeren Frau eintrat. Sie waren irdisch gebundene Seelen und konnten durch die geschlossene Türe gehen. Sie gingen Arm in Arm durchs Zimmer, standen nun vor dem Fenster und schauten lange nach draussen. Sie bemerkten nicht, dass sie im Tisch und er im Stuhl standen. Ich bat den Erzengel Michael, sich den beiden anzunehmen und sie wegzuführen. Sie erwachten und traten zu mir ans Bett. Am Schluss des Gebetes streckte ich ihnen meine Hände entgegen, die sie zu fassen und zu drücken versuchten. Ich lächelte sie an und sie schauten freundlich zurück, dann verschwanden sie urplötzlich ins Nichts.

Kaum waren die beiden weg, sah ich bei meinen beiden Zimmernachbarn wie schwarze Nebelschwaden aus ihnen austraten. Es waren Astralwesenabfälle, die kuriose Formen angenommen hatten und sehr böse aussahen. Ich versuchte sie von mir fernzuhalten und schlief dann relativ gut bis in den Morgen. Nach dem Frühstück sprach ich meinen Bettnachbarn an und berichtete ihm von meiner nächtlichen Beobachtung. Er war mit einer Ablösung einverstanden

und liess es geschehen. Er spürte nicht viel als die Wesen weggingen. Aber ich sah wie seine Aura wieder etwas wuchs.
Als nächstes ging ich zum Italiener. Er lag mit dem Kopf auf dem Metallrohr und klagte über starke Kopfschmerzen. Ich sprach mit ihm über Elektrosmog, denn das elektrische Kabel hing an seinem Kopf entlang. Dann versuchte ich ihn über seine fremde geistliche Energie aufzuklären, was wesentlich schwieriger war, denn das liegt halt nicht auf der Ebene des Verstandes. So war das auch bei ihm kein leichtes Unterfangen, denn er versuchte mich vom Gegenteil zu überzeugen. Aber er liess dann doch zu, dass ich die Ablösung bei ihm machte. Diese verlief normal und ich sah wie die Wesen weggezerrt wurden. Sein Blick wurde freundlicher und nach fünf Minuten sagte er: *„Es hat genützt, ich habe keine Kopfschmerzen mehr.“* Ich war froh, dass er überhaupt etwas spürte.

Nun wurde ich vorbereitet, musste ein rückenfreies Spitalhemd anziehen und eine Beruhigungspille schlucken. Anschliessend wurde ich im Bett über die langen Gänge zum Operationssaal gestossen. Die Anästhesieärzte empfingen mich und bereiteten mich auf die OP vor. Während mich die sympathische Ärztin darüber aufklärte was sie als nächstes tun würde spürte ich, dass ich nicht alleine an diesem Ort, auf diesem Platz, lag. Und tatsächlich sah ich rechts neben mir eine Frau und praktisch auf bzw. unter mir einen weiteren Verstorbene liegen. Die Frau war als Unfallopfer eingeliefert worden und beide hatten hier die Narkose respektive die OP nicht überlebt. Während man mir die Kopfhörer anlegte und die Schmusesongs von ABBA abspielte, sprach ich mit den beiden Seelen, weckte sie und löste sie ab. Von da an war es ein ganz anderes Liegen hier. An meinem Fuss wurde bereits gearbeitet, ohne dass ich etwas spürte. Die Lumbal-Narkose wirkte bei mir schon und die Ärztin fragte mich in kurzen Abständen, wie es mir ginge und ob ich noch etwas spüre. Wenn sie gewusst hätte, dass sie neben mir auch noch zwei Seelen narkotisierte, so bin ich nicht sicher, ob sie mir das, was ich da sah, auch geglaubt hätte.

Am Abend spielte die Spitalkapelle im Garten vorweihnachtliche Musik, wegen der eisigen Kälte war das Konzert aber nach drei Stücken beendet. Während der Nacht hatten wir dann ein eigenes privates 'Konzert'. Wir waren nun vier Männer im Zimmer. Mein Nachbar hatte hier im Spital schon fünf Tage gegessen und rühmte das gute Essen. Vom Profil sah er aus, als wäre er im fünften Monat schwanger. Seiner Meinung, so witzelte er, war er aber schon im siebten angekommen.
In dieser Nacht schlief ich sehr schlecht. Alle drei schnarchten und pupsten abwechslungsweise, was nicht gerade für ein gutes Raumklima sorgte. Ich verspürte starke Schmerzen gegen die ich alle zwei Stunde ein Mittel bekam, das jeweils einen gehörigen Schluckauf auslöste. Dieser dauerte stundenlang, was mir sehr peinlich war. Ich hielt den Kopf unter die Decke und das Kissen darüber, aber trotzdem wurden alle im Zimmer wach. Je mehr ich dagegen ankämpfte, desto stärker wurde der Reflex. Es durchzuckte mich bis zu den Füssen. Ich befürchtet schon, dass dies nun zu meinem persönliches Markenzeichen werden würde und musste selber herausfinden, wie ich das wieder wegbringen konnte. Gegen Morgen war ich dann endlich eingeschlafen, wurde aber bald wieder durch ein Heidenspektakel im Gang draussen geweckt, es tönte wie auf einem neapolitanischen Fischmarkt. Drei Putzfrauen palaverten in voller Lautstärke über was auch immer, Aufklärungsarbeit am Bodenwischer oder daraus gewonnene Erkenntnisse, ich weiss es nicht. Der Italiener wurde nach der ärztlichen Konsultation mit den Worten verabschiedet: *„Wir wissen zwar nicht, was Sie hatten, aber wir glauben, wir haben das Richtige getan."* Das kommt etwa dem Spruch aus der Tierwelt gleich: *„Irren ist menschlich"*, sagte der Hase und stieg vom Hahn.

Am zweiten Tag nach der Operation fühlte ich mich nicht besonders gut, beschloss aber mit Hilfe der Krücken im Gang ein wenig auf und ab zu gehen. Ich hockte mich eine halbe Stunde ins Nichtraucher-Besuchszimmer am Ende des Ganges. Es war leer, zumindest dem Anschein nach, denn sechs Verstorbene hatten sich hier eingefunden. Drei von ihnen waren junge Menschen gewesen, wahrscheinlich Unfallopfer, denen hier nicht mehr hatte geholfen werden können. Die anderen drei schienen altershalber verstorben zu sein. Ich weckte sie und sprach das Ablösegebet. Sie waren ganz verdutzt, ja erschrocken, als sie merkten, dass sie verstorben waren. Bald danach lösten sie sich auf und waren verschwunden.

Am Abend machte ich noch einmal einen kurzen Rundgang, um etwas für den Kreislauf zu tun. Die Nachtschwestern waren in den Zimmern unterwegs. Alles schien still und leer zu sein. So beschloss ich im ersten Geschoss unter mir ein wenig in die Korridore zu schauen. Mit dem Bettenlift begab ich mich nach unten. Auch in dieser Etage schien alles zu schlafen, also auf ins dritte Geschoss. Der Grundriss war überall gleich. Ich bat meine Engel, sie sollten doch bitte die gebundenen Seelen aus den Zimmern führen und in die Besucherzimmer bringen. Dann schaute ich ins Raucherzimmer am Anfang des Ganges. Ja, dieser Raum war nun gefüllt mit einem Dutzend Wesen und fünf Betten, in denen auch noch die im Schlaf Verstorbenen drin lagen. Weil der Raum zu klein war, befanden sich die Spitalbetten teilweise im und ausserhalb des Zimmers, drei davon waren sozusagen in die Aussenfassade integriert. In einem Bett lagen sogar drei Verstorbene, dies schien mir zu ungemütlich zu sein für die Ewige Ruhe. Nach dem Ablösen begab ich mich noch ins hintere Besucherzimmer. Dicht aneinander gedrängt standen da die Verstorbenen der letzten Jahrzehnte. Auch sie schienen nichts von ihrem Ableben bemerkt zu haben. Sogar ein verstorbener Hund war hier, der seinen ebenfalls verstorbenen Herrn wieder in der Geisterwelt im Spital gefunden hatte.

Wenn ich in einen solch 'überfüllten' Raum trete, nehmen mich die schlafenden Seelen häufig nicht wahr. Ich stehe dann quasi in ihnen. Wenn ich dann aber rufe und sie damit wecke, so erschrecken sie meistens, erkennen die Raumgrösse und den Ort wo sie stehen für einen Moment und weichen zurück. So geschah es auch in diesem Fall. Alle rissen gleichzeitig die Augen auf und wichen vor mir zurück, so weit, dass etliche zusammen mit den Betten auf dem kleinen Balkon und sogar davor in der Luft standen. Dies wiederum schienen sie nicht zu bemerken, denn ihre Aufmerksamkeit galt mir und dem was ich zu sagen hatte. Der helle und mit Lichterketten geschmückte Tannenbaum vor dem Eingang verlieh dieser Zeremonie etwas Feierliches. Alle wurden fast gleichzeitig von Lichtern in zarte Farben eingehüllt und verschwanden. Kaum hatte ich die letzten Worte laut ausgesprochen, öffnete sich die Türe und zwei ganz junge Pflegerinnen schauten mich bestürzt an. Sie hatten mich laut reden gehört und meinten wohl ich sei verrückt oder verwirrt. So sagte die Grössere mit den zu einem Rossschwanz gebundenen Haaren: *„Können wir Ihnen helfen oder sollen wir den Nachtarzt holen?" „Nein, ich bin vom zweiten Stockwerk und gehe jetzt wieder runter." „Was haben Sie denn hier gesucht?" „Ja, ich musste mich ein wenig bewegen und dachte etwas Höhenluft könne mir nicht schaden. Ich machte hier meine Sprachübungen, denn ich bin ein wenig heiser."* Ich lächelte und die beiden schauten sich viel sagend an. Sie begleiteten mich zum Lift und schauten genau, welchen Knopf ich drückte. Ich schlich ins Zimmer und legte mich ins Bett. Die drei Zimmernachbarn sägten schon wieder ihr Brennholz. Zum Glück konnte ich trotzdem einigermassen schlafen.

Am Morgen kamen die Ärzte zur Visite. Da jeder von uns von einem anderen Arzt operiert worden war, befanden sich vier verschiedene Gruppen im Zimmer. Mein Arzt war zwar kurz angebunden, aber sonst nett und anständig. Bei den anderen Patienten standen vorwiegend deutsche Ärzte an den Betten. Sie waren schroff und so unfreundlich, dass ich denen meinen BMW gewiss nicht anvertraut hätte, wenn sie Mechaniker gewesen wären. Ich sah auch ihr Problem: Sie waren alle besetzt und mit grossem, altem negativem Karma beladen. Nur eine Ärztin war sehr nett und freundlich, sie war frei und hatte eine wunderschöne Aura. Leider kam sie erst am letzten Tag in unser Zimmer und entschwebte auch schon nach fünf Minuten wieder.

In der letzten Nacht vor meiner Entlassung war es sehr ruhig auf unserer Abteilung. Nachdem ich gut eingeschlafen war, wurde ich um ein Uhr von etwas geweckt, konnte jedoch nichts und niemanden wahrnehmen. So stand ich leise auf und schlich aus dem Zimmer. Niemand war auf dem Flur. Ich humpelte an Stöcken den langen Gang bis ans Ende, hinüber zum Bettenhaus 1. Dort gibt es auch einen kleinen Raum, in dem sich Besucher mit Patienten treffen können. Ich bat meine Engel mir die Seelen, die Hilfe bräuchten, zu zeigen. Das taten sie auch. Am Ende des Ganges standen sie schon, links und rechts, neben und vor der Türe. Als ich bei ihnen ankam, bat ich sie näher zu kommen. Es waren sehr viele und es schien mir, dass sie aus allen Stockwerken hierher gekommen waren. Männer, Frauen und auch ein paar Kinder. An ihren Kleidern respektive Spitalhemden war abzulesen, dass sich alle, die es seit der Eröffnung des Spitals dort gab, versammelt hatten. Ein Mann stand ganz nahe vor mir, er hatte einen offenen, blutenden Bauch. Das Gleiche erblickte ich bei einer jungen Frau, die während eines Kaiserschnittes zusammen mit ihren Zwillingen gestorben war. Keine schönen Anblicke, dafür aber ziemlich farbig.

Ich konnte sie alle wecken und sie hörten mir zu. Nach dem Ablösegebet schienen sie sich von der Gebundenheit zu lösen, denn das Geistlicht hüllte sie ein. Dabei wurde mir wohl ums Herz und ich fühlte mich wunderbar frei. Schon nach einer Minute spazierte ich den Gang entlang zurück. Beinahe stiess ich mit einer müden Nachtschwester zusammen, die rückwärts aus einem Zimmer trat. Vor lauter Schreck liess sie ein Tablett mit den kleinen Sachen darauf fallen. Sie meinte wohl, ich sei ein hinkender, ergrauter Geist. Sie liess das Tablett liegen und eilte in ihr Büro. Mühsam las ich das zu Boden Gefallene auf und brachte es ihr in ihren Arbeitsraum. Da sass sie mit ihrer Kollegin, der sie gerade erzählte wie sie im Gang zu Tode erschreckt worden sei. Ich stellte das Tablett auf ihren Arbeitstisch und wünschte den beiden eine gute und ruhige Nacht. Sie lachten gequält und schauten mich erstaunt an ohne ein Wort zu sagen.

Ich hinkte mit den Krücken in mein Zimmer zurück und verkroch mich ins Bett. Nach einigen Minuten schlief ich ein und erwachte erst wieder am Morgen. Mein Spitalaufenthalt ging Gott sei Dank zu Ende. Ich ahnte ja noch nicht was mich zuhause erwarten würde…

Unerwarteter Tierseelen-Spuk 3

3.1 Vier Begebenheiten mit Frau B.:

1. Geschichte

Frau B. bewohnte mit ihren beiden Kindern und ihrem Mann eine grosse Dachwohnung. Sie bat mich diese Wohnung baubiologisch auszumessen, da die Kinder nicht schlafen konnten. Nachts kamen sie regelmässig weinend ins Elternzimmer, weil sie Eidechsen oder Spinnen sahen oder von anderen unheimlichen Wesen geweckt wurden. Natürlich wollten sie nicht mehr zurück in ihr Zimmer, was für die Eltern zunehmend zur Belastung wurde. Sie fragten alle möglichen Leute um Rat und räucherten das Kinderzimmer aus, was die Situation danach sogar schlimmer machte.

Als ich in der Wohnung stand spürte ich zunächst nichts. Meine geistige Führung hingegen wies mich darauf hin, dass nachts unzählige Tierseelen durch dieses Haus wanderten. Also schlug ich vor spät abends nochmals vorbeizuschauen, wenn die Tierseelen kämen.

Gegen 22 Uhr traf ich ein. Die Kinder schliefen schon im elterlichen Schlafzimmer. Ich ging mit der Mutter ins Kinderzimmer und bat Erzengel Michael, er möge die Tierseelen nun herholen und mir helfen sie abzulösen. Schon nach wenigen Minuten füllte sich das Zimmer, sie kamen in grosser Anzahl. Die Holzbalken, aber auch das weiss getünchte Deckentäfer, eben alles was aus Holz war, knackste und krachte. Obwohl wir uns im 4. Stock befanden, lief eine ganze Herde von Rindern, Kälbern, Schweinen, Schafen und auch jede Menge Kleintiere durch das Zimmer. Obwohl nur ich sie sah, konnte auch die Frau etwas wahrnehmen: Sie erschrak sehr, als sie die Geräusche hörte und zugleich die verschiedenen Gerüche in der Nase hatte.

Ich betete und konnte mit Engelshilfe diese unzähligen Tierseelen ablösen. Es wurde wieder still um uns. Die Mutter fragte sich, warum ausgerechnet hier im Dorf so viele Tierseelen seien, doch im selben Moment sagte sie auch schon: *„Schauen Sie aus dem Fenster, drüben auf dem übernächsten Grundstück ist eine Metzgerei mit einem angebauten Schlachthof.“* Hier hatten wir unsere Antwort. Auf jeden Fall war erst einmal Ruhe bei dieser Familie und die Kinder konnten wieder im eigenen Zimmer schlafen.

2. Geschichte mit Frau B.

In einem Dorf führe ich ab und zu freie Meditationen durch. An diesem Abend nahmen etwa vierzig Personen teil, Frau B. war auch dabei. Seitdem ich bei ihr die Tierseelen abgelöst hatte, waren schon beinahe drei Jahre vergangen. Ich hielt eine Einführung über das Thema „Selbstbefreiung von alten Leidensmustern“. Während der Meditation bat ich um Lichtenergie und rief präsente Leidensmuster der Teilnehmer. Ich bemerkte bei vielen, dass sich etwas löste; manche zuckten leicht, andere entspannten sich.

Ich sah, dass der Platz von Frau B. leer war, sie musste wohl leise raus geschlichen sein. Erst als alle sich voneinander verabschiedet hatten, ging ich vor die Tür. Sie lehnte an der Wand und war kreidebleich. Zitternd sprach sie mich an: *„Herr Styger, mir ist vorher etwas Furchtbares zugestossen. Kurz vor Ende der Meditation standen plötzlich drei Männer ganz nahe vor mir! Ich hatte so einen grossen Schrecken, dass es mir die Brust zusammenschnürte und ich beinahe ohnmächtig wurde. Sie bettelten mich an, ich solle ihnen helfen sie zu befreien. Ich hatte Bedenken sie seien Spukgeister, die mich irgendwie benutzen wollten. Sie sagten, ich solle mit ihnen nach draussen gehen noch bevor Sie mit der Meditation fertig seien, sonst wären sie auf ewig verloren. Mein Mitleid wuchs und ich ging mit ihnen.“*

Ich pendelte nun mit Hilfe meiner Engel aus, woher die drei Seelen kamen. Ich bekam die Antwort, dass diese von der Schwester der Frau kämen, die selbst sehr von Fremdenergien belastet war. Sie hatten wohl gewusst, dass heute ein Treffen mit mir stattfinden würde und sie Hilfe bekämen. Ich löste alle drei ab. Ihre Schwester war von diesem Abend an frei.

3. Geschichte mit Frau B.

Eine Woche später hatte dieselbe Frau erneut ein einschneidendes Erlebnis: Ihre beiden Kinder waren über das Wochenende bei ihrem, inzwischen von ihr getrennt lebenden, Ehemann. Sie hatte immer Probleme mit seiner Boshaftigkeit und Negativität. Als sie die beiden Kinder am Sonntagabend wieder in Empfang nahm, bemerkte sie gleich wie eigenartig fremdgesteuert sie sich benahmen. Sie waren völlig übermüdet und begannen zu weinen. Dann gingen sie in ihr Zimmer, um sich bettfertig zu machen. Sie kamen aber nach kurzer Zeit in Panik zur Mutter gerannt. Sie ging ins Kinderzimmer, wurde jedoch regelrecht zurückgeworfen. Sie sah eine grosse schwarze Gestalt mit Hut, um die sich schwarze Wolken gebildet hatten. Es brauchte lange bis Frau B. ihren ganzen Mut zusammenfassen konnte, um das Gebetsbüchlein aufzuschlagen und das Befreiungsritual für Astralwesen zu sprechen. Das Zimmer wurde darauf frei. Sie machte auch für die Kinder ein Ablösegebet. Diese beruhigten sich und schliefen bald ein.

4. Geschichte mit Frau B.

Am Montagmorgen erwachten die Kinder erholt und gingen zur Schule. Auch der Abend war harmonisch und sie hatten keine Angst mehr ins Zimmer zu gehen und später sich im eigenen Bett schlafen zu legen. Doch in der Nacht bekam die Mutter Bauchkrämpfe und Durchfall. Sie verbrachte zwei Tage im Bad mit ständigem Brechreiz und war nicht in der Lage, auch nur einen Schluck Wasser zu behalten. Sie verlor in dieser Zeit vier Kilogramm Körpergewicht. Dem Arzt, den sie nach diesen erbärmlichen Stunden konsultierte, war sofort klar, dass es sich um keine übliche Magen-Darminfektion handeln konnte und verordnete eine Infusion. Sie war so schwach, dass sie sich nicht mehr auf den Beinen halten konnte. Als ich zu ihr kam – sie war davon überzeugt, bald sterben zu müssen – sah ich schon von weitem die schwarze Wolke um sie. Bei der ersten Ablösung brachte ich sie nicht weg. Erst da bemerkte ich, dass wir es mit der bösartigen, dämonischen Energie zu tun hatten. Diese war am Sonntagabend bei der Ablösung der schwarzen Geistgestalt von ihren Kindern auf sie übergegangen. Nach einer heftigen Dämonen-Ablösung begann sich ihr Körper schnell zu erholen.

So hatte diese Frau innerhalb kurzer Zeit sehr viel darüber gelernt, was zwischen Himmel und Erde alles möglich ist.

3.2 Tierseelen in der vierten Etage

Die Mutter von drei Kleinkindern rief mehrfach an, aber leider vergingen zehn Tage, bis sie mich endlich erreichte. Sie hatte eine tiefe Stimme und fragte mich, ob ich ihrer Familie helfen könne, sie wisse nicht mehr ein noch aus und sie glaube es spuke bei ihnen.

Sie wohnte etwa eine Fahrstunde von mir entfernt, im vierten Stock eines Mehrfamilienhauses. Als ich an ihrer Türe klingelte hörte ich drinnen zwei Kinder weinen. Eine junge, blasse Frau öffnete mir die Wohnungstüre. Auf dem Arm trug sie ein Kleinkind und an einem Bein klammerte sich ihr vierjähriger Zögling fest. Ich hörte noch ein weiteres Kind, das aus einem Zimmer weinte. Die Frau bat mich einzutreten. Sie bewohnte mit ihrer Familie eine grosse

Luxusdachwohnung, die mindestens doppelt so gross war wie jede andere Familienwohnung. Doch die, durch das offene Dach produzierte, Grösse täuschte sehr, da in vielen Räumen das Dach bis fast auf den Boden reichte. Alles wirkte hell und offen, aber durch die Grösse auch irgendwie unpersönlich, ähnlich einem Wartesaal. Ich wurde an den massiv gebauten Holztisch gebeten, der in der Mitte einer grossen Dachlukarne neben der offenen Küche stand. Der Fussboden war mit Spielsachen und Kleinzeug übersät, dadurch musste ich sehr aufpassen, wo ich meine Füsse hinstellte. Ich fragte mich, ob hier wohl nach einer Spielzeugmesse eine kleine Bombe eingeschlagen war; in den Kinderzimmern sah es auch so aus. Ich nahm auf der speziellen Holzbank, die keine Lehne hatte, Platz. Die Frau fragte mich was ich trinken wolle und um ruhige Nerven zu behalten, entschied ich mich für einen Kaffee. Während die Kaffeemaschine mahlte und ratterte, rannte sie in ein Kinderzimmer, zog den Kleinsten vom Töpfchen und eilte mit ihm zusammen wieder zurück in die Küche. Gerade rechtzeitig, bevor der Kaffee über den Tassenrand schwappte. Nun sah ich, wie sie den Kleinen auf das glücklicherweise kalte Glaskeramikrechaud legte und ihm Windeln anzog. Mit dem Kleinen auf der Hüfte, stellte sie mir mit der freien Hand den Kaffee hin. Noch drei Mal begab sie sich wegen mir in die Küche und zurück, Zucker, Rahm und noch zwei Petit Beurre wurden nachgeliefert. Dann setzte sie sich vis-à-vis von mir hin; die Kinder blickten mich mit grossen müden Augen interessiert an. Endlich begann sie mir ihre Probleme zu schildern, da gab es noch drei kleinere Unterbrechungen: Zuerst schellte das Telefon, dann läutete die Türglocke, Nachbarskinder wollten die Kleinen zum Spielen abholen und zu guter Letzt spazierte noch eine Frau in die Wohnung, die irgendetwas zurückbrachte.

Endlich war es soweit, sie seufzte tief und sagte: „*Entschuldigen Sie, Herr Styger, aber es ist fast immer so, ich bin übermüdet und auch überfordert. Es sind eigentlich nicht der Haushalt als solcher oder die Kinder, die mir so zusetzen, nein, die Nächte sind für mich ein echter Horror. Kein Kind kann mehr richtig schlafen. Die Grösseren erzählen dauernd von Schlangen und Krokodilen in ihren Zimmern. Aber auch, dass Tiere die ganze Nacht schreien und Lärm machen würden."*

„Wir sind hier vor fünf Jahren eingezogen und konnten selber auch nie gut schlafen. Was ist da bloss los? In den unteren Wohnungen blieben die Mieter nie lange oder sie bekamen grosse Eheprobleme. Können sie uns da helfen, ich drehe fast durch." Sie weinte nun laut und stützte ihre Arme auf den Tisch, das Kind hatte sie zuvor zu Boden gelassen.

„Nun, wir schauen uns zuerst die Zimmer an", sagte ich zu ihr. Sie sprang voller Tatendrang auf und wischte sich die Tränen ab. Mit meinen elektronischen Präzisionsgeräten vermass ich jeden Bettplatz. Es gab genug technische Störfelder, so dass hier kein Mensch hätte gut schlafen können. Ich erklärte ihr genau die Gegenmassnahmen und sie machte sich Notizen.

Die Familie wohnte am Rande eines Dorfes, das in den letzten Jahren stark gewachsen war. Von den Schlafzimmerfenstern aus sah ich auf den Hinterhof der Dorfmetzg' mit dem Schlachtraum; gerade eben fuhr ein Lastwagen vor und etwa ein Dutzend Kälber wurden in ein Abteil beim Anbau getrieben. Ich hatte hier schon vor etwa zehn Jahren bei einer Familie auf der anderen Seite der grossen Wiese eine Tierablösung machen müssen. Auch diese Kinder hatten damals genau die gleichen Aussagen wie diese hier gemacht und konnten nachts nicht mehr schlafen. Seit meiner Hilfe habe ich von denen nichts mehr gehört, was im Allgemeinen für mich ein gutes Zeichen ist. Ich nahm mein Pendel aus der Tasche, setzte mich wieder an den grossen Tisch und fragte meine Geistigen Führer, was hier denn bloss ablaufe: *„Sind hier Tierseelen, die die Kinder spüren und auch belästigen?" „Ja." „Sind die auch am Tage hier?" „Nein." „Kommen sie nur nachts vorbei?" „Ja." „Um welche Zeit denn? Um acht? Neun? Zehn Uhr?" „Sie kommen erst um zehn Uhr und machen hier Probleme?" „Ja, das stimmt in*

etwa, denn um diese Zeit beginnen alle drei fast gleichzeitig zu schreien und weinen", sagte die Frau nachdenklich.
Ich wusste, dass ich nichts ausrichten konnte solange sie nicht hier waren. So machte ich ihr folgenden Vorschlag: *„Ich habe da noch einen Hausbesuch im übernächsten Dorf zu machen, wenn Sie wollen komme ich später zurück zu ihnen, um mit diesen Tierseelen zu reden. Ist das für Sie o.k.? Es wäre dann vielleicht von Vorteil, wenn ich ins mittlere Zimmer gehen könnte, ohne dass ein Kind darin ist. Zudem bräuchten wir noch ein paar Kerzen."*
„Ja, das geht in Ordnung so. Bis dahin ist auch mein Mann zu Hause. Er wird nach den Kindern schauen und sie in unser oder das nächste Zimmer verfrachten."
Ich verabschiedete mich von ihr und fuhr weg.

Der Besuch bei einem älteren Paar war eine baubiologische Routineuntersuchung. Die beiden waren von meinen Tipps begeistert und luden mich gleich noch zum Nachtessen ein. Der Mann war ein pensionierter Friedhofgärtner und Bestatter. Ich sah, dass er scheinbar resistent war für die Verstorbenen auf seinem Todesacker oder zu wenig sensibel für sie alle. Ich fragte ihn, ob er je Vorkommnisse der speziellen Art bei seiner Arbeit wahrgenommen hätte. Er verneinte und meinte lakonisch: *„Da dort ist niemand mehr läbig und tut irgendjemandem noch etwas zu Leide."* Seine Frau fuhr ihm nun barsch übers Maul und sagte erregt: *„Erzähl bloss nicht so einen Käse. Was passierte denn mit unserem Peter? Wissen Sie, als dieser acht Jahre alt war wollte er unbedingt einmal seinem Vater bei der Arbeit zuschauen. Er hatte Ferien und ich verbot ihm auf den Friedhof zu gehen. Ich selber hatte nämlich immer so ein mulmiges, ungutes Gefühl auf diesem grossen Friedhof. Er wollte nicht hören, so überraschte er an einem Morgen meinen Mann bei seiner Arbeit. Er ging aber nicht alleine dort hin, sondern wurde von seinem Schulfreund begleitet. Durch ihn hatten wir später auch erfahren können, was eigentlich passiert war. Jedenfalls stürzte unser Peter derart unglücklich, dass er sich mehrere*

Brüche zuzog und ein paar Tage im Koma lag. Auch nachher war er nicht richtig ansprechbar und noch lange geschockt gewesen. Sein Freund sagte uns, sie seien schnell dem Ausgang zugelaufen, Peter war ein paar Meter vor ihm gewesen und plötzlich, wie von einem Windstoss, weggepustet worden. Er landete mehrere Meter rechts hinter dem nächsten Grab auf dessen Steinplatte. Im ersten Moment habe er gar nicht gesehen, wohin Peter geflogen sei. Da er sich aber nicht mehr bewegt hätte, sei er sofort zum Vater zurückgelaufen und habe ihm dies mitgeteilt. Zunächst wurde der Schulkamerad verdächtigt, seinen Freund umgestossen zu haben, aber Peter verneinte dies, als er endlich wieder bei Bewusstsein war und sprechen konnte. Von da an war unser Kind wie verwandelt und nie mehr so fröhlich wie zuvor. Ich glaube, die Toten oder scheinbar Toten, haben sich damals an ihm vergriffen. Auch noch heute, als erwachsener Mann, würde unser Sohn um kein Geld der Welt je wieder auf einen Friedhof gehen. Mein Mann ist da anders, ihn hatte die Arbeit scheinbar nie besonders belastet."

„Ja, so ist es", sagte der Mann nun. Er drehte sein Bierglas nervös in den Händen und starrte in den Schaum als sähe er etwas Besonderes. Dann sagte er nachdenklich und leise: *„Ja, ich hatte dort soweit Glück und wurde in Ruhe gelassen. Anders erging es meinen Arbeitskollegen. Während der zweiunddreissig Jahre, in denen ich dort arbeitete, verlor ich sechs Kollegen auf rätselhafte Weise. Sie waren alle jünger. Es schien wirklich so als seien sie alle verflucht worden oder einem Zauberbann erlegen. Sie starben zwar auf verschiedene Art und Weise, aber keiner von ihnen war vorher krank gewesen; das ist irgendwie merkwürdig. Zudem musste ich sie alle unter die Erde bringen, da kam ich doch jedes Mal stark ins Grübeln. Nun, warum, das wissen wohl nur die da oben."* Er zeigte mit seinem starken, von Schwielen gezeichneten Finger, nach oben und machte ein sehr ernstes Gesicht. Die Kuckucksuhr im Esszimmer schlug energisch neun Mal. Zeit zum Aufbrechen und zur Familie von vorhin zurückzukehren.

Dort angekommen, war es erstaunlich ruhiger als am Nachmittag. Der Vater befand sich mit den drei Kindern in einem Zimmer und versuchte ihnen Märchen zu erzählen. Als er hörte, dass ich gekommen war kam er schnell ins Esszimmer. Er war ein grosser, mürrisch dreinblickender und arrogant wirkender Mann. In der Bank, wo er in der Börsenabteilung arbeitete, mag so jemand noch etliche beeindrucken können, mich aber nicht. Er schien dies zu bemerken und sagte nach dem kurzen, nassen Händedruck: *„Von mir aus hätten Sie gar nicht mehr kommen müssen. Was Sie da meiner Frau eingeflösst haben ist ja das Letzte und Blödeste, das ich je in meinem Leben gehört habe. Tierseelen, pah, so ein Seich! Ich habe den ganzen Tag mehrere Bildschirme vor mir und bin sicher, die haben mehr Intelligenz und sind beseelter als so ein Tier. Aber macht was ihr wollt, ich gehe in einer guten halben Stunde einfach ins Bett zum Schlafen, verstanden!?"* Die Frau getraute sich kaum aufzuschauen und schon gar nicht etwas zu sagen. Doch mich hatte solch eine Sorte Mensch noch nie mundtot gemacht. *„Ja, wenn Sie auch nicht glauben können, dass Tiere eine Seele und Gefühle haben, warum glauben Sie dann, diese Flimmerkisten hätten irgendeine? Warten Sie nur noch eine kurze Zeit und Sie werden ihr blaues Wunder an und mit der Börse erleben. Dann werden Sie einmal spüren können, dass das, woran Sie glauben, innert kurzer Zeit keinen Bestand und Wert mehr hat. Dann sind viel niederere Wesen als Tierseelen am Werk, die ihre Anbeter verzehren werden und dies auf der ganzen Welt gleichzeitig."*

Der Mann schaute mich verachtend an, so als wäre ich ein Idiot. Gut, soll er glauben was er will, egal. Ich setzte mich auf das kleine Bett im mittleren Zimmer und die Frau brachte vier Rechaudkerzen auf einem grossen Teller, die ich wortlos mit einem Streichholz anzündete. Sie stellte sie vor mir auf den Zimmerboden und schloss noch leise die Türe, dann setzte sie sich ganz nahe zu mir aufs Bett. *„Ich rufe nun diese leidenden Tierseelen, die gar nicht wissen, dass sie ausserhalb ihres physischen Körpers sind, also getötet* *wurden. Sie fühlen sich immer noch im gleichen Zustand wie vor dem Tod: voller Angst, gestresst und in Panik. Ich muss sie darüber aufklären, meistens kapieren sie diese Situation relativ schnell und können loslassen und weiterziehen. Sie fühlen sich dann emotional befreit und nicht mehr wie kurz vor ihrem leidvollen Tod. Dazu helfen natürlich die vielen lieben Engel und Geistwesen aus den höheren Gefilden."* Sie nickte verständnisvoll.

Ich hatte schon die Schwingungen der verschiedenen Tiere wahrgenommen als ich in die Wohnung getreten war. Nun begann es im Gebälk heftig zu knacksen und krachen, auch die drei Schranktüren vibrierten wie bei einem Erdbeben. Ich sah jetzt eine grosse Anzahl von getöteten Nutztieren an mir vorüberziehen, auch ihre Gerüche, aber vor allem ihr Angstschweiss, breitete sich stark in unserem Zimmer aus. Nun bekam die Frau heftig Angst und fasste nach meiner Hand, die sie festhielt bis ich die Ansprache und mein Gebet fertig gesprochen hatte. Es war eine riesige Anzahl von Tieren aller Arten und Gattungen, die da drüben geschlachtet worden waren. Kälber, Rinder, Kühe, Schafe und Ziegen sowie Kleintiere wie Hasen, Hühner und jede Menge grosser und kleiner Schweine, diese Prozession wollte und wollte nicht aufhören.

Als aber die letzten aus dem Zimmer gelaufen waren, hörten die Vibrationen an den Möbeln auf und der Gestank verschwand innerhalb von zwei, drei Sekunden, so als hätte man eine Absauganlage eingeschaltet. Die Frau spürte dies und begann sich zu strecken und aufzurichten. Ich bedankte mich bei der Göttlichen Welt für ihre Hilfe und Liebe für die Tiere, aber vor allem für die Menschen, die im Umfeld so einer Metzgerei leben mussten. Die Frau stand auf und sagte leicht erregt: *„Sie, das war verrückt: Ich spürte die Tiere an uns vorbeilaufen und wusste immer, um was für eine Tiergattung es sich gerade handelte. Sie haben diese sicher gesehen, oder?" „Ja, es war teilweise sehr traurig ihre Angst zu sehen und noch einmal erleben zu müssen. Aber ich* *bitte Sie, wenn Sie das nächste Mal Fleisch kochen und essen, sich für diese Gabe beim Tier zu bedanken und es zu segnen. So helfen Sie ihnen sich zu befreien von den niederen Angstelementen der Tierseelen, die hier sonst hängen bleiben. Diese wiederum würden wieder ihre noch leidenden Artgenossen magisch anziehen. So würden Sie und ihre Kinder bald wieder aufgesucht werden. Wissen Sie, alles wurde uns vom Schöpfer geschenkt, auch die Tiere. Wir müssen mit grosser Achtung und Ehrfurcht vor und mit dem Wunder der Natur und des Lebens umgehen und dafür danken.“ „Ja, das habe ich verstanden. Es ist eigentlich logisch und einfach zu verstehen, aber niemand hat uns das bisher so klar gesagt wie Sie gerade eben. Ich danke Ihnen für alles, denn jetzt weiss ich, dass wir sicher wieder gut schlafen können.“*

Leise zog ich mich aus dem Schlafzimmerbereich zurück, denn ich wollte nicht noch einmal ihrem Mann begegnen. In diesem Moment hatte ich weit mehr Achtung vor den Tierseelen als vor diesem materiegeilen Geldtier. An der Haustüre verabschiedete mich die erleichterte Frau mit einer langen, herzlichen Umarmung. Lächelnd liess sie mich erst wieder los als die Lifttüre aufging. Ein eigenartiger Abend war das wieder gewesen. Tierisch gut!

4 Wir Seelen und unsere Verwandten

Viele von uns haben schon erlebt, dass wir uns von einer Person angezogen fühlten und dabei gar nicht so recht wussten weshalb. Er/sie war eigentlich gar nicht unser Typ. Sie fragten sich dann, was wohl die Anziehung dieses Menschen ausmacht? War es der Duft seines/ihres Parfüms? Oder war es Magie, weil wir glaubten, ihn/sie schon irgendwie zu kennen? Vielleicht waren wir dieser Seele schon in einem früheren Leben begegnet? Das kommt der Wahrheit wahrscheinlich am nächsten, denn eigentlich würden wir nie auf diesen Menschen reagieren. Unser Gefühl aber sagt, den/die kenne ich von irgendwoher. Das Herz pocht und wir fühlen Emotionen, die wir normalerweise nicht hätten. Wir reagieren somit auf der Herzebene und sind erstaunt, dass unser Gegenüber nichts spürt oder darauf reagiert. Für viele bedeutet dies meist Seelenschmerz und grosse Frustration.
Vielleicht ist das auch besser, denn aufgewärmte Suppen schmecken nicht immer besonders gut. Warum ist das aber so? Warum reagiert man gegenüber einem von hunderttausenden Menschen mit einem solch starken Liebesgefühl?

Da wir wissen, dass wir ewig leben und unsere Seele unzerstörbar ist, können wir annehmen, dass wir schon unzählige Male auf dieser Erde lebten. Ebenso viele Male waren wir in den Zwischenwelten von unseren eigenen Mustern und Vorstellungen gefangen und lebten eine gewisse Zeit lang in den Astralwelten. (Auch nachzulesen im von unserem Heiland Jesus übermittelten Text: 'Über die Schwelle', Lorber Verlag.) Dort gibt es unvorstellbar viele Realitäten, Ebenen und Schichten. Für viele geht da das Leben fast eins zu eins wie hier auf der Erde weiter. Auch Reinigungs- und Läuterungsebenen, auf denen wir es als normale Menschen kaum lange aushalten würden, sind da zu finden. Das grausige Leiden, das dort abläuft würde uns zerreissen. Bei gewissen 'Erdenschweinen' braucht es wirklich einen 'Kochtopf' oder eine 'chemische Reinigung' bis sie wieder in ein neues Leben auf die Erde zurückkehren dürfen.

Genauso finden wir im Jenseits auch Ebenen der Glückseligkeit, des absolut Grossartigen und unbeschreiblich Herrlichen, das Ziel und die Triebfeder des schon ewig Suchenden. Nun, wenn wir dort, oben im Himmel, jemanden kennenlernen, ist das ein wesentlicher Unterschied zu dem, als wenn wir dies im Körper auf der Erde erleben würden. Dort ist man sozusagen fluidal, zumindest auf gewissen Ebenen, und wir begegnen uns 'nackt'. Jeder erkennt sofort wie sich der andere fühlt. Eine solche Bekanntschaft oder Freundschaft ist deshalb ungemein viel tiefer als eine 'nur' auf der Erde geschlossene. Schon Jesus sagte: *„Die besten Ehen werden im Himmel geschlossen."* Er meinte damit, dass Seelen, die sich dort begegnet sind und sich auf der Erde erneut treffen ein Privileg haben. Alle anderen können nie wissen, ob sie denn für den Partner auch die richtige 'Besetzung' sind und mit der Zeit stellt es sich vielleicht heraus, dass die Beziehung zum Scheitern verurteilt ist. Doch dies ist kein Grund aufzuhören nach dem Glück zu suchen. Wir dürfen niemals aufgeben. Wir müssen zu uns stehen. Was wir aus diesen Durststrecken oder im Leiden gelernt haben ist das Wichtigste, es ist die Essenz unseres Lebens. In uns schlummert das beste Gedächtnis, das es überhaupt gibt. Wir speichern alles und jedes über alle Leben hinweg. Leider...

So sind uns unzählig viele Leute in unserem Leben schon früher begegnet. Wir ahnen dies irgendwie, wissen aber nicht genau woher wir diese Menschen kennen. Leute, mit denen wir schon etwas zu tun gehabt oder geredet haben, sind für uns Bekannte bis gut Bekannte. Verwandte als Schwager/Schwägerin oder Schwiegereltern sind entfernte Anverwandte. Menschen, die mir sehr nahe stehen, zum Beispiel meine Frau/mein Mann, sind die

Nahverwandten. Am zweitnächsten stehen unsere Kinder, rein körperlich oder durch das Durchleben eines Abschnitts zum Menschwerden. Die nächste Menschengruppe sind unsere Eltern. Ihnen verdanken wir das Aufnehmen und Erleben dürfen, den Schutz. Sie formen uns zum Teil oder wir kopieren sie als unsere geliebte Vorlage. Die Grosseltern und Urgrosseltern sind schon wieder die zweitnahesten Verwandten.
Der wichtigste und springende Punkt allerdings ist die Tiefe unserer Beziehung wie sie zu den nächsten Verwandten ist oder (auch schon in früheren Leben) war. Wenn wir die Zusammensetzungen in den Familien anschauen, so kann man feststellen, dass Problemkinder zu ihren Eltern später oft ein viel besseres Verhältnis haben als vielleicht das Muster- oder Vorzeigekind. Warum ist das so? Häufig war dieses Problemkind mit der Mutter oder dem Vater schon sehr nahe verwandt oder man hat gemeinsam bereits viele Leben durchlebt.

Man muss aber auch bedenken, dass in früheren Leben nicht immer alles zum Besten stand und beispielsweise ein Kind nochmals zu den Eltern kommen muss, um etwas abzutragen oder einen Ausgleich zu schaffen. Eine Möglichkeit ist, dass die Urgrossmutter diesen Menschen früher gequält oder gehasst hatte. Das Erkennen von jemandem oder für eine Person spezielle Gefühle zu hegen, garantiert noch kein Happy End auf dieser Erde.

4.1 Die unglückliche Frau

Ich hatte die Frau schon bei einigen meiner Vorträge gesehen, da war sie zusammen mit ihrem Mann anwesend, ab und zu aber auch alleine. Als ich nun in der Nähe von Aarau einen Pendelkurs gab, war sie unter den Teilnehmenden. Leider gehörte sie zu den zwölf Frauen, bei denen das Pendel absolut keine Angaben anzeigte. Es blieb einfach stehen oder bewegte sich beliebig. Ich bat diese von niederen Astralwesenenergien besetzte Frau in ein Nebenzimmer und befreite sie in einer Kurzversion von diesen Energien. In der Pause fragte sie mich, ob ich einmal zu ihr nach Hause kommen könne, um dieses auszumessen. Plötzlich begann sie zu weinen und sagte: *„Wissen Sie, ich bin eine todunglückliche Frau, habe aber einen guten Mann und fünf Kinder. Ich kann ihn aber einfach nicht mehr lieben und mit ihm zusammen schlafen. Ich halte diese Situation nicht mehr länger aus."* Ich entgegnete: *„Ja, ich komme zu Ihnen, aber heute führe ich hier einen Kurs und habe leider keine Zeit."*

Sie war etwas über vierzig Jahre alt und hatte spezielle, schräg nach oben stehende, grüne Augen. Nennen wir sie Vrony. Der Pendelkurs war am frühen Abend zu Ende, doch im Anschluss belagerten mich zehn Personen, die noch private Fragen hatten. Bis alle zu Wort gekommen waren, war es beinahe elf Uhr nachts. Einige Teilnehmer kamen aus Deutschland und mussten die Gelegenheit nutzen mit mir ins Gespräch zu kommen, denn sie hatten schon länger versucht mich zu erreichen. Erst gegen Mitternacht gelangte ich müde auf die tief verschneite Böschi.

Ein halbes Jahr später hatte ich in der Nähe der Familie von Vrony zu tun. Zwischenzeitlich wurde ich auch von ihren Freundinnen oder Bekannten gebeten, mit ihr doch bald Kontakt aufzunehmen. Da ich jedoch wusste, dass niemand krank war, wollte ich nicht wegen eines Beziehungsproblems zwei Stunden Weges hin- und zurückfahren.
Als ich mich in dem grossen Dorf bei Passanten nach dem Haus der Familie erkundigte, deuteten alle auf den Hügel und die enge Strasse, die durch einen Wald führte. Ich fand bald das Haus, wo mich die Frau und ihre drei Kinder bereits erwarteten.

Das schon ältere Haus hatte man vor zwölf Jahren einer betagten Frau abgekauft. Es war direkt an der Strasse gelegen und der

Eingang führte von hinten durch einen angebauten Holzschopf. Das Grundstück war klein, bot aber noch Platz für einen gepflegten Gemüsegarten und ein kleines Holzhäuschen. Es war unschwer zu erkennen, dass dort früher Schweine gehalten wurden. Die Frau bat mich in die Essküche und die Kinder nahmen neugierig ihren Platz auf den Holzbänken, die um den Tisch standen, ein. Vrony sagte: *„Wir alle haben ein Problem alleine in den Keller zu gehen und nachts getrauen wir uns schon gar nicht zum Anbau. Was kann das sein? Ich habe mit meinem Mann schon oft zusammen das Ablösegebet gesprochen, aber es hat bis jetzt nicht gewirkt."* Ich pendelte aus, dass im Keller vier gebundene Seelen anwesend waren, die sich aber auch oft hier in der Küche, in der Stube und den Zimmern aufhielten.

„Am besten gehen wir zusammen in den Keller. Haben Sie einige Kerzen und Streichhölzer?" Sie zeigten mir den Gang zum Keller, in den sich keiner von ihnen alleine hinein getraute. Im fahlen Licht der Deckenlampe erblickte ich drei Seelen in der Aussenwand. Wir zündeten fünf Kerzen an und stellten sie auf den gestampften Erdboden. Ich nahm eine davon in die Hand und ging vorsichtig in den Gang hinaus und links zum dunklen Eingang unter der Sandsteinaussentreppe. Unter der linken Treppe, ganz im Dunkeln, hockte eine alte Frau auf einer Holzkiste. Dann sah ich den Rücken eines Eingemauerten. Er trug ein Arbeitsgewand, blaue Hosen und eine grüne Wolljacke. Ein Fuss schaute hier aus der betonierten Wand und das andere Bein war im Keller zu sehen. Die groben Kieselsteine waren gut zu erkennen, weil der Feinanteil gering war und damals der Beton nur gestampft wurde. Ich schätzte das Haus somit auf ein Alter von hundert Jahren. Bei den drei Seelen im Keller standen auch drei Schafe und zwei Ziegen. Was das wohl zu bedeuten hatte? Sie alle sahen nicht krank aus und schienen, bis auf die Frau draussen unter der Treppe, nicht alt geworden zu sein. *„Haben Sie eine Ahnung, was hier im Haus oder auf dem Grundstück früher vorgefallen sein könnte?" „Nein, die Frau von der wir*

es gekauft haben, war damals im Altersheim. Aus diesem Grund verhandelte ihr Enkel mit uns", sagte die Frau. *„Gebrauchte man im Dorf drunten für dieses Haus einen Übernamen?" „Ja, vor kurzem hat uns jemand gesagt, dass hier die 'Blitzbauern' gelebt hätten. Ich finde diesen Namen sehr sonderbar." „Ach so, dies gibt mir einen eventuellen Hinweis auf die Toten und die Tiere, die sich hier aufhalten. Dann scheinen diese drei jüngeren Menschen zusammen mit den Tieren vom Blitz getroffen worden zu sein."* Ich sprach das Ablösegebet und es dauerte nicht lange bis ihr Auralicht zurückkam und sie samt ihren Tieren verschwanden. Die Kinder waren gerührt und rieben sich Tränen von den Augen.

Nun gesellten sich auch der Mann, die älteste Tochter und der Sohn zu uns. Ich vermass in jedem Zimmer die Stromfelder und zum Erstaunen aller waren die Werte in dem alten Holzhaus sehr hoch. In den Kinderzimmern hatte es Lampen, Kabel und elektrische Geräte zuhauf. Erst als wir diese auf allen Stockwerken abgeschaltet hatten, zeigte das Elektromessgerät nichts mehr an. Ich war froh, dass die Kinder sich selber von der Lage überzeugen konnten, denn gerade sie waren es, die nicht gut schlafen konnten. Nun bat uns die Frau in die Küche, wo sie eine kalte Fleischplatte und einen selbstgebackenen Lebkuchen mit Schlagrahm zubereitet hatte. Nach dem Mahl musste das jüngste Kind zu Bett und die beiden älteren schauten Fernsehen. Vrony schloss die Türen hinter sich, denn sie wollte nicht, dass die Kinder von ihren Eheproblemen erfuhren. *"Sehen Sie, wir sind seit mehr als zwanzig Jahren verheiratet und hatten es immer gut miteinander. Mein Mann ist ein guter Ehemann und ein lieber Vater zu unseren Kindern. Aber seit unserem letzten Kind kann ich es nicht mehr ertragen, dass er mich anrührt und mit ihm ins Bett gehen mag ich schon gar nicht. Einige wenige Male habe ich versucht ihn einzulassen, aber es war für mich der Horror. Mein Mann tut mir wirklich leid. Vor sieben Jahren habe ich ihm schon gesagt, er solle sich doch bitte eine Freundin oder eine andere Frau nehmen.*

Ich würde für ihn weiterhin die Haus- und Gartenarbeiten erledigen, aber seine Nähe könne ich einfach nicht mehr ertragen."

Da sagte der Mann: „*Wissen Sie, ich habe sie geheiratet und ich will sie und keine andere.*" Vrony entgegnete: „*Ich habe gemeint, ich bekäme einen starken Mann an meine Seite, aber wenn er ein Problem hat, kommt er wie ein kleines Kind und fleht mich um Hilfe an. Was sollen wir machen? Wir haben schon zwei Ehetherapien hinter uns, aber geholfen hat es nicht.*" „*Ich pendle einmal aus, vielleicht bekommen wir eine Antwort.*" Ich fragte also meine Engel: „*Kennen Vrony und ihr Mann sich schon aus einem anderen Leben?*" „*Ja.*" „*Waren sie nur Bekannte?*" Neutral. „*Waren sie Verwandte?*" „*Ja.*" „*Waren sie Geschwister?*" „*Nein.*" „*Waren sie Mutter und Sohn?*" „*Ja.*" „*Waren sie schon mehrmals in dieser Rolle?*" „*Ja.*"

„*Ihnen scheint es ja besonders gut bei ihrer Mutter zu gefallen*", sagte ich zu ihm. „*Ja, sie kommt mir auch oft so vor, noch mehr als meine leibliche Mutter.*" Vrony meinte mit erhöhter Stimme: „*Ja, so muss es wohl sein, er benimmt sich meist wie mein Kind und nachts möchte er oft nur seinen Kopf auf meine Schultern legen. Jetzt verstehe ich, warum mein Körper sich dermassen wehrt und sperrt mit ihm Sex zu haben. Ihm scheint es aber nichts auszumachen, mit mir als Mutter zu schlafen. Warum denn das?*" „*Er nimmt Sie anders wahr, als Sie ihn. Sein Gefühlskörper reagiert nicht negativ. Warum sollte er auch. Wer liebt denn seine Mutter nicht?*" „*Aber nicht so, irgendwie anders. Hier bei uns habe ich noch nie gehört, dass ein Sohn mit seiner Mutter körperlichen Kontakt hatte. Dies ist hier doch tabu, oder?*" „*Ja, von unserer westlichen Erziehung her schon, ob aber alle Völker dieser Erde die gleichen Vorstellungen haben, weiss ich nicht. Als junge Menschen haben sie sich einfach gegenseitig angezogen und sich als alte Bekannte oder Vertraute gefühlt.*" Beide nickten, er aber sagte: „*Können wir etwas tun, um die alten Gefühle oder Erinnerungen auszuschalten?*" „*Hätten wir uns schon im ersten Jahr Ihrer Ehe oder Bekanntschaft getroffen, so wäre vielleicht ein Auslöschen der alten Emotionen noch möglich gewesen, aber jetzt, nach über zwanzigjähriger Abneigung und Leidenszeit, kann man das Erlebte nicht einfach abstellen oder wegradieren. Im alten Erfahrungsspeicher sind und bleiben Sie die Mutter und er der Sohn, da wird es schwierig sein, etwas daran zu ändern."*

Sie boten mir das Zimmer ihres kleineren Sohnes an. Es war bereits hergerichtet und wir gingen alle zu Bett, denn der Abend war schon fortgeschritten.

Als ich am Morgen aufstand, war das Frühstück bereits auf dem Tisch und ich liess es mir schmecken. Die Frau erzählte mir, dass sie seit langem nicht mehr gut schlafen könne und auch diese Nacht sehr aufgewühlt war. Ich pendelte aus, dass die vier Seelen das Haus verlassen hatten, aber draussen beim Schopf und Schweinestall noch etliche herumstünden. Wir gingen zusammen hinaus und da sah ich so um die dreissig Schweine, etwa zehn Ziegen und viele Schafe. Ich hatte die Engel zuvor gebeten, sie sollten die Tiere in den Wagenschopf führen, denn draussen regnete es in Strömen.
Ich sprach das Ablösegebet für die Tiere. Bald darauf waren sie verschwunden. Wir gingen zurück ins Haus. Sie servierte mir noch einen Kaffee und wollte mir etwas erzählen. Zögernd begann sie: *„Ich hatte natürlich Sehnsucht nach einem Mann, den ich lieben könnte und habe ihn auch gefunden. Er ist etwa gleich alt und lebt im übernächsten Dorf. Er hat mich unglaublich angezogen und nach einem halben Jahr unserer ersten Begegnung habe ich ihm meine grosse Zuneigung gestanden. Er war aber nicht zugänglich und hat mich verhöhnt und abgewiesen. Er hat mich sogar bei seinen Kollegen zum Gespött gemacht, woraufhin ich wie ein verletztes Tier abzog und mich in meiner Höhle verkroch. Können sie auspendeln, ob wir uns auch schon begegnet sind, bitte?"*
Ich tat, um was ich gebeten wurde und bekam als Antwort: *„Ja, Sie sind einmal Schwager und Schwägerin gewesen." „Hatten Sie*

es damals gut oder waren Sie ein Liebespaar?" „Nein." „Jetzt ist mir natürlich klar, weshalb er für mich keine Gefühle empfinden konnte. Ich dummes Huhn starb fast vor Liebesverlangen. Nun, das war vor vier Jahren. Vor etwa zwei Jahren lernte ich einen einfachen Bauarbeiter kennen, der im Nachbardorf wohnt und etwa mein Alter hat. Er zeigte grosses Interesse an mir und wir hatten dann zweimal Sex miteinander. Aber er wollte mehr und verlangte, dass ich von hier und von meinem Mann wegginge und zu ihm zöge. Die Kinder solle ich gleich bei meinem Mann lassen. Das war eine Lektion, die weh tat. Die letzten Jahre habe ich mich deswegen hier verkrochen. Ich hoffe nun sehr, dass mein Mann sich auf die Suche nach einer lieben Frau macht, dies würde mir sehr helfen."

Ein langer Arbeitstag lag vor mir, ich verliess die traurige Frau und hoffte für sie, dass sie wieder glücklich werden würde.

4.2 Die Frau, die früher die Schwester war

Nach einigen Briefen und E-Mails mit dieser Frau vereinbarten wir einen Termin und trafen uns in Baar. Eine nette, gut vierzig jährige Frau gab mir die Hand und dankte dafür, dass ich sie empfangen wollte. *„Ich danke auch, aber das hat gar nichts mit wollen zu tun, vielmehr entschied es der Zufall, dass Sie an die Reihe kamen."* Sie lachte und begann zu erzählen: *„Ich wohne mit meinem Mann in einer kleinen Gemeinde, wir sind schon fünfundzwanzig Jahre verheiratet und haben zwei Söhne und eine Tochter. Aus dem Nichts haben wir uns einen Betrieb mit neun Angestellten erschaffen, der sehr gut läuft. Ein Sohn arbeitet seit seiner Lehre auch beim Vater. Leider habe ich mit meinem Mann trotzdem kein Glück gehabt, er allerdings auch nicht mit mir, zumindest was das Miteinander im Bett betraf. Da geht bei mir gar nichts und mein Mann sagte schon vor zwanzig Jahren, ich sei frigide.*

Wir lernten uns kennen da waren wir beide siebzehn Jahre und noch vor meinem achtzehnten Geburtstag bekam ich mein erstes Kind. Er wollte es und wir standen dazu. Mit neunzehn Jahren heiratete ich ihn, obwohl ich wusste, dass dies ein grosser Fehler war. Kurz darauf bekam ich dann noch die beiden anderen Kinder. Ich sagte mir immer, wenn die Kinder einmal zwanzig sind werde ich mich sofort scheiden lassen. Aber nun ist mein ältester Sohn schon siebenundzwanzig und ich klebe immer noch an ihm fest. Wenn ich jetzt weggehe kann es sein, dass der Betrieb, unser ganzes, gemeinsames Werk, draufgeht. Ich war meinem Mann eine schlechte Geliebte, ich wollte ihn nicht und wies ihn immer ab. Er suchte sich deshalb bei anderen Frauen Abwechslung und ich fühlte mich fünfundzwanzig Jahre lang schuldig. Sie können sich gar nicht vorstellen wie das ist, wenn sie für die Fremdgeh-Kinder Alimentzahlungen leisten müssen. Mein Mann hat noch einen siebzehnjährigen Sohn und eine vierzehnjährige Tochter von zwei verschiedenen Frauen, unsere eigenen Kinder wissen aber nichts davon. Er ist zu feige es ihnen zu sagen und ich habe auch kein Recht ihn zu verraten, denn ich bin an allem alleine Schuld. Was soll ich bloss tun? Sehen Sie, ich habe mein ganzes Leben lang viel geweint, aber heute kann ich nicht einmal mehr das." Ich sagte zu ihr: *„Ich pendle einmal aus, ob Ihr jetziges Problem vielleicht in der Vergangenheit liegt"*, und bat meine Engel um Hilfe. *„Hat diese Frau jemanden aus einem früheren Leben auf der Erde an ihrer Seite?" „Ja." „Ist ihr Mann ihr ehemaliger Vater?" „Nein." „Ist ihr Mann ihr ehemaliger Bruder?" „Ja." „Sind die beiden schon mehrmals Geschwister gewesen auf der Erde?" „Ja." „Ist das Zusammenleben mit ihrem Bruder vorbestimmt oder in ihrem Lebensplan enthalten?" „Nein." „Ist sie also frei in ihren Entscheidungen?" „Ja." „Hat ihr Mann respektive Bruder bei ihr noch eine alte karmische Schuld abzutragen?" „Nein." „Hat sie bei ihm noch eine Schuld abzutragen?" „Nein." „Sehen Sie, so ist die Situation, Sie sind alte Geschwister. Bei Ihnen hat sich der Widerstand gegen ihn schon am Anfang ge-*

zeigt, aber er hat nur eine Anziehung gespürt und konnte das nie verstehen." „Was meinen Sie, was soll ich nun tun?" „Sie haben sich ja schon während der letzten fünfundzwanzig Jahre mit ihrer Trennung auseinander gesetzt. Das Herz hat Ihnen keine vernünftige Antwort gegeben. Also hören Sie auf Ihr Gefühl und den Verstand. Machen Sie das, was für Sie beide am erträglichsten ist. Sie sehen, es gibt keinen Grund, gegen sich oder gegen ihren Mann negative Gefühle zu produzieren. Eigentlich ist niemand schuldig. Aber ich bitte Sie, lösen Sie so schnell wie möglich die alten, negativen Verurteilungen gegen sich selber. Die könnten Sie jetzt oder vielleicht später krank oder leidend machen. Geben Sie für sich und Ihre Zukunft Bestellungen bei den Engeln in Auftrag und werden Sie glücklich. Sie sind so eine gute und liebe Frau." Sie ergriff meine Hände und drückte sie fest. *„Auf so etwas wäre ich nie gekommen, aber die Geschichte scheint mir logisch. Nun kann ich auch meine Gefühle besser verstehen. Meinem Bruder kann ich ja nicht böse sein. Andere empfinden gegenüber ihrem Mann Groll oder Hass, ich nicht, denn ich suchte die Schuld immer nur bei mir."*

Liebe Leserin, lieber Leser, Dinge dieser Art geschehen öfter als Sie denken. Ich kann nur raten in solch einer oder ähnlicher Situation auf jegliche Verurteilung zu verzichten, dafür aber gemeinsam zu versuchen eine Lösung zum Wohle aller Beteiligten zu finden.

4.3 Die Frau, die ihren Vater heiratete

Eine Geschäftsfrau aus der Umgebung von Basel fragte bei mir für eine Hausuntersuchung an. Sie sagte, sie hätte zudem ein persönliches Problem und dies wäre weit wichtiger, die Hausvermessung hingegen könne warten. Sie wusste, dass ich in wenigen Tagen bei ihrer Schwester in Olten einen Termin hatte und bettelte, doch auch zur gleichen Zeit da sein zu können. Das ging natürlich nicht, denn ich war vorher und nachher schon ausgebucht, aber am selben Abend ergab sich eine Möglichkeit und wir trafen uns um halb acht in einem Café in Rothrist. Beide waren wir pünktlich da, was bei mir eher selten der Fall ist, da ich nie weiss, was mich in einer Sitzung so alles erwartet.

Ich sah mich um und bemerkte, dass die Beschreibung gross, schlank und blond auf gleich drei Frauen passte. Kaum gedacht, stand eine der drei Frauen auf und trat auf mich zu. *„Sind Sie Herr Styger?"* Ihre braunen Augen sahen mich fragend an. *„Mein Bruder wollte Sie unbedingt kennen lernen. Wir haben uns in die hinterste Ecke verzogen, damit wir ungestört reden können."* Ihr Bruder begrüsste mich. Er war ein feingliedriger, ernster Mann. Wir setzten uns und ich bestellte ein Getränk.
„Heute habe ich schon fast Ihre ganze Familie kennen gelernt, was mir auch nicht alle Tage passiert", meinte ich. *„Meine Schwester hat mittags schon voller Begeisterung angerufen und mir über ihre Erfahrungen mit Ihnen berichtet. Was Sie bei ihren Kindern gesehen und auch gelöst haben, das ist schon selten, wenn nicht einmalig. Danke, dass Sie sich heute noch Zeit für mich nehmen. Mein Bruder wird nur zuhören, das hat er mir versprochen. Aber nun zu meinem Problem: Vor zweiundzwanzig Jahren habe ich meinen Mann Rolf geheiratet, ich war damals gerade dreiundzwanzig Jahre alt. Als die erste Verliebtheit verflogen war, empfand ich für ihn nur noch so eine Art von anhänglicher Zuneigung. Oft sagte ich zu ihm, du bist mein Vaterersatz oder wie ein Vater zu mir. Da lachte er immer und meinte, dann sollte ich ja glücklich sein. Mein leiblicher Vater und meine Mutter leben noch und ich habe den besten Kontakt zu ihnen. Mein Vater war eigenartigerweise gegen meine Heirat mit Rolf und ich nahm an, er sei ein wenig eifersüchtig, das hätte ja sein können. Obwohl es mir an nichts fehlte, war ich in meiner Ehe nie richtig glücklich. Rolf war und blieb nett zu mir und gab sich alle Mühe mit mir als undankbarer Frau. Aber nachts mit ihm im gleichen Bett und im gleichen*

Zimmer zu sein, machte mir zusehends Probleme. Schon nach zwei Jahren Ehe ertrug ich es nicht mehr, wenn er mich am Abend begehrlich umarmte. Ich verlangte eine Auszeit von einem halben Jahr und floh sozusagen ins Ausland. Die Eltern von Rolf sind angesehene Leute im Dorf und zeigten sich mir gegenüber sehr grosszügig, da sie nicht wollten, dass herumerzählt wird, ihr liebster Sohn hätte schon nach zwei Ehejahren Probleme mit seiner jungen Frau. Sie ermöglichten mir zuerst nach London und später in die USA zu reisen. Als ich zurückkam waren meine Erwartungen an Rolf gross. Er indessen hatte die Auszeit mehr als gut überstanden und so genannte Studienreisen nach Rio und Thailand unternommen. Zufällig entdeckte ich in seinem Schrank auch noch beweisdienliche Fotos. Er gab sofort zu, dass er dort von mehreren Frauen weit grössere Befriedigung erfahren hatte, als ich ihm jemals würde geben können. Mich überkam ein Schuldgefühl. Traurig weihte ich meine Schwiegereltern in die Sache ein, die zu mir hielten und Rolf rügten. Sie wollten nicht, dass ich zu ihm zurückging und sprachen sogar von Enterbung. Sie unterstützten mich wo sie nur konnten, Rolf indessen zog zu einer alten Freundin und ich reichte die Scheidung ein. Ich litt jedoch nicht sondern war eher erleichtert und fühlte mich wieder frei.“

Nach einer kurzen Pause fuhr sie fort: *„Zwei Jahre später lernte ich meinen zweiten Mann kennen. Er war in meinem Alter und nach einem Jahr heirateten wir; von ihm habe ich zwei Kinder. In dieser Beziehung lernte ich den Unterschied zwischen blosser Zuneigung und heisser Liebe kennen, leider ist er sieben Jahre später mit einem Kollegen in den Bergen tödlich verunfallt. Ich habe gelitten wie ein Tier und hatte seither lediglich flüchtige Bekanntschaften, eine feste Beziehung hat sich jedoch nicht mehr ergeben. Nun ist vor gut einem Jahr die Freundin und Partnerin von Rolf an Krebs gestorben, auch seine lieben Eltern sind innerhalb eines Jahres von uns gegangen. Rolf kommt auf einmal* *wieder zu mir und will mich dazu bewegen zu ihm zurückzukehren. Er ist fünfzehn Jahre älter als ich und Frührentner. Eigentlich könnte ich es bei ihm mit meinen zwei Kindern schön haben, aber mein inneres Gefühl bremst mich, meine Seele will anscheinend nicht zurück. Mein Verstand rät mir zu ihm zurückzugehen, auch meine Eltern und Geschwister bestürmen mich geradezu, ich solle doch den Schritt wagen. Was meinen Sie dazu? Ich habe Ihre Bücher gelesen und gedacht, dass Sie vielleicht herausfinden könnten, was bei mir klemmt?“*

„Ja, ich verstehe, es könnte etwas Altes sein, was Sie so blokkiert. Aber wie sah denn Ihr zweiter Mann aus und wie hiess er?“ „Erich, er war etwas kleiner als ich und hatte dunkle Augen und Haare. Warum fragen Sie?“ „Weil ich hinter Ihnen einen etwa gleichaltrigen Mann mit einer rotweissen Windjacke und einer Roger-Staub-Mütze stehen sehe und neben ihm einen mit einer schwarzen Jacke und einer grünen Wollmütze. Der trägt einen rotblonden Schnauz und ist nicht gut rasiert.“ „Um Himmels Willen! Erich trug so eine Jacke und eine Kappe und sein Freund Hans oder Hannes hatte einen solchen Schnauz und rasierte sich nur sonntags. Aber wieso sind die hier und wieso können Sie sie sehen? Oh Gott!“ Sie schlug ihre Hände vor dem Gesicht zusammen und schaute mich entsetzt an. *„Wenn Sie meine Bücher gelesen haben, so können Sie sich in etwa vorstellen, weshalb diese beiden bei Ihnen sind, oder?“ „Nein, nein, nicht im Geringsten, das kann ich mir überhaupt nicht vorstellen. Ich war doch bei diesem Medium und das hat mir gesagt, die beiden Männer seien frei und im Himmel. Ich habe das geglaubt, aber, wenn ich so überlege habe ich immer gespürt, dass Erich in unserem Haus ist. So geschockt wie ich damals war konnte ich ihn ja auch nicht loslassen. Ich wollte ihn unbedingt bei mir behalten. Oh, Gott, ich Unglückliche habe meinen Mann auf dem Gewissen, da er jetzt nicht frei ist und nicht in den Himmel kommen kann. Oh nein, nein.“* Sie vergrub ihren Kopf in den Händen auf der Tischplatte und weinte bitterlich. Die Wirtin kam herbei, als sie

die Frau schluchzen hörte. *„Geht es ihr nicht gut, soll ich den Notfallarzt rufen?“ „Nein, nein, noch nicht, aber hätten Sie vielleicht eine Kerze für uns?“* Schnell brachte sie das Gewünschte und zündete die Kerze an. Im Café hielten sich im Moment keine weiteren Personen auf und ich konnte ohne Störung das Ablösegebet sprechen. Die Wirtin blieb neugierig neben uns stehen. Ich sagte deshalb zu ihr: *„Ich muss die zwei Seelen, die hier sind, befreien und dazu ein Ablösegebet sprechen. Würden Sie für einen Moment das Radio ausschalten?“* Sie kam sofort wieder zu uns und fragte: *„Sind diese zwei denn Gefangene und sind Sie der Gefängnispfarrer?“* Ich verstand im ersten Moment nicht was sie meinte, doch sie sagte, *„Ich lasse Sie jetzt alleine, damit Sie denen in Ruhe die Beichte abnehmen können“*, und verschwand hinter der nächsten Ecke.

„Nun, ich spreche euch an, ihr beiden Seelen, die ihr an Judith hängt. Erwacht bitte, wir haben das Jahr 2009 und es ist September.“ Da schauten mich die beiden Seelen mit grossen Augen an. *„Ihr seid bei einem Bergunfall ums Leben gekommen und noch nicht frei von euren Körpern, ihr habt diesen Unfall nicht überlebt und eure Körper sind tot. Das ist jetzt schon neun Jahre her, Erich und Hannes, und Judith hat deswegen sehr gelitten.“* Wie mit allen gebundenen Seelen machte ich das Ablösegebet. Erich legte seiner Frau und seinem Schwager für einige Sekunden die Hand auf die Schultern, seine Judith küsste er auf den Hals. Sie schien es zu spüren und legte ihren Kopf leicht auf die rechte Seite und lächelte. Dann verschwanden die beiden Seelen gleichzeitig. *„Das war ein Gefühl“*, sagte sie und war zu Tränen gerührt. Ihr Bruder empfand ebenso und rutschte auf dem Stuhl hin und her. Da erschien die Wirtin erneut und sagte: *„Sie, so eine schöne Ansprache habe ich noch nie gehört. Machen Sie das beruflich oder kann man Sie mieten?“ „Ja, ja, bei der Autovermietung.“* Rasch drehte sie sich um und begab sich hinter die Anrichte, wo sie einem neuen Gast Zigaretten aushändigte.

„So, nun werde ich auspendeln, ob Sie mit Ihren Männern schon in Vorleben irgendeine Beziehung hatten." Ich bat meine Engel um Hilfe und sie sagten mir ihre Unterstützung zu. *„Ist ihr verstorbener Mann Erich mit ihr schon in einem anderen Leben auf der Erde gewesen?" „Nein." „Sind sie sich schon in der geistigen Welt begegnet?" „Ja."*
„Sehen Sie, Sie kannten Erich schon aus einem früheren Aufenthalt in der geistigen Welt. Aus diesem Grund war die Anziehung so gross und auch so schön." „Und nun fragen wir wegen Ihres ersten Mannes Rolf." „Hat Frau Judith ihren Mann Rolf schon aus früheren Leben gekannt?" „Ja." „War sie mit ihm sogar verwandt?" „Ja." „War sie seine Schwester?" „Nein." „War sie schon einmal seine Frau?" „Nein." „War sie seine Tochter?" „Ja!" „Also war er schon ihr Vater?" „Ja!!" „War er in nur einem Leben ihr Vater?" „Nein." „War er in zwei Leben schon ihr Vater?" „Ja." „Gehörte das in ihren Lebensplan, dass sie ihren ehemaligen Vater heiraten wollte oder musste?" „Nein." „Muss er bei ihr noch eine alte Schuld abtragen?" „Nein." „Hat sie ihm gegenüber noch Schuld zu begleichen?" „Nein." „Haben sie sich einfach nur angezogen, weil sie sich halt schon gut kannten?" „Ja."
„Das erklärt Ihnen vielleicht, weshalb Sie diese starke Anziehung haben, aber eigentlich nur eine Zuneigung spüren. Ihr Körper-Zellgedächtnis scheint Sie zu warnen, denn es signalisiert Ablehnung, wenn es um körperliche Nähe geht." Sie streckte sich auf ihrem Stuhl und setzte sich kerzengerade auf. *„Jetzt sind mir die Augen geöffnet und ich kann begreifen, was ich damals und auch jetzt wieder bei Rolf spüre. Er war zweimal mein Vater und ich nehme ihn auch so wahr. Wenn ich das Gefühl zu meinem jetzigen leiblichen Vater vergleiche, so ist es tatsächlich das gleiche Empfinden. Diese Erkenntnis tut mir gut. Es bestätigt mir, dass ich nicht spinne."* Liebevoll schaute sie zu ihrem Bruder und ergriff dann meine Hand. *„Könnten Sie fragen, ob mein Bruder und ich auch schon Geschwister waren und ob ich mit meinen Eltern auch schon zusammengelebt habe?" „Liebe Engel, war Judith*

schon einmal mit ihrer Mutter auf der Erde?" „Nein." „Kennt sie ihre Mutter von den geistigen Welten her?" „Nein." Wie ist es mit ihrem jetzigen Vater, kennt sie ihn schon aus einem Erdenleben?" „Nein." „Kennt sie ihn schon aus den geistigen Welten?" „Nein." „Sehen Sie, keinen von beiden haben Sie je gekannt und trotzdem waren sie die besten und liebevollsten Eltern. Das ist meistens so, wenn man sich nicht kennt. So gibt es auch nichts abzutragen oder alte Leiden auszugleichen. Nun zu Ihrem Bruder. Ist Judith mit ihm schon einmal als Schwester auf der Erde gewesen?" „Ja." „War sie schon mehrmals seine Schwester?" „Ja." „Zwei Mal, drei Mal – drei Mal?" „Ja." „War sie auch schon in anderen Rollen zusammen mit ihm?" „Nein."
Er sagte nun mit belegter Stimme: *„Es ist mir auch immer so vorgekommen, dass wir uns schon ewig oder auf jeden Fall viel länger kennen als nur aus diesem Leben. Obschon, ich habe mir bis jetzt noch gar nie so grosse Gedanken darüber gemacht, was vor diesem Leben war oder was danach kommt. Dieser Abend öffnet mir viele Türen, die mir bis anhin verschlossen waren. Ich danke Ihnen für das, was sie Judith und mir gegeben haben."* Er griff gerührt nach meiner Hand.

Wir baten um die Rechnung. Die Wirtin schaute etwas argwöhnisch und beeilte sich einzukassieren, sie war wohl froh, dass wir gingen.
Judith zupfte mich am Ärmel und sagte: *„Jetzt habe ich das Wichtigste fast vergessen: Was soll ich nun mit Rolf anfangen?" „Das ist eine gute Frage"*, entgegnete ich. Wir standen unterdessen schon draussen vor dem Haus. *„Was macht eine Tochter nachdem sie erwachsen ist mit ihrem Vater und dem Elternhaus...?" „Sie verlässt diese, geht ihren Weg und sucht sich die Liebe, die sie glücklich macht." „Ja, so ist es"*, sagte ich leise. *„Hören Sie auf Ihren Verstand. Dieser hilft Ihnen im Moment am meisten."* Sie umarmte mich und ich wünschte ihr alles Gute. Wir fuhren durch die Nacht und im Regen nach Hause.

Das Aussehen und Körperbefinden 5

Was wir Menschen erleben und wahrnehmen ist vorläufig sozusagen die letzte und oberste 'Schicht'. Ich möchte dies mit einem alten Tisch, auf dem ein schönes neues Tischtuch liegt, vergleichen. Wenn nun jemand von ausserhalb des Haushaltes behauptet, er kenne diesen Tisch, so täuscht er sich. Er kennt und sieht nur den äussersten halben Millimeter des Tischtuches, aber keinesfalls den Tisch und schon gar nicht die Konstruktion oder die Machart des Möbels. Er weiss auch nicht, wo der Tisch verarbeitet wurde und wer an ihm gewerkelt hat. Noch weniger weiss er, was für ein Holz verwendet wurde, wo der Baum gestanden und wie er gelebt hatte. Das sind Vorstellungen, die wir uns nie machen oder machen müssen.

Genau gleich verhält es sich mit unserem Seelenbewusstsein. Was wir an uns sehen sind die Haut, die Maske oder die Verkleidung des Körpers. Die Seele ist jedoch im und um den Körper der ganze Inhalt oder aber auch die Gussform um uns. Sie ist die effektive Essenz unseres ewigen Seins, aber nicht unser Körper. Das klingt kompliziert, ist es aber nicht. In den unzählbar vielen Vorleben haben wir viel erlebt und durchlitten. Wir haben gute und schlechte Gefühle gegen andere, aber auch gegen den eigenen Körper, erlebt und gespeichert und das alles ins jetzige Leben mitgebracht. Bei vielen von uns haben sich diese Emotionen gegen sich selbst regelrecht manifestiert. Sie zeigen sich als unansehnliche, ja sogar hässliche Menschen. Im Volksmund sagt man dazu: *„Er/sie kann ja nichts dafür, wenn er/sie so auf die Welt gekommen ist"* oder *„Gott hat jeden so erschaffen, wie er nun halt ist."* Das sind gute Sprüche der Entschuldigung, vielmehr noch der Unkenntnis. Meinen Sie wirklich, Gott unser Schöpfer der Vollkommenheit lasse es von sich aus zu, dass eines seiner liebsten Kinder unschön oder hässlich sein müsse? Wohl kaum, nein, es sind die alten Gedankenmuster (Elementale), die den Körper im Hier und Jetzt formen und gestalten. Jeder ist für sich selber verantwortlich und damit auch für sein Aussehen und den Ausdruck. Trotzdem heisst das aber absolut nicht, dass ein weniger schöner Mensch etwa schlecht oder böse sein muss. Nein, er hatte sich in seinen Vorleben einfach zu wenig geliebt und angenommen oder seinen Körper als sündig und unrein betrachtet. Die dekadenten Vertreter der Kirchen tragen da eine Hauptschuld an diesen schier unendlichen Körperleiden der Menschen. Sie haben ihre ganze Unzulänglichkeit und eigenen Körperprobleme noch verstärkt und den Mitmenschen als Sünde oder Todsünde aufgeladen. Meiner Meinung nach ist es die grösste Grausamkeit gegenüber den Menschen, wenn man lauthals verkündet: *„Euer Körper ist sündig und des Teufels. Tut Busse, peinigt und züchtigt ihn, macht Fastenkuren und betet, damit ihr nicht mehr sündigt."* Dies ist Stumpfsinn, Zwang und Angstmacherei. Zum Glück glauben die meisten Menschen in dieser modernen Gesellschaft nicht mehr an solch dummes Zeug.

Leider ist es aber nun so, dass auch die jungen Leute, wenn sie eine Familie gründen, wieder von Ängsten geplagt werden. Ebenso wie die älteren Menschen, die aus lauter Angst alle Tage in die Kirchen rennen, weil sie meinen, sie würden sonst eine Sünde begehen. Vor allem junge Frauen kommen oft in grössere Bedrängnis mit ihren Körpergefühlen. Sie sind hin und her gerissen zwischen Lust und Unlust, ihrem Trieb, der körperlichen Urkraft und dem starken Liebestrieb ihres Mannes, der ihrer Meinung nach nur körperliche Wollust und keine echte Liebe sei. Viele Frauen ziehen sich deshalb innerlich zurück, werden ablehnend oder sogar gefühlskalt. Ihre Männer fühlen sich dadurch nicht mehr geliebt oder abgestossen. Viele Männer, so scheint es, haben ihr Selbstvertrauen und Ego zwischen den Beinen baumeln. Deshalb können sie sich die Gefühlsveränderungen ihrer lieben Frauen gar nicht erklären. In den allermeisten Fällen allerdings sind bei den betroffenen Frauen einfach die alten Leidensmuster aus den Vorleben an die Oberfläche gekommen und die heissen oft: *„Ich bin nicht*

würdig, dass ich geliebt werde. Ich verdiene keine Liebe. Mein Körper ist nur schlecht. Ich begehe eine Sünde. Ich darf hier auf der Erde keine Freude haben, sonst werde ich den Himmel nicht erreichen oder werde sogar daraus verstossen. Ich muss Busse tun und darf mir nichts gönnen." Keine Frau ahnt, dass dies die alten Elementale aus ihren Vorleben sind, die ungefähr alle sieben Jahre über sie hereinbrechen oder sich melden: *„Hallo, ich bin auch noch hier, du hast mich erschaffen, ich gehöre nur dir alleine."* Ja, das ist dann mehr als eine schöne Bescherung. Aber überlegen Sie – vielleicht sind sie vor dreissig oder vierzig Jahren noch eine alte verbitterte Frau gewesen, die voller Ängste auf ihren Tod gewartet hat, weil sie dem damaligen Leben nichts Positives mehr abgewinnen konnte. Sie sind immer noch die gleiche Seele und der Rucksack ist immer noch derselbe, nur vielleicht viel schwerer.
Dieselben Probleme haben natürlich auch die Männer mitgebracht. Auch mit ihrer Gefühlswelt steht es nicht zum Besten – so richtig zum Davonlaufen, Zunebeln oder Zuschütten. Nur sind die Frauen diesbezüglich empfänglicher und eben auch emotionaler. Es ist also für jeden von uns von Vorteil, sich so schnell wie möglich von den alten, selbsterschaffenen Karma-Mustern und den daraus entstandenen Elementalen zu befreien. Ablösegebete dazu finden Sie im Band 1 meiner Bücher. Warum soll man noch weiterhin leiden, wenn das Wissen darüber fehlt, warum man dieses oder jenes ertragen soll?
Zurück zu den Mitmenschen, die sich hässlich oder einfach nicht schön finden. Wenn ich dem auf den Grund gehe, entdecke ich oftmals, dass diese Menschen noch neue, junge Seelen aus den unteren Geisterreichen sind, auch die können sich einen schönen Körper wünschen und sich danach sehnen. Es wird dann schon im nächsten Leben so sein, dass sie mit all dem ausgestattet sind, was sie sich gewünscht haben. Meistens sind sie auf der Seelenebene noch sehr wenig oder gar nicht mit Altem belastet und daher wunderbare, einfühlsame Menschen. Mit Gottvertrauen werden sie ihren Weg in der Unendlichkeit des ewigen Seins schon finden.

Natürlich werde ich ebenso von körperlich Behinderten gefragt, was sie bloss verbrochen hätten, dass sie in diesem Leben so ein Leiden haben oder brauchen?" Da gibt es grundsätzlich zwei Möglichkeiten: Zum einen eine sehr hoch entwickelte Seele kommt aus Liebe zu ihren jetzigen Eltern behindert auf die Welt, um ihnen zu helfen ihre aufgeladene Karma-Schuld abzutragen oder auszugleichen. Beobachten Sie einmal die Eltern eines behinderten Kindes. Sie kümmern sich aufopfernd um dieses Wesen und stellen es in den Mittelpunkt, nicht selten werden dabei ihre anderen Kinder hinten angestellt und fast vergessen. Diese Kinder wiederum vermissen die nötige Zärtlichkeit und Zuneigung. Unzählige Erwachsene, die in ihrer Kindheit solche Erlebnisse hatten, sprechen verbittert über ihre Eltern. Sie kamen sich verstossen oder weniger geliebt vor, erkennen aber die grosse Aufopferung zu einem ihrer Geschwister an. Wenn Eltern ein behindertes Kind erhalten und aufziehen müssen oder eine Seele behindert geboren wird kann es auch sein, dass diese Menschen in einem oder mehreren Vorleben Behinderte ausgelacht, verhöhnt, gequält, verfolgt, ja sogar getötet haben. Jetzt muss diese Seele ein oder auch mehrere Leben lang die Rolle eines Behinderten übernehmen. Oft ist diese Situation für das Kind und die Eltern nützlich und als Ausgleich gedacht.
Ich habe aber auch erlebt, dass die Seele eines behinderten Menschen sehr hoch entwickelt war und keine Schuld abzutragen hatte, sie nur eine Rolle spielte, um die Eltern in ihrer Liebesfähigkeit zu unterstützen und zu fördern. Vielleicht hatten diese ja selber noch nie die Möglichkeit, Liebe zu empfangen oder weiterzugeben. Beim eigenen behinderten Kind, so ist mir aufgefallen, fiel ihnen dies leichter. Die Wege in unserem Leben sind oftmals wie ein zugewachsener Pfad im dichten Regenwald. Jeden Moment kann etwas Neues erscheinen, das uns überrascht und fordert. Es sind unsere eigenen Lianen und Blätter, die uns den Weg zum inneren Licht und zur Wahrheit versperren. Hacken wir sie fleissig und mit Ausdauer ab.

5.1 Die Frau aus Neuseeland

Nach einem Vortrag stand eine Frau um die sechzig vor mir und bat um einen Termin für ihre Tochter. Diese lebte auf Neuseeland, war jedoch seit vier Wochen auf Besuch zuhause in der Schweiz. Mein Vortrag hatte ihren Verdacht bestätigt, dass die Tochter besetzt sei. Sie selbst konnte leider nicht daran teilnehmen, obwohl sie es im Sinn gehabt hatte. Kurz vor der Abfahrt war sie aber ohnmächtig geworden und ihr Mann musste sich um sie kümmern. Die Frau wohnte eine gute Stunde entfernt, am Zürichsee. Sie überreichte mir Adresse und Telefonnummer und bat mich eindringlich vorbeizukommen und ihrer Tochter zu helfen. Mein Terminkalender war randvoll und ich konnte ihr keine Zusage machen. Zudem warteten, wie nach jedem Vortrag, Dutzende von weiteren Hilfesuchenden auf mich.

Schon am anderen Tag fand ich zwei E-Mails und eine Faxnachricht von dieser Frau in meinem Büro vor. Auf meiner Terminliste sah ich, dass ich am übernächsten Tag gegen Abend im Nachbardorf zu tun hatte, also vereinbarte ich mit der Familie einen Hausbesuch.

Die Eltern bewohnten ein Reihenhaus in einer Grossüberbauung, die vor etwa dreissig Jahren erstellt worden war. Ich wurde von der Frau, ihrem pensionierten Mann und deren Sohn empfangen. Alle schienen sehr bedrückt zu sein. Sie baten mich in die Wohnstube und ich versank in ihrem weichen Sofa so unerwartet, dass sich meine Füsse in die Luft streckten. Ich versuchte mich aufzustützen, versank jedoch hilflos in den Kissen. Die Frau sagte: *„Die Kissenfüllung ist neu, sie besteht aus Wohlfühl-Gel und passt sich vorzüglich dem Körper an." „Ja, das finde ich auch, nur komme ich nicht mehr davon hoch. Wo sind die Bügel, die jedes Spitalbett hat?" „Wir werden ihnen helfen"*, sagte der Mann und wir hatten dabei alle etwas zum Lachen.

Als ich nun so in dem entspannenden Gel sass, kam die Tochter in den Raum. Sie war etwas über vierzig Jahre alt und sah sehr verweint aus. Sie streckte mir die Hand zum Gruss hin. *„Können Sie mich bitte gleich aus dem Gel hochziehen?“* Sie fasste meine Hände und zog mich mit aller Kraft hoch. Dabei gab der weisse, langhaarige Teppich unter ihr nach und sie rutschte mit ihren Füssen zum Sockel des Sofas und sass plötzlich auf ihrem Hintern, dafür stand ich jetzt und zog sie vom Boden auf. Mit ihren blauen Augen und ihren dunkelbraunen Haaren stand sie vor mir und schaute mich traurig an. *„Ihr könnt in mein Besprechungszimmer gehen, ich habe dort aufgeräumt“*, sagte die Mutter und ging voraus.

Das Zimmer diente der Frau als Therapieraum für Beratungen. Auf Glastablaren standen sicher hundert, mit farbigem Öl gefüllte, Glasfläschchen. Wir nahmen am runden Steintischchen auf geflochtenen Stühlen Platz. Die Tochter schaute mich ununterbrochen an. Um sie herum nahm ich Scharen von negativen Astralenergien in Wolkenformen und grässliche Fratzen wahr. *„Ich weiss gar nicht, wo ich mit Erzählen anfangen soll? Mein Leben ist ein einziges Chaos und Leiden. Ich lebte eine zeitlang auf Sumatra (Bali) und jetzt auf Neuseeland. Aus meiner ersten Beziehung habe ich einen neunzehnjährigen Sohn, der bei den Schwiegereltern aufwuchs, und eine fünzehnjährige Tochter, die bei meinem zweiten Mann lebt. In Neuseeland habe ich vor zehn Jahren einen Ureinwohner geheiratet. Wir haben einen neunjährigen Sohn. Das Leben dort ist für mich schwer. Mein Mann konnte oder wollte nach der Schule nichts lernen. Er verdient kein Geld und wohnt bei seiner Mutter, die etwa dreissig Kilometer weiter weg lebt. Für sie bin ich als Ausländerin und Weisse eine Schande für die ganze Familie. Ich arbeite praktisch Tag und Nacht für meinen und ihren Lebensunterhalt, aber sie sendet mir immer nur böse Energien und hasst mich. Ich liebe aber ihren Sohn und mein Kind. Ich lebe mit meinem Sohn in einem Touristenort und kann mich mit dem Verkauf von einheimischen Stoffen und Souvenirs*

gerade so über Wasser halten. Die Reise in die Schweiz haben mir meine Eltern geschenkt. Das ist so etwa die Kurzbiografie meines verpfuschten Lebens. Was kann ich tun, um wieder Ordnung zu schaffen?" „Zuerst entsorgen wir Ihren Müll, der sich an Sie gehängt hat und absolut negativ ist." Während ihrer Schilderung hatte ich schon gependelt: seit ihrem siebten Lebensjahr hatte sie leider fast alles um sich, was es so gibt, z.B. negative Seelenteile von Schwarzmagiern, nur zeigten sie sich im Moment nicht.
„Wir machen zuerst eine Ablösung, um das Gröbste wegzujagen." Ich stand auf und trat hinter sie. Zuvor hatte ich die blauen Kerzen, die auf einem gläsernen Dreisternsockel auf dem Tisch standen, angezündet. Die Flammen flackerten und änderten die Richtung, als ob es hier einen wechselnden Durchzug gäbe. Zuerst sprach ich das Ablösegebet für die niederen Astralwesenenergien, etwas schien sich daraufhin gelöst und von ihr entfernt zu haben, denn die Kerzen erloschen auf einmal. Ich zündete sie wieder an und trat erneut hinter die Frau. Sie war ganz ruhig und hielt den Kopf gesenkt. Ich schaute auf den Tisch und ins Kerzenlicht, da fiel der Stuhl, auf dem ich vorher gesessen hatte, um und krachte mit grossem Lärm an die Zimmertüre. Wie aus dem Nichts stand so ein farbiger Fettwanst mit Baströckli und verschränkten Armen vor dem Tisch und starrte mich mit einem bösen Blick an. Gleichzeitig merkte ich, dass sich hinter mir etwas bewegte und mich berührte. Ich schaute zurück und erschrak leicht, denn ich erblickte einen ebenso grossen, aber noch viel fetteren Mann. Sein ganzer Körper war mit sonderbaren Rautenmustern tätowiert. Ich zeigte mit meinem Finger zur Türe hin und winkte ihn dorthin. Nach einem störrischen Zögern schlich er links an mir vorbei und blieb kurz vor dem umgefallenen Stuhl stehen. Wie der andere, war auch er nur mit einem 'Inselbastvorhang' bekleidet. Beide trugen keine Schuhe. Plötzlich begann es im Zimmer auch noch fürchterlich zu stinken und die Frau fragte: *„Sie, was stinkt denn da so scheusslich?" „Ich nehme an, dass es diese beiden Schamanen sind, die sich jetzt vor uns aufgestellt haben und uns sehr böse anschauen."*

Ich rief nochmals Erzengel Michael um Hilfe und hüllte diese zwei Bösewichte mit rosarotem Liebeslicht ein. Das schien denen nun gar nicht zu gefallen, denn sie schauten sich kurz an und nahmen eine Drohstellung ein, wie wir sie in Europa nicht kennen. Sie gingen leicht in die Hocke, streckten die Zunge heraus und brüllten wie zwei Ochsen, die sich ans Kastrieren erinnern. Dann hüpften sie umher, wobei sich die Zungen wie zischende Schlangen bewegten. Alles wabbelte an ihnen und die Tätowierungen verbogen sich. Manche Frau wäre wohl stolz gewesen, hätte sie nur einen Teil deren Brustfettes gehabt. *„Was machen diese zwei Zauberer jetzt“*, fragte die Frau ängstlich, *„denn ich spüre sogar den Boden wackeln.“ „So, jetzt ist genug der Schau. Ihr blöden tätowierten Bananenfresser, weg mit euch! Lasst diese Frau jetzt frei!“* Da wischte das eine Monster vor uns mit der Hand über den Tisch und der Kerzenständer flog an die Wand auf ein Glastablar, dieses zerbrach und etwa zehn Fläschchen fielen zu Boden. Die Frau erschrak so sehr, dass sie vom Stuhl hochschoss. *„Keine Angst, denen geben wir schon noch Tee“*, beruhigte ich sie. Ich bückte mich, hob den Glaskerzensockel auf und stellte ihn wieder auf den Tisch. Auch die Kerzen, die herumlagen, steckte ich wieder darauf und zündete sie erneut an. *„Was meint ihr, meine Engel, soll ich denen ihr Baströckli anzünden?“* Mit dem Feueranzünder in der Hand drehte ich mich um und noch ehe die beiden Wackelhüpfer sich versahen brannten ihre Baströcklein lichterloh. *„Oh, Sie sollten das jetzt sehen, wie hoch die nun hüpfen und stampfen. So, geliebte Engel, bringt diese elenden und äusserst bösen Schamanen an den Ort, wo sie hingehören. Weg mit euch, ihr unanständigen Bananenfresser, kühlt euch draussen im Schnee oder in eurem Meer ab. Weg, weg, ihr Dreckwesen! Ich danke euch, ihr lieben Engel, für die Hilfe. Beschützt diese Frau von nun an.“*

Ich stellte den am Boden liegenden Stuhl auf und setzte mich darauf. Sie schwieg noch immer, begann nun aber sich zu strekken und die Schultern zu bewegen. *„Das hat ja vorhin gestunken* *wie bei unserem Schmied früher, als er den Pferden die heissen Hufeisen auf's Horn brannte." „Ja, die Engel haben den beiden tüchtig eingeheizt. Ich hoffe, dass die nun Ruhe geben. Solche Typen habe ich selber auch noch nie gesehen. Sie waren am ganzen Körper tätowiert, fett und äusserst hässlich." „Ja, die Maori auf Neuseeland, aber auch auf einzelnen anderen Inseln im grossen Archipel pflegten furchteinflössende Rituale. Sie wollten den Gegnern Angst und Schrecken einjagen. Heute sind solche Zeremonien nur noch an Volksfesten zu beobachten. Ich persönlich finde dieses Verhalten primitiv und tierisch, aber meinen Mann zieht es immer wieder zu solchen Anlässen, obwohl er die eigenen Einheimischen sonst verhöhnt. Ich fühle mich jetzt übrigens ganz leicht und mir geht es sehr gut."* Sie lächelte, stand auf und öffnete die Türe, hinter der schon die anderen warteten. Die Mutter sagte: *„Ich wäre bald hereingekommen, denn es drang so ein ekliger Geruch aus dem Zimmer, dass ich meinte, ihr hättet mein altes Katzenfell da drinnen grilliert." „Nein, Mami, aber Herr Styger hat zwei böse Wesen flambiert."*

„Sie können das dann in Ruhe erzählen", sagte ich, *„ich sollte mich nun auf den Heimweg machen, es ist schon sehr spät."* So verabschiedete ich mich und fuhr durch die verschneite Landschaft nach Hause.

Etwa eine Woche später rief sie mich an. An diesem Tag war ich nur eine Stunde zu Hause und sie hatte Glück mich anzutreffen. *„Herr Styger, es tut mir leid, dass ich Sie noch einmal belästigen muss. Nach ihrem Besuch hatte ich mich sehr gut gefühlt. Am letzten Samstag war ich dann zu Besuch bei meinem Exmann und der Tochter, seitdem zwickt und juckt es mich am ganzen Körper, ohne dass ich jedoch etwas sehen kann."* Ich pendelte aus, dass sie niedere Erdenergien an sich hatte. *„Die kann ich aber nicht auf Distanz von Ihnen ablösen, die müssen wir mit gesegnetem Öl wegwischen."*

Wir vereinbarten einen Not-Termin in meiner Mittagspause und zehn Minuten vor zwölf Uhr fand sie sich im Therapieraum in Baar ein. Sie bedankte sich, dass sie noch vor ihrer Rückreise vorbeikommen durfte. Auch wollte sie wissen, weshalb denn gerade sie dies alles erleben müsse, sagte dann allerdings: *„Wissen Sie, ich war als Jugendliche und junge Frau sehr unzufrieden. Ich verachtete meine Umgebung und hasste meinen Körper förmlich. Darum waren meine Partnerschaften damals schon zum Scheitern verurteilt. Ich war sehr unglücklich und wusste eigentlich nie so richtig warum. Deshalb begab ich mich in verschiedene Therapien, aber es nützte alles nichts. Als Reiseleiterin floh ich dann von Insel zu Insel und fühlte mich da jeweils eine gewisse Zeit lang besser. Auf Neuseeland habe ich geglaubt, endlich zu Hause angekommen zu sein, aber meine Schwiegermutter quält mich bis aufs Blut und will eigentlich bloss ihren Sohn und das Grosskind an sich reissen. Was soll ich nur machen, haben sie einen Rat?"* Sie vergrub ihren Kopf in den Armen und weinte. *„Wissen Sie, wenn Sie frei sind von dem Dreck, der jetzt an Ihnen klebt, sieht die Welt für Sie gleich anders aus. Doch, ich werde Ihnen nie vorschreiben, was Sie in Ihrer Beziehung zu tun haben. Hören Sie nur auf Ihr Herz und die innere Stimme. Ihrer Seele und Sie werden den Ausweg schon finden. Übrigens, diese Schwingung und die niedere Erdenergie haben Sie schon über fünzehn Jahre an sich, nur waren die anderen Belastungen stärker und überlagerten diesen Erddreck. Den putzen wir nun weg. Schauen Sie zu, wie ich das Öl segne, für den Fall, dass Sie nochmals irgendwo so etwas auflesen."*

Sie entkleidete sich hinter der Spanischen Wand und rief, als sie bereit war. Ich gab ihr Öl auf die Hände und sagte, sie solle ihr Gesicht, die Haare sowie ihre ganze Vorderseite einölen. Ich sah, wie sie über und über voll mit niederer Erdenergie bedeckt war, aber diese liess sich gut ablösen, einzig zwischen den Schulterblättern und über den Hüften musste ich zweimal nachreiben. Dann

meinte sie: *„Sehen Sie, das Jucken hat zwar aufgehört, aber jetzt entstehen Rötungen auf der Haut."* Sie drehte sich um und ich sah rote Stellen auf ihrem Bauch und auf den Oberschenkeln. Auch der ganze Rücken und die Rückseite der Oberschenkel waren rot. *„Das geht schnell vorbei, aber es zeigt Ihnen, wo sich die Energie am meisten festgesetzt hatte. Sie sieht bei Ihnen übrigens hellbeige aus. Ich habe bei anderen Menschen schon Farben gesehen, die bis ins Dunkelbraun gingen, was absolut nicht appetitlich aussah."*
Sie zog sich schnell wieder an und setzte sich an den Tisch. Nun lachte sie und ihr Gesicht strahlte. *„Ich kann nicht verstehen, dass Sie Ihren Körper abgelehnt und gehasst haben. So einen schönen Körper wie der Ihre haben nur wenige Frauen, Ihre Haut ist makellos, wie bei einer Zwanzigjährigen. Danken Sie Ihrem Schöpfer dafür und liebkosen und streicheln Sie Ihren Körper, so oft sie dran denken. So können Sie das, was Sie gegen ihn negativ empfunden haben, ausgleichen. Sonst beginnt er vielleicht mit gröberen Störungen, möglicherweise auch erst in einem späteren Leben."*

Sie verabschiedete sich bald und schien nun sehr glücklich zu sein. Vorher hatte sie mir noch ein Foto von ihrem jüngsten Kind und dessen Vater gezeigt. Dieser sah den zwei bösen Geistern, die ich bei ihr abgelöst hatte, ähnlich. Warum hat sich eine so wunderbare Frau, die an jedem Finger zehn Männer haben könnte, nur so einen Hässlichen ausgelesen, den sie scheinbar auch noch liebt?

5.2 Die Unersättliche

Schon vor Langem hatte ich einen Brief erhalten, bei dem ich nicht so recht wusste, was ich damit anfangen sollte. Ich legte ihn auf den Stapel unerledigter Arbeiten, wo er dann auch schon nach kurzer Zeit unterging. Doch dann erhielt ich eine E-Mail nach der anderen und nach einiger Zeit einen Brief mit der Bitte um einen

Termin. Dem Brief lagen eine Fotografie und eine Anmeldungskopie an eine Sterbehilfeorganisation bei. In der Schweiz gibt es zwei solcher Organisationen, eine nennt sich Exit. Der Inhalt des Briefes war folgender: *„Wenn Sie mir nun nicht helfen, so hilft mir Exit. Ich will nicht mehr länger leben und Sie tragen dann eine Mitschuld."* Ich schaute mir den letzten Satz und das Foto abwechselnd an. Die Frau auf dem gestellten Bild sah sehr attraktiv aus; sie war hübsch, hatte lange dunkle Haare und einen Schmollmund. Ihr Lächeln wirkte jedoch gequält. Etwas in mir sagte, gib ihr eine Chance, wenn sie dich doch schon so lange sucht. Wir verabredeten uns also in meinem Therapieraum in Baar.

Als ich mit dem Mann, der vor ihr einen Termin hatte, vor die Türe trat, sah ich die Frau da sitzen. Ich konnte mich in dem Moment nicht an ihren Namen erinnern und merkte an ihrer Stimme, dass sie dadurch schon beleidigt war. *„Haben Sie meinen Brief denn nicht gelesen und die Fotos angeschaut"*, zischte sie mich an. *„Doch das habe ich, aber wissen Sie, ich erhalte sehr viele Gesuche. Was haben Sie denn für ein Problem?" „Das wissen Sie ganz genau, Sie sind ja hellsichtig, oder?" „Ja, das stimmt, aber wenn Sie einen gefüllten Kehrichtsack anschauen, wissen Sie auch nicht so genau, was sich darin befindet, oder?" „Bin ich denn ein Müllsack?"* Sie sprang vom Stuhl auf und bekam eine rote Gesichtsfarbe. *„Nein, das war nur ein Beispiel." „Aber würde jemand, der so gesund und schön aussieht wie Sie, sich bei der Exit anmelden, wenn er keinen Müll an sich trägt?"* Das sass. *„Nein, da haben Sie recht. Mein ganzes Leben ist eine einzige Katastrophe. Meine Beziehungen, meine Arbeit und der Umgang mit den Mitmenschen, ich bin verzweifelt." „Ja, wir pendeln nun einmal aus, wo das Hauptproblem liegt."*

Mir wurde gezeigt, dass sie seit ihrem siebten Lebensjahr von Astralwesen und deren Abfall besetzt war und auch noch eine grosse Anzahl von selbsterschaffenen und gegen sich gerichtete Elementalen mitgebracht hatte. Totale Ablehnung ihrer Weiblichkeit, Verachtung, Ablehnung und Angst vor ihrem Körper. Ängste, sie verdiene keine glückliche Beziehung respektive jeder Mann würde sie verlassen oder betrügen. Laut sagte ich, was mir die Engel übermittelten und sie nickte jedesmal bedeutungsvoll und sagte dann: „*Genau so ist es. Besser hätte ich es nicht beschreiben können.*"

Ich löste zuerst die negativen Energien Verstorbener ab. Dann rief ich in ihren verschiedenen Bewusstseinsebenen die alten Muster und Leidenselementale auf. Sie sprach sie daraufhin zusammen mit mir an und so lösten wir diese aus ihr heraus. Sie streckte sich und griff sich mit beiden Händen an die Brust und rief: „*Oh, ich spüre nun eine Leichtigkeit, die ich bis jetzt noch nie erlebt habe. Ich habe soeben das eigene Gefängnis meines Körpers verlassen und fühle mich mehr als zwanzig Jahre jünger. Dabei muss ich gestehen, dass ich sogar noch ein bisschen älter bin als Sie. Aber ich habe so sehr in meinem Körper gelitten, das können Sie sich gar nicht vorstellen. Ich liebte und hasste ihn zugleich, habe immer alles gleichzeitig erlebt, das Gute und das Traurige, jetzt ist es ganz anders. Ich hoffe, dass dieses Gefühl anhält. Ich hatte mit meinem Leben schon lange abgeschlossen und auch meine Memoiren geschrieben. Darf ich sie Ihnen hier lassen und Sie bitten hineinzuschauen. Vielleicht veröffentliche ich sie als Buch. Alle meine Gefühle und Empfindungen sind darin genau aufgezeichnet, auch meine erotischen Erlebnisse habe ich beschrieben, die frivol und teilweise obszön sind. Lesen Sie manchmal auch so etwas?" „Eigentlich nicht, aber da ich Sie ja nun als nette Grossmutter kennengelernt habe, nehme ich an, dass es nicht so schlimm ist. Mir werden ja fast alle Tage sehr diskrete Dinge und Geheimnisse gesagt, die diese Menschen vermutlich keinem Beichtvater je erzählen würden.*"
Draussen im Korridor hörten wir den nächsten Hilfesuchenden umhergehen. So stand die Dame auf, bedankte sich und ging strahlend davon.

Bald erhielt ich einen Brief von ihr, in dem sie ihre Veränderung bezüglich des nun Freiseins beschrieb und sich nochmals bedankte. Fast einen Monat später fiel mir der blaue Briefumschlag, in dem ihr Lebenstestament steckte, wieder in die Hand. Ich begann in ihren Lebensgeheimnissen zu lesen. Ihre Offenheit, ja geile Vulgarität überraschte mich total. Ich hatte erwartet Details über ihre Leidenszeit vorzufinden, doch im Gegenteil, sie beschrieb die letzten zehn oder fünfzehn Jahre ihres Liebeslebens. Sie beklagte sich unentwegt über die Männer, dass sie nicht bei ihr blieben. Die Meisten waren zwanzig oder gar dreissig Jahre jünger als sie. Sie bemängelte die Männer und war nicht zufrieden mit ihnen, weil sie sich als billiges Lustobjekt oder als Callgirl vorkam. Sie hatte in dieser Zeit so viele Männer in allen Stellungen beglückt, wie die meisten Frauen es in zehn Leben nicht schaffen würden. Nur hatte sie nie eine Liebeserfahrung mit echten und schönen Gefühlen erlebt. Sie gebrauchte also eine Menge Männer, fand aber das Glück bei keinem.

Das körperliche Erleben ist ein wichtiger Teil während unseres Aufenthalts auf dieser Erde. Allein – dieser körperliche 'Sport' bringt keine vollkommene Erfüllung für unsere Seele. Ein totaler Verlust unserer Lebensgefühle kann die Folge sein, eben der Weg zu Exit, wie bei dieser Frau, oder ähnlichem.

Wir haben aber alle kein Recht diese Frau zu be- oder gar zu verurteilen. In jedem von uns steckt so ein Elemental oder Muster wie: *„Oh, das würde ich auch gerne einmal erleben, um zu fühlen wie das ist."* Einige machen das auch. Der Hauptgrund für dieses Übel liegt in unserer Vergangenheit, in der das körperfeindliche Element geschaffen und in jedem weiteren Leben noch verstärkt wurde. Zum Beispiel, wenn man nicht glauben kann, dass man geliebt wird, oder sich selber nicht liebt, oder wenn man glaubt, andere seien schlecht oder sündig, wenn sie etwas mit einer anderen Frau beziehungsweise einem anderen Mann haben. Dies

schafft jedes Mal ein Elemental, das eines Tages hervorbricht und seinen Tribut fordert, wenn auch damit nur ein Ausgleich geschaffen wird, kann dies trotzdem sehr belastend sein.
Fast jeder Mensch ist ein 'Jäger' oder süchtig nach Liebe und Zärtlichkeit, am meisten jene, die sich selber nicht mögen oder sogar ablehnen.

Oft wird mir die Frage gestellt, ob man mehrere Frauen bzw. Männer lieben dürfe? Ja, man darf, aber bekömmlicher ist es mit einem Partner bzw. einer Partnerin. Kommt es zu einer weiteren Liebschaft ist entscheidend, ob dem-/derjenigen diese Frau bzw. dieser Mann so wichtig, dass man für diese Person die jetzige Liebschaft oder Ehe aufgeben will? Oder ist dies nur eine weitere Eroberung, um das eigene Ego zu testen oder den 'Marktwert' zu bestätigen? Ich glaube, wenn es die richtige Liebe ist, dann werden sich die Wege öffnen. Leider ist eine Liebe der Körpergeschöpfe auf dieser Welt vergänglich und kann schnell ins Gegenteil, in Hass umschlagen. Jesus sagte: *„Die besten Ehen werden im Himmel geschlossen."* Das heisst, diese Seelen haben sich als Seelen in der geistigen Welt kennen gelernt und sich dort vorgenommen, sich auf der Erde zu treffen. Auf dieser Ebene gibt es nichts zu verbergen, wir sind dort mehr oder weniger transparent. Auf der Erde sehen wir nur unsere Hülle oder die der anderen. Diese kann wohl sehr schön sein, aber wir tragen in unserem Inneren auch die wahren und alten Probleme mit uns herum. Deshalb sind die Dichte und das Verschlossene in jedem von uns eine echte Herausforderung und Lektion zugleich.

5.3 Die Misshandelte

Bei einem Vortrag, den ich im Bodenseegebiet hielt, steckte mir eine ältere Frau die Adresse ihrer Tochter zu und sagte: *„Meine Tochter wollte heute selber kommen, aber ihr Mann gab ihr das Auto nicht, weil er der Ansicht ist der Vortrag wäre sowieso nichts für sie. Er bestimmt immer was richtig für sie ist. Sie wird von ihm wie eine Gefangene gehalten. Bitte rufen Sie sie an, aber nur tagsüber, abends riskiert sie Schläge, wenn sie von jemandem angerufen wird."* Das tönt ja gar nicht gut, dachte ich bei mir.

Vier Tage später erhielt ich einen netten Brief von dieser alten Dame mit einem Bittgesuch ihrer Tochter. Ich rief diese Tochter an. Sie hatte eine feine, sanfte Stimme und wir vereinbarten ein Treffen in Baar. Sie kam vom Bahnhof her und fand den Therapieraum deshalb schnell. Da stand nun die Frau, welche nach Angaben der Mutter von ihrem Mann öfter misshandelt wird. Ich erwartete eine etwa ein Meter fünfzig kleine Kindfrau, aber sie war über ein Meter achtzig gross und sehr schlank, ausserdem war sie eine sehr ruhige und sanfte Person mit einem offenen Gesichtsausdruck. Ich sah sofort, dass sie stark mit Astralwesenmüll belastet war. Nach der Ablösung fühlte sie sich freier und besser. Sie ging im Zimmer herum, streckte ihre Arme in die Luft und machte Rumpfbeugen. Belustigt schaute ich ihr zu. Dann setzte sie sich wieder hin und sagte: *„Entschuldigen Sie, dass ich hier vor Ihnen ein kurzes Gymnastikprogramm vorführe aber ich leide seit Jahren unter starken Verspannungsschmerzen, die sich bisher niemand erklären konnte. Diese Schmerzen haben mich bei meinen Hausarbeiten immer sehr behindert. Nach ihrem Ablösegebet habe ich aber sofort gemerkt, dass sich diese Dauerverspannung gelöst hat. Das wollte ich mit meinen Übungen bestätigt wissen. Jetzt bin ich überrascht, sie sind weg." „Das tritt natürlich nicht in jedem Fall so schnell ein, denn der Körper braucht zur Erholung eine gewisse Zeit. Aber erzählen Sie mir bitte von Ihrem Umfeld* *und was Sie schon erlebt haben. Ich möchte wissen was Sie bedrückt.*" „*Gerne*", antwortete sie, „*ich mache es so kurz wie möglich: Während meines Arztstudiums lernte ich meinen Mann kennen, bald darauf war ich verheiratet und hatte ein Kind. Leider merkte ich zu spät, wen ich mir da ausgesucht hatte. Er lebte bei mir und bei seinen Eltern und schon bald verliess er mich auch wegen einer anderen Frau. Um die Geschichte abzukürzen, ich war oder bin jetzt das fünfte Mal verheiratet und habe insgesamt sechs Kinder von all diesen Männern. Ich weiss nicht warum, aber ich zog schon immer Männer an, die gewalttätig waren bzw. sind. Sehen Sie, die vorderen Zähne schlug mir mein zweiter Mann ein, diese rechts oben mein Dritter und die Brücke unten links habe ich von meinem vierten Mann. Die Narbe hinter meinem Ohr musste mit sechs Stichen genäht werden und stammt von meinem jetzigen Mann. Ich weiss einfach nicht, was ich falsch mache, vermutlich reize ich die Männer zu diesen Taten. Das Schlimmste ist, dass ich mich auch noch schuldig fühle. Können Sie mir helfen und sagen, wie ich mich ändern soll? Zum Glück habe ich liebe Kinder, die zu mir halten. Das Älteste ist nun neunzehn, das jüngste Kind ist erst fünf Jahre alt.*" Sie hielt ihre stark aufgerauhten Hände vor das Gesicht und weinte bitterlich. Mit geröteten Augen blickte sie auf und meinte: „*Wissen Sie, es waren ja alles gut gebildete Männer mit einem akademischen Hintergrund, keine offensichtlichen Grobiane.*" Sie versuchte sich wieder zu fassen. Ich berührte ihre Hand und sie legte ihre beiden Hände auf die meinen. Sie schwieg. „*Wir werden nun auspendeln, was Ihnen diese Probleme beschert.*"

Ich fragte meine Engel: „*Hat sie eine alte Last oder ein Vergehen bei diesen Männern abzutragen gehabt?*" „*Nein.*" „*Leidet sie an selber erschaffenen Unterdrückungs- und Leidensmustern?*" „*Ja.*" „*Was sind das für Muster, sich selber nicht für liebenswürdig zu halten?*" „*Ja.*" „*Sich selber nicht wichtig genug zu fühlen?*" „*Ja.*" „*Sich selber erniedrigen zu wollen oder die Meinung zu haben leiden zu müssen, um wahrgenommen und geliebt zu werden?*"

„Ja." „Als Frau nichts wert zu sein, der Mann ist der Herrscher." „Ja." „Sich aufopfern zu müssen und zu leiden, um in den Himmel zu kommen." „Ja." „Hat sie ihren Körper verflucht?" „Nein." „Hat sie ihren Körper oder ihre Gefühle verwünscht?" „Ja." „Hat sie andere je negativ behandelt oder gequält, so dass sie nun Ausgleich leisten muss?" „Nein." „Hat sie in diesem Leben überhaupt noch karmische Muster gegenüber von anderen abzutragen?" „Nein." „Heisst dies, dass sie nur noch gegen sich selber gerichtete Muster aufzulösen hat?" „Ja." „Sehen Sie, liebe Frau, das scheint die Sachlage zu sein. Sie haben sich durch Ihre Gedanken, aber auch durch die daraus entstandenen Missverständnisse, selber zum Fussabtreter gemacht. Sie sind eine ganz feine und liebe Persönlichkeit aber Sie ziehen das grobe Leiden direkt an, weil Sie es mehr oder weniger programmiert haben, ohne dass Sie wussten, dass Sie diese Programme über den Tod hinaus mitnehmen werden."
Ich sprach die selbst erschaffenen Elementale in ihren unteren und mittleren Bewusstseinsebenen an. Zusammen sprachen wir diese nochmals in der Ich-Form an. Sie hatte diese Muster kreiert und konnte sie deshalb auch jederzeit wieder auflösen. Es war schön zuzusehen, wie sie das mit vollem Einsatz und grosser Freude machte. Sie strahlte mich an und meinte: *„Jetzt habe ich das Beste in meinem Leben gemacht, ich schenkte mir selber meine Freiheit wieder, endlich sind uralte Leidensgefühle weg. Oh Gott, hab Dank für deine Hilfe durch Herrn Styger. Nun lade ich Sie zum Mittagessen ein. Ich weiss ja, dass Sie erst um halb zwei wieder einen Termin mit jemandem haben, der Ihre Hilfe sucht." „Ja, und der geht so bis zehn Uhr abends"*, fügte ich hinzu.
Sie genoss das gemeinsame Mittagessen mit mir, stellte viele Fragen und entschuldigte sich gleichzeitig dafür. Sie war wissensbegierig und stellte sich vor, wie sie es mir nachmachen und heilen oder den Menschen auf der Seelenebene helfen könnte. Schade, dass wir nicht mehr Zeit zum Diskutieren hatten, zu schnell vergeht die Zeit mit lieben Menschen.

Etwa eine Woche später erhielt ich von ihr einen Dankesbrief und einen Hinweis auf einen ihrer Entscheide. Wie Schuppen sei es ihr von den Augen gefallen, deshalb habe sie die Scheidung eingereicht. Sie könne mit den Kindern im Haus bleiben, denn es gehöre ihren betagten Eltern. *„Alles Liebe und Gute und weiterhin ein segensreiches Arbeiten"*, stand zu lesen.

Solche krassen Fälle geben mir oft zu denken. Viele Menschen leiden in den Beziehungen unnütz, geben aber dem Partner/der Partnerin die Schuld für die Misere und wissen leider nicht, dass sie selber die Schöpfer oder Besteller sind.

6 Befallene Ärzte

6.1 Der Uneinsichtige

Eine Frau rief mich mehrmals an, konnte mich jedoch nie erreichen. Sie wollte auch keine Nachricht oder Telefonnummer hinterlassen, sie wollte nur mit mir reden. Nach längerer Zeit schien es zu klappen: *„Ich bin froh, dass ich Sie nun endlich am Telefon habe! Meine Familie und ich haben ein Problem, genau gesagt betrifft es meinen Mann: Er ist seit achtzehn Monaten in der psychiatrischen Klinik in der geschlossenen Abteilung. Würden Sie so gut sein und ihn dort besuchen?" „Würden Sie ihn auch abholen und zu mir bringen?"*, wollte ich wissen, denn ich gehe nicht gerne in eine Klinik, wenn es um Ablösungen geht. Dort wimmelt es nur so von armen, nicht ansprechbaren Seelen. *„Ich frage mich gerade"*, sagte sie, *„ob wir vielleicht zu seinem Bruder fahren könnten. Der wohnt im Nachbardorf. Vielleicht brauche ich sowieso seine Hilfe für meinen Mann. Wäre Ihnen das auch recht?" „Ja"*, antwortete ich, *„die nächste Woche hätte ich noch an drei Nachmittagen Zeit für ihn." „Ich werde Sie gleich wieder zurückrufen, damit wir einen Termin bei seinem Bruder vereinbaren können."*

Am festgelegten Nachmittag war ich zur abgemachten Zeit beim Haus seines Bruders angekommen. Ich wurde von seiner Frau und ihrer Tochter aufs Freundlichste empfangen. Ihr Schwager und dessen Frau waren noch nicht da, so sprachen wir über dies und das. Mich erstaunte, dass ich weder sie noch ihren Mann je zuvor gesehen hatte, obwohl wir im gleichen Tal leben. Dann kam ein Auto angefahren und sie deutete an, dass das nun die anderen wären, dabei meinte sie ihren Schwager, seine Frau und ihren Mann. Sie brachten den Patienten herein, es schien mehr ein Tragen zu sein. Er war ein Mann von grosser, schlanker Gestalt und sein Alter war in seinem Zustand nicht schätzbar. Er schien mir total abwesend zu sein und völlig ‘gaga’. Sein Bruder war ein aufgestellter Mann, der bereits im Pensionsalter war. Er sagte: *„Es ist traurig meinen Bruder so zu sehen. Er war noch nicht oft bei uns, denn wir sind erst vor fünf Jahren hierher gezogen, kurz vor meiner Pensionierung. Vorher hatte er nie Zeit gehabt zu uns zu kommen. Jetzt, da er wegen seiner Krankheit Zeit hätte, weiss er nicht einmal, dass er hier bei uns ist.“* Der Patient sass auf einem der gut gepolsterten Stühle und starrte auf den Tisch. Langsam wippte er mit seinem Kopf hin und her, ein trostloser Anblick, so ein hilfloser Mensch. In seiner Aura sah ich gleich mehrere gebundene Seelen sowie Astralwesen. Kein Wunder, dass er nicht mehr in der Lage war sich selber zu führen. Ich sah da aber auch etwas Komisches, Elementales um ihn. Das musste ich noch genauer auspendeln.

Nun meldete sich seine Frau: *„Wir danken, dass Sie sich für uns Zeit genommen haben. Ich weiss nicht warum, aber ich dachte mir die ganze Zeit, dass jemand aus der Nachbarschaft meinem Mann müsste helfen können. Wir waren auch schon bei einer anderen Person in diesem Dorf, die glaubte ihm helfen zu können, dem war nicht so. Wir fragten sie, ob sie uns jemanden empfehlen könnte, darauf meinte sie bloss, hier und auch im Nachbardorf gäbe es niemanden wie sie, der als Heiler tätig wäre. Über Sie, Herr Styger, haben wir dann im Ausland erfahren, wo Sie scheinbar bekannter sind als im eigenen Dorf. Mein Mann ist achtundvierzig Jahre alt und seit achtzehn Monaten in der Klinik. Meistens lebt er in seiner eigenen Welt und ist unansprechbar. Wir wissen nicht, ob er mich und unsere zwei erwachsenen Kinder wahrnimmt oder nicht. Die Ärzte können keine medizinische Ursache, keinen Defekt, finden. So bleibt er für sie ein Rätsel. Können Sie ihm helfen? Ich wäre so froh!“* Darauf antwortete ich: *„Sie, ich muss Ihnen noch einmal sagen, dass ich das auch nicht so genau weiss. Jeder Mensch hat geistig und seelisch einen freien Willen mitbekommen. Zudem wissen wir nicht, ob er eine Schuld oder ein Vergehen abträgt. Was ich an ihm ganz* *deutlich sehe ist eine starke Belastung spiritueller Art, also mehrere irdisch gebundene Seelen, die auch wieder von einer grossen Menge Astralwesen umlagert oder besetzt sind. Nur die Hälfte davon würde genügen, den Stärksten umzulegen oder krank zu machen. Aber zuerst pendle ich aus, ob ihm sonst noch etwas fehlt."* Also packte ich den Tensor aus und begann alles auszupendeln. Es gab an, dass er sonst gesund war bis auf ein paar mineralische Mängel und eine starke Überanstrengung. Dies schien von den aggressiven Medikamenten her zu rühren. Ich bat um ein paar Kerzen, zündete sie an und begann zu beten und die Ablösungen zu machen. Bald sah ich diese Besetzer neben dem Mann stehen und redete noch intensiver auf sie ein. Sie waren alle drei, vor allem im Oberkörper, von einer grossen Gruppe Astralwesen umnebelt. Auch diese sprach ich sehr eindringlich an, da sie ja der Abfall oder das Negativste von vielen verstorbenen Seelen waren. Langsam kehrte das Auralicht zu ihm zurück und wurde heller. Er atmete nun ein paar Mal tief durch und begann sich aufzurichten. Er schaute in die Runde, rieb sich verdutzt die Augen und wurde wacher. Bald veränderte sich sein Gesichtsausdruck sehr positiv. Zuerst erkannte er die Tochter seines Bruders, von welcher er Pate war, dann sah er seine Frau, die neben ihm sass und fragte sie: *„Du, wo sind wir jetzt? Was ist hier los?"* Er war noch nicht sich selbst, vermutlich wegen der Beruhigungsmittel. Ich schlug vor, er solle doch nach draussen gehen, um ein wenig frische Luft zu schnappen. Ich würde in der Zwischenzeit schnell ins Dorf gehen, die Post am Postamt holen und noch mein Auto auftanken. Anschliessend käme ich nochmals vorbei. Gesagt, getan.

Als ich zurückkam, wurde ich wieder in die Essstube geführt, die anderen sassen draussen auf der grossen Terrasse, die eine Sicht auf den See zuliess. Sie kamen nun alle herein. Der Patient lief alleine und musste nicht mehr gestützt werden. Er schien sehr stolz zu sein und trug die Nase weit oben. Er setzte sich mir gegenüber und musterte mich von oben bis unten. In einem etwas herablassenden Tonfall, welcher mir von ihm nicht so gut bekam, sagte er laut: „*Sie, die anderen haben mir erzählt, was Sie da gemacht haben, auch was scheinbar an mir war. Aber wissen Sie, an so einen Scheiss glaube ich nicht. Ich bin Psychiater und so was haben wir nie gelernt, auch hat noch kein Kollege je so etwas gesehen oder gehört.*“ Mir blieb für einen Moment die Sprache weg. Seine Frau intervenierte sofort: „*Aber so höre doch bitte zu, was uns Herr Styger zu erzählen hat und...*“, er unterbrach sie barsch: „*Ach hör doch auf, du verstehst doch gar nichts davon.*“ Sein Bruder forderte mich freundlich auf seinen Bruder aufzuklären, vielleicht hätten sie ihm etwas Falsches gesagt. „*Nein*“, schrie der Psychiater, „*schweig auch du. Ich will so einen Schmarren gar nicht hören, weder von dir, noch von ihm!*“ Er kam mir in dem Augenblick eher selbst wie ein Psychopath vor. „*Was soll ich mit dem bloss anfangen*“, fragte ich mich selbst. Er wollte gerade wieder anfangen zu reden, da sagte ich laut: „*Stopp, Sie Besserwisser! Sagen Sie mir nur eins, wo waren Sie denn die letzten achtzehn Monate mit Ihrem losen Mundwerk? Wenn Sie ein Mensch sind, der alles weiss, dann wissen Sie das bestimmt auch?!*“ Er schaute ein wenig verlegen in die Runde und wollte gerade wieder etwas erwidern, da kam ihm seine Frau dazwischen: „*Du, jetzt langt's aber. Was machst Du da für ein Affentheater? Eineinhalb Jahre hast Du mehr oder weniger in der Gummizelle gesessen und hast weder mich noch unsere Kinder erkannt; jetzt, kaum eine Stunde später, bist Du schon wieder der alte, arrogante und herablassende Typ.*“ Das sass, mir tat die Schützenhilfe auch ganz gut. Wir genossen eine Schweigeminute, dann begann er erneut: „*Sie müssen entschuldigen, aber wenn ich das Wort Geister oder Seelenbefreiung höre, sehe ich rot. Die soll mir erst mal einer zeigen!*“ „*Ja heisst das, wenn Sie blind sind, so seien das alle anderen auch?*“, wollte ich wissen. „*Oder meinen Sie, weil Sie so lange scheinbar ohne Grund in der Gummizelle gesessen haben, müssten wir anderen auch dahin? Aber wissen Sie, von der geistigen Welt haben Sie eine Lektion bekommen, machen*

Sie das Beste daraus. Die nächste Lektion könnte auch tödlich sein und dort gibt's für Sie dann nichts mehr zu lernen. Dort bekommt man das, woran man glaubt und zwar lange, sehr lange, bei Ihnen vielleicht ewig. Und noch etwas, Sie arroganter, liebloser Mensch: Da draussen stehen noch zwei von den drei Seelen, die ich weggeschickt habe. Soll ich sie wieder herrufen? Die kommen gerne wieder, aber dann gehen Sie wieder zurück in die Gummizelle und das sicher auch für sehr lange. Auch das kann ich, wenn ich will." Abrupt und wütend stand ich auf und verliess die Runde. Ich musste nach draussen, um eine Übelkeitsattacke zu vermeiden. An der Türe streckte ich mich, drehte mich um, grüsste alle und verliess das Haus. Die Ehefrau des Psychiaters rannte mir bis zu meinem Auto vor der Einfahrt nach. Sie entschuldigte sich mehrmals und fragte, ob sie wieder anrufen dürfte, wenn sich etwas verändern sollte. *„Natürlich, Sie können ja nichts dafür. Sie tun mir leid mit Ihrem Mann. Gute Nacht.*" Einen Abgang dieser Art hatte ich noch nie erlebt. Es war schade für die anderen, aber so war es nun einmal.

Schon am übernächsten Tag rief die Frau des Psychiaters wieder an: *„Es tut mir unendlich leid wegen vorgestern. Meinem Mann geht es gut und er wurde heute schon entlassen.*"
Von ihm selber hörte ich nie etwas, nur durch die Schwägerin, als ich sie einmal im Dorf traf. Sie erzählte mir, dass er etwa einen Monat nach unserem Zusammentreffen wieder in seine Praxis zurückgegangen sei und seine Arbeit wieder voll aufgenommen hätte.
Die armen Patienten, dachte ich da.

6.2. Die ungeschützte Ärztin

In der Zeitung erschien ein Artikel mit der Überschrift *„Er treibt Poltergeister aus."* Der Journalistin hatte ich diverse Erlebnisse erzählt, die ich auch im ersten und zweiten Band niedergeschrieben hatte. Sie hatte daraus einen guten, kurzen Bericht verfasst. Darauf klingelten die Telefone pausenlos, so dass Antonie und ich mindestens auf einer Leitung immer jemanden warten lassen mussten, während wir auf der anderen schon am Beraten waren. Wegen diesem Artikel rief auch eine nette Frau an und bat mich ihr zu helfen. Ihre Tochter sei zweiundreissig Jahre alt und schon acht Monate in einer geschlossenen Klinik. Niemand wusste was ihr fehlte, nicht einmal sie selber. Sie fühle sich wie fremdgesteuert. Wenn ich diese Aussage höre, weiss ich schon ziemlich sicher, dass etwas Fremdes an einem Menschen klebt, ihn benutzt und manipuliert. Die Frau fragte mich, ob ich mit ihr in die Klinik fahren würde oder ob sie zu mir kommen sollten. Wir verabredeten uns auf übermorgen bei mir oben auf dem Berg.

An dem besagten Samstag hatte ich Termine im Stundenrhythmus ausgemacht. Ich sah wie der Vater und die Mutter ihre Tochter mehr oder weniger zu mir schleppen mussten. Sie war allerdings auch kein Leichtgewicht und schien ziemlich weggetreten, hatte Mühe sich zu konzentrieren und lallte mehr als dass sie sprach. In ihrer schwachen Aura sah ich zwei Schattenwesen, welche sich zu verstecken versuchten. Ich erklärte den Eltern, welches Problem ich bei ihrer Tochter vermutete. Da die Tochter selber halb abwesend war, begann ich einfach mit dem Ablösegebet. Sie wurde unruhig und bewegte sich hin und her, aber schon bald war sie befreit und schaute mich offen an: *„Oh, ich danke Ihnen, dass Sie mir geholfen haben! Ich habe heute Morgen noch starke Medikamente genommen, damit ich mich überhaupt getraute aus der Klinik zu gehen." „Gehen Sie doch mit Ihren Eltern hier oben eine halbe Stunde spazieren und kommen dann noch einmal, danach*

kann ich Ihnen besser erklären, was da war“, schlug ich ihr vor. Sie standen auf und gingen nach draussen.
Nach einer knappen Stunde waren sie wieder da. Ich erklärte ihr, was sie an sich gezogen hatte und warum so etwas passieren kann. Ich gab ihr Schutzgebete und Anweisungen mit auf den Weg. Sie bedankte sich sehr, denn sie spürte einen riesigen Unterschied zwischen jetzt und vorher. Sie lief wieder leicht und gerade und wirkte direkt fröhlich.

So vergingen gut zwei Wochen, dann riefen ihr Vater und eine Stunde später ihre Mutter bei mir an. Sie meldeten, dass es ihrer Tochter seit vorgestern wieder so schlecht ginge und sie erneut eingeliefert worden sei. Ich pendelte am Telefon aus, dass sie schon wieder eine Seele an sich hatte, die sie voll in Beschlag nahm. Daraufhin verabredeten wir uns gleich wieder. Auch dieses Mal konnte sie kaum selber die Treppenstufen erklimmen und schleppte sich mühsam ins Haus. Ihr Blick war abwesend, zusätzlich war sie, wie gehabt, mit Medikamenten vollgestopft. Ich sah eine Seele, die nicht mehr schön aussah und sich offenbar selbst getötet hatte. Sofort begann ich zu beten und mit der Seele zu reden. Daraufhin wurde sich die Selbstmörderseele ihres Zustandes bewusst und verliess den Körper der jungen Frau. Sogleich begann diese sich befreit zu räkeln und zu dehnen. Gleichzeitig erwachte sie auch aus der Benommenheit, schaute alle der Reihe nach an und sagte: *„Danke, dass Sie mir schon wieder geholfen haben, ich weiss gar nicht was geschehen ist. Nach dem letzten Besuch bei Ihnen wurde ich am anderen Tag aus der Klinik entlassen und schon am übernächsten Tag konnte ich zur Arbeit gehen. Ich bin Ärztin in der Notaufnahme des Spitals und habe mich über meine Rückkehr gefreut, alles lief mir gut und leicht von der Hand. In der zweiten Woche hatte ich Nachtdienst und bevor ich nach Hause ging, nahm ich noch das Frühstück ein. Im Speisesaal traf ich wie jedes Mal eine Frau, die mit mir zusammen ass. Sie war Patientin und hatte starken Krebsbefall, dabei war sie keine zehn Jahre* *älter als ich. Ich hatte grosses Mitleid mit ihr, stellte mir ihr Leben hart vor, mit so viel Schmerz und so wenig Hoffnung. Eines Nachts hörte ich draussen die Polizeisirenen, die Feuerwehr und eine grosse Unruhe ums Spitalgelände, dachte mir aber nicht sehr viel dabei. Am Morgen, als ich heimging, erfuhr ich die Ursache: Die Frau, die jeden Morgen mit mir gefrühstückt hatte, war in der Nacht aus dem Fenster im fünften Stock gesprungen. Ich war schockiert und traurig, ging nach Hause, wo ich mich gleich ins Bett begab. Am Abend wurde ich vom Wecker geweckt. Ich stand auf und ass etwas, dann setzte ich mich auf den Balkon, um etwas zu lesen. Plötzlich spürte ich einen gewaltigen Schmerz in meinem Körper. Ich schrie auf und seither weiss ich nichts mehr. Ich kam im Bett in der Psychiatrischen Klinik wieder zu mir, hatte starke Schmerzen und eine tiefe Depression. Später vernahm ich, dass mich wohl meine Wohnungsnachbarin ohnmächtig auf dem Balkon liegend gefunden hatte und den Rettungsdienst alarmierte. Aber was geschah da auf dem Balkon?“* Ich erklärte ihr: *„Die Seele der lebensmüden Frau war vielleicht schon beim Frühstück um Sie herum und ging mit Ihnen nach Hause. Dort war sie wohl auch unschlüssig, was sie tun sollte. Aber sie wollte sich Ihnen mitteilen und war selber noch in einem Schockzustand. Dann haben Sie vermutlich auf dem Balkon an sie gedacht und Ihr Mitleid zu ihr ausströmen lassen. Das war für die Seele wie eine Einladung, es war, als hätten Sie ihr eine grosse Tür geöffnet. Durch die Übernahme aller Gefühle und körperlicher Schmerzen der Verstorbenen wurden Sie sofort ohnmächtig. Als Sie erwachten, waren Sie in der Depression der Verstorbenen, wo alles immer noch aktiv war, obwohl sie für uns schon tot war. Viele Selbstmörderseelen berichten, dass sie nun noch grössere Probleme und Schmerzen hätten als zuvor. Die Last, welche diese versucht haben durch den Tod loszuwerden, wurde nur noch grösser und schwerer zu ertragen, denn sie blieb in der letzten Körpermanifestation, also auch in den Schmerzen, hängen. Zudem werden die Selbstmörderseelen auf der geistigen Seite geächtet und* *ausgestossen. Niemand gesellt sich zu ihnen, oft bleiben sie isoliert. Die haben es dort drüben sehr schwer, allerdings kommt es darauf an, warum ein Mensch sich das Leben nahm. Prinzipiell gibt es das Leben nur als Geschenk unseres Schöpfers, nicht einfach per Zufall oder aus Laune der Natur, dass sie durch ihre Tat gegen das göttliche Prinzip verstossen hat, das muss eine Selbstmörderseele dann schmerzhaft erfahren.“*

„Ja, es war sehr schlimm, als ich in der Klinik erwachte“, erzählte die junge Frau. *„Ich spürte fürchterliche Schmerzen, obwohl ich körperlich nicht erkennbar verletzt war. Ich litt wie ein Tier und brauchte Morphin. Aber jetzt fühle ich mich wohl und frei, vorher war ich wie in einem dunklen Loch. Es war grausam, ich wusste nicht was passiert war und war nur noch ein Häufchen voll Leid und Schmerz. Geht das allen so, die besetzt werden?“ „Das ist von Fall zu Fall verschieden. Sie waren jetzt zwei Mal kurz nacheinander voll besetzt und können auch Unterschiede feststellen vom letzten zu diesem Mal“*, antwortete ich. *„Ja, Sie haben Recht, wobei es beide Male ziemlich ähnlich war, nur dass dann die grausamen Schmerzen dazukamen.“* Ich erklärte ihr weiter: *„Überlegen Sie sich, in welchem Zustand der Körper der krebskranken Frau am Schluss noch war, voller Krebsleiden. Oft haben auch Unfallopfer noch den letzten Schmerz vom Aufprall, da kam bei dieser Frau schon einiges zusammen. Deshalb rate ich Ihnen an, sich unbedingt mit geistigem Licht und der Liebe Gottes zu schützen, so bleiben Sie frei und unbelastet. Vielleicht können Sie solche herumirrenden Seelen dann auch an Ihrem Arbeitsplatz wahrnehmen. Dort können Sie diese ansprechen und mit dem Erzengel Michael ablösen, noch bevor sie sich aus Verzweiflung an jemanden hängen.“*

Die junge Frau rief mich zwei Tage später noch an und meldete, dass es ihr nun sehr gut gehe.

6.3 Arzt-Tochter

Ein Arzt rief aus einem weit entfernten Dorf an, um zu fragen, ob ich ihm etwas auspendeln würde. Wir kannten uns nicht, deshalb redete er offen über sein Problem: *„Ich habe hier in der Praxis zwei Vorkommnisse, die nicht normal sind. So sind zum Beispiel am Morgen die Kundenkarteien durchwühlt und die Karten liegen am Boden verstreut. Oder der Arzneimittelschrank ist offen, obwohl ich ihn am Abend selber abgeschlossen habe. Oder es liegen im Warteraum alle Zeitschriften am Boden verstreut. Interessanterweise wurde die Eingangstüre nachts nie geöffnet und trotzdem war jemand in der Praxis und hatte Blödsinn angestellt. Ich habe den Verdacht, dass mein Vorgänger, welchem die Praxis gehört hatte, hier herumspukt. Er ist vor zwei Jahren gestorben. Eigentlich glaube ich nicht an solche Spuk- und Geistergeschichten, aber langsam werde ich unsicher, es gibt einfach keine logische Erklärung dafür. Bitte versprechen Sie mir aber jetzt schon, dass Sie die Sache niemandem weiter erzählen."* Das tat ich und pendelte aus, ob sein verstorbener Vorgänger der störende Geist in seiner Praxis sei. *„Nein." „Ist da eine gebundene Seele?" „Nein." „Sind da zwei gebundene Seelen?" „Ja." „Sind sie Patienten gewesen?" „Ja." „Schön, Sie haben treue Klienten"*, kommentierte ich. Dann fragte ich meine Engel weiter: *„Ist einer von denen in seiner Praxis gestorben?" „Ja." „Der Zweite auch?" „Nein." „Welcher ist der Witzgeist, der neckisch ist, jener der in der Praxis gestorben ist?" „Nein." „Also der andere?" „Ja." „Ist der andere zu Hause gestorben?" „Ja." „Hat der einen Grund, dass er in der Praxis etwas sucht?" „Ja." „War er drogenabhängig?" „Ja." „War er vielleicht ein Fixer?" „Ja." „Möchten die beiden Seelen befreit werden?" „Nein - Ja." „Wissen die überhaupt, dass sie gestorben sind?" „Nein." „Kann der Arzt sie mit meinen Gebeten befreien und ablösen?" „Nein."* Der Arzt unterbrach mich: *„Fragen Sie bitte, ob das meine Frau kann." „Da kommt ein 'Ja'. Machen Sie dieses Ablösegebet doch gemeinsam; ich sende es Ihnen sofort per Fax."*

Er gab mir seine Nummer und erhielt die Gebete umgehend. Noch am Telefon studierte er: „*Es kommt mir nun in den Sinn, dass in meiner Praxis tatsächlich mal jemand gestorben ist. Er hatte eine Herzschwäche und wurde zu mir gebracht, aber noch ehe ich mit der Behandlung beginnen konnte, sank er auf den Boden und starb, dabei war er keine zwei Minuten in meiner Praxis. Er war einer meiner Patienten, zuvor kerngesund, nehme ich an, denn er war schon etliche Jahre nicht mehr bei mir. Und könnte es sich beim Zweiten wirklich um den drogensüchtigen Bobby handeln? Der kam während fast zwei Jahren täglich in meine Praxis, um seine Dosis Methadon zu schlucken. Ich weiss nicht, was der dann zusätzlich noch geschluckt oder gespritzt hatte, jedenfalls lag er eines Morgens einfach tot in seinem Bett.*"
Ich pendelte aus und fragte: „*Ist das Bobby, der in seiner Praxis sein Unwesen treibt?*" „*Ja, Ja!*" „*Ist da vielleicht noch jemand in seinem Haus, der noch gebunden ist? – Nein*", dann gab ich ihm noch einen Tipp: „*Glauben Sie bitte, dass Sie und Ihre Frau das schaffen werden. Bei solch schlafenden Seelen, oder ehemals Drogensüchtigen, braucht es oft mehrmals ein Gebet oder Gespräch bis sie kapieren, was eigentlich los ist.*"
Der Arzt bedankte sich und legte auf. Ich hörte seither nichts mehr von ihm, aber seine Frau rief nach einer Woche an und bedankte sich für die Gebete und die Hilfe. Schon nach zwei Abenden, sei bei ihnen Ruhe eingekehrt und nichts mehr passiert.

Ein gutes Jahr später rief diese Frau spät abends an, sie klang verzweifelt: „*Können Sie meiner Tochter helfen? Sie ist Maturandin und hat sich extrem verändert. Ich habe das Gefühl, in ihr steckt jemand anderer. Ich habe nun zwei Mal Ihre Ablösegebete mit ihr gemacht, doch sie ist in beiden Fällen total ausgerastet. Nachts ist sie daraufhin aufgestanden und hat sich mit einer Klinge am Körper verletzt. Am Morgen sah ich dann, wie ihr ganzes Bett mit Blut verschmiert war. Gestern Abend stellte ich sie zur Rede und machte nochmals ein Ablösegebet. Sie rannte in ihr Zimmer und*

schlitzte sich am Oberkörper, an Armen und Beinen auf und kam blutüberströmt wieder ins Wohnzimmer getorkelt. Dort schrie sie wild geworden, sie müsse sich umbringen, mein Mann hat sie daraufhin verarztet und ihr eine Beruhigungsspritze gegeben. Heute ist sie erst am Nachmittag zur Schule gegangen, mein Mann hatte einen Kollegen, der Psychiater ist, hinzugezogen. Er hat aber nichts gefunden und ihr einfach starke Antidepressiva verschrieben. Jetzt tobt sie trotz der Medikamente herum und will sich in dieser Nacht noch umbringen. Wären Sie so gut und würden auspendeln, was sie so verändert hat?"
Ich bekam von meinen Engeln die Angabe, dass die junge Frau von einer ganzen Horde von Astralwesen besetzt wurde, hinter denen das Böse, Dämonische versteckt war. Leider würde die Mutter diese Energie nicht alleine wegkriegen, die war zu stark. Ich spürte ihre Not und Angst, aber auch, dass sich das Mädchen in grosser Gefahr befand. So sagte ich: *„Man sollte Ihrer Tochter noch heute helfen, sie wird sehr stark bedrängt."* Sie antwortete sogleich: *„Sie, ich mache alles was Sie mir sagen, denn ich spüre die Gefahr, in der sich meine Tochter befindet, aber auch ich und mein Mann haben eine riesige Angst. Leider ist er im Moment nicht hier, er hatte noch einen Notfall und ist in der Praxis. Dürfte ich denn um diese späte Nachtzeit noch zu Ihnen kommen? Glauben Sie mir, es ist so wichtig." „Ja, kommen Sie, aber fahren Sie vorsichtig. Ich bete für Sie beide, damit Sie sicher fahren."* Ich erklärte ihr den Weg, dann sah ich vor meinem inneren Auge, wie die Tochter in ihrer Besessenheit und geistigen Verstörtheit auf der Autobahn ins Steuer griff und einen schweren Unfall herbeiführte. Ich beschwor meine Engel, sie beide sicher hierher zu führen.

Es war schon fast Mitternacht, als ich ein Auto auf meinen Garagenvorplatz fahren hörte; es war die Mutter mit ihrer verstörten Tochter. Die Mutter entschuldigte sich unentwegt wegen ihrer Störung zu dieser unmöglichen Nachtzeit, aber sie sagte auch, dass sie nun auch Patienten ihres Mannes begreife, welche wegen Schmerzen mitten in der Nacht nach seiner Hilfe riefen. Sie entschuldigte sich auch dafür, dass ihr Mann nicht dabei war, aber er war noch nicht zurück als sie abgefahren waren. Ihre Tochter war relativ ruhig, muffig und das Gegenteil von gut gelaunt und ich begann sofort mit den Ablösegebeten, denn ich sah um sie genau das, was mir vorhin beim Pendeln angegeben wurde. Die Astralwesen lösten sich noch relativ leicht und schnell von ihr ab. Dann zeigte sich das Grosse und Böse um sie herum, blähte sich auf und kniff und klemmte mich in den Rücken und Hals. Es war ein sehr unangenehmes Gefühl, das Angst einflössen konnte. Ich redete den Dämon an und zwang ihn durch meine Liebe, sich zu entfernen. Plötzlich wurde es heller im Raum und die Tochter atmete wieder leichter und gleichmässiger, zuvor hatte sie auf einmal keine Luft mehr gekriegt, hechelte und stöhnte wie bei einer Geburt. Nach ein paar Minuten der Ruhe machte sie ein freundliches Gesicht und lächelte mich an. Sie bedankte sich und sagte: *„Ich fühle mich sehr viel freier. Nur bin ich nun so extrem müde.“*

Sie fuhren heim und ich konnte mir vorstellen, welche Gefühle die Mutter in ihrem Herzen trug, zwischen Hölle und Himmel.

Selbstmörderseelen, die sich an Menschen hängen 7

Wie schon im Band 1 und 2 beschrieben, tauchen immer wieder viele neue Fälle auf, in denen Menschen von Selbstmörderseelen befallen werden. Diese sind besonders isoliert in der jenseitigen Geisterwelt und meistens in einer Dauerdepression.

7.1 Sohn und Vater in derselben Anstalt

Vor zwei Jahren hatte ich bei einer Familie mit einem Indigo-Kind verstorbene Seelen aus dem Haus abgelöst. Diese Familie besitzt ein Einfamilienhaus, das in der Nähe einer Bahnlinie steht. Gleichfalls in der Nähe führt ein Wanderweg vorbei am Haus, der zu einem Dorf mit einer Klinik für psychisch Kranke führt. Ich hatte damals in diesem Haus bemerkt, dass es sich bei den Seelen um Selbstmörderseelen gehandelt haben musste, weil sie so verstümmelt waren. Sie hatten sich alle unter einen Zug geworfen, und das an der jeweils gleichen Stelle im nahen Wald oberhalb der Wohnhäuser. Einer der Verstorbenen wartete buchstäblich auf einen nächsten 'Kandidaten', der schwach genug war ihm zu folgen. An dieser Stelle brachten sich innert kurzer Zeit vier Menschen auf diese Art um.

Eines Tages rief eine verzweifelte Mutter an, die mir die Lebensgeschichte eines ihrer Söhne erzählte. Die Familie wohnte auf dem Lande in einem Bauernhaus, in dem es schon gespukt hatte als sie einzog. Sie brachte vier Kinder, zwei Söhne und zwei Töchter zur Welt. Der Zweitälteste hatte grosse Schlafprobleme und schrie viel in der Nacht. Als er dann zur Schule ging, nahm das Problem der nächtlichen Angstattacken stetig zu. Mit Mühe schaffte er die Aufnahmeprüfung in das Gymnasium. Die Mutter liess sich in der

Zwischenzeit scheiden und nahm die zwei jüngeren Kinder mit in eine Mietwohnung. Der Sohn lebte von da an im Wohnheim des Gymnasiums. Immer wieder hatte er nachts diese Angstattacken und schrie dann wie am Spiess. Da sich diese Attacken trotz der Verabreichung von Medikamenten immer mehr häuften, wurde er in eine psychiatrische Klinik zur Abklärung eingewiesen. Alsbald kam er wieder raus, wurde aber nach zwei Monaten bereits wieder eingeliefert. Er litt an Depressionen, die sich stetig verstärkten. Mit zweiundzwanzig Jahren warf er sich unter einen Zug.
Das war ein Jahr nachdem ich die Seelen im besagten Einfamilienhaus abgelöst hatte. Mir war sofort klar, welche Stelle er auf seiner letzten Wanderung ausgewählt hatte, um sich zu töten. Von der Familie mit dem sensiblen Kind hatte ich jedoch nichts mehr gehört. Demnach schien der junge Verstorbene aus diesem Hause weggegangen zu sein.
Die Mutter erzählte nun, dass es ihrem Mann und einer der Töchter seit dem Tode ihres Sohnes sehr schlecht ginge. Beide konnten nachts nicht mehr schlafen und hatten auch solche nächtlichen Angstattacken, sowohl der Hausarzt als auch ein Psychologe stünden vor einem Rätsel. Ihr Mann wäre bereits schon seit einem Monat in derselben Klinik wie ihr Sohn gewesen war untergebracht. Man hätte ihn dort mit Medikamenten vollgepumpt und stillgelegt. Aber wieder zu Hause auf dem Bauernhof, fingen die Probleme von neuem an.

Ich pendelte mit der Hilfe meiner Engel die Situation aus und bekam als Antwort, dass dort im Bauernhaus zwei alte Seelen waren, die sich seinerzeit selbst getötet hatten. Zudem war ihr Sohn nun auf der Wanderschaft. Ab und zu beim Vater und den Geschwistern und dann wieder bei der Mutter und dem einen Bruder. Sie war eine sehr sensible Frau und spürte genau, wann er in ihrer Nähe war und wann nicht. Sie bat mich ihr, ihrem Mann sowie der Tochter zu helfen. Ich war jedoch für lange Zeit ausgebucht, sandte ihr deshalb die Ablösegebete und machte ihr Mut. Ich riet ihr, zuerst

ihren Sohn abzulösen, weil sie ihn wahrnehmen konnte, wenn er bei ihr war. Danach solle sie im Haus, wo ihr Mann wohnte, die beiden gefangenen Seelen ansprechen und erlösen.
Später rief sie wieder an und ich konnte ihr bestätigen, dass es ihr gelungen war, ihren Sohn zu überzeugen und von einer anderen Seele mit Astralwesengruppe zu befreien. Für die Ablösung der Seelen im Bauernhaus brauchte die Frau jedoch drei Versuche. Sie waren nicht bereit ihren Anregungen Folge zu leisten, denn sie hingen schon an den beiden Menschen fest. Aber nach einer weiteren Woche erholten sich der Mann und die Tochter zusehends. Sie riefen daraufhin bei mir an und bedankten sich von Herzen für die Informationen und die Ablösegebete.

Ich hatte selber auch meine Freude an diesen Menschen, denn sie hatten es geschafft, voller Vertrauen zu sich und dem Göttlichen in ihnen, drei Seelen zu helfen. Wer weiss, ob die drei unter ihrem Leidensdruck oder Selbstzerstörungswahn nicht noch andere in den sicheren Tod mitgenommen hätten.

7.2 Wieder befallene Frau und ihre Tante

Von dieser jungen Frau berichtete ich schon im ersten Buch. Sie hatte zwei Schulkolleginnen an sich, die sich im Abstand von ungefähr einem Jahr vor einen Zug geworfen hatten, wobei die erste Schülerin die zweite sozusagen in den Tod getrieben oder geholt hatte. Seit der Befreiung des leidenden Opfers von diesen zwei Seelen waren gut zwei Jahre vergangen. Nun rief die Mutter der nun einundzwanzigjährigen Frau voller Entsetzen erneut bei mir an. Ihre Tochter sei gestern Abend sehr spät und total verstört nach Hause zurückgekehrt. Anstatt die Eltern wie gewohnt zu begrüssen, sagte sie nur knapp sie müsste sich noch umbringen. Den Eltern stockte der Atem und eine schlaflose Nacht war angesagt, nur zu gut erinnerten sie sich an das vor zwei Jahren stattgefundene

Drama mit ihrer Tochter. Dieses Mal jedoch sparten sie sich den Umweg über den Hausarzt und den Psychiater und riefen mich sofort an. Zwei Tage später musste ich in einem nahe gelegenen Ort ein Haus und einen Stall ausmessen, so hatte ich am Abend noch Zeit bei der Familie vorbeizuschauen. Als ich in die Wohnung kam, waren nicht nur die Eltern und die junge Frau zugegen, sondern auch die zwei anderen erwachsenen Geschwister sowie ein Onkel mit dessen Frau. Die Stimmung war sehr gedrückt und es schien so ein Abend wie nach einer Beerdigung zu sein.
Die junge Frau sass im Polstersessel in sich versunken und wippte mit Kopf und Oberkörper vor und zurück. Sie murmelte etwas vor sich hin, aber niemand konnte verstehen was sie sagte. Ich legte meine Hand auf ihre Schulter und sprach sie mehrmals an. Sie reagierte nicht auf mich und wippte weiter hin und her. Alle schauten uns erwartungsvoll an. Links hinter ihr erblickte ich einen jungen Mann, der drogensüchtig aussah und vermutlich ihr Besetzer und auch ein Selbstmörder war.
Ich sprach ihn an und sah wie er erschrak und aus seiner Lethargie erwachte. Während ich mit ihm redete, trat er neben die junge Frau und krempelte seinen rechten Hemdärmel hoch. Er zeigte mir die vielen Einstichwunden und sagte etwas, das ich aber nicht verstand. Ich machte das Ablösegebet und er hörte aufmerksam zu. Er schien sehr gerührt zu sein, denn Tränen liefen ihm über die Wangen. Am Ende löste er sich in einem Lichtschleier auf und war plötzlich verschwunden.

Kurz darauf erwachte die junge Frau aus ihrem abwesenden Zustand. Sie schlug die Augen auf, streckte sich und schaute überrascht in die Runde und in die vielen Gesichter, die sie alle anstarrten. „*Was ist los, warum schaut ihr so?*“, fragte sie erstaunt. „*Das möchten wir von Dir wissen*“, gab die Mutter erleichtert zur Antwort. „*Was war bloss wieder mit Dir los?*“ Sie schüttelte den Kopf: „*Ich weiss nicht so recht was mir zugestossen ist. Ich sass in der Tram und plötzlich wusste ich nicht mehr, wer ich war. Ich hatte auch keine Ahnung mehr, wo ich wohnte. Ich musste im Pass nachschauen, wie meine Adresse lautet. Schwach kann ich mich noch an mein Ankommen hier zu Hause erinnern. Wie lange bin ich denn schon hier?" „Du bist nun schon zwei Tage zu Hause"*, sagte die Mutter, *„und hast uns grosse Sorgen gemacht, weil du dauernd von Selbstmord gesprochen hast. Herr Styger ist wieder gekommen und hat dich abermals von einem Selbstmörder, der an dir hing, befreit."* Die junge Frau schaute mich nun direkt an und streckte mir wortlos die Hand hin. Mit der Linken hielt sie mich fest und begann zu weinen. Die Mutter trat hinter den Sessel und umarmte sie, dann stand die Frau auf und trat zu den anderen an den Esstisch. Nachdem sie Onkel und Tante begrüsst hatte, bat sie auch mich an den Tisch.

Die Stimmung wurde fröhlich und alle redeten nun wild durcheinander. Nur der Tante schien es nicht so gut zu gehen und sagte zu mir: *„Ich bin hierher gekommen, weil ich von Ihnen gehört habe und wusste, dass Sie heute zur Tochter meines Bruders kommen. Auch ich brauche Ihre Hilfe, denn seit knapp einem Jahr geht es mir sehr schlecht. Begonnen hat alles auf der Beerdigung meiner Schwester, die leider auch Selbstmord beging. Auf dem Friedhof redete ich noch mit meinen Schwestern. Die eine griff mich verbal an, indem sie meinte, ich sei schuld am Tod der Schwester, weil ich mich ja nie nach deren Befinden erkundigt hätte. Sie müssen wissen, die Verstorbene lebte zwanzig Jahre mit einem Mann zusammen und beide waren Alkoholiker. Sie ertrugen meine Fragen nicht, empfanden sie als negativ oder gar als Einmischung in ihre Angelegenheiten. Wir wussten ja alle, dass es der Schwester schlecht ging, hatten aber leider keine Möglichkeit ihr zu helfen. Das wollte sie ja auch gar nicht. Deshalb trafen mich die Vorwürfe der anderen Schwester wie ein Pfeil in den Bauch. Augenblicklich begann mich ein grausamer Schmerz zu quälen. Tief gebeugt, wie eine Neunzigjährige, verliess ich den Friedhof. Von dieser Stunde an schien mein Körper verrückt zu spielen. Ich hatte dauernd Schmerzen und starke Depressionen, sowohl mein Hausarzt als* *auch ein Psychiater stehen vor einem Rätsel. Meine Leiden seien weder physisch noch psychisch und es gebe eigentlich keine Erklärung dafür. Ich kann nicht mehr arbeiten, bin stark abgemagert und untergewichtig. Nun hoffe ich auf Sie. Können Sie mir einen Tipp geben oder vielleicht sogar helfen?"*

Die Frau war wirklich ein Häufchen Elend. Ich holte mein Pendel hervor, um auszutesten, ob das, was ich schemenhaft sah auch stimmte. *„Ja, es ist so, Ihre verstorbene Schwester hängt an Ihnen und an ihr wiederum noch fünf Astralwesengruppen. Diese sind vermutlich auch der Grund für den Selbstmord Ihrer Schwester gewesen."*
Ein paar Kerzen wurden aufgestellt und angezündet, dann begann ich das Ablösegebet zu sprechen. Am Schluss schickte ich die üblen Astralwesen noch weg und der Frau schien es von Minute zu Minute besser zu gehen. Sie strahlte, stand schnell auf und ging durch die Wohnung, leicht und federnd eilte sie die Treppe hoch und kam auch gleich wieder heruntergehüpft. *„Ich fühle mich so leicht wie noch nie"*, sagte sie ganz überschwänglich. *„Du wolltest ja immer abnehmen"*, entgegnete ihr Bruder lakonisch, der es sich vermutlich nicht verkneifen konnte, *„nun hast du es auch geschafft. Nur habe ich das Gefühl, du hast es mit deinen fünfundvierzig Kilos, die du jetzt noch wiegst, übertrieben." „Du Blödmann, meinst Du denn im Ernst ich wollte ganze vierzig Kilos abnehmen? Ja, es stimmt, ich fühle mich nun leichter, aber nicht wegen des Körpergewichts, sondern seelischer Art."*
Sie trat an ihren Bruder und ihre Schwägerin heran und küsste sie beide auf die Wangen, auch ich wurde links und rechts abgeküsst. Es wurde noch ein vergnügter Abend mit angeregten Diskussionen und Meringues mit Schlagrahm. Um Mitternacht verliess ich die fröhliche Runde.

Ein Jahr darauf, in der Woche nach Ostern, versuchte mich eine der Töchter dieser Frau, die von ihrer Schwester belastet gewesen

war, telefonisch zu erreichen. Ich war in Baar und hatte am Nachmittag vier und am Abend noch drei weitere Termine. Dummerweise war mein Handy eingeschaltet. Nach dem fünften Läuten nahm ich ab. Die Tochter war sehr aufgeregt und klang überaus besorgt. Ihrer Mutter gehe es von Stunde zu Stunde schlechter, sie habe Erstickungsanfälle und man wisse sich nicht mehr zu helfen. Der Arzt hätte ihr gestern Beruhigungstabletten verabreicht, die aber scheinbar nichts nützten. Ihre Mutter sei nicht mal mehr in der Lage mit mir zu telefonieren. Die Tochter wollte, dass ich sofort käme und war sehr enttäuscht, als ich nicht zusagte. Ich versprach ihr aber, dass ich am Abend noch anrufen würde.
Das machte ich dann auch, aber erst gegen halb zehn Uhr. Der Ehemann war am Apparat. Er tönte ebenfalls äusserst besorgt und wollte unbedingt, dass ich noch zu ihnen hinfahre. Ich beruhigte ihn und pendelte am Telefon aus, dass es sich nicht um die Schwester seiner Frau handelte, die zurückgekehrt war, sondern jemand Fremdes. Das war zwar kein grosser Trost für ihn, aber ich gab das Versprechen, diese Seele über die Distanz heute Abend noch abzulösen. Morgen Abend würde ich dann auf dem Heimweg von Bern bei ihnen vorbeikommen. Nach dem intensiven Ablösegebet und dem Gespräch mit dieser Seele spürte ich, dass sie losliess. Um halb elf Uhr fuhr ich erst heimwärts auf die Böschi. Ich genoss noch die vielen blühenden Kirsch- und Obstbäume entlang der Hauptstrasse. Sie tauchten wie gigantische Blumensträusse durch das Licht meines Autos aus der Dunkelheit auf und erfreuten mein Herz umso mehr als ich den ganzen Tag in die tiefsten Abgründe menschlicher Seelen geschaut hatte. Diese blühenden Bäume sind das reinste und schönste Geschenk der Natur an uns. Ich dankte dem Schöpfer dafür und für die darin verborgene Liebe.

Am nächsten Abend, es war schon dunkel, traf ich bei dem Ehepaar ein. Die Tochter und ihr Mann waren auch da und sehr erleichtert als ich eintrat. Die Eltern kannte ich ja schon, aber es waren auch noch zwei jüngere Söhne da. Die Mutter sass am Tisch und

stand auf, als ich in die Wohnküche trat. Sie lachte und freute sich über mein Kommen. Ihr ging es schon wieder viel besser.
Sie erzählte nun, dass sie gestern Abend, so zehn Minuten nach meinem Telefongespräch mit ihrem Mann, gewürgt wurde und nach draussen in den Garten gerannt sei. Sie musste sich dort wie noch nie in ihrem Leben übergeben. Nach einer halben Stunde hätte sie sich aber besser gefühlt und sich langsam erholt. Ich sah an ihr noch zwei Wolken mit Astralwesen, die ich ihr umgehend ablöste. Sie spürte dieses Loslösen sofort und bestätigte auch, dass sie nun ganz frei sei.
„Wir waren noch mit den Kindern am Karfreitag auf dem Grab meiner Eltern“, begann sie mir ihre Geschichte zu erzählen: *„Schon auf dem Heimweg fingen diese Würgegefühle an. Es kam mir vor, als hätte ich etwas im Hals und müsste daran ersticken. Am Samstag und Sonntag wurde es immer schlimmer und ich begab mich in die Notaufnahme im Spital. Die Ärzte konnten aber nichts erkennen und auch nicht helfen, leider. Ich hoffe, Sie verzeihen mir, dass wir Sie gestern so intensiv belästigt haben, aber ich meinte am Nachmittag ich würde den Abend nicht mehr erleben. Ich danke Ihnen für Ihre Hilfe.“*

Die Familie zeigte mir noch ihr schönes und grosses Haus und bot mir an, einzelne Räume im Untergeschoss zu benutzen, wenn ich Besprechungen mit Hilfesuchenden in ihrer Gegend hätte. Wer weiss, vielleicht bin ich wirklich einmal froh darüber.

Exotische Geistwesen 8

8.1 Die Frau des indischen Gurus und Adolf Hitler

Eine junge Frau, die in Begleitung ihrer Eltern und einer Freundin war, kam zu meiner Therapie. Sie war moralisch am Boden und scheinbar austherapiert. Bis vor zwei Jahren arbeitete sie in der Verwaltung eines Chemiekonzerns. Nach einem halben Jahr Auslandaufenthalt mit ihrem Freund allerdings, kam sie zurück und war nicht mehr in der Lage zur Arbeit zu gehen. Sie hörte Stimmen von verschiedenen Personen, die sie ab und zu auch sehen konnte. Die eine Stimme gehörte einem indischen Guru und die andere gab sich als ihr Geistführer mit dem Namen Samuel aus.

Die Frau war im höchsten Masse besetzt von Astralwesen und deren Abfall. Ich machte eine Ablösung und es schien, dass ich die Wesen weggebracht hatte. Sie erzählte dann, was sie zuvor erlebt hatte und wollte, dass ich die Engel fragte, ob das alles denn auch real war: *„Mein Geistführer kann meine Gedanken lesen und kontrollieren. Er weiss also immer schon im Voraus was ich tun möchte. Er spielt sich als mein Beschützer auf und wenn ich etwas schreibe oder lese gibt er seine Kommentare ab. Nachts ist es am schlimmsten, da liegt er auf mir und belästigt mich. Ich getraue mich nicht einzuschlafen, denn ich sehe ihn und spüre seine Berührungen. Der Guru ist aber noch viel lästiger als der andere, denn der behauptet, ich gehöre ihm und könne ihn nicht vertreiben, weil wir miteinander noch eine alte Rechnung offen hätten. Jetzt wird er immer zudringlicher, küsst mich überall und schlägt mich sogar.“* Sie begann zu weinen und laut zu schreien, dabei schlug sie wild um sich.
Ich legte meine Hände auf ihre Schultern und machte eine Teufelsaustreibung, da begann dieses Drecksschwein auch mich anzugreifen. Ich sah Echsen, Schlangen und anderes ekliges Gewürm

aus ihrem Körper austreten. Diese Wesen drehten sich wie wild um uns und wir hörten einen tumultartigen Lärm, dann war plötzlich Ruhe und die Frau sackte zusammen. Sie schien ohnmächtig geworden zu sein. Nach einem kurzen Moment schlug sie aber die Augen auf und schaute um sich. Sie griff sich an den Bauch als müsste sie sich übergeben. Beim Aufstehen schwankte sie so stark, als wäre sie im höchsten Masse betrunken. Ihre Freundin und ich hielten sie und führten sie nach draussen. Im Vorraum japste sie nach Luft und es würgte sie, trotzdem wollte sie nicht zur Toilette gehen. Also gingen wir mit ihr hin und her und sie bekam einen Heulkrampf. Sie schluchzte und weinte ihren Schmerz und ihr Leid, das sich in den letzten Jahren angestaut hatte, aus sich heraus. *„Was haben Sie denn vorher bloss gesehen?"*, fragte sie mich. *„Ich hatte das Gefühl, ich sei in einem Terrarium voller Echsen und Schlangen. Aus allen meinen Öffnungen wanden sich diese ekligen Viecher. Ich war wie gebunden und gefangen und konnte mich ihrer nicht erwehren. Das war schrecklich, es war die Hölle. Jetzt aber fühle ich mich frei, allerdings ist mir noch ganz schlecht von dem, was ich da gesehen habe."*
Wir kehrten wieder in den Therapieraum zurück und sie setzte sich auf einen Stuhl und lächelte gequält. Ihre Eltern wollten wissen, was sie denn gesehen habe, das wollte sie aber nicht sagen. Sie erholte sich nun schnell und ich machte noch einige Rituale, um ihren Körper von diesen fremden Leidensmustern, die ihr von aussen zugeführt worden waren, zu befreien, ich löschte diese sozusagen.

Zwei Tage später teilte mir die Frau mit, dass sie sich anderthalb Tage lang sehr wohl gefühlt habe, aber jetzt sei in der Nacht wieder dieser Guru zu ihr gekommen und habe ihr Befehle erteilt. Auch ein anderes Wesen sei wieder oder noch da, das sie körperlich bedränge und plage. Die letzte Nacht sei für sie wieder ein Horrortrip gewesen, fast wie vor der Befreiung. Ich versprach ihr, so bald es mir möglich sei, bei ihr vorbeizukommen und die Nacht bei der Familie zu verbringen.

Seit sie so stark befallen war wohnte sie bei ihren Eltern in einer Wohnung im dritten Stockwerk in einem Block am Stadtrand. Ich wurde von den Eltern freundlich empfangen. Sie hatten bei ihrer Tochter an den Tagen nach dem Besuch bei mir eine gewaltige Verbesserung festgestellt. Nun sei erneut eine Verschlechterung eingetreten, die sie schmerzlich miterlebten. Der Vater, der sonst sehr ruhig und schweigsam war, sprach mich an: *„Es ist furchtbar mit anzuschauen, wie sich die schon vierzigjährige Tochter nicht mehr im Leben zurechtfindet und leidet. Ich bin pensioniert, aber es war mir wohler zur Arbeit zu gehen, als hier zuhause ihrem seelischen Leiden beizuwohnen. Vor drei Nächten hörte ich ein Geräusch in der Wohnung und hatte das Gefühl aufstehen und nachsehen zu müssen. Ich ging, noch halb im Schlaf, in der Wohnung umher, konnte aber nichts Aussergewöhnliches bemerken. Alles schien ruhig zu sein. Da nahm ich auf dem Balkon eine Bewegung wahr. Ich öffnete die Balkontüre und trat in die Dunkelheit hinaus. Mein Herz blieb fast stehen, denn im schwachen Licht der Strassenlampen sah ich meine Tochter auf dem Balkongeländer, zusammengekauert, wie zum Absprung bereit. Mein Puls raste vor Schreck. Ich war etwa vier Meter von ihr entfernt und doch schien mir die Distanz Kilometer weit zu sein. Sollte ich mich nun anschleichen oder mich auf sie stürzen? Sie waren schrecklich, all diese Gedanken, die mir durch den Kopf schossen. Was, wenn ich jetzt einen Fehler begehen und mich an ihrem Tod schuldig machen würde? Meine Tochter hingegen war ganz ruhig und schaute in die Tiefe. Mit der rechten Hand schien sie sich an der Balkontrennwand zu stützen. Es waren die längsten und schlimmsten Sekunden in meinem Leben. Mit ausgestreckten Armen hechtete ich blitzschnell nach vorne, um sie zu umfassen, was mir auch gelang. Ich riss sie zurück auf den Boden, wo sie auf mich fiel. Sie kam schnell wieder zu sich und ich fragte sie, was sie denn hier gewollt hätte? Sie gab zur Antwort, dass ihr dieser indische Guru befohlen hätte, diesen Weg zu ihm zu nehmen, es sei der leichteste und einfachste. Auch der andere hätte ihr* *angeraten diesem Tipp zu folgen. Sie habe aber nicht bemerkt, dass sie auf dem Balkongeländer stünde. Ich brachte sie zu Bett und wachte bis am Morgen bei ihr, damit sie das Gleiche nicht noch einmal wiederholen konnte. Jetzt habe ich an allen Fenstern Sicherungsketten angebracht.“*

Um sich ein wenig abzulenken, war die Tochter mit ihrer Freundin spazieren gegangen. Beide kamen nun zurück. Sie freuten sich mich zu sehen und begrüssten mich herzlich. Elsa erzählte mir nun, was ihr in der Zwischenzeit zugestossen war. Sie habe wieder Besuch von diesem Guru, der sich als ihr Mann und Besitzer ausgab. *„Er betatschte mich die ganze Nacht lang und es war mir nicht möglich zu schlafen. Das Ganze ist für mich absolut real. Er bedrängt mich, legt sich auf mich und seine Hände sind überall. Oft werde ich dabei auch ohnmächtig, aber ich spüre auch, dass er nicht mehr so böse und kraftvoll ist wie vor Ihrer Arbeit in Baar. Er spricht dauernd auf mich ein und beschimpft mich aufs Schlimmste, jedoch sehe und spüre ich seine bösen Diener nicht mehr. Am Tag bequatscht mich nun der andere wieder und gibt mir Befehle. Er verhindert, dass ich arbeiten gehen kann. Jedes Mal, wenn ich mir vornehme zur Arbeit zu gehen, überredet er mich dies nicht zu tun. Er werde mich sonst bestrafen. Warum er das tut, weiss ich nicht. Wenn ich es trotzdem versuche und aus dem Haus gehe, bekomme ich so starkes Kopfweh, dass ich fast ohnmächtig werde. Selbst eine Schmerztablette hilft dann nicht. Vor drei Tagen schaffte ich es bis zur nächsten Strassenkreuzung, wo ich dann prompt zusammenklappte. Zum Glück war meine Mutter dabei und half mir wieder nach Hause zu kommen. Das Schlimmste kam danach, als ich mir sein lautes, hämisches Lachen und seine Beschimpfungen und Drohungen anhören musste. Ich gehe jeweils noch zu einer Frau, die Lichtbahnentherapien macht. Wenn ich bei ihr war geben die beiden für einen halben Tag lang Ruhe, was ich dann sehr geniesse. Aber dann fängt es wieder an.“* Ich fragte sie: *„Ist jetzt auch einer da?“ „Nein, ich höre und sehe nun* *niemanden. Eigenartig, aber das ist für mich direkt schön. Die wissen, dass Sie da sind und halten nun schön die Schnauze.“* Ich sah in ihrer Aura, die sehr schwach war, eine dunkle Wolke und einige schwarze Punkte, die langsam an ihr auf- und abwärts wanderten. Ich betete laut und bat meine Engel um Hilfe für sie und hüllte sie in heilendes Licht aus rosaroter Farbe ein. Sie sah dieses farbige Lichtspiel und fühlte sich wohl und frei.

Während des Abendessens war sie in ihrem Element. Sie redete und gestikulierte mit mir und ihrer Freundin, wie zu ihren besten Zeiten. Die Eltern bemerkten dies und freuten sich für ihre Tochter. Der Nachtisch wurde aufgetragen. Er schmeckte uns allen ausgezeichnet, doch plötzlich wurde Elsa ganz still und starrte wie gelähmt auf ihre Dessertschale. Die Stimmung am Tisch schlug sofort ins Negative um. Ich war selber überrascht und verdutzt über das, was da jetzt schon wieder ablief. Ich stand auf, ging um den Tisch zu ihr, legte die Hände auf ihre Schultern und fragte sie, was sie denn sehe? *„Er ist wieder da, er ist wieder da, ich sehe ihn. Er gibt mir den Befehl, ich solle auf den Tisch kotzen. Dieses gemeine Schwein!“* Sie sah blass aus, wie ein Leintuch, und ich befürchtete, dass sie sich auch bald übergeben würde. Ich befahl dem Drecksack er solle verschwinden. Er aber maulte und verspottete sie noch mehr. Etwa nach fünf Minuten gab er endlich Ruhe. Sie blickte auf und war sofort wieder sie selber.
Die Freundin wünschte allen einen schönen Abend und machte sich auf den Heimweg. Nun begann die Mutter detailliert über ihre Kochkünste zu referieren. Mindestens vierzig Minuten lang erzählte sie, wie sie das Menu kreiert und dann gekocht hatte. Es kam mir vor, als hätte ihre ausführliche Schilderung länger gedauert als das effektive Kochen. Sie erklärte sogar, wie sie die Kartoffeln geschält hatte, nämlich genau so wie dies ihre Mutter schon tat. Ich rühmte deshalb ihr gutes Essen und dies schien für sie der Höhepunkt des Abends zu sein. Sie wollte noch ausführlich die Entstehung des Desserts beschreiben, als sie von ihrer Tochter

unterbrochen wurde. „*Mutter, es ist nun genug, bitte. Er ist wegen meines Problems hier und nicht, um einen Exkurs in deine Kochkünste zu bekommen. Hör auf, bitte.*“ Da meldete sich der Vater zu Wort: „*Ja, Mutter, ich möchte endlich auch etwas erzählen und nicht nur du.*“ Er lehnte sich zurück und grinste. „*Kennen Sie den vom Bandwurm und der Cervelat?*“ Noch bevor er eine Antwort erhielt, sagte Elsa laut und energisch: „*Also Vater, bitte, höre mit diesen blöden Analwitzen auf. Ich will nicht, dass du so einen Stumpfsinn erzählst.*“ Er lachte darüber und sagte: „*Ja, ich hätte da noch einen anderen, den vom Paradiesvogel, kennen Sie den?*“ „*Nein*“, sagte ich und musste schmunzeln. Elsa wurde nun wütend: „*Jetzt langt's mir aber, den vom Paradiesvogel kennen ja schon die Kindergärtner.*“ Sie fasste mich bei der Hand und zog mich ins Schlafzimmer hinüber. Wir setzten uns auf den Bettrand und sie sagte: „*Dieser blöde Guru ist immer noch da, was soll ich tun?*“ „*Wir machen nun eine Radikalkur mit ihm*“, gab ich entschlossen zur Antwort. „*Ich fordere von Jesus Christus das Feuerschwert an. Stellen Sie sich ein brennendes Schwert vor, aber das muss viel intensiver lodern als eine schwache Fackel. Weil ich diesen Dreckskerl in Ihrem Inneren nicht sehe, gebe ich Ihnen ein Schwert in die Hand. Kämpfen Sie um Ihr Leben und Ihre Freiheit für Körper und Seele. Ich werde aussen um Sie herum, die zu diesem Kerl gehörenden Energien abhacken.*“

„*Also*“, begann ich den Befreiungsakt, „*ich rufe Dich Du Liebesgeist Jesus Christus und bitte Dich um Deine Hilfe und Gewalt gegen diesen bösen Geist der Elsa belastet. Gib ihr und mir das Feuerschwert und auch das Schild, damit wir den Kampf für Dein Licht gewinnen. Elsa, sind Sie bereit, dann schlagen Sie drein. Im Namen unseres Gottes der Liebe, trenne ich dich du böser Geist von dieser Frau, verschwinde jetzt!*“

Ich stand auf und visualisierte mein Feuerschwert, das ungefähr die Länge von einem Meter hatte, wie ein starker Gasbrenner brannte und in roter Farbe glühte. Rundherum um ihren Körper schlug ich auf die dunklen Wolken und Kugeln ein, die verstoben und sofort platzten. Auch Elsa war aufgestanden und fuchtelte und schrie laut umher. Ich sah wie sie geschupst und gestossen wurde. Sie prallte auf die Kommode, dann gegen die Zimmertüre und alsbald gegen den grossen Kleiderschrank. Sie war jetzt nicht mehr die scheue, zierliche und feine Frau. Nein, sie kämpfte verbissen und hart einen inneren Kampf, bei dem es um mehr als nur einen Pokal in einer Sportart zu gewinnen ging. Plötzlich stand sie still, atmete stark und laut und hielt ihre Hände auf die Brust. *„Ich danke Dir Jesus für deine Hilfe, ich sah die Fetzen fliegen."* Sie setzte sich zu mir aufs Bett und schien erleichtert zu sein. Sie war klitschnass, schien nun aber frei zu sein.

An der Zimmertüre klopfte es und die Mutter schrie von draussen: *„Elsa, was läuft bei dir drinnen, brauchst du Hilfe?" „Nein, nein, bleibt nur draussen"*, sagte sie ganz energisch, *„mir geht es jetzt gut. Geht nur zu Bett. Würden Sie bitte mit mir hier in diesem Zimmer die Nacht verbringen? Ich gehe jetzt duschen und ziehe meinen Trainingsanzug an."* Sie holte sich Kleider aus dem Schrank und ich begab mich in den Vorraum zum Eingang, um meine kleine, blaue Kleidertasche zu holen. Die Eltern hatten sich in ihr Zimmer verzogen und ich zog mich schnell um. Als sie ins Zimmer kam, ging ich ins Bad. Es war schon eine spezielle Situation, hier bei ihr, mit einer wildfremden Frau, die ich heute zum zweiten Mal sah, ins Bett zu steigen. Sie sass schon drin und ich bekam den hinteren Platz zur Aussenwand hin zugeteilt. Ich war sehr müde, denn der Abend war anstrengend gewesen, auch ohne die Witze des Vaters. *„Jetzt fühle ich mich frei"*, sagte sie, *„und hoffe, dass ich auch Ruhe vor dem anderen habe, der mich sonst jede Nacht plagt." „Gut, wir versuchen nun zu schlafen und im Fall, dass er kommt, wecken Sie mich auf."* Ich hatte vorgängig noch das Doppelbett mit meinen Reisesteinen magnetisch abgeschirmt. Sonst passiert es mir immer, dass ich mir, wenn ich an fremden Orten übernachte, anderntags wie von einem Traktor überfahren vorkomme. Ich schloss die Augen, machte mein Schutzgebet und schlief ein.

Irgendwann in der Nacht spürte ich, dass sie sich bewegte, denn bis dahin hörte ich sie nicht einmal atmen. Von draussen drang das Licht der Strassenlampen ein und ich sah, wie sie nach vorne gebeugt da sass. Ich fragte sie: *„Was ist los?"* *„Sie sind wieder da, vor allem der eine Böse, den ich schon als Echse sah. Er beschimpft mich und trägt ein Arztgewand. Was soll ich tun? Er sagt mir, wenn ich weiterhin bete und ihn bekämpfe, so käme ich in die Klapsmühle."* *„Ja, dem geben wir nun Tee, diesem bösen Kerl"*, versuchte ich sie zu ermutigen. Ich machte erneut eine Ablösung und verwendete das Feuerschwert. Ich war noch gar nicht so wortgewaltig, weil ich noch nicht ganz wach war, aber es schien zu wirken, denn ihre mittlerweile starken Zuckungen liessen bald nach. *„Diesem Kerl haben Sie ganz schön eingeheizt"*, meinte sie erleichtert, *„er wurde richtiggehend weggeblasen."* Sie schien sich beruhigt zu haben, denn sie legte sich wieder hin. Ich drehte mich in die Bauchlage und versuchte einzuschlafen. Wie lange es still war, weiss ich nicht. Plötzlich gab es einen gewaltigen Ruck und sie juckte fast aus dem Bett. Ich hatte das Gefühl, dass alles vibrierte und schüttelte. Ich schaute zu ihr hin. Sie sass aufrecht im Bett und stöhnte, um sie war eine schwarze Wolke, die sich bewegte. Schnell setzte ich mich hinter sie und umfasste sie. Sie sagte etwas von einem bösen Wesen, welches sie in einem früheren Leben umgebracht hätte. *„Ich sehe es nur von hinten"*, schrie sie laut, *„es ist ein Mann. Er verhöhnt mich und sagt, es sei sehr gut gewesen, dass er mich weggeputzt hätte. Ich sei in seinen Augen eh nur Abschaum gewesen. Der Mann sagt auch, er hasse mich, weil ich versucht habe, seine Pläne zu durchkreuzen. Jetzt dreht er sich um. Oh, oh, es ist Adolf Hitler. Oh nein, das gibt's doch nicht, den hasse ich doch aus tiefstem Herzen. Er trieft immer noch vor Wut und Hass gegen mich. Er sagt nun, dass er* *den Auftrag, mich zu töten, persönlich gegeben hätte.*" In mir stieg das Bild dieses Tyrannen und Massenmörders auf und mein Zorn kam zum Vorschein. Auch merkte ich, dass es ein stärkeres Gefühl war, das ich gegen diesen Kerl hegte. Jedes Mal, wenn ich sein Bild sehe oder einen Dokumentarfilm über ihn und seinen Krieg anschaue, löst dies bei mir enorme Hassgefühle aus. Solche Gefühle habe ich bis heute nie gegen jemanden empfunden, nur eben diese Situation zog mich jetzt hinunter. „*Jetzt beschreibt er laut und deutlich den Ort, an dem er mich umgebracht hat*", beschrieb die Tochter ihr Erlebnis, „*und er lacht dabei voller Freude. Nein, er grölt und klatscht in seine Hände. Jetzt sagt er, er sehe neben mir noch so jemanden, den er kenne. Er grinst und sagt laut und deutlich, dass er auch Sie weggeputzt hätte, was ihm grossen Spass bereitet hätte.*"

Jetzt bekam ich einen heissen Kopf, nein, er schien mir fast zu zerspringen. Was sagt dieser Drecksack? Ist er wirklich dieser Adolf Hitler oder spielt hier ein Spuckgeist sein teuflisches Spiel mit uns beiden? Was hatte ich denn in meinem letzten Leben überhaupt für eine Rolle gehabt und wo? Das wusste ich nicht, weil ich mich bis heute nicht darum geschert hatte. Ich hätte ihn gerne irgendetwas gefragt, doch ich war wie blockiert. Mein Gefühl sagte mir, dass es stimmen musste. „*Bitte tun Sie etwas*", forderte mich Elsa mit bebender Stimme auf, „*ich halte seine Fratze und die ächzende Stimme nicht mehr aus. Ich hasse ihn abgrundtief und verachte ihn unvorstellbar. Was soll ich bloss mit diesem Teufel machen und was soll ich zu ihm sagen?*" Sie zitterte wie Espenlaub und ich spürte ihren kalten Schweiss an meinen Händen. Auch mir liefen kalte Schauer den Rücken hinauf und hinunter. Ich hatte einen Moment lang keine Ahnung, was ich nun tun sollte oder was hier eigentlich ablief. Doch dann gab es in mir einen Ruck und ich wusste schlagartig, dass dies nun die grosse Chance war, uns von einem furchtbaren Karma-Elemental-Leiden zu befreien. „*Wir vergeben ihm nun für seine Übeltat an uns, denn der Hass, den wir in uns tragen, zerstört auch uns und würde ewig drücken." „Was, diesem Völkerschinder und Massenmörder soll ich vergeben, der mich und scheinbar auch Sie umgebracht hat? Viel lieber würde ich einem Schwein den Hintern küssen als diesem Tier hier zu vergeben. Ich kann nicht, tut mir leid"*, gab sie verzweifelt zurück. *„Aber ich glaube es könnte der Schlüssel für Ihre Befreiung sein"*, versuchte ich sie zu überzeugen, *„denn er ist eine üble Täterseele und durch sein Tun und Handeln an uns und auch an viele Millionen andere gebunden. Wenn wir über unseren Schatten und unser Ego springen, können wir ihn so loswerden." „Aber was sollen wir dem denn vergeben? Er wirft mir die schlimmsten und bösesten Worte an den Kopf." „Wissen Sie, wir dürfen nicht die Richter sein und ihn nach unserem menschlichen Gefühl verurteilen. Er kommt nicht um seine Strafe oder seinen Ausgleich herum. Ich nehme an, dass er von den bösesten Teufeln überhaupt besetzt ist. Es kann sein, dass er nur eine Rolle für die dunkle Seite spielt, also deren Knecht, aber auch ihr Gefangener ist." „Ja, das habe ich natürlich nicht bedacht. Wenn Sie meinen, dann wird es für den Moment sicher das Richtige sein. Ich bitte Sie, helfen Sie mir hier herauszukommen."* Ich begann mein Gebet:

Ich rufe Dich, Du grosser Gott und Schöpfer von allem um Hilfe an für mich und Elsa. Sende uns alle Engel Deiner Wahrheit, Liebe und Freude, um uns zu unterstützen. Hilf uns, dass wir diesen elenden und bösen Geist wegjagen können. Ich danke Dir Vater und Dir Jesus für eure Unterstützung. So spreche ich zu dir, du Geist von Adolf Hitler, der du zu sein ausgibst. Was du uns da sagst ist grausam aber vielleicht auch eine Wahrheit, weil du sagtest es hätte dir Spass gemacht uns zu vernichten. Da ich aber nicht will, dass du uns weiterhin plagst und durch dein unerlöstes Gewissen verfolgst, vergebe ich dir.
Elsa, bitte sprechen Sie mir nach: Adolf Hitler wir vergeben dir für deine bösen Taten an uns. Wir wollen nicht, dass du an uns hängst und uns weiter belastest. Aber wisse, dass du nur ein

dummer, unmündiger Knecht der grossen und bösen Dunkelheit bist. Du bist ein Verführter und in der Dunkelheit Gefangener. Gelieber Gott und Jesus helft diesem unseligen Wesen und allen seinen leidenden Opfern auf der Welt und in den Geistigen Sphären. Ich hülle dich, Adolf, und dich, bösester Geist von ihm, in das göttlichste Liebeslicht. Verschwindet nun sofort aus unserer Nähe und lasst euch nie mehr hören und blicken. Ich danke Dir, grösster Liebesgeist und Gott, und Dir, Jesus, für diese Lektion. Hilf uns, dass Deine reine Liebe in uns wächst und hilft unsere alten Leidensdramen zu lindern und aufzulösen. Amen.

Der grosse Druck, der auf mir lastete, liess augenblicklich nach und ich hörte in mich hinein. Sie legte ihren Kopf auf meine Schulter und wir verblieben an die zehn Minuten so. Dann sagte sie: *„Als Sie seine böseste Seite ansprachen, da schrumpfte er zu einer kleinen Mickymaus mit Schnauz zusammen und aus ihm krochen jede Menge von Drachen und echsenähnlichen Wesen heraus. Der Platz, wo er stand, in einem grossen Saal, wurde in rosafarbenes Licht eingehüllt, das ich immer noch sehe. Ich fühle mich nun ganz frei und unbeschwert."* Auch ich fühlte mich so, musste aber über die vielen für mich unangenehmen Begegnungen mit Deutschen nachdenken, die mich jeweils erregten und durcheinander brachten. Ich wusste dann meist nicht, was mich so aus der Fassung brachte und war dann oft mehrere Tage lang innerlich aufgewühlt und unausgeglichen. In diesem Zusammenhang möchte ich zwei besondere Erlebnisse erzählen:

Als Vierzehnjähriger durfte ich mit meiner Grossmutter nach Südfrankreich reisen. Wir besuchten die Familien und deren Kinder, die während der Kriegszeit bei uns in der Schweiz waren. Meine Grosseltern hatten damals mehrere Kinder für jeweils sechs bis sieben Monate bei uns aufgenommen. Im 'Midi' war die Not in der Bevölkerung besonders gross, vor allem in den Städten. Die meisten Menschen fühlten sich von der Deutschen Wehrmacht förmlich eingekesselt und eingesperrt. So konnten sie nicht zu ihren Verwandten aufs Land fahren und Lebensmittel von denen erbetteln oder dort selber anbauen. Im Hinterland versteckten sich einzelne Gruppen von Widerstandskämpfern, die ab und zu Überfälle in kleinerem Ausmass auf die Soldaten und deren Aussenposten verübten. Den Leuten in diesen Dörfern wurde oft unterstellt, dass sie die Partisanen unterstützten, deshalb wurden als Abschreckung in fast allen Dörfern grausame Racheakte ausgeführt. Man trieb die Dorfbewohner zusammen und entfernte zum Beispiel jeden Zehnten. Diese Unglücklichen wurden dann im Beisein der Mitbewohner an eine Mauer gestellt und erschossen. Noch heute sieht man in jedem dieser Dörfer die Gedenktafeln und Steine, auf denen die gefallenen Soldaten und die ermordeten Zivilisten aufgelistet sind.

Wir trafen uns eines Abends in dem kleinen Dorf St. Jean de Fos mit Monsieur Jean Albe. Er erzählte uns mit Tränen in den Augen, dass drei seiner Verwandten hier getötet worden seien, die nun wirklich unschuldig gewesen waren. Die Deutschen wiederholten je nach Dorf und der Nähe der Partisanenangriffe diese Strafen mehrfach. Auch zwei andere ältere Menschen gesellten sich zu uns und begrüssten uns. Herr Albe wohnte nicht mehr im Dorf, er war in die Stadt Montpellier gezogen. Die beiden anderen erzählten sich dies und jenes, das wir wegen ihres Dialektes nicht verstanden, aber ich sah ihre Trauer und die Tränen. Die Erlebnisse waren noch keine zwanzig Jahre her und die Wunden noch nicht verheilt.

Nach dem Abendessen bummelte ich nochmals durch das verträumte Dörfchen und zu der Gedenktafel hin. Ich hockte mich dort auf einen Gartenzaun und spürte in mich hinein. Mehr als vierzig verstorbene Seelen standen oder lagen um mich herum. Ich wollte mit ihnen sprechen oder sie wecken aber es gab ein Sprachproblem. Sie reagierten nicht, jedenfalls nicht an diesem ersten Abend.

Mein Bruder und der Cousin waren schon zum Ferienhaus zurückgegangen und ich war mit dieser grossen Schar Toten alleine. Da fuhr ein blauer Opel mit deutschem Kennzeichen heran, hielt an und zwei Ehepaare stiegen aus. Die Personen waren so um die fünfzig Jahre alt. Sie beachteten mich nicht und ein älterer mit weisser Kappe hielt den anderen einen kurzen Vortrag darüber, was damals an diesem Ort geschehen war. Ich verstand jedes Wort, leider. *„Wir waren in der Nähe stationiert"*, sagte er laut, *„als diese verdammten Partisanen ein Patrouillenfahrzeug von uns angriffen, einen Soldaten töteten und den Fahrer verletzten. Unser Hauptmann liess noch am selben Abend das Dorf durchsuchen. Einzelne, die sich gewehrt hatten, durften wir sofort abknallen. Die anderen trieben wir zusammen und wählten einige aus, stellten sie dort an die Wand und schossen sie über den Haufen, diese Drecksäue. Wir trauten niemandem mehr über den Weg. Aber denen haben wir gezeigt, wer hier der Meister ist. Ha, ha, so, nun fahren wir zum nächsten Dorf, dort möchte ich euch auch noch etwas zeigen."* Er drehte sich um und wollte gerade zum Auto zurückkehren, da sprang ich ihn an. Mit jedem seiner Worte war mir der Blutdruck gestiegen und mein Herz pochte in meiner Brust wie noch nie. Eine gewaltige Wut überkam mich, ich war ausser mir. Unkontrolliert sprang ich diesen Mann an, riss ihn herum und schrie: *„Was sind Sie denn bloss für ein Monster, dass Sie sich nochmals hierher zum Ort eurer Morde und Schandtaten getrauen? Ihr Knechte des Bösen und Teil der Hitlerbande, ich verachte euch, ihr seid abscheulich. Habt ihr vergessen, dass ihr in ein friedfertiges Land eingebrochen seid und diese Menschen nur um ihr nacktes Leben und ihre Freiheit gekämpft haben?"*
Es brach aus mir heraus wie ein Wasserfall und ich war so erregt, dass ich dabei weinen musste. Er stiess mich weg und konnte in seiner Überraschung nichts anderes sagen als: *„Dich, du Saukerl, hätte man auch gleich kalt machen müssen oder zumindest deine Mutter."*

Seine Frau und das andere Paar hatten sich ins Auto zurückgezogen und schauten nur mit offenen Mündern zu. Der Mann versuchte mich zurückzustossen, was ihm auch gelang. Er war etwas grösser als ich und doppelt so schwer, ich war also ein Fliegengewicht für ihn. Aber jetzt waren alle meine Sicherungen draussen und ich schlug blind zu. Er holte zu einem Haken aus, der es in sich gehabt hätte mich auszuschalten, ich konnte mich aber zum Glück gerade noch bücken. Vermutlich hätte ich sonst alle meine Zähne dort lassen müssen oder es hätte mir zu einem Platz auf der kleinen Tafel des unbekannten Soldaten gereicht. Ich war sehr beweglich und mein Fuss landete in seinem Schritt, der sass. Dafür steckte ich aber einige Schläge ein. Wir fielen zu Boden, ich auf ihn. Da eilte sein Bekannter herbei und versetzte mir einen Schlag ins Genick. Ich musste wohl kurz bewusstlos gewesen sein, denn als ich zu mir kam, sassen diese 'freundlichen' Genossen schon im Auto und fuhren davon. In meinen Händen hielt ich noch die weisse Kappe und ein Büschel seiner Haare. Beides warf ich angeekelt weg. Aus dem Nachbarhaus kamen eine Frau und ihr Gatte herausgerannt. Sie halfen mir auf die Beine und zogen oder trugen mich ins Haus. Mit einem nassen, kalten Tuch kühlten sie meine Beulen ab. Sie sprachen auf mich ein aber ich war wie geschockt und brachte kein Wort heraus. Ich konnte nicht einmal mehr den Namen von Jean Albe babbeln. Zum Glück war das Dorf ja sehr klein und ein jeder schien zu wissen, dass die Leute der Gastfamilien aus der Schweiz hier waren. Es dauerte also gar nicht lange, da kamen die Frau und ihre Tochter Annamarie zur Türe herein und sahen mich verletzten Buben. Das Paar, bei dem ich aufgenommen wurde, hatte vom Küchenfenster aus die ganze Episode mitangeschaut. Nur wussten sie nicht, um was es sich dabei handelte. Erst als diese weggefahren waren, getrauten sie sich aus dem Haus. Ich wurde gefragt, warum ich diesen Mann denn bloss belästigt hätte. So gut wie möglich versuchte ich meine Gefühle in Worten auszudrücken. Ich schämte mich nun sehr für mein Benehmen. Es stellte sich heraus, dass der Mann ein Cousin von Jean Albe war und ich bedankte mich bei den beiden. Dann wurde ich nach Hause begleitet, wo ich von meiner Grossmutter ins Kreuzverhör genommen wurde. Sie übersetzte der Gastfamilie, warum ich so reagiert habe. Da hätten sie die Freude bei denen sehen sollen, ich war augenblicklich einer von ihnen. Bis spät in den Abend erschienen noch Freunde und Verwandte von ihnen, die den verrückten Jungen sehen wollten, der die Ehre ihrer Ermordeten wieder hergestellt hatte. Ich konnte die ganze Nacht nicht schlafen, alles tat mir weh und ich verstand mich selbst nicht mehr. Wie konnte ich nur so überreagieren?

Das zweite Erlebnis mit den Energien der Nazis hatte ich ein paar Jahre später im Nachbardorf Oberägeri. Ich war damals etwa siebzehn Jahre alt und arbeitete im Geschäft meines Vaters. Er war Deutscher und kurz nach dem Krieg in die Schweiz eingereist. An schönster Lage über dem Ägerisee konnte er sich ein Haus bauen, inmitten von Landwirtschaftsland. Unser Auftrag lautete, das Grundstück unter seinem Haus am steilen Abhang gegen eindringende Kühe und Rinder abzugrenzen. Ich war der Vorarbeiter und hatte zwei starke, grosse Mitarbeiter dabei. Diese stammten aus einer norditalienischen Provinz. Vittorio und Pasquale waren schon zwei Jahre in unserem Betrieb und fleissige und schnelle Handwerker. Zuerst mussten die Eichenholzpfosten vor dem Haus den Abhang hinunter getragen werden, was uns schon viel Schweiss und Mühe bereitete, hinterher kamen die Loch- und Rammwerkzeuge dran. Das Gelände war steil und vorher nur von Rindern beweidet worden. Die Grenzsteine waren sichtbar und wir setzten zuerst die Grenzpfosten links und rechts. Die Breite der Parzelle betrug etwa vierzig Meter und sie war sehr uneben. Dann spannten wir unten und oben eine elastische Schnur und merkten dabei, dass das Gelände an zwei Stellen mehr als sechzig Zentimeter tiefe Gruben oder Vertiefungen hatte. Der Hausbesitzer wollte, dass der Zaun genau horizontal erstellt werden solle. Ich ging zur Haustüre und läutete, um ihn zu fragen, ob er bitte zu uns kommen könne, um sich die Situation vor Ort anzuschauen. Er war ein mittelgrosser Mann mit grauen Augen, aus denen die Bosheit blitzte. Unfreundlich stapfte er zur Unterseite seines Gartens hin. Er schimpfte laut über den Bauer, der in diesem Gelände überhaupt die Kühe weiden liess und über die gehörnten Rindviecher, die man alle abknallen sollte, weil sie nur Lärm und Gestank verbreiteten. Ich bat ihn zu uns an die Grundstücksgrenze zu kommen, um uns von dort aus Anweisungen zu geben, wie er den Zaun wünschte. Ich versuchte ihm zu erklären, dass die Oberfläche des Terrains sehr uneben und eine gerade Zaunoberkante nicht möglich sei, sonst würden an zwei Stellen Löcher von über sechzig Zentimeter entstehen. Zudem müssten wir dann noch viel längere Holzpfosten bringen lassen. Er blieb etwa zwanzig Meter weiter oben stehen und bemühte sich nicht die Sache vor Ort anzuschauen. Im Gegenteil, er begann zu schreien und uns zu beschimpfen. *„Ihr blöden Schweizer Idioten, ihr könnt nicht einmal diesen einfachen Geflechtzaun erstellen. Ich habe im Krieg kilometerlange Drahtzäune erstellt. Ich will, dass der Zaun oben genau und pfeilgerade ist sonst könnt ihr dieses Flickwerk sofort wieder abreissen. Auch unten will ich, dass keine Katze durchkommt, sonst bezahle ich kein Schweizerfränkli.“* Er drehte sich um und schickte sich an zurückzugehen. Ich rannte ihm hinterher und versuchte ihn nochmals zu überzeugen, sich doch die Bodenunebenheiten anzusehen. *„Ich werde die Firma anrufen, sie soll einen fähigen Mitarbeiter schicken, der das kann. Nicht so einen jungen Affen.“* Mir blieb der Mund offen stehen. Es war so beleidigend, wie es dieser Mensch schaffte, andere zu verletzen. Er stapfte davon, ohne sich weiter um uns zu kümmern. Wir wussten uns nicht zu helfen und die Arbeiter meinten, wir sollten doch meinen Vater anrufen, was ich vom nächsten Haus aus auch machte. Mein Vater aber wusste auch nicht, was wir nun tun sollten. Er meinte, ich schaffe das schon, mit diesem Mann eine Einigung zu erzielen, denn ich hätte ja schon viel kompliziertere Aufträge ausgeführt und auch schon viele Kilometer Zäune gesetzt. Gut, das motivierte mich wieder etwas und ich begab mich abermals zum Einfamilienhaus zurück und läutete an der Haustüre. Der Hausherr kam laut schimpfend angelaufen und fragte mit hochrotem Kopf: *„Was wünscht der junge Affenkopf denn schon wieder?"* Ich versuchte ruhig zu bleiben, was mir jedoch fast nicht gelingen wollte, denn mein Herz klopfte bis zum Hals. Er war nun bereit, uns Idioten nochmals seinen Wunsch zu erklären. Aber er kam wieder nur bis zur Mitte des abfallenden Geländes und schaute von oben zu uns hinunter: *„Das geht doch, das ist doch das einfachste was es gibt!"* Er wollte schon wieder weglaufen, da sagte Vittorio: *„Schauen Sie, hier ist eine Vertiefung von über sechzig Zentimetern und dort drüben auch noch eine. Sind Sie damit einverstanden, dass wir unten mit Brettern, die imprägniert sind, diese Öffnungen schliessen. Eine andere Möglichkeit wäre, ein Geflecht unten anzusetzen und am Boden anzupassen. Das gibt aber viel Arbeit. Sie können aber auch eine kleine Betonmauer erstellen lassen und wir können den Zaun darüber ganz horizontal und sehr genau von einer Grenze zur anderen setzen."* Vittorio sagte dies in seinem starken italienischen Akzent, aber in ruhigem, nettem Ton. *„Ich will kein Flickwerk unten, keine Bretter und schon gar keine Betonmauer. Ihr sollt nur einen einfachen Zaun erstellen. Wenn ihr das nicht könnt, so verschwindet sofort ihr Idioten." „Sie, mein Herr"*, meldete sich Pasquale zu Wort, der bis dahin ganz ruhig dabeigestanden, *„wenn wir den Zaun so machen, wie sie es wollen, so gibt es unten Löcher, bei denen ein Hund mit aufgestelltem Schwanz durchlaufen kann. Kommen Sie doch bitte herunter, damit Sie das genau sehen können. Von dort oben, wo Sie stehen, täuscht das Bild und man meint, es sei eben. Bitte kommen Sie doch bis an die Zaungrenze."* Pasquale war auch, wie Vittorio, ein 1,90 Meter grosser Mann. Er war blond und blauäugig, was sehr selten für einen Italiener ist. Der Hausbesitzer war jedoch nicht zu bewegen, die zehn Meter hinabzusteigen, nein, er nur noch zorniger und gereizter. Er drehte sich zu mir um und sagte in einer gehässigen Tonlage: *„Ich habe gar nicht gewusst, dass es hier in der*

Schweiz solche Idioten und Deppen gibt, die gar nichts können. Nicht einmal die einfachsten Sachen könnt ihr. Ihr solltet einmal bei uns schauen, wie wir Zäune erstellen. Und diese zwei doofen Spaghettifresser hätte man auch besser vergast, dann müssten die mich nicht auch noch belehren." Da sah ich rot. In der festen Absicht ihn zusammenzuschlagen lief ich auf ihn zu. Er stand ganz nahe vor mir und verhöhnte mich weiter. *„Komm nur, du junger Grünschnabel, dich mache ich zu Brennholz."* Ich sprang auf ihn zu. Aber in dem Moment ging Pasquale dazwischen und hielt mich fest. *„Nein, Toni, bitte nicht, er ist es nicht wert, lass von ihm ab."* Er drängte mich zurück und Vittorio trat jetzt auch neben mich in der Absicht mich zu beruhigen. Nach ein paar Minuten hatte ich mich wieder ein wenig unter Kontrolle und sagte zu ihnen: *„Habt ihr verstanden, was er zu euch gesagt hat? Das hat mir den Rest gegeben."*

Ich wiederholte die Schimpfwörter, die der Deutsche gegen sie ausgesprochen hatte. Dieser war ein paar Meter in Richtung zu seinem Haus gelaufen und beschimpfte uns alle als Parasiten, die man erschlagen sollte. Ich sah Vittorio noch nie in einem Zornesausbruch, aber jetzt brannten bei ihm die Sicherungen durch. Er wurde kreidebleich, griff blitzschnell zu einem Pickel, schrie wie ein wildgewordener Stier und lief dem Hausherrn hinterher. Dieser hatte sofort kapiert, dass er in echter Todesgefahr war und rannte so schnell wie er nur konnte zur Haustüre hin, Vittorio und ich hinterher. Ich verspürte eine riesige Angst, dieser Mann könnte erschlagen werden. Als wir die Hausecke erreicht hatten, sahen wir, dass der Deutsche sich gerade noch ins Haus retten konnte. Da wütete Vittorio an den beiden, in Reichweite stehenden, Gipsstatuen. Die Männergestalt hatte er schon viergeteilt und die Venus zerfiel in Dutzende von Teilen. Mit viel Mühe konnten wir ihn beruhigen und verliessen sofort das Grundstück. Wir hockten uns beim Bauernhof weiter oben auf eine Bank und warteten bis uns der Vater mit dem Lieferwagen abholen kam. Am nächsten

Tag holten andere Arbeiter das Zaunmaterial ab und trugen den Stapel Eichenpfähle wieder den Hang hinauf. Ich hatte danach wochenlang Albträume, in denen ich sah, wie ich diesen bösen Menschen erschlagen hatte. Es war eine furchtbare Zeit und mir wurde nie ganz klar, warum ich damals so ausrasten konnte. Vittorio hingegen konnte ich begreifen, er hatte ein südländisches Temperament. Es musste ein Signal oder eine alte, ungute Erinnerung aus früheren Leben sein, die mich so aus der Fassung brachten.

Elsa und ich sassen noch nebeneinander auf dem Bett und sie sagte: *„Ich glaube, dieser böse Kerl, der sich mir bis jetzt in allen Gestalten gezeigt hat, ist nun weg."*
Wir standen auf und gingen zum Frühstück, das schon in reichlichem Angebot auf dem Esstisch stand. Die Eltern waren natürlich begierig zu wissen, was denn da so alles in der Nacht vorgefallen, aber Elsa gab sich sehr zugeknöpft und sagte unwirsch: *„Ich erzähle euch das alles später noch genau. Aber jetzt bitte nichts davon."*

Bald fuhr ich in Richtung Innerschweiz ab, hatte aber fast nichts anderes im Kopf, als diese ungute Begegnung mit meinem Erzfeind Adolf Hitler. Ich hatte Mühe, diese Gedanken loszulassen oder richtig einzuordnen. Einerseits war es für mich eine gewaltige Erfahrung und sicher auch eine spezielle Gelegenheit, alte Leidensmuster loszulassen. Andererseits, so fragte ich mich, hatte denn dieses Muster von mir und ihr uns zusammengeführt, um endlich frei davon zu werden? Bis dahin hatte ich mich nie sonderlich darum gekümmert, wer und wo ich in der letzten Inkarnation war und lebte. Aber ich werde schon noch draufkommen, da bin ich mir ganz sicher. Nur, wird mir dies denn überhaupt noch etwas nützen?

8.2 Erlebnisse mit den Frauen aus dem Irak

Ich bekam eine E-Mail von einer Frau, die für ihre Kollegin um einen Termin bei mir nachsuchte. Ich bestellte sie am Ende eines langen Tages zu mir nach Baar.

Schon den ganzen Nachmittag besuchten mich viele Menschen, die grosse Sorgen und Probleme hatten. Oft waren sie alleine angemeldet, brachten dann aber gleich ihre ganze Familie oder ein paar Bekannte mit. Dadurch verschoben sich die Therapiezeiten und es entstand ein regelrechtes Durcheinander. Abends um sieben Uhr, zur ausgemachten Zeit, standen im kalten Vorraum auch noch unerwartet fünf weitere Personen. Die junge Frau, die sich bei mir angemeldet hatte, gab sich zu erkennen. Sie war klein und zierlich, in ein luftiges, oranges Röcklein gekleidet und sah wie eine Pflanzenfee aus dem Morgenland aus. Tatsächlich stammte sie aus dem nördlichen Irak und war während des letzten Krieges geflohen. Sie sprach ausgezeichnet Deutsch, da sie in Deutschland ein Studium abgeschlossen hatte. Sofort sah ich in ihrer Aura diverse Astralwesenenergien. Sie stellte mir ihre Kollegin und ihre Schwester vor, ebenfalls zwei zierliche junge Frauen mit dunklen Augen, aus denen tiefe Traurigkeit blickte. Auch die beiden anwesenden Cousinen, die im selben Haus wie sie wohnten, schauten nicht gerade glücklich und zufrieden aus. Alle waren sehr schöne Wesen, zwischen fünundzwanzig und dreissig Jahre und westlich modern gekleidet.

Nun, ich begann Nial, so hiess die Frau, auszupendeln. Sie hatte ein halbes Dutzend Astralwesengruppen um sich und zwei Seelen aus ihrem Vaterland. Auch diese waren wiederum von etlichen Gruppen von Astralwesenabfall belastet. Die Verstorbenen, eine Verwandte und ein ihr Unbekannter konnte ich gut sehen. Nial erzählte mir wie sie in einer gut situierten Familie aufgewachsen war und noch vor dem Krieg im Norden des Iraks zwei Brüder

verloren hatte. Alle lebten in ständiger Angst. Zum einen wegen den unberechenbaren Truppen von Saddam Hussein aber auch wegen den gefürchteten Repressalien schiitischer und sunnitischer Religionsfanatiker. Bereits als Kind litt sie an schweren Depressionen. Oftmals sah sie mehrere Verstorbene in ihrem Zimmer stehen, was bei ihr Entsetzen auslöste. Zudem hatte sie mehrere Visionen, in denen ihre Brüder getäuscht, ausgeraubt und in einen Hinterhalt gezerrt wurden. Vermummte quälten und folterten sie dort. Als dann nichts von ihnen zu erpressen war, wurden sie auf brutalste Art und Weise umgebracht. Sie musste dieses Verbrechen mit ansehen und war jedes Mal so geschockt, dass sie ohnmächtig wurde.
Ihre Brüder oder deren Geistführer sendeten diese Botschaft mehrmals, weil sie wohl merkten, dass sie als Empfängerin nicht alles auf einmal aufnehmen konnte. Den Eltern getraute sie sich nicht davon zu erzählen, denn sie wollte sie nicht noch trauriger machen oder verängstigen.
Dann, etwa einen Monat später, standen plötzlich ihre beiden Brüder im Schlafzimmer. Sie wurde von einem lauten Geräusch geweckt und setzte sich im Bett auf. Zuerst sah sie nur Schatten herum huschen, dann ihre zwei Brüder mitten im Zimmer stehen, die sich zu ihr umdrehten. Ihre Schwester, sie zeigte mit dem Finger auf sie, schlief friedlich auf der anderen Zimmerseite. Die Brüder sahen genauso aus, wie vor zwei Monaten, als sie das Haus verlassen hatten. Um die beiden herum war ein bläuliches Licht zu sehen. Sie gingen zum Bett ihrer Schwester, schauten sich an und kamen dann zu ihr. Sie waren ganz nahe und streckten ihr die Hände zu. Ganz ruhig schauten sie zu ihr hinunter und begannen zu lächeln, auch sie versuchte ganz gelassen zu bleiben, aber ihr Herz pochte bis zum Hals. Nachdem sie sich aus ihrer Erstarrung lösen konnte, hielt auch sie ihre Hände den Brüdern entgegen. Diese umfassten sie, aber sie spürte leider nichts. Enttäuscht schaute sie zu ihnen auf und der Ältere begann zu sprechen. Sie wusste nicht, war seine Stimme real oder hörte sie sie nur in ihrem

Inneren? „*Nial*“, sagte er ganz ruhig, „*du bist hier in grosser Gefahr. Fliehe bevor es zu spät ist. Nimm morgen Abend deine Cousine Inihia mit auf die Flucht. Fahrt mit dem Bus zur Grenzstadt und lauft in der Nacht über den Pass. Ich werde euch dort einen Führer bereitstellen, der euch leitet. Drei Tage später soll deine Schwester mit der jüngeren Cousine den gleichen Weg fahren und auch in die Türkei fliehen. Von dort werden euch Freunde weiterhelfen. Sage aber unseren Eltern nichts davon.*“
„*Mit bebendem Herzen sah ich ihn an, da verschwand er ganz plötzlich vor mir. Auch der jüngere Bruder verschwand urplötzlich. Ich schrie auf und löste mich aus der Anspannung. Durch den Schrei wurde meine Schwester wach und fragte laut, was denn los sei. Ich erzählte ihr, was ich gerade erlebt hatte und was der Bruder mir geraten hatte.*“ Die Schwester hatte einen Traum mit dem gleichen Inhalt, nur sah sie ihre Brüder nicht. Sie träumte, wie sie mit ihrer Cousine über die Berge floh und sich im Ausland wieder mit Nial und der Cousine Inihia traf.

Die Flucht der vier Frauen gelang. Sie fanden ihren Führer, der sie nachts sicher über die steilen Berge brachte. Auch holten sie, wie vorhergesagt, Freunde in der Türkei ab. Von da aus gelangten sie etwa einen Monat später nach Deutschland. Nial und ihre Schwester konnten dort ein Studium absolvieren. Ihre Cousinen durften bei Bekannten arbeiten.
Vor einem Jahr kamen die Schwestern in die Schweiz, weil sie eine Arbeit im Gesundheitswesen fanden, ihre Verwandten waren nur zu Besuch da. Die beiden hatten von meinem Buch gehört, kauften ein Exemplar und lasen darin von einer Frau, die die gleichen Probleme oder Störungen wie sie hatte.
Nial erzählte, dass sie jede Nacht erwachen würde, weil jemand in ihrem Zimmer herum ging. Oft fiel dann auch etwas um oder es krachte und knackste fürchterlich. Sie lebte nun nicht mehr mit ihrer Schwester zusammen, aber ganz in ihrer Nähe. Sie beide hatten einen Freund, schienen aber sehr unglücklich mit ihren Beziehungen.

Ich pendelte zuerst die beiden Frauen einzeln, dann die zwei Cousinen aus Deutschland und schliesslich auch die Kollegin von ihnen aus. Diese stammte aus Afghanistan und hatte die beiden am Arbeitsplatz kennengelernt. Diese Frau hiess Reid und war ganz stark leidend, das sah man ihr schon von weitem an. Sie war total entkräftet und ihre Freundinnen mussten sie regelrecht stützen, damit sie nicht vom Stuhl konnte.
Alle waren mit etlichen Astralwesen und vielen Gruppen von Astralwesenabfall besetzt. Um Zeit zu sparen beschloss ich eine Gruppenablösung zu machen.
Wir setzten uns alle eng zusammen in einen Kreis, streckten die Hände geradeaus und berührten uns in der Mitte, indem wir sie übereinander legten. Ich gab eine Hand oben darauf und die andere unter das Händepaket und hielt es zusammen. Vorher hatte ich den Frauen erklärt, um was es sich hier handelte und mit was sie belastet seien. Sie waren alle Musliminnen, streng gläubig und verrichteten allabendlich ihre Gebete. Ich erklärte ihnen, dass unser christlicher Glaube etwa sechshundert Jahre älter sei als der ihre und sie Jesus Christus unter dem Namen Isa auch als ihren Propheten kennen würden. Ich würde zudem Engel anrufen, die ihnen helfen. Sie bestätigten, dass sie das wussten und auch daran glaubten. Als wir die Hände so in der Mitte hielten, wurden zwei von ihnen sehr unruhig, zuckten und gaben komische Laute von sich. Unbeirrt fuhr ich fort mit den bösen Geistwesen und deren negativen Energien zu sprechen. Nach etwa zehn Minuten war ich mit der Ablösung fertig. Drei der Frauen schienen ruhig und gelassen, zwei wirkten aschfahl und hatten Zuckungen im Gesicht und an den Armen, die Schwester war eine davon. Sie begann auf dem Stuhl ruckartig vorwärts und rückwärts zu wippen. Mit geschlossenen Augen fiel sie dann vom Stuhl und die anderen hoben sie wieder auf.
Ich setzte die beiden Frauen, denen ich ansah, dass sie noch schlimmer dran waren als vorher, nebeneinander und stellte mich schnell hinter sie. Ich umfasste beide mit meinen Armen, aber nun

begannen sich die Dämonen mit mir zu beschäftigen. Sie kniffen mich in die Beine und den Rücken. Zudem fingen die beiden Frauen an mitsamt ihren Stühlen zu hüpfen, dabei stiessen sie gurgelnde und krähende Schreie aus. Ich verstand nichts, redete aber weiter auf die Unwesen ein. *„Feuer, Feuer, heiss!“*, schrie die Schwester laut. Sie riss sich mit einem Griff die Bluse vom Leib, welche komischerweise sofort in vier Teilen zu Boden fiel. Auch ihre Cousine schrie laut und schien Feuer zu sehen. Mit ihren, zu Krallen verformten, Händen riss sie sich büschelweise Haare vom Kopf. Plötzlich kreiste ihre linke Hand mit den blauen Fingernägeln über ihrem Kopf und versuchte meine Haare und das Gesicht zu ergreifen. Ich konnte gerade noch rechtzeitig ausweichen und den Kopf zur Seite senken, sonst hätte sie mir wohl die Gesichtstapete ziemlich zerkratzt.
Unbeirrt machte ich weiter mit dem Ablösegebet und dem Gespräch mit den Dämonen. Nun folgte ein letztes Aufbäumen und ein furchtbares Schreien der beiden, als fielen sie in einen Krater – paff, und es war Ruhe. Nials Schwester fiel ohnmächtig vom Stuhl, direkt auf deren Füsse. Jetzt erst sah ich, dass die Hosen an ihren Oberschenkeln zerfetzt waren und überall Blut aus der Haut quoll, auch hatte sie ihren Pullover zu Fetzen zerrissen und ein BH-Rest schaute beim Kragen oben unter ihren Haaren hervor. Sie kam schnell wieder zu sich, setzte sich auf den Stuhl und war entsetzt als sie merkte wie sie aussah. Ihre Cousine versuchte aus den vier Blusenteilen noch etwas Brauchbares zu machen, aber mit nur noch zwei zerfetzten Ärmeln am Körper sah sie sehr speziell aus. Die anderen Frauen deckten mit eigenen Pullovern und Jacken die Blösse ihrer Schwester und Cousine ab. Dazu gab es ein lautes Palaver. Ich kam mir wie auf einem orientalischen Bazar vor. Aber Nial beruhigte die Frauen und sie setzten sich wieder hin.

„Sind nun diese Astralwesenenergien weg aus unseren Körpern?“, fragte die junge Frau in gutem Deutsch *„Ja, ich sehe das so und ihr spürt es doch sicher auch, oder?“ „Ja, das stimmt, ich fühle*

mich auch besser. Aber was war das denn Verrücktes an den beiden? Waren das Dämonen aus der Heimat oder haben sie diese hier aufgelesen?" „*Wissen Sie*", versuchte ich zu erklären, „*das Böse und Dunkle existiert in allen Ländern und überall wo Menschen sind. Auch in Europa, wo die Menschen meinen, sie seien intelligenter und besser gebildet als in den Entwicklungsländern, ist das Böse und Dunkle allgegenwärtig. Trotzdem glauben die Menschen meistens gar nicht, dass es so etwas wirklich gibt. Viele sind der irrigen Annahme, das hätte es nur in der Urzeit oder vor dem Mittelalter gegeben."* „*Bei uns gibt es Gebiete*", erwiderte Nial, „*wo sich die Stadtbewohner nicht hingetrauen, weil sie Angst vor den bösen Geistern und Dämonen haben. Wir haben gehört, dass dort alle Menschen, aber auch die Tiere, besetzt seien. Ist das möglich, oder ist das wieder so eine Lüge oder bloss ein Märchen, eine Fabel, wie so vieles bei uns?"* „*Das kann ich Ihnen auch nicht sagen, aber je mehr eine Bevölkerung von einer monotheistischen Religion abhängig ist, die auch noch staatstragend ist, desto eher bestehen viele ungute Absichten."* Die Cousine meinte: „*Ihr hier im Westen habt es schon viel besser als wir dort im Norden des Iraks. Wenn wir da als Frauen etwas wissen oder erzählen möchten, was diesen Erzkonservativen nicht gefällt, so lebt man in ständiger Lebensgefahr."*

Nun wurden die Frauen munter, standen auf oder hüpften umher und lachten. Sie waren frei. Als Dank umarmten sie mich, meistens zu zweit. Keines meiner Kopfhaare blieb an seinem, vom Kamm zurechtgelegten, Platz. Dieses 'Durchknutschen' gefiel mir und ich spasste: „*Mit euch, ihr lieben Frauen, wäre ich ganz gerne in einem Harem."* „*Das dürften wir nicht*", meinte eine Cousine keck und lachte übers ganze Gesicht, „*Sie sind ein Ungläubiger."* „*Gut, ich könnte ja pro forma einen Religionswechsel vollziehen. Würde das denn gehen?"* „*Ja, das ginge schon*", meinte eine andere, „*aber Sie müssten zuvor eine Koranschule besuchen und als Auszeichnung eine runde, weisse Kappe tragen."* „*Ich trage oft Kappen, vor allem im Winter. Momentan ist sie braun, würde die zur Not auch gehen?"*

„Nein, nein, es muss eine weisse sein“, riefen alle. *„In Ordnung, wenn ich eine weisse gefunden habe, melde ich mich wieder bei euch. Ist das gut so?“* Sie lachten alle und hüpften die Treppe hinunter. Ich begleitete sie noch vor das Haus. Nochmals umarmten sie mich heftig, es war wie ein Liebessturm aus dem Morgenland. Sie winkten zum Abschied und waren dann auch schon um die Ecke der Gartenmauer verschwunden.
Ja, so ein rundes, weisses Käppchen hätte es gebracht... Aber bereits standen schon eine Frau mit ihrer Tochter im Vorraum des Therapiezimmers und warteten auf mich.

Die Frau war gross und von schwerer Statur. Sie hatte kurzgeschnittene Haare und schaute mich ganz böse an. Ich gab ihr und ihrer Tochter die Hand zum Gruss und bat beide ihre Schuhe auszuziehen, bevor sie eintraten.
„Was fällt Ihnen denn eigentlich ein“, sagte die Frau, *„uns zwanzig Minuten hier in der Kälte warten zu lassen. Was habe ich Ihnen denn zuleide getan? Sie amüsieren sich mit so jungen Frauen und für uns nehmen sie sich keine Zeit, auch die Pralinen hier im Vorraum sind alt.“* Ihr Gesicht war inzwischen vor Wut rot angelaufen. *„Ihre Partnerin hat uns heute diesen Termin gegeben, weil es ein Notfall ist. Wir sind über eine Stunde mit dem Auto hierher gefahren und nun das.“ „Sehen Sie, davon wusste ich nichts und es tut mir leid, aber ich hörte Sie nicht im Vorraum. Ich wäre sonst herausgekommen, um nachzuschauen.“*

Die Tochter war etwa dreissig Jahre alt und sie schien sich für das Verhalten ihrer Mutter zu schämen. Ich bot ihnen zwei Stühle mit dem Rücken zum Fenster an. *„Ich will nicht so sitzen“*, sagte die Mutter gehässig, *„ich will auf die andere Seite, da kann ich zum Fenster hinausschauen. Ziehen Sie den Tisch nach vorne, damit ich hier Platz bekomme.“* Sie versuchte den Therapietisch zu schieben, aber der steht auf sechs wackligen Beinen und zudem auf einem Teppich. *„Nein, wir lassen den Tisch besser so stehen“*

erwiderte ich ganz ruhig. Sie sah mich wütend an und probierte nochmals mit aller Kraft den Tisch wegzustossen. Ich hielt dagegen und da stampfte sie mit dem Fuss auf. *„Also gut, so sitze ich halt auf den anderen Stuhl!“* Sie watschelte wie eine Ente um den Tisch herum und liess sich ächzend auf den Stuhl fallen. Dieser knackste kurz, hielt aber dem Gewicht stand.
„Machen Sie nun vorwärts, wir sind eh schon lange hier.“ „Ja, ich werde Sie zuerst auspendeln, um genau zu erfahren, was mit Ihnen los ist.“ „Soll ich mich ausziehen?“, fragte sie ganz störrisch. *„Ja, das wäre vielleicht ganz nützlich“*, riet ich ihr ernst. *„Und was kommt dann noch?“*, fragte sie gereizt. *„Ja, Sie müssen dann dort vor dem offenen Fenster den Handstand machen.“ „Nein, sicher nicht. Da gehen ja Leute vorbei und die könnten mich sehen.“* Ich lachte und sagte: *„Aber Ihr Kopf ist ja unterhalb der Brüstung und so würde Sie doch niemand erkennen.“* Sie schaute verstört ihre Tochter an und dann wieder mich, denn sie wusste nun nicht so recht, was sie tun sollte. Sie rutschte auch auf dem Stuhl hin und her, so dass dieser zu leiden begann.
Dann aber sagte die Tochter zu mir gewandt: *„Ach Mutter, das hast du doch falsch verstanden. Herr Styger hat das nur so zum Spass gesagt.“ „Nun schlägt's dreizehn, wir sind doch nicht hierher gefahren, damit Sie sich einen Spass machen. Was glauben Sie wohl? Ich bin immer noch eine Geschäftsfrau und bei uns hatten immer alle zu gehorchen, sonst konnten sie gleich gehen.“* Sie schnaubte nun und schaute mich giftig an. *„Sehen Sie, das wusste ich ja nicht, aber ich fühle mich nicht als Ihr Angestellter. Was möchten Sie denn von mir?“ „Ich will, dass Sie schauen, was ich an mir habe und an was ich eigentlich leide. Der Arzt meint ich sei gesund und er könne nichts finden. Ich aber spüre ja, dass mir alles weh tut. Zudem habe ich das Gefühl, es drückt mir dauernd etwas auf die Brust und gleichzeitig das Herz ab.“ „Vielleicht haben Sie ja ein zu weiches Herz für Ihre Angestellten?“ „Nein, das sicher nicht, da bin ich pickelhart. Nur keine Gefühlsdusseleien aufkommen lassen, sonst bis du verkauft“*, sagte sie

energisch. Sie schaute aber unsicher zur Tochter hinüber und machte den Eindruck, als sei sie nun entlarvt und überführt. *„Ich werde Sie nun auspendeln, um zu schauen, was Sie so plagt."* Währenddessen rutschte sie unruhig auf dem Stuhl hin und her. *„Sie haben eine fremde Seele an sich und zusätzlich mehrere Astralwesen-Fremdenergien."*

Die Tochter sagte zu ihr: *„Siehst du Mutter, ich hatte ja auch immer das Gefühl, du würdest gequält und manipuliert. Aber du sagtest immer wieder, du hättest dich nicht verändert." „Ja, es ist oft sehr schwierig diese Befallenheit bei sich festzustellen. Wir können uns selber ja nicht von aussen sehen und meinen, nur die anderen hätten Probleme. Aber wir werden nun mit der Seele reden und die Astralwesenenergien wegjagen." „Ja bitte, bitte, machen Sie das für mich."*
Das Ablöseritual war nichts Aussergewöhnliches. Aber kaum war ich fertig damit, sagte die Frau schwer schnaufend: *„Diese Biester von Astralwesen haben mich gewürgt. Ich bekam es echt mit der Angst zu tun. Die Seele aber spürte ich nicht, als sie wegging."* Sie hatte sich sehr schnell beruhigt, atmete nochmals tief durch und meinte dann: *„Nun fühle ich mich aber total erleichtert. Entschuldigen Sie bitte, dass ich Sie so aggressiv angeschnauzt habe, das wird mir erst jetzt bewusst."*

Es war erstaunlich, wie sie sich innert dieser sehr kurzen Zeit so positiv verändert hatte. Sie lud mich noch zum Nachtessen ein und war dabei sehr nett, ja sogar charmant. So ging ein ereignisreicher Tag zu Ende.

Palma de Mallorca 9

Die Ankunftszeit war am Abend um fünf Uhr. Auf dem Hinflug zeigte sich die Wolkendecke mehr oder weniger geschlossen, mindestens ab dem Fribourgerland. Erst kurz vor dem Absinken lockerte sie sich auf und ich sah das blaue Meer, die Insel Menorca und schliesslich die Nordküste von Mallorca. Wir sanken tiefer und ich konnte ganze Mandelplantagen in ihrer vollen Blütenpracht erkennen. Die Landung erfolgte im letzten Sonnenlicht, das sich gerade über die Berge im Westen ausbreitete. Zu Hause war es drei Grad unter Null und alles, auch um den tief liegenden Flughafen, tief winterlich. Antonie befand sich auf einer Donau-Schiffreise und ich hatte mir diese Woche ausgespart, um Schlussarbeiten an meinem zweiten Buch zu erledigen. Daheim war es im Moment ein Ding des Unmöglichen zu arbeiten, denn wir hatten meistens schon am Morgen Anrufe auf beiden Leitungen und dazu noch über hunderte Hilfegesuche per E-Mail. Ausserdem war ich in den letzten sechs Wochen praktisch nie vor Mitternacht zu Hause. Das spürte ich jetzt, denn auch mein Körper hat Grenzen. Deshalb entschloss ich mich kurzerhand auf diese Mandel- und Perleninsel zu fliegen, um in Ruhe schreiben zu können.

Die Temperaturen lagen am Abend so um die fünzehn Grad Celsius. Ich hatte eine Adresse von einem kleinen Hotel direkt am Stand erhalten und fragte den Buschauffeur, der mich nach Palma fuhr, wo dieses zu finden sei. Nach dessen Angaben, bestieg ich anschliessend den Bus der Linie 15 in Richtung Osten. Es nachtete schon als ich ausstieg. Ich zog meinen holpernden Koffer hinter mir her und hielt Ausschau nach dem Hotel Amphore. Dieses schien gerade umgebaut zu werden, denn hinter den Fenstern brannte kein Licht. Also ging ich weiter in Richtung Arenal und sprach einen Gastwirt an, der gerade aus seinem Café-Restaurant trat, um draussen aufzuräumen. Er gab mir auf Deutsch die Auskunft, ich solle doch etwa zweihundert Meter zurückgehen, da wäre ein grosses Hotel. Dieses habe geöffnet und, so viel er wisse, seien die Zimmer noch nicht ausgebucht. Zu dieser Jahreszeit haben sehr viele Hotels noch geschlossen. Ich kam mir fast vor wie in einer Geisterstadt. Im Hotel Alexandria bekam ich dann tatsächlich ein Zimmer für drei Nächte, ich war erleichtert. Mein Zimmer befand sich im achten Stockwerk, direkt über der kleinen Bucht von Arenal mit Aussicht gegen Westen hin. Nach einem guten Nachtessen erkundete ich die nahe Umgebung, die mit vielen alten, kleinen Ferienhäusern überbaut war. Leider sah ich erst beim Zurückkommen, beim Aussteigen aus dem Lift, dass der Flugplatz von Palma in unmittelbarer Nähe war. Super, da schlug ja mein Fliegerherz höher, aber nicht aus Freude sondern aus Frust. Aber wie war das bloss möglich? Ich hatte doch eine grosse Strecke in die Stadt zurückgelegt und dann wieder in die Gegenrichtung. Also wäre ich zu Fuss schneller hier am Strand gewesen und hätte mir eine Stunde Fahrt mit zwei Bussen schenken können. Ja, wenn man nur immer alles wüsste.

Die erste Nacht war das Gegenteil von grossartig. Trotz des provisorischen Abschirmens und Stromausschaltens machte ich praktisch kein Auge zu, erst als es dämmerte schlief ich ein. Ich erwachte unsanft als die Putzfrau mit ihrem Staubsauger ins Zimmer trat. Es war schon zehn Uhr und sie entschuldigte sich nach allen Regeln der spanischen Kunst. Draussen war wunderbares Wetter, das Meer und der Himmel strahlten in ihrem schönsten Blau um die Wette. Ich setzte mich mit meiner Arbeit auf eine Parkbank und genoss die Sonne in vollen Zügen. Es war herrlich unter Palmen zu schreiben. Ab und zu kamen ältere Damen vorbei, deren Schosshunde jeweils meine Bank markierten oder in der Nähe diskret eine braune Schnecke auf den Boden platzierten. Die armen Damen, waren alle viel zu dick, um sich noch bücken zu können, um die Kacke aufzuheben. Ich schaute etwas genauer unter die Bank, da reihte sich Häufchen an Häufchen. Beim flüchtigen Hinschauen

hatte ich noch gemeint, unter der Bank lägen abgefallene Datteln…
Sofort hielt ich Ausschau nach einer anderen Sitzbank doch es war unmöglich einen sauberen Platz zu finden. Bald merkte ich, je mehr schmuckbehangene Damen mit ihren Hunden mir begegneten desto zugekackter war das Gebiet.

Der zweite Tag war interessanter. Ich ass bei dem netten Gastwirt, der mir den Weg zu meinem Hotel gezeigt hatte, zu Mittag. Das Meer war enorm wild und der Wind blies kräftig übers Wasser. Die Palmen am Strand wehrten sich tapfer gegen das Umfallen. Ich sass draussen hinter der Windschutzverglasung und beobachtete, wie Tische und Stühle ihren Flugtag hatten. Auf dem wilden Meerwasser surften ein paar junge Männer über die Schaumkronen der Riesenwellen. Dazwischen segelten auch noch einige Verrückte mit ihren farbigen, fliegenden Matratzen. Bei dieser Windstärke flogen die Bretter mehr durch die Luft, als dass sie über das Wasser gleiteten. Es war ein besonderes Spektakel.
Der Wirt und seine Frau führten ein längeres Gespräch mit mir, er stammte aus Berlin und sie aus München. Sie waren seit zwei Jahren hier, um sich etwas Neues, Eigenes aufzubauen. Es schien, als gäbe es auf dieser Insel jede Menge von Sonderlingen. In den Wintermonaten haben sie die Insel für sich. Während der Sommerzeit kommen dann bis zu zehn Mal mehr Leute hierher, um Ferien zu geniessen, vermutlich zusammengepresst wie Ölsardinen in der Dose. Weiter in Richtung Arenal soll ja die berüchtigte Besäufnismeile sein. Im Winter haben die Lokale geschlossen und die sind Rentner unter sich.
Gebundene Seelen konnte ich nur selten sehen, höchstens bei den ältesten Mehrfamilienhäusern, oder den ersten alten Einfamilienhäusern.
Am Abend ging ich zum letzten Mal zum Essen in den grossen Speisesaal im Alexandria. Es war ein grosser und heller Raum in dem zehn massive, viereckige Säulen die Decke und die darüber liegende, sechsstöckige Hotelkiste trugen. Er lag auf der Ostseite,

mit Fenstern zur Morgensonne hin. Die Hauptfensterfront des Hotels zeigte nach Süden auf die vorgelagerte Terrasse, auf der sich ein grosses, ovales Schwimmbad befand. Der Ausblick aufs Meer hinaus war einfach traumhaft. Beim Frühstück konnte man frei wählen wo man sitzen wollte, am Abend jedoch, wurde man zu einem Tisch begleitet, vor allem wenn man alleine war. Diese Tische waren an der Aussenwand ostwärts angeordnet. In der Mitte des grossen Raumes stand ein Riesenbuffet, das am Abend voll mit Kuchen und anderen gluschtigen Desserts bepackt war. Das Hauptbuffet vor der Küche nach Norden hin war so breit wie der Saal. Ich hatte schon die letzten zwei Abende das Verhalten der Leute beobachtet und was sie so um sich herum hatten, oder mittrugen. Die meisten von ihnen waren spanische Rentner vom Festland, meist schwerhörig nehme ich an, denn, als die loslegten, enstand ein Lärm an ihren Tischen, dass man meinen könnte, sie hätten den grössten Streit miteinander. Die vielen Engländer hingegen unterhielten sich eher gedämpft. Von den Deutschen merkte man nicht viel, ein paar einzelne Pärchen hockten herum und schauten dem Treiben zu. Aber da gab es diesen einzelnen Engländer, der am Dienstagabend ankam und sehr dem Erfolgskomiker Mister Bean glich. Er ging von Tisch zu Tisch und zeigte auf seinem Handy Fotos von seinem Ort, der mit Schnee überzuckert war. Als ich ihn fragte wie viel Schnee es denn am Montag gegeben habe, sagte er: *„much“* und zeigte auf dem Tisch etwa zehn bis zwanzig Zentimeter an. Um London herum schien ja der Verkehr zum Erliegen gekommen zu sein, ich hatte dies tags zuvor im TV in der Eingangshalle gesehen. Der Mann war eine eigenartige Erscheinung, vor drei Stunden noch im Schnee von London und jetzt am Abend schon in Sommerbermuda-Shorts im Speisesaal. Und was das für Hosen waren, sie hingen wie zwei übergrosse graumelierte Stoffsäcke über seinen Beinchen und liessen gerade die Waden frei. Die Füsse steckten in übergrossen Turnschuhen. Seine dünnen Beine sahen aus wie Zahnstocher und machten alle Frauen neidisch.

Dann war da diese grosse, feste Frau. Sie sass vier oder fünf Tische von mir entfernt in meinem Blickfeld und holte sich vom Buffet gehäufte Teller mit Salaten und Gemüse und obendrauf noch drei oder vier Schnitzel. Sie schien unsicher auf ihren Stöckelschuhen, denn sie ging langsamer als alle anderen und ass auch sehr langsam. Immer trug sie eine bunte Bluse und dunkle Hosen. Das Sonderbare waren ihre gestylten, vollen Haare. Von der Seite sah man, wie eine gewaltige braune Locke über ihrer Nase herabhing. Beim langsamen Essen musste sie aufpassen, dass nichts von den Speisen an ihrer Riesenlocke hängenblieb. Hinten am Kopf türmten sich die Haare steil nach oben, um dann in langen wolligen Knäueln bis weit über die Schultern abzufallen. Sie hatte einen kleinen Mund und ein Doppelkinn. Im Profil glänzte ihr Gesicht als sei es aus Wachs. Immer, wenn sie dann zum Dessertbuffet schlurfte, holte sie sich immer gleich zwei volle Teller, einen mit allerlei Tortenstücken und den anderen mit Ananas und mehreren Mandarinen belegt. Diese hatten hier noch etliche Laubblätter dran, was sehr schön aussah, nur bei dieser Frau wirkte es eigenartig. Ein Teller voll Laub und dazwischen Mandarinen. Nun, wie sie da so vor sich hin mampfte, kam sie mir vor wie ein mit Goldkettchen behangener, Berggorilla. Ich weiss zwar nicht, ob dieselben auch Mandarinen haben, aber auf jeden Fall sah ich sie Laub fressen. An diesem Abend war alles speziell. Es war auch noch eine Reisegruppe mit übergewichtigen Spaniern angekommen, die sich aufs Essen stürzten. Im Volksmund sagt man immer, die Spanier seien sehr stolze Leute, was man bei dieser Gruppe bestätigt bekam, aber nur wenn man hinter ihnen stand oder ging. Von der Seite sah man dann den Grund für ihren aufrechten Gang. Sie waren alle mit einem übergrossen Bauch ausgestattet, der wie ein halbrunder Tintenabroller aussah. Ihre gerade Haltung war nur eine Folge ihres übergrossen Bauches und zeigte keine Einbildung oder eine besondere Geisteshaltung. Da waren aber auch noch drei oder vier alte, sehr dünne Frauen, von denen jede sicher bis zu zehnmal zum Nachfassen lief und die Teller gut beladen zurücktrug.

Ich fragte mich, wo die das bloss im Bauch platzieren würden. Hatten die Wander- oder Senkmägen oder bloss einige hungrige Bandwürmer in sich? Ich war heilfroh, dass ich nicht so oft zum Buffet laufen 'musste', denn mein Fuss tat mir heute besonders weh. Der Kellner schenkte mir Wein ein und wünschte mir einen guten Appetit. Da rempelte ihn so ein Fettwanst an, der zum 'Futtertrog' drängte. Der Kellner stiess mit der Flasche, die er gerade abstellen wollte, an mein Glas, dieses wurde an meinen rechten Arm katapultiert und fiel unter den Tisch, wo es zerbrach. Ich trug meinen neuen hellbeigen Alpakapullover, den ich in Peru auf einem Indianermarkt gekauft hatte. Nun war der Ärmel bordeauxrot. Der Kellner entschuldigte sich. Ich lachte nur und holte mir einen Teller Suppe. Kaum sass ich und begann zu essen, da sah ich eine der älteren, dünnen Engländerinnen mit einem vollen Teller Suppe auf mich zukommen. Auf der Höhe meines Tisches stoppte sie plötzlich und starrte wie versteinert nach links hinter mir. Erst jetzt bemerkte ich auch warum: Zwei farbige runde 'Christbaumkugeln' stapften neben mir vorbei in Richtung 'Futterbarren'. Die müssen die dünne, graue Frau glatt übersehen haben, vermutlich waren ihre Augen schon auf die Kalorien gerichtet. Der Gang war eigentlich breit genug gewesen, so dass sich vier normale Personen dort kreuzen konnten. Zuerst sah ich hinter der Bluse der Vorbeilaufenden einen ausgestreckten Arm mit dem Suppenteller, dann, wie die Dünne regelrecht zwischen den beiden runden Frauen hindurchgequetscht wurde. Zu Hause hatten wir früher an der ersten Waschmaschine so eine Ausquetsch-Doppelwalze, an der man mit einem Griffbügel drehen musste. Wir Kinder halfen oft der Mutter dabei die Wäsche dort durchzudrücken. Die Walzen waren aus weissem Gummi, diese zwei hier rosarot und hellgrün. Dummerweise verhakte sich die grosse Gürtelschnalle der älteren Dame mit der grossen Hose der rosaroten Dame. Diese wurde regelrecht um die Rundungen gerollt und zwei Schritte mitgerissen, bevor sie wieder los kam. Blöd war für mich, dass der ganze Inhalt ihres Suppentellers sich auf meinen Tisch ergoss. Der Teller flog daraufhin an das Fenster aus farbigem Glas, es ging jedoch nichts kaputt. Die Dünne kam erst von der Dicken los, als sie etwa drei bis vier Schritte mit ihr mitgelaufen war. Als hätte sie nichts bemerkt, setzte diese mit stoischer Ruhe ihre Trampelschritte fort. Die leichtgewichtige, durchgewalkte Engländerin rückte ihre zerzausten Haare zurecht, hob die Brille vor meiner Weinflasche auf und setzte sie sich auf die Nase. Sie schaute mich böse an, oder meinte ich das nur? An einem ihrer Gläser war noch ein Stück Karotte und am anderen hing irgendein grüner Brei aus der Gemüsesuppe. Mit harter Miene und klarem Blick drehte sie sich ab und holte sich nochmals einen Teller Suppe. Ich schätze es sehr, wenn man sich im Hotel begegnet und näher kommt, aber so mit Suppe?

Der ältere Kellner hatte es klirren und scheppern gehört und lief herbei. Als er die Bescherung sah holte er sofort ein neues Leinentischtuch und nahm das nun grüne weg. Er schimpfte etwas auf Spanisch, was ich natürlich nicht verstand. Nun holte ich mit meinem inzwischen farbigen Pullover etwas Reis, Gemüse und Fisch, der mit Mehl paniert und schwimmend in Fett gebacken war. Ich stellte den Teller auf den wieder sauber gedeckten Tisch und setzte mich. Der Kellner hatte mir nochmals eine volle Flasche Wein hingestellt, da der Inhalt der ersten Flasche ausgekippt war. Ich bat Gott vor dem Mahl um den Segen und dankte für seine Fülle und den Reichtum.

Ich hatte den Teller noch nicht leer gegessen und überlegte, was ich denn noch Lust hätte zu unternehmen, als sich die nächste Katastrophe ereignete:

Der Saal war an diesem Abend fast voll und in den beiden Hauptgängen links und neben mir liefen die Menschen, einer nach dem anderen, hin und her. Es folgte der kurze Aufschrei einer Frau und ich sah, wie der Mann, der gerade neben mir vorbeieilte, vor irgendetwas ausweichen wollte. Er wurde weggeschupst und die Bunte, Runde mit dem 'Wollhaar' stolperte auf meinen Tisch zu. Sie muss sich in ihren Stöckelschuhen den Fuss vertreten haben, denn sie stand mit einem Fuss neben ihrem Schuh. Sie stolperte also rückwärts, stiess zuerst diesen Mann beiseite und kam nun mit offenem Mund, einen Schrei ausstossend, mit einer Drehung auf mich und meinen Tisch zu. Mit voll beladenem Teller versuchte sie auch noch zu balancieren. Vor meinem Tisch fiel sie auf die Knie und da sah ich, dass der Absatz ihres einen Schuhs abgebrochen war. Nun ging alles sehr schnell und mit so viel Schwung, dass es nur so krachte und schepperte. Sie schlug mit dem Kopf auf meinem Tisch auf und ihr Teller landete auf der Fensterkante. Ich sah, wie der Kartoffelstock an der bunten und filigranen Fensterscheibe klebte und langsam abwärts rutschte. Mir wurde nun der linke Arm so eigenartig warm. Der Grund waren zwei Fischfilets, die mit der weissen Zwiebelsauce langsam in Richtung meines Unterarms wanderten. Aber als ich nun vor mich schaute, bemerkte ich, wie sich ein grosser Berg brauner Haare auf meinem Essteller türmte, daneben war ein massiger, nackt rasierter Kopf, der sich gerade von der Tischkante erhob und mich anstarrte. Die Frau versuchte, sich am Tisch festzuhalten und daran hochzuziehen, aber der schien umzukippen. Da sprangen drei Männer herbei, die packten sie unter den Armen und *un, dos, tres*, stand sie wieder auf ihren Haxen. Einen Schuh hatte sie noch an, der andere war unter einem Nachbartisch gelandet. Sie schaute mich an und sagte: *„Entschuldigen Sie bitte.“* Sie packte ihre Perücke, die noch über meinem Teller war, mit beiden Händen und, schwups, mit Schwung war sie wieder auf ihrem Kopf. Sie drückte sie ein wenig zurecht, zupfte die Haarsträhne wieder ins Gesicht und drehte sich von mir weg. Von vorne sah alles aus wie zuvor, aber hinten waren die Haare voller Kartoffelstock und ein Fischfilet hatte sich auch noch in den Locken verheddert. Sie hinkte gekränkt davon. Ich musste nun einfach loslachen und die drei Männer sowie die Kellner krümmten sich und hielten ihre Bäuche. Die Frau schien sich zu schämen, nahm ihre wackligen Schuhe in die Hände und konnte plötzlich relativ normal laufen. Sie verliess den Saal mitsamt dem Fisch im Haar. Ein Kellner und eine Serviertochter tischten neu auf, dabei schimpften und lachten sie gleichzeitig.

Sie putzte die Fensterscheibe und wollte auch meinen Pullover reinigen. Das ging aber nicht so leicht, also sollte ich ihn ausziehen, auch meine Hose wischte sie ab. Unter dem Pullover trug ich ein kurzärmliges T-Shirt. An der Stuhllehne hatte ich noch meine Windjacke mit dem blau-roten Schal aufgehängt, der nun auch mit der Fischsauce getränkt war. Die Serviertochter nahm alles mit in die Wäsche und meinte, ich könne die Sachen am nächsten Morgen wieder an der Rezeption abholen. Beide waren sehr nett. Der Kellner klopfte mir auf die Schultern und schenkte mir wieder ein Glas Wein ein, dabei grinste er. Ich hatte heute wirklich einen 'bunten' Abend gehabt. Der Kellner ermunterte mich, wieder ans Buffet zu gehen, aber mir war nachdem ich schon eine riesige Perücke auf dem Teller gehabt hatte, nicht mehr nach Essen zumute. Ich verliess den Speisesaal, jedoch nicht ohne vorher noch beim Dessertbuffet vorbeizugehen. Aber was meine Augen dort sahen, wollte mein Magen nicht mehr. Ich hatte das Gefühl, ein Haarbüschel in meinem Mund zu haben, deshalb begab ich mich zur Bar in die hintere Ecke des Hotels und genehmigte mir einen Brandy Carlos III. Ich dankte Gott erneut für die Fülle in meinem Leben, aber an diesem Abend schienen es die da oben wohl ein bisschen übertrieben zu haben. Sie wussten ja, dass mein graues Haupthaar schütterer wurde, aber dass sie mir deshalb gleich eine so grosse Perücke auf dem Teller servierten, das fand ich denoch ein wenig zuviel. Ich verzog mich bald ins Zimmer, denn der Abend hatte mir ja genug Abwechslung geboten.

In meinem Bett angekommen, versuchte ich zu schlafen, doch etwas störte mich. Immer wieder erwachte ich an Geräuschen, die mir fremd waren. Im Zimmer wurde es nie richtig dunkel, weil ich im obersten Stockwerk die Vorhänge nicht zugezogen hatte. Das Schwimmbassin wurde die ganze Nacht von einer wahren Festbeleuchtung erhellt. So schaute ich oft aufs Meer hinaus, das pechschwarz wirkte. In den letzten zwei Tagen stürmte es heftig und der Wellengang war um die zwei Meter hoch. Ich sah, wie aus dem Nichts weisse Schaumkronen entstanden und sich auf das Ufer zu bewegten. Das Fenster musste ich wegen des Windes, aber auch wegen des Lärms der Wellenbrecher geschlossen halten. So wälzte ich mich von einer Seite auf die andere. Da bemerkte ich plötzlich, dass jemand neben mir lag und richtig schnarchte. Auch das noch. Ich berührte sie, aber wie halt schlafende Seelen sind, die weckt man nicht einfach so auf. Also rief ich meinen lieben Erzengel Michael und machte das Ablöseritual. Nach einer Viertelstunde verstand die Seele und war frei.

Am Morgen packte ich meine Sachen und wollte in ein anderes, kleineres Hotel direkt am Strand wechseln. An der Rezeption waren mein gewaschener Pullover und mein Schal schon abholbereit. Oh, was war denn mit meinem Wollschal passiert? Er war ja nur noch halb so lang und ähnelte mehr einem Filz als einem Wollschal. Das Fräulein erkannte an meinem erstaunten Blick, dass etwas nicht stimmte. Sie meinte, der Pullover koste sechs Euro und der Schal sei gratis. Nur was fange ich mit einem Schal an, der so hart ist wie ein Autopneu? Am besten ich schenke den so einem armen Frierenden am Stand unten. Vielleicht kann er daraus noch zwei warme Sohlen schneiden und in die neuen Sportschuhe legen. Als Winterhilfe sozusagen. Leider habe ich niemanden mehr getroffen, der den Schal hätte brauchen können…

Besuche in Bergdörfern 10

10.1 Zwischenstopp

Verschiedene Familien aus dem Wallis baten mich sie zu besuchen. Da dieses grosse und lange Tal nicht gerade vor meiner Haustüre liegt, wollte ich für eine Reise dorthin mehrere Hausbesuche zusammenlegen. Auf der Hinfahrt musste ich jedoch zuerst noch zu einer Familie, die in der Nähe von Bern wohnte. Bei ihr war der Onkel vor zwei Jahren gestorben und seither spukte es im Haus was das Zeug hielt. Der Mann hatte es daheim nicht mehr ausgehalten und wohnte seit einiger Zeit wieder bei seiner Mutter. Die Frau mit den zwei Schulkindern blieb alleine in ihrem geerbten alten Haus.

Als ich bei der Familie eintraf, war auch der Mann zugegen. Er wollte unbedingt wissen, was ihn aus dem Haus getrieben hatte, das Haus sich am Rande eines Weilers, abseits der Kantonsstrasse befand. Sein stattliches, gemauertes Äusseres mit dem grünen, behauenen Sandstein sah sehr schön aus. Die Architektur war edel, fein und gut durchdacht. Durch das grosse Vordach waren die Fassaden geschützt und absolut gut erhalten, ja, sozusagen wie neu, obwohl das Haus schon vor zweihundertfünfundvierzig Jahren erbaut worden war. Bei den Häusern, die heute gebaut werden, kann man von Glück reden, wenn sie in fünfzig Jahren noch stehen. Denn die Einbildung der Architekten ist gewachsen und gleichzeitig ist das handwerkliche Können geschrumpft oder ganz verschwunden, was allerdings an der neuen Art der Ausbildung liegt, die einfach nicht mehr so praxisbezogen ist. Die heutigen Häuser gleichen meistens Kisten mit Löchern. Die alten Stilhäuser hingegen sind wie Schmuckstücke, die alle Generationen lieben und gerne darin wohnen. Im Inneren dieses Hauses schien die Zeit stillgestanden zu sein. Alles war einfach und klar strukturiert, kurz gesagt edel.

Dann sah ich jedoch im Eingang eine griesgrämige Gestalt in den Nebenraum verschwinden. Am Gewand das sie trug, erkannte ich, dass die Person noch nicht lange gestorben sein konnte. Ich wurde nun in die Stube geleitet und an den Tisch gebeten. Dort warteten schon das Mädchen und der achtjährige Bub neugierig darauf, was jetzt wohl geschehen möge. Der Vater ging ruhelos mit den Fingern spielend im Wohnzimmer auf und ab. Die Frau stellte mir eine Flasche Süssmost hin, welcher auf dem Nachbargrundstück gepresst worden war, und holte aus einem uralten Schrank im Korridor fast ebenso alte Stiche und vergilbte Fotos hervor. Es waren Bilder ihrer Ahnen, die alle in diesem Hause gelebt hatten. Darunter waren auch Kinder, die das Kleinkindesalter nicht überschtitten hatten. Ich pendelte aus, wie viele verstorbene Seelen noch im Hause waren und bekam heraus, dass acht Ehemalige noch hier hausten. Draussen im Ökonomiegebäude gab es auch noch vier. Keiner schien erstaunt darüber, denn die Kinder begannen gleich zu erzählen, dass sie schon wie aus dem Nichts berührt worden waren. Das kam hauptsächlich im Korridor oben und im Keller vor. Aber auch im Bett in ihren Zimmern blieben sie von den Belästigungen nicht verschont. Der Bub hatte mehrmals erleben müssen, wie sein Bett mitten in der Nacht verschoben und ihm die Decke weggerissen worden war. *„Bei mir auch"*, meldete sich daraufhin das Mädchen lautstark, *„aber ich sehe sie sogar. Es sind mehrere Männer, Frauen und Kinder. Oft sind sie traurig und ganz ruhig, ein anderes Mal aber sind sie böse und beschimpfen mich. Ich wurde auch schon geschlagen."*

Nun setzte sich der Vater zu uns an den Tisch. Er war äusserst nervös, rieb sich immer noch die Hände und rutschte auf dem Stuhl hin und her. Laut und energisch sagte er nun: *„Mir reicht's nun endgültig von diesen blöden Arschgeigen in diesem Haus. Ich habe die Schnauze voll. Bitte befreien Sie uns von dieser Plage. Ich gebe ja zu, bis zu unserem Einzug in dieses Haus glaubte ich nicht an die Existenz von Geistern, aber mich haben*

die blöden Typen fix und fertig gemacht. Leider habe ich, wie meine Tochter, nie einen gesehen, aber sie haben mich berührt und geschupst. Einmal hat mir einer sogar das Bein gestellt und ich bin die halbe Kellertreppe hinuntergesegelt. Das war für mich der Schlussstrich in diesem Haus. Ich weiss nicht wie, meine Frau dieses Theater hier noch aushält, sie tut mir echt leid. Bitte helfen Sie unserer Familie." Der Mutter schossen Tränen in die Augen und sie begann zu weinen. Als sie sich wieder beruhigt hatte, sagte sie: *„Ja, ich hätte vor unserem Einzug in dieses Haus nie geglaubt, dass wir hier so leiden müssten, denn schon als Kleinkind war ich hier, bei Onkel und Tante, oft in den Ferien. Ich kann mich aber nicht daran erinnern, damals jemals je etwas gespürt zu haben. Jede Nacht zu jeder Stunde dieser Lärm und dieser Zirkus, das halte nicht mehr aus. Ich nehme zwar vieles davon gar nicht mehr so richtig ernst, werde dafür aber des Öfteren wütend, was mir und der Familie aber rein gar nichts hilft."*
„Nun schauen wir uns zuerst einmal im Hause um", schlug ich vor. *„Können wir nach oben gehen?"* Die Kinder eilten voraus und jedes wollte, dass ich zuerst sein Zimmer anschauen sollte. Im oberen Stockwerk gab es vier Schlafzimmer und ein Bad. Wir gingen in das Mädchenzimmer und ich sah zwei männliche Gestalten durch die Wand ins Bad weghuschen. Im Zimmer des Buben sah ich eine weibliche Seele im Bett liegen, sie schien zu schlafen. Wir zogen das Bett in die Mitte des Zimmers, aber die Verstorbene merkte nichts davon, denn sie blieb sozusagen schwebend in der Luft. Das Zimmer war damals wie heute nicht einfach zu möblieren. Das Bett konnte nur in der Ecke neben der Türe platziert werden. Im Elternzimmer war das Stellen des Doppelbettes auch nur an einer Zimmerseite möglich und so lagen auch hier vier Verstorbene neben und übereinander in ihren alten ehemaligen Betten. Ich beschrieb der Familie, was ich sah, worauf sich alle gegenseitig mit grossen Augen anschauten.
Nun begaben wir uns wieder ins Erdgeschoss in die Wohnstube. In einer Ecke stand ein alter, weisser, runder Kachelofen, der vom

Gang her eingefeuert werden konnte. Auf einer knorrigen, halbrunden Bank sassen eine alte Frau in einem groben Leinengewand und zwei halbwüchsige Kinder. Eines trug ein weisses Nachthemd und das grössere eine schmucke Tracht. Die Alte stopfte gemächlich eine Wollsocke. Im kleinen hinteren Zimmer, das man nur von diesem Raum aus erreichen konnte, sah ich auch zwei Seelen: Ein Erwachsener lehnte in einem Holzbürostuhl und schien zu schlafen. In der Ecke stand ein Kinderlaufgitter mit schönen gedrechselten Stäben aus Nussbaumholz. Aber dieses Laufgitter, den antiken Schreibtisch sowie den Mann und das verstorbene Kleinkind sah ich nur vor meinem geistigen Auge.
Wir zogen uns in die Küche zurück, wo ich die Frau um ein paar Kerzen bat. Sie eilte in den Gang und holte drei weisse, viereckige mit einem Glasuntersatz. Ihre Hände zitterten so stark, dass sie nicht im Stande war, dieselben anzuzünden. Auch ihrem Mann gelang dies nicht. Der Bub nahm schliesslich die Streichhölzer in die Hände und zündete die Kerzen an.
Ich hatte schon zuvor den Erzengel Michael gebeten, die Seelen zu wecken und zu uns in die Wohnküche zu führen und sie kamen wirklich alle. Hilflos standen sie beim Eingang zur Küche und im Gang herum.
Ich rief die Seelen und weckte sie aus ihrem Todesschlaf oder ihrer Erstarrung. Dann sprach ich das Ablösegebet und sie hörten mir alle zu. Zum Schluss begannen sie sich zu bewegen, ihre Aura kam schwach zum Vorschein und bald lösten sie sich auf. Alles fühlte sich nun leicht an, die Luft war freier und reiner als zuvor. Die Kinder rannten flugs nach oben. Ihre Eltern schauten sich verblüfft an. Ich verstand nicht und fragte, weshalb sie sich denn so erstaunt anschauten? *„Ja wissen Sie“*, antwortete die Mutter, *„es ist das erste Mal seit wir hier wohnen, dass die Kinder freiwillig, und dazu noch so schnell, nach oben springen. Bis anhin musste ich sie immer begleiten, weil sie Angst hatten alleine nach oben gehen, auch tagsüber. Die beiden kamen schon bald wieder angerannt und berichteten, dass sie sich oben jetzt ganz unbeobachtet fühlten.“*

Dies schien nun so zu bleiben, denn die Eltern sandten mir nach etwa einem Monat einen Umschlag mit einer Postkarte zu auf der sie meine Arbeit lobten. Die Kinder hatten je noch eine von ihnen persönlich gemalte Karte dazugelegt. Darauf waren je eine grosse Sonne und viele Herzen, die vom gelben Licht durchstrahlt waren, zu sehen.

10.2 Fahrt ins Wallis

Es war ein strahlender, sonniger Tag, aber die kalte Bise pfiff durch die Täler und vertrieb so alle Wolken. Der angekündigte Schnee liess deshalb noch auf sich warten. Beim Autobahnende im Wallis wusste mein GPS nicht mehr, wo es mich nun hinführen sollte. Ich fuhr auf einen Parkplatz und zog die alte, zerknitterte Strassenkarte hervor. Wie ich da die umliegenden Berge betrachtete, sah ich, wie sich mir von der nahen Geröllhalde eine Gruppe näherte. Offensichtlich wurde dort Kies abgebaut. Die Menschen kamen näher, wahrscheinlich waren es Säumer mit ihren Maultieren. Nun schritten sie von rechts nach links direkt durch meine Motorhaube. Es waren vor langer Zeit Verstorbene, das konnte ich an ihren Kleidern erkennen. Sie zeigten keinen Respekt vor dem springenden Jaguar auf der blauen Motorhaube. Nun gut, ich vergab ihnen, denn sie nahmen ja weder mich noch meine Benzinkutsche wahr. Es waren acht Männer und eine Frau in einem schwarzen Wollrock, der bis zum Boden reichte. Sie schienen wie erstarrt oder gefroren zu sein. Vermutlich waren sie durch eine Lawine ums Leben gekommen und liefen jetzt noch auf der gewohnten Route entlang, auf der sie eigentlich ans Ziel oder nach Hause kommen wollten. Nun marschierten sie über das gegenüberliegende offene Feld. Da bat ich Erzengel Michael, sie zu stoppen, was sie dann auch augenblicklich taten. Ich ging langsam zu ihnen hinüber, mein Fuss tat mir weh, da er keine Wanderungen auf unebener Unterlage vertrug. Sie standen wie zu Salzsäulen erstarrt da. Ich ging links an ihnen vorbei, drehte mich um und sprach sie an. Langsam erwachten sie und schauten zu mir. Während ich das Ablösegebet sprach, löste sich ihre Erstarrung und sie begannen sich zu bewegen. Farbe kehrte in ihre aschfahlen Gesichter zurück und ihre Aura schimmerte leicht. Bald lösten sie sich auf und die Tiere schnaubten und schlugen mit ihren Schwänzen. Alle verschwanden fast gleichzeitig.

Ich fuhr weiter auf der Kantonsstrasse in Richtung Oberwallis. An diesem Spätherbsttag schienen die Berge zum Greifen nahe. Ich war froh, dass der kalte Nordwind die Wolken nur auf den Gipfeln sammelte und kein Schnee fiel, wie er angekündigt war. Vor meiner Abfahrt hatte ich die Engel gefragt, ob ich für die Fahrt ins Wallis mein altes Winterauto nehmen solle, sie verneinten dies jedoch. So war ich mit meiner bequemen Reiselimousine und mit Sommerpneus unterwegs. Im Obergoms war die Vegetation braun und trocken, vorbereitet für den nahenden Winter. Über das schmale Strässchen fuhr ich nach Ernen und weiter in das versteckte, uralte Säumer- und Schmugglerdorf Binn. Schon am Dorfeingang merkte ich, dass ich mich verfahren hatte. Der Beschreibung nach hätte ich die Brücke weiter unten benutzen sollen und nicht die alte der Römer im Dorf. Es war hier eng und schwierig das Auto zu wenden. Gleichzeitig latschten auch noch Verstorbene kreuz und quer durch die Gassen, ohne mich mit dem Auto wahrzunehmen. Ja, es schien hier unzählbar viele zu haben. Ein Menschenpaar kam mir auf der Strasse entgegen, es stoppte mich, weil die beiden an meinem Zuger Nummernschild erkennen konnten, wer ich wohl sein musste. Ihr dreistöckiges Holzwohnhaus beherbergte zwei Wohnungen und einen Keller. Das ältere Paar bewohnte die untere Wohnung, weil der Mann seit ein paar Jahren sehr unselbstständig war. Er war zwar ein Bär von einem Mann, aber nicht mehr in der Lage für sich alleine zu schauen. Von einem schweren Sturz von einer Leiter auf den Betonboden seiner Scheune, hatte er unzählige Brüche davongetragen, vor allem auch mehrere Schädelbrüche.

Durch viele Operationen, blieb er am Leben. Die alten Erinnerungen aus seiner Jugendzeit waren ihm geblieben, aber das Kurzzeitgedächtnis spielte nicht mehr mit. Für seine Gattin war dies eine Vierundzwanzig Stunden-Herausforderung. Schon des Öfteren hatte sie bemerkt, dass in der Nacht jemand in der Wohnung herumging und Geräusche von sich gab. Ihr Gatte schlief in der Stube und sie in einer kleinen Nebenkammer. Sie glaubte immer, er wäre aufgestanden. Doch jedesmal, wenn sie nach ihm schaute, fand sie ihn im Bett liegend. Sie war daher zusehends überfordert. Vor kurzem wurde das Haus umgebaut, Küche und Bad waren nun neu, einzig der eine Balken an der Stubendecke zeigte das Erbauerjahr 1732 und war wie alle anderen mit frommen Sprüchen beschnitzt. Die Frau hatte noch zwei Kolleginnen eingeladen, die meine Bücher kannten und ebenfalls mit Schlafproblemen in ihren Wohnungen zu kämpfen hatten.

Ich pendelte zuerst den Mann und dann das Haus aus. Ich fand heraus, dass sich im Moment sechs Seelen im Keller des Hauses befanden. Eigentlich waren das eher wenige für so ein altes Gebäude. Ich beschloss, sie dort unten abzulösen. Wir gingen zu viert nach draussen, denn der Kellereingang war an der Stirnseite des Hauses von der Strasse her erreichbar. Das Kellergeschoss war in der Mitte getrennt und hatte zwei Türen. Mit einem grossen alten Schlüssel schloss die Frau die alte, massive Holztüre auf. Knarrend und klemmend ging sie auf. Wir traten ein und zündeten vier Kerzen an. Im flackernden Licht sah ich nun sechs Seelen in der hintersten, dunklen Ecke stehen, respektive eine war so halb in der Trennmauer und eine andere im Käseregal. Dieser Käseschrank war vermutlich erst vor hundert Jahren erstellt worden, darum hatte die Seele auch davon keine Kenntnis und stand deshalb mittendrin in den Käselaibern, was für mich sehr komisch aussah. Es waren fünf Männer und eine alte Frau da. Einer der Männer war noch sehr jung und schien, seiner Kopfverletzung nach zu urteilen, einen Unfall gehabt zu haben. Alle anderen kamen mir alt vor. Ich weckte sie und löste sie ab. Meine Begleiter hatten nichts gesehen oder gespürt. Als wir dann wieder auf der Strasse standen, erzählte ich ihnen, was ich da gesehen hatte. Sie waren froh und die schwere Türe wurde wieder verschlossen.

Vor dem Nachtessen wollten wir noch den Bergfriedhof neben der Kirche besuchen. Die drei Frauen fühlten sich dort nie wohl und waren sich sicher, dass es da jede Menge von gebundenen Seelen geben müsste. Die Kirche liegt schräg vis-à-vis des eigentlichen Bergdorfes Binn auf einem Hügel. Binn ist eine uralte Siedlung der Walser. Von hier führen gleich vier Saumwege über hohe Pässe ins Tessin und nach Italien. Die Bevölkerung lebte hier oben früher ausschliesslich von diesem Säumergewerbe. Die gut gepflegten und intelligent gebauten Holzhäuser sind teilweise mehrere Jahrhunderte alt. Sie bilden eine romantische Kulisse in diesem Hochalpental. Ich spürte allerdings auch, was da alles abgelaufen war, was nicht unbedingt nur schön und märchenhaft war. Nein, ich spürte hier noch alten Schwingungen und Elementale wie Missgunst, Neid und Hass. Leider sind das Untugenden, die überall vorkommen, aber dort, wo die Menschen so eng zusammenlebten und alle wenig besassen, erstaunt dies umso mehr. Die negativen Energien gehen in das kollektive Dorfkarma ein und in die Erdschwingung über. Jeder der sensibel oder hoch sensitiv ist, kann das spüren oder sogar sehen. Das sieht dann aus, als wenn graue oder schwarze Nebelschwaden umherschleichen und den Menschen anhaften.

Wir gingen durch die eisige Winternachtluft den schmalen, vereisten Weg zur Kirche hoch. Mich begann es auf der Brust immer mehr zu drücken, je näher wir der Kirche kamen. Schon vorher hatte ich Erzengel Michael gebeten, die gebundenen Seelen zu versammeln. Nun sah ich viele unterhalb der Kirche wie zum Spalier stehen. Sie schlossen sich uns an und gemeinsam gingen wir bis vor die Kirchentüre. Dort standen so um die hundertfünfzig Seelen, die sich nun um uns scharten. Die Frauen zündeten vier Kerzen an, die jedoch wegen der starken Zugluft immer wieder erloschen. In der Stube des alten Pfarrhauses brannten die Lichter, aber niemand bemerkte uns auf dem Friedhof. So sprach ich die herumstehenden Seelen an. Sie rückten immer näher an uns heran und spitzten die Ohren. Bei vielen sah ich, dass sie „zu Tode erschrocken" dreinschauten. Ich weiss nicht, ob in ihnen der ehemalige Lebensfilm ablief oder, ob sie in diesem Moment das erste Mal ihre Situation erkennen konnten. Es war ein bunt gemischtes Völkchen von Säuglingen, Kindern, Jugendlichen und alten Leuten. Links neben mir sah ich zwei junge Männer mit einer alten Bergsteigerausrüstung und Seilen um die Schultern am Boden hocken. Ihren Verletzungen nach zu urteilen, waren sie vermutlich abgestürzt, so haben diese Berge sicher schon unzählige Todesopfer gefordert. Ein altes Sprichwort sagt: „Wer sich unnötig in Gefahr begibt, kommt darin um", und darin liegt viel Wahrheit. Etliche von den Verunfallten hatten verdrehte und zerschmetterte Glieder, wohl ein Auswuchs ihres krankhaften Egos, die ersten und die besten am Berg sein zu wollen. Leider sind Menschen, die so schnell aus dem Leben gerissen wurden, hernach meistens immer gebunden. Auch zwei Priester in schwarz und einer mit einem roten Übermantel waren dabei. Was diese drei hier noch band oder unfrei hielt, konnte ich nicht sehen. Zur Rechten sah ich eine Hand voll uniformierter Franzosen, die dem Schein nach vor über zweihundert Jahren hier oben ums Leben gekommen sein mussten. Sie sahen aus, als seien sie verletzt oder getötet worden. Aber vielleicht waren ja auch welche unter diesen vielen Seelen dabei, die sich für ihre Freiheit und Familien geopfert hatten. Ausserhalb und oberhalb der vielen anderen standen zwei, die geköpft worden waren. Sie trugen ihren Kopf unter dem Arm geklemmt, denn ihre Hände waren gefesselt. Ich konnte nicht erkennen, ob sie jung oder alt waren. Sie standen bei ihren Gräbern ausserhalb der Kirchenmauern. Das entsprach damals den Gepflogenheiten, dass man Diebe und Verbrecher nur ausserhalb des Friedhofs verscharrte. Diejenigen, die solche Menschen verurteilten und ermordeten wurden dafür mit allen kirch-

lichen Ehren beigesetzt. Nun waren jedoch alle gleich schlecht gestellt, denn Opfer wie Täter waren gleichermassen durch ihr Verhalten hier gebunden.
Ich sah nun, dass so etwas wie Leben in ihre fahlen Züge zurückkam. Am Schluss meines Gebetes verschwanden alle innert einer Minute. Die Frauen spürten sofort, dass der Druck nachliess und auch sie sich freier fühlten. Wir spazierten zurück zur Strasse hinunter und freuten uns auf die warme Stube und das Nachtessen.

Nach dem Nachtessen begleitete mich die Frau in die Herberge, die gleich oberhalb ihres Hauses lag. Als wir am Keller vorbeigingen bemerkten wir, dass die Kellertüre offen stand. Die Frau fand das eigenartig. Das war noch nie passiert und sie schloss die Türe wieder gut zu. Das Hotel hatte Wirtesonntag und ich war froh, dass mir das kleine gut beheizte Zimmer unter dem Dach zugewiesen wurde, denn im übrigen Haus war es sehr kalt. Ich schirmte mit meinen Reisesteinen den Platz ums Bett ab und hüpfte hinein. Da hörte ich im Treppenhaus und direkt vor meiner Zimmertüre Geräusche. Ich hatte eigentlich gemeint, dass ich alleine in diesem grossen Haus war. Also stand ich nochmals auf und öffnete die Zimmertüre. Der Gang war dunkel und ich suchte den Lichtschalter. Ich fand ihn und die schwache Deckenlampe leuchtete müde das gebräunte Wand- und Deckentäfer aus. Mitten im Gang war die Estrichzugtreppe heruntergelassen und versperrte den Durchgang. Offensichtlich hatte dort jemand am Tag unter dem Dach gearbeitet. Nun sah ich vorne beim Treppenpodest eine Gestalt, die auf den Knien die Treppe putzte und um die Ecke schlurfte ein alter, müder Mann mit einem Putzkessel daher. Auch die Frau war uralt, aber sie schrubbte unermüdlich nun auch noch den Gang, während er daneben stand. Ich sprach beide laut an und sie schienen zu erwachen. Die kleine Frau stand nun auf und befand sich mitten in der hölzernen Zugtreppe, ein sonderbarer Anblick. Aus toten Augen schauten sie mich traurig an, hörten aber genau zu. Bald waren sie von ihrem alten Zwang frei und lösten sich auf. Ich löschte das Licht und ging wieder ins Schlafzimmer zurück. Die restliche Nacht war dann ruhig.

Am Morgen begab ich mich zum Frühstück zu dem bekannten Paar. Als ich am Keller vorbeikam, sah ich, dass die Türe erneut sperrangeloffen stand. Ich trat ein, sah aber nichts Aussergewöhnliches. Der Keller war leer. Das Paar hatte ruhig und gut geschlafen. Nach dem Frühstück besuchte ich eine der beiden Frauen, die ich tags zuvor kennengelernt hatte und die im Dachgeschoss eines Mehrfamilienhauses wohnte. Ich vermass ihren Bettplatz auf Störfelder. Die elektrischen Felder waren viel zu hoch und auch vier mögliche Bettumstellungen brachten keine besseren Resultate, denn vier Stockwerke tiefer befand sich ein Sicherungsverteiler. Die Treppe zum Keller war ausserhalb des Hauses angebracht. Jetzt war man gerade dabei, diese Aussentreppe mit einem Vorbau zu schützen, jedoch unpraktisch war das Ganze allemal. Ich schlug der Frau vor, einen Stromfreischalter einbauen zu lassen, damit sie eine gute Schlafqualität erreichen konnte. Zudem schirmte ich den Schlafplatz noch mit Quarzgeneratoren ab, die ich ihr zum Austesten da liess.

Als nächstes besuchte ich die Freundin der Frau, die in einem Zweifamilienhaus im Chaletstil direkt angrenzend wohnte. Auch sie konnte nicht gut schlafen und fühlte sich ausserdem von etwas Feinstofflichem gestört. Ich mass ihren Bettplatz aus und stellte extrem hohe magnetische Flussdichten fest. Dies lag daran, dass der Ölheizkessel praktisch fast unter ihrem Schlafplatz lag. Hier mussten die Heizungsleitungen geerdet werden, aber bis dahin sollte meine provisorische Abschirmung des Bettplatzes wohl ausreichen.
Ich spürte, dass es in diesem Haus noch gebundene Seelen gab, obwohl der Bau erst etwa dreissig Jahre alt war. Trotzdem befanden sich da noch eine Seele des Vorgängers und irgendein desselben gebundener Besucher. Ebenso schien noch an einer Truhe und einem alten Wäschemöbel jemand zu hängen. Ich sprach in der

Wohnküche das Ablösegebet für die beiden Seelen, die ich noch gut sah. Sie standen neben der Türe. Es waren ein alter Mann mit Schnurrbart und eine ältere Frau in einem Nachthemd. Für einen Moment konnte ich auch die Seele, die an den Möbeln im Schlafzimmer hing erkennen. Sie sah aus, wie eine Grossstadtdame, mit grossen Fingerringen und einer schweren, hellblauen Steinhalskette. Nach kurzer Zeit lösten sich die Seelen auf.

Die Frau nahm die Änderung im Raum war. Sie streckte sich und lockerte ihre Schultern. In dem Moment entdeckte ich an ihrem Hals niedere Erdenergien. Sie war eine feingliedrige, aber sportlich wirkende Frau. Wie sie mir sagte, war sie fast jeden Tag draussen in der Natur tätig. Ich pendelte aus, ob sie diese Energien mit gesegnetem Öl selber wegbringen konnte. Ich bekam aber ein „Nein", denn sie hatte sich diese schon vor etwa zwölf Jahren zugezogen. Sie erzählte, dass sie zu jener Zeit einen Zusammenbruch erlitten hätte. Aber niemand wusste damals eigentlich warum. Sie spürte auch oft, dass etwas auf ihr lastete und sie bedrückte. Nachts hatte sie das Gefühl, ein Zentner schwerer Sack läge auf ihr und ihre Beine waren oftmals schwer wie Blei. Ich bot ihr an, sie von dieser Erdmaterie zu befreien.

Sie holte darufhin eine Flasche Olivenöl aus dem Keller, die ich vor drei brennende Kerzen stellte und Gott bat, dieses Öl zu segnen. Wichtig ist, dass das Licht in dem Naturprodukt in allen Spektralfarben zu leuchten beginnt, damit es die noch niedrig schwingende Erdmaterie unterlaufen kann und diese ablöst. Ich freue mich jedesmal, wenn ich das Öl plötzlich in allen Regenbogenfarben leuchten sehe.

Die Frau entkleidete sich im Badezimmer und rief alsbald, dass sie bereit sei. Sie strich sich das Öl in die Haare, aufs Gesicht und über den vorderen Teil des Körpers. Ich sah, dass ihr Nacken, der Oberkörper und die Oberschenkel voll mit dieser Energie bedeckt waren. Zuerst bestrich ich mir selber die Hände und Unterarme mit Öl und gab es dann auf ihren Hals, die Schultern, den Rücken und die Beine bis zum Boden.

Als Vergleich kann man sich ein total verfettetes Kuchenblech vorstellen, das man mit blossem Wasser abzuwaschen versucht. Man reibt dabei das Fett nur umher, es geht praktisch nichts ab. Nimmt man aber ein paar Tropfen Seifenmittel dazu, so kann man sofort erkennen, wie sich das Fett löst. So etwa ist es mit diesem Öl und mit meinen heilenden Händen. Gegen diese Erdenergie wirken leider weder eine Seife noch ein Duschmittel. Das Ganze scheint wie verbacken oder eingebrannt am Körper.
Nach der Prozedur zog sich die Frau einen Trainingsanzug über und begab sich in die Küche, um Tee auszuschenken. Sie lachte und sagte: *„Ich fühle mich jetzt freier und erleichtert, auch irgendwie unbeschwerter.“ „Sie werden in ein paar Stunden, vielleicht auch erst morgen, auf ihrer Haut an den von der Erdenergie am stärksten befallenen Stellen leichte rote Flecken sehen. Die werden aber bald wieder verschwinden.“*

Sie rapportierte mir nach einer Woche ihr Befinden und bestätigte, die von mir angekündigten Veränderungen. Ihre Haut hätte an verschiedenen Stellen Rötungen gezeigt, nach einem Tag jedoch, hätte sie so viel Energie im Körper gespürt, wie schon seit Jahren nicht mehr. Sie habe alleine eine sechsstündige Bergtour unternommen. Das freute mich sehr, bezüglich der Bergwanderung war ich aber froh, dass ich diese nicht hatte mitmachen müssen.

Nach dem verspäteten Mittagessen mit allen lieben, neuen Bekannten aus Binn, fuhr ich die enge Strasse nach Ernen zurück. Der Nachtfrost auf dem Asphalt war wieder geschmolzen, denn die Sonne schien an diesem Tag in ihrer ganzen Pracht.
In Visp machte ich noch kurz eine Hausvermessung und fuhr dann das lange Rhonetal hinunter. Die weissen Berggipfel beidseits des Tales leuchteten im letzten Sonnenlicht des zu Ende gehenden Tages. Bald zogen Wolken auf und als ich Vevey erreichte begann es stark zu regnen.

10.3 Die schöne Frau

Für den Abend hatte ich mich mit einem Paar verabredet, das in der Nähe von Bern lebte. Die Frau lernte ich bei einem Seminar kennen, das ich in Aarau gab. Sie war stark besetzt und nach dem Vortrag löste ich ihr die Peiniger aus der Astralwelt ab. Sofort fühlte sie sich viel besser und vermeldete mir dies auch noch ein paar Tage später. Sie ersuchte mich gleichzeitig zu ihr nach Hause zu kommen, weil es in ihrer Wohnung zu spuken schien.

Mein 'schlaues' GPS brachte mich ins Aussenquartier des Dorfes. Beim Einbiegen in eine Sackgasse meldete die Dame: *„Sie haben ihr Ziel erreicht.“* Schön, nun suchte ich zu Fuss die mir angegebene Hausnummer. Beim zwölften Haus schien ich richtig zu sein. Der Name auf dem Klingelschild irritierte mich schon ein wenig, aber heutzutage wohnen junge Leute zusammen und benutzen Namen von ihr oder ihm und manchmal steht auch noch der Name eines Kollegen auf dem Schildchen. Ich läutete und ein fünfzigjähriger 'Bierbauch' öffnete die Türe. *„Ja, Sie wünschen?“*, tönte es barsch. *„Ich suche die Frau Billeter und den Herrn Jauch bei dieser Hausnummer.“* Zwischen seine Beine klemmte sich ein grauer Mops mit einem hässlichen Gesicht. Er knurrte auch noch oder hatte er vielleicht nur Magenbeschwerden vom Futter? Der Mann rülpste und eine widerwärtige Bierfahne kam mir entgegen. Mein kleiner Hunger, den ich vorher noch verspürt hatte, verflog im Nu ob des ekligen Duftes. *„Entschuldigen Sie, ich suche die Brunnmattstrasse 18, bin ich da richtig?“* *„Nein“*, entgegnete er, *„Sie sind hier am Brunnmattweg 18. Das Quartier da drüben liegt an der Brunnmattstrasse. Adieu.“*
Ich konnte nicht einmal Danke sagen, schon schlug der Mann die Türe zu. Den kleinen Hund traf es an der Schnauze und er jaulte auf. Jetzt weiss ich jedenfalls, warum diese armen Tiere eine solch gestauchte Fassade mit sich herumtragen. Na ja, dann suche ich eben den Eingang zu dieser Überbauung, aber ich fand

ihn nicht. So rief ich das Paar an und fragte nach dem Weg. *„Es ist ganz einfach“*, begann sie ihre Beschreibung, *„biegen Sie dort am Brunnmattweg, kurz vor der Hauptstrasse nach dem Grüncontainer, rechts in das kleine Strässchen ein und fahren sie die S-Kurve entlang um den ersten Block herum. Ich stehe auf dem Balkon im ersten Stock, Sie sehen mich dann schon. Bis nachher.“* Ich stieg ins Auto und fand wirklich den Grünzeugcontainer, fuhr in den sehr schmalen Weg und kam auf einen Innenhof, um den etwa zehn Mehrfamilienhäuser standen. Bei den meisten Häusern waren die Storen heruntergelassen, es war dunkel und ich sah niemanden im ersten Stockwerk winken. Also rief ich nochmals an. *„Ja, Sie sind schon fast richtig. Sie müssen nur noch zwei Reihen weiterfahren und sich dann rechts halten. Wir sind am Ende des zweitletzten Blocks, dort winken wir Ihnen.“* Gut, ich fuhr wieder das Weglein entlang und fand dann tatsächlich, etwa fünfhundert Meter weiter hinten, das Mehrfamilienhaus Nummer 18. Das erste Haus bei der schmalen Einfahrt trug die Nummer 54. Jetzt kam das Pärchen aus dem Haus gelaufen. Sie hätten, warum auch immer, vom Balkon auf der anderen Hausseite gewunken, von dort hatte ich aber keine Chance, sie zu sehen. Nun, sie waren spezielle Menschen, zum Glück keine Fluglotsen, denn sie hatten nicht die Fähigkeit, mir den Weg einfach zu erklären. Beide schienen kompliziert und gleichzeitig verklemmt zu sein.

Ihre Wohnung war eigenartig eingerichtet: Sie bewohnten sie seit acht Jahren und hatten den Inhalt von mindestens einem Esoterikladen dort platziert. Man musste deshalb gut aufpassen, wo man hintrat. Da lagen dicke Buddhas, Elfen und Feen herum. Engel hingen in allen Farben und Grössen an den Wänden und der Decke. Die Wohnstube war mit Springbrünnlein, Wasserdrehsteinen, badenden, essenden und liegenden Buddhas verstellt. Etwa ein halber Kubikmeter farbiger Halbedelsteine lagen auf dem ganzen Boden verstreut. Ein japanischer Steingarten im Kleinformat reichte bis unter den Esstisch. An der Aussenwand sah ich sogar fünf Zwerge auf einem Steinhaufen stehen. Wo die zwei anderen und das Schneewittchen abgekommen waren, blieb mir vorläufig noch ein Rätsel...

Ich merkte, es war ihnen fast peinlich, mich als Fremden in ihr kleines Wunderland zu geleiten. Sie führten mich wie einen Behinderten durch das Stein- und Statuettenlabyrinth mit Kommentaren wie, *„Oh, Achtung da, aufpassen hier."* Schliesslich setzten wir uns auf das himmelblaue Sofa und sie fragte mich höflich, ob ich etwas trinken wolle. Ich bat um Leitungswasser. Sie hüpfte davon und brachte mir ein blaues Glas voll mit dem Gewünschten. Nun sass ich neben ihrem Freund, der die Finger drehte, wie ein Schüler am ersten Schultag. *„Es freut mich sehr, dass Sie doch noch zu uns gekommen sind"*, versicherte sie. *„Nach unserem letzten Zusammentreffen, bei dem Sie mich befreit haben, begann für mich eine neue Lebensqualität, das spürte ich sofort. Dafür danke ich Ihnen sehr. Mein erster Freund verunglückte vor sieben Jahren tödlich mit seinem Töff. Vor zwei Jahren zog dann Fredy bei mir ein, aber er konnte seither noch nie ruhig durchschlafen. Mitten in der Nacht kommt etwas, das ihm Angst macht, aber er kann es nicht beschreiben. Bitte bleiben Sie heute Nacht bei uns und befreien Sie diese Wohnung von diesem Wesen. Ich habe zum Nachtessen einen Früchtekuchen gebacken, Sie haben sicher Hunger?" „Ja, das stimmt, das Angebot nehme ich gerne an."* Sie hatte bereits aufgetischt und bat uns, dort Platz zu nehmen. Fast entschuldigend meinte sie: *„Sie sind der erste Gast, der bei uns an den Tisch gebeten wird."* Nun kam wieder das schon erlebte Ritual, zwei Dutzend Hinweise, wie ich den Weg zum Tisch am besten gehen könne. Die Stühle standen im Rundkies, der in allen Farben leuchtete, aber man konnte sie nicht einfach hervorziehen, nein, man musste sie anheben. Und wenn man sass, hatte man Mühe, die Beine am richtigen Ort zu platzieren, wirklich sehr praktisch. Ich musste aufpassen, dass ich nicht mit den Füssen im Kies scharrte, dies hätte ja womöglich die Harmonie der Steine zerstört.

Bedächtig und langsam assen wir den Apfelkuchen, es blieb einem nichts anderes übrig, denn der Teig schien aus Wildleder zu sein und die Apfelschnitze darauf waren vertrocknet, genau das Gegenteil eines saftigen Essens. Ich brauchte mehrere Tassen warmen Tee zum nachspülen. Dabei nahm ich mir vor, nicht zu viel davon zu essen – ich wusste ja nicht, ob vielleicht das Leder und die Äpfel im Magen nochmals aufzuquellen begannen. Ich sah mich schon mit einem Bierbauch, wie der Mann mit dem Hund einen hatte, im Bett liegen und stöhnen. Zum Dessert hatte die Frau einen Pudding kreiert, rosarot und grün gemischt. Beide schauten mir zu und warteten, bis ich das erste Stück löffelte. Ich versuchte es wenigstens, denn die Masse war so zäh, dass ich das Messer zum Abschneiden brauchte. Nur schnell runter damit und nachspülen. Es erinnerte mich an meine roten Papierklebezettel. Genau, solche muss ich noch einkaufen, kam mir in dem Moment in den Sinn, als ich den zweiten Bissen in den Mund schob und diesen fast nicht runterbrachte, wie einer, der Heimweh hatte und immer wieder zurückkommen wollte. Die beiden assen den Pudding wortlos. Neugierig schaute ich zu den Zwergen hinüber, hatten die nicht einen Korb oder eine Karrette, in die ich den Gummikloss hätte hineinspucken können? Fehlanzeige. Tapfer nahm ich noch einen dritten Bissen und kaute was das Zeug hielt, dann liess ich es bleiben. *„Das Rezept ist von meiner Grossmutter“*, sagte die Frau, *„sie war lange in England.“* Sie lachte und ich dachte, ja, es könnte ohne weiteres ein Restposten oder ein Erbstück von ihr sein.

Als ich Fredy fragte, was er denn beruflich mache, verschluckte er sich am Gummi. Er hustete, rang nach Luft und sein Gesicht bekam endlich Farbe. *„Eh, ich bin Theologe in der Stadt, genau gesagt, Gemeindevorsteher und Pastoralassistent.“ „Gefallen Ihnen Ihr Beruf und das Tätigkeitsgebiet sowie die Gemeinde?“ „Ja, ja, eigentlich schon“*, kam es gequält aus ihm heraus. Das hörte sich für mich an, als ob er grosse Probleme gehabt hätte. Für mich war er ein armer Kerl, der nicht mit beiden Füssen auf der Erde stand.

Aber, um den Leuten etwas aus alten Büchern vorzulesen und für die Konserven aus Rom reicht's ja noch lange. *„Wir sollten uns Ihren Bettplatz einmal anschauen und ausmessen"*, schlug ich den beiden vor. Wir standen auf, die Stuhlhaltezeremonie wiederholte sich, aber jetzt gingen wir durch die Küche. Das Schlafzimmer glich der Wohnstube aufs Haar und war praktisch nur für Eingeweihte begehbar. Da ich sowieso die Schuhe vor der Haustüre hatte stehen lassen müssen, spürte ich viel besser, auf was ich gerade trat. Einen Buddha und eine Seerose aus farbigem Plastik hatte ich schon plattgetreten, was mir leid tat, jedoch nur für meine empfindlichen Fusssohlen. Physikalisch waren die Felder bei der Schlafstelle nicht sehr störend, eher die Seele, die da im zweiten Bett lag und schlief. *„Sie, wie sah denn Ihr verunglückter Freund aus?"*, fragte ich die Frau: Sie drehte sich um und nahm vom Buffet im Gang einen kleinen Bilderrahmen mit einem Foto ihres Freundes, der darauf auf einem roten Motorrad sass und lachte. Er hatte rötliche Haare und eine helle Haut. Ich gab ihr das Bild zurück und sagte: *„Ja, nun ist es leider so, dass er da im vorderen Bett liegt und schläft."*
Die beiden rissen ihre Augen und Münder weit auf und starrten sich gegenseitig eine Minute lang an, die sogenannte Schreckminute. *„Ja, aber"*, sagte sie stotternd, *„er ist doch schon über sieben Jahre lang tot und von uns gegangen. Wieso ist er denn noch da und ich weiss nichts davon?" „Ja, aber jetzt wissen Sie es ja. Ihr Fredy spürt ihn sicher jede Nacht. Ich könnte jedenfalls hier nicht mit ihm zusammen schlafen. Ich werde ihn wecken und aus seiner Gefangenheit befreien."*
„Machen Sie jetzt eine Befreiung der Seele, wie Sie in ihren Büchern beschrieben ist?", fragte der Mann ernst und fast ärgerlich. *„Herr Styger hat zwei Bücher geschrieben mit Erlebnissen und Beschreibungen dazu, wie man solche Seelen ablöst"*, wendete sie an Fredy gewandt ein. *„Ich habe dich nicht brüskieren und überfordern wollen, lieber Fredy, weil du ja nicht daran glaubst."*
„Soll ich weggehen, wenn Sie das hier machen?", wollte Fredy etwas barsch wissen. *„Nein, bleiben Sie nur hier, es schadet Ihnen nicht.*

Aber Sie können auch sagen, ich solle hier nichts machen und Sie möchten lieber schlaflos bleiben." Er drückte sich an den Türpfosten und wusste nicht, was er darauf antworten sollte.
„*Im Sinn und Geist von Jesus und dem Gesetz der Nächstenliebe werde ich dieser leidenden Seele helfen, ob Sie dies wollen oder nicht.*" Er starrte weiterhin in die Zimmerecke und rieb seinen Hintern im Dreivierteltakt in der Türleibung. Ich fragte mich, ob er wohl schon in die Hose gemacht hatte oder kurz davor war. Sie bat ich um ein oder zwei Kerzen.
Sie eilte in die Stube und holte eine Statue mit einem fetten Buddha drauf, der eine Stange mit einer gelben Kerze hielt. Sie stellte die „grossartige Kunstfigur" aufs Bett und zündete die Kerze mit zittrigen Händen an. Dann trat sie zurück und lehnte sich an die Türe. Auch ich machte einen Schritt zurück und veränderte prompt wieder so eine kleine Fantasiefigur. Am liebsten hätte ich laut geflucht, so weh tat mir mein Fuss.
Ich weckte den verstorbenen Rolf. Drei Mal rief ich seinen Namen, bis er mich verdutzt anschaute. Auf seine Ellenbogen gestützt, hörte er mir zu. Sein Gesicht war ernst und gefasst und seine Augen blieben unvermittelt an mir hängen. Plötzlich löste er sich auf und verschwand vor meinen Blicken. „*Oh, war das schön.*", sagte sie laut. „*Ich spürte, wie es ihm und mir leichter ums Herz wurde. Jetzt ist er gegangen, oder?*" „*Ja, er ist nun frei.*", bestätigte ich, „*Er ist erwacht und weggegangen.*" Fredy rieb immer noch seinen Hintern am Holz, aber langsamer als vorher. Er starrte wie versteinert vor sich hin. Sie hingegen schien freudig erregt und leicht überdreht. „*Kommen Sie zu mir in die Küche, ich gebe Ihnen noch einen Gutenachtdrink und dann gehen wir schlafen. Ja?*"
Sie stellte zwei Gläser aus dem Schrank auf die Küchenabdeckung und goss zwei Zentiliter Himbeersirup hinein, als Hauptflüssigkeit diente Hahnenwasser. Sie streckte mir das Glas hin und sagte mit lachenden Augen: „*Zum Wohl, Herr Styger.*" Dies war der simpelste Gutenachtdrink, den ich je in einer Bar getrunken hatte. Aber sie war die bezauberndste Bardame, die es gibt. Zum Glück gehe ich nie in

eine Bar, diese Küche war mir sympathischer. *„Ich zeige Ihnen nun Ihr Zimmer,“* sagte sie und drückte mich. Da holte ich die blaue Reisetasche mit dem Allernötigsten aus dem Korridor. Sie stiess die Zimmertüre auf und schaltete das Licht an. Das Zimmer war vollgestopft mit Kleinkram. *„Sie können das Bad dort benützen, wir nehmen dasjenige daneben. Wenn Sie was trinken oder essen wollen, gehen Sie einfach in die Küche, fühlen Sie sich wie zu Hause. Gute Nacht.“* Fredy klebte noch an der Türöffnung. Ich wünschte ihm eine gute Nacht und er erwiderte meinen Gruss mürrisch.
Im Zimmer wusste ich nicht so recht, wo ich meine Kleider hinlegen sollte, auf die Elfen hier oder auf die Buddhas beim Fenster? Auf der blauen Bettdecke mit den gelben Sternen sah ich das, was ich schon vermisst hatte, Schneewittchen zwischen zwei Zwergen als Figürchen. Ich gab ihr zwar keinen Kuss, legte sie aber ehrenvoll zwischen die zwei wohlig runden Buddhas. Die werden ihr wohl nichts tun. Zu ihrer Beruhigung legte ich die beiden Zwerge auf sie. Ich war müde und schlief schnell ein.

Irgendwann in der Nacht ertönte ein lauter Todesschrei, der nicht mehr aufhören wollte. Bevor ich so richtig wusste was los war, wurde schon meine Zimmertüre aufgerissen und jemand stürzte sich auf mich. Reflexartig stiess ich den Menschen von mir und wir fielen beide aus dem Bett. Jetzt, wo ich auf ihr lag, merkte ich, dass es die Frau war. Sie schrie immer noch: *„Hilfe, Hilfe!“* Ich setzte mich aufs Bett und nahm die Decke von der zappelnden Frau. Im Zimmer war es stockdunkel. Es verging kaum eine Sekunde, da sprang sie auf und über mich. Sie umklammerte mich, presste ihr Gesicht an meinen Hals und wimmerte, dabei zitterte sie wie Espenlaub: *„Helfen Sie mir, bitte, bitte, ich glaube, ich werde verrückt.“* Wir lagen vielleicht so zwei bis drei Minuten da, aber sie war nicht zu beruhigen und sagte wieder: *„Kommen Sie, in meinem Bett liegt eine Frauenleiche, ums Himmelswillen, ich werde noch verrückt.“*

Ich streichelte ihr beruhigend über den Kopf und die langen, braunen Haare bedeckten mein Gesicht. *„Kommen Sie, wir gehen die Leiche anschauen."* Ich stiess sie ein wenig von mir. Sie stand nun neben dem Bett, erfasste meine Hand, zog mich hoch und drückte mich an sich, so bewegten wir uns auf ihr Zimmer zu. Sie zitterte so fest, dass ich das Gefühl hatte, einen liebessüchtigen Vibrator an meiner Seite zu haben. Als wir bei ihrer Zimmertüre angelangt waren, wollte sie den Lichtschalter betätigen, ich hielt aber ihren Arm zurück. Im Zimmer war es nicht ganz dunkel, weil der Rollladen nur zur Hälfte heruntergelassen war. Ich trat langsam zu ihrem Bett hin. Von Angst geplagt versuchte sie mich davon abzuhalten, denn sie umfasste mich mit beiden Armen. Vor ihrem Bett stehend sah ich, wie Fredy am Rande seines rechten Bettplatzes ruhig auf dem Rücken lag. Und ganz klar sah ich nun auch eine grosse Frauengestalt halb auf oder in Fredy in der Mitte des Bettes liegen. Da griff der Mann mit der Hand nach dem Schalter der Pergamentständerlampe und machte sie an. Ein fetter, grinsender Buddha schaute aus der Lampe auf das Geschehen. Im matten Licht sah ich die schlanke Gestalt der Frau immer noch. Fredy lag wie versteinert da und seine weit aufgerissenen Augen starrten zur Decke. Die Frau atmete, wie eine lebendige, sie war kein Irrlicht, Zerrbild oder Hologramm. Ihre sehr langen Beine waren in ein leicht kariertes, braunes Muster gehüllt und die Füsse steckten in eleganten Pumps. Sie trug eine lila Seidenbluse und darüber eine helle Wildlederjacke. Um den Hals schlang sich eine grobgliedrige, goldene Kette, die stark glänzte, wie auch die vielen Ringe an ihren Armen und Fingern. Lange, lockige, dunkle Haare umrahmten ihr feines Gesicht. Eine Schönheit von etwa vierzig Jahren. Warum war diese Frau bloss hier und das noch in Strassen- oder Ausgangskleidung?

Ich rief halblaut meine Engel um Hilfe und redete diese Seele an, aber sie schien tief zu schlafen. Ich machte weiter und rief sie auf der Seelenebene an. Da spürte ich, dass sie mir zuhörte und ich redete ihr zu und klärte sie darüber auf, dass sie schlafe und ver-

storben sei. Ich bot ihr meine Hilfe an und am Schluss meines Gebetes sah ich ihre Aura aufleuchten. Sie stand auf und trat zu mir hin. Ihr Gesicht kam ganz nah und sie legte ihre Hände auf meine Schultern. Ich roch sogar ihr Parfüm und sie schaute mich lange und tief mit ihren rehbraunen Augen an. Dann legte sie ihre schlanken, weissen Hände auf mein Herz. Ich spürte den leichten Druck auf meinem Körper und unsere Augen schauten sich gegenseitig tief in die Seele. Ein Moment der tiefsten Liebe und Verbundenheit. Sie schien schon ein Engel im Erdenkleid zu sein. Sie machte einen Hofknicks vor mit, hielt die Hände aber auf meinem Körper und löste sich fast augenblicklich vor uns auf.
Wer war sie? Sie sah nicht krank oder verletzt aus. Warum kam sie jetzt, nachdem ihr Freund sieben Jahre bei ihr im Bett gelegen hatte?
Auch die Frau, die mich immer noch fest umschlungen hielt, hatte diese schöne Frau bis zum Schluss klar und deutlich gesehen. Sie löste den linken Arm und ihre Hand fasste an meine linke Wange. Sie zog meinen Kopf zu sich hin und presste ihr Gesicht an meines. Ganz tief bewegt und erregt flüsterte sie mir ins Ohr: *„So etwas Herrliches habe ich noch nie gesehen. Wer war sie bloss?"* Fredy starrte weiterhin zur Decke.

Ich zog mich wieder zurück ins Zimmer, denn es war erst halb drei. Bald schlief ich wieder tief und gut. Um sieben hörte ich das Paar aufstehen. Ich ging ins Bad und war schon bald reisefertig. Die beiden standen in der Küche und baten mich, zu ihnen zu kommen. Sie servierte mir einen Jogitee und ein Knäckebrot. Er war immer noch stumm, wie ein Kartoffelsack. *„Haben Sie in der Nacht diese Seele im Bett bemerkt?"*, fragte ich ihn. *„Ja und ob, ich sah die Frau von der Seite und spürte ihren Körper. Als Eli aufschrie und aus dem Zimmer rannte, erwachte ich und überlegte, was denn los sei. Ich hielt die Augen noch zu und spürte sie aber immer noch an meiner rechten Seite liegen. Als ich Sie im Besucherzimmer drüben reden hörte, öffnete ich meine Augen* *und schaute hin, und da lag diese grosse Frau. Ich rieb mir die Augen, aber sie war immer noch da. Dann kniff ich meine Augen zusammen und dachte, jetzt bin ich gestorben und irgendwo, oder ich spinne total. Ich hörte dann euch beide ins Zimmer kommen und wie Sie die Frau ansprachen. Da fühlte ich mich paralysiert und meinte, ich sei nicht mehr auf dieser Welt. Der Schock hielt fast noch eine Stunde an, an Weiterschlafen war nicht mehr zu denken. Sie, wer war diese Frau und warum bloss war sie da? Gestern, als Sie mit dem verunglückten Freund von Eli sprachen, da hatte ich grosse Mühe mit dem, was Sie da machten. Ich kenne das von meinem Studium her nicht. Aber jetzt, durch das Erlebte, ist die jenseitige Welt für mich real und ganz anders als ich sie mir vorgestellt hatte."* Er atmete tief durch und hielt sich am Kühlschrank fest.

Als ich das Knäckebrot hinuntergewürgt hatte, sagte ich zu ihm: *„Sehen Sie, nur ein kurzes Erlebnis von zehn Minuten und Sie sind für Ihr ganzes Leben lang fest überzeugt, dass es ein existierendes Weiterleben nach dem Tode gibt. Andererseits studieren Sie jahrelang Theologie und meinen, Ihre Wahrheit sei die einzige. Sie verurteilten sogar Ihre Freundin Eli, als sie Ihnen ihre Probleme geschildert hatte. Meinen Sie nicht auch, dass Sie als blinder Theologe auch nur Blinde führen können. Aber alle stürzen dann in die Fallgrube des Irrtums. Ist das nicht so?" „Ja, leider sind halt Leute wie sie, die alles sehen, sehr selten." „Das stimmt nicht, denn viele Leser haben mir geschrieben, sie hätten auch einmal so etwas erlebt und sich irgendeinem Priester geöffnet. Dabei seien sie als unglaubwürdige Lügner abgestempelt worden. Sie hätten sich dann fast das ganze Leben lang dafür geschämt und nie jemandem mehr davon etwas erzählt. Ich wünsche vielen Theologen ein solches Erlebnis. Ich bin mir sicher deren Lebensziel und auch deren Verhalten wäre dann ganz anders." „Das Erlebnis war"*, sagte sie, *„bis auf den ersten Schreck, wunderbar. Ich möchte es nicht missen. Meinen Freund hatte ich immer gespürt, redete mir aber ein, dass es nur Gedanken an vergangene*

Zeiten wären. Ich hätte auch nicht geglaubt, dass er sieben Jahre bei mir im Bett gelegen hat." „Er war durch den Unfall sofort tot und vermutlich in einem Schock oder komaähnlichen Zustand. Er wusste auch nicht, dass er hier lag. Sein letzter Gedanke, bevor er starb war: ‚Ich will zurück nach Hause in mein Bett'."

Die Zeit verflog und beide mussten zur Arbeit. Wir verabschiedeten uns und gingen unserer Wege.

Reise nach Jordanien 11

Schon immer hatte mich Jordanien angezogen, vor allem die Ausgrabungsstätten aus vorchristlichen Zeiten. Diese Anziehung wuchs, als ich mir die Bücherreiche 'Das Johannesevangelium' von Jakob Lorber zu Gemüte führte. Da wurde es mir jedes Mal warm ums Herz, wenn ich las, wie Jesus auch die Ungläubigsten überzeugen und heilen konnte. Auf seinen Heilmissionen bereiste er Jordanien, Syrien und den Libanon. Bei den einheimischen Juden war er nicht so beliebt, weil die Erzkonservativen nur das Wort Gottes durch die Überlieferungen von Moses anerkannten. Zudem war er für die Tempelpharisäer der Staatsfeind Nummer Eins, denn er geisselte ihre Verlogenheit und das parasitäre Verhalten. Der Lehensherr Herodes, der ein Grieche war, musste damals den Römern Steuern zahlen und den Tempeljuden auch noch den Zehnten abliefern. Diese Doppelbelastung machte auch den meisten Bewohnern so sehr zu schaffen, dass sie zusehends verarmten. Als dann zirka im Jahr zweiundsiebzig nach Christus, diese Tempelgilde mit Waffengewalt gegen die Besatzungsmacht der Römer vorging, schlugen diese zu. Sie zerstörten nicht nur Jerusalem und alle Tempel, sie vertrieben diese Brut auch aus dem Land und der Gegend. Mit Jerusalem wurden auch alle anderen Machtzentren der Tempeljuden zerstört. Dies bestätigte die Aussage von Jesus: *„Ich werde euch, ihr ungläubigen Juden, das Licht nehmen und es den Heiden (Andersgläubigen) geben.“* Leider ebenso wie eine andere Voraussage: *„Die Bosheit und Verlogenheit dieser Tempeljuden macht mit meiner Tötung das Mass der Schandtaten voll. Kein Jude wird je mehr eine Heimat haben. Sie müssen sich über alle Erdenteile wie Spreu verteilen. Sollten sie es wagen dieses Land wieder zurückzuerobern, so solle ihr Untergang nicht lange auf sich warten lassen…“* (Jakob Lorber).

Diese klaren Aussagen von Jesus belegen die heutigen Missstände in Israel. Ihre Verachtung gegenüber ihren Mitbrüdern und den

eigentlichen Landbesitzern, den Palästinensern, schreit zum Himmel. Natürlich bedrücken und beunruhigen mich diese Voraussagen. Aber was jetzt hier, in diesem von den Freunden der Juden so genannten Heiligen Land, abläuft ist abscheulich. Veränderungen werden kommen und reinigen.
In Jordanien ist das Multikulturelle nicht so ausgeprägt, da ist die arabische Bevölkerung unter sich. Die Monarchie verstand es die Bevölkerung zu lenken und mit den modernen Lebensformen bekannt zu machen. Die Jordanier lieben ihren König und seine Frau und sind sehr stolz auf sie. Den grossen Landverlust, den sie wegen des Sechstagekrieges erlitten haben, liegt ihnen jedoch sehr schwer auf dem Herzen. Man hat ihnen nämlich das fruchtbarste Land gestohlen. Viele fühlen sich immer noch von den USA betrogen, die ihnen den 'Friedensvertrag' sozusagen aufgezwungen haben.
Meiner Meinung nach herrscht in den USA in Wahrheit keine freie Demokratie, die Leute dort meinen dies nur. Es regiert dort nur das Geld. Die Präsidenten werden durch den Geldadel gesponsert und gepuscht. Die amerikanische Notenbank, wie auch viele der grösseren Bankinstitute, gehören den Juden. Jede europäische Bank oder Investorengruppe wird in den USA nur verlieren können. Man kann nie ein Geschäft mit dem Satan machen und dabei lange Zeit Gewinn machen.
Nun, diese Region mitsamt dem Libanon, Syrien und dem Irak, dem alten Babylon, war seit Urzeiten der umstrittenste und blutigste Ort der Welt. Hier wurde immer unterdrückt, gequält, gestohlen und geraubt, nicht nur Materielles, nein, auch Dörfer, Städte und ganze Länder. Weshalb Jesus damals gerade in diese Länder kam und seine Liebe und Heilsbotschaft verkündete, wird sein Geheimnis bleiben. Er konnte vieles bewegen, stocherte aber in einem alten Geschwür bis dieses ihn ermordete.

Die Ankündigung seiner baldigen Tötung machte er in einer Stadt nahe des Berges Nebo, der im Norden von Jordanien liegt. Dies löste bei seinen Aposteln und engsten Freunden Entsetzen und

Angst aus, aber auch Zweifel an seiner Allmacht und Gottbeseelung. Gerade weil er grosse, für die Menschen unvorstellbare, Wunder vollbrachte, konnten seine Anhänger nicht verstehen, dass er sterben würde. Sie alle hatten diese dauernden Verfolgungen durch die Tempeljuden miterlebt und wussten um die grosse Gefahr in der er schwebte, wenn er nach Jerusalem zurückkehrte, zu der Stadt von der er selber sagte, sie sei der Ort des Bösen und der Tempel das Schloss mit Ottern und Natterngeschmeiss.

Damals, als die Römer die ganze arabische Welt beherrschten, verstand sich Jesus ganz besonders gut mit dem Stadthalter von Asien, dem Cyrenius. Jesus wurde von den Gegnern der Juden als Weiser und Heiler verehrt und sehr geliebt. Als Cyrenius erfuhr, dass die Truppen von Herodes und der Tempeljuden Jesus wiederum nachstellten, wollte er sofort die Stadt Jerusalem dem Erdboden gleichmachen. Er hätte die Macht dazu gehabt, denn er war der Bruder des römischen Imperators. Aber Jesus verbot ihm dieses Vorhaben. Wie schon gesagt, sein späterer Nachfolger brachte dann diesen Plan zur Vollendung.
Allerdings spricht das, was später die Verblendung der Kreuzritter in diesem Gebiet im frühen Mittelalter anrichtete, nicht gerade für ein gutes Christentum oder edle Ritter. Diese wollten nur die Macht über die Handelswege an sich reissen. Das Befreien des Grabes Jesu aus den Händen der Ungläubigen war nur Nebensache. Nein, der Einfluss und die Kontrolle über die wichtigsten Märkte, Handelszentren von Vorder- und Kleinasien waren die Haupttriebfeder für diese unsäglichen Saubannerzüge ins Heilige Land. Hauptschuldige ist und bleibt die Römische Kirche als treibende Kraft zur absoluten Macht über alles. Bei solchen militärischen Überfällen auf Menschen ist Gott überall, nur nie bei den Drecksäcken, die scheinbar in seinem Namen Kriege führen. Viele Ruinen zeugen noch von diesen grauenhaften Zeiten der Kreuzritterzüge. Auch sie werden wieder zu Sand, aber die Seelen dieser Übeltäter sind noch dort in der Einöde der riesigen Wüste gefangen. Ich wollte

einmal sehen, wie es diesen edlen Rittern und den Vertretern der nachfolgenden Malteser- und sogenannten Templerorden von Rom so in der Einöde geht…

Meine erste Reise fand am ersten Dezember 2009 nach Amman statt. Der Start am Morgen um vier Uhr früh von unserem Berg war nicht ganz unproblematisch. Wegen des nassen Schnees, der in der Nacht gefallen war, drückten Bäume die elektrische Leitung ab, so dass wir keinen Strom hatten. Zum Glück benutze ich batteriebetriebene Wecker. Das Aufstehen, Duschen und Weggehen bei Kerzenlicht war romantisch, aber nicht so praktisch. Der Flug verspätete sich um eine dreiviertel Stunde, da der Airbus noch von Schnee und Eis befreit werden musste. Glücklicherweise wartete die Anschlussmaschine in Wien auf uns, so erreichten wir am Nachmittag doch noch Amman, die Hauptstadt Jordaniens. Das warme Wüstenwetter bildete einen angenehmen Kontrast zu Schnee und Eis in Zürich. Unser Reiseleiter Hani empfing uns, die Gruppe bestand nur aus zehn Schweizern, was mir Recht war. Wir bekamen unser Visum als Stempel in den Pass gedrückt. Der Bus wartete und brachte uns nach einer einstündigen Fahrt zum Hotel. Der Schweizer Reiseveranstalter hatte für uns ein sehr nobles Hotel ausgesucht. Leider lag dieses Haus an „der“ Hauptdurchgangsstrasse in Amman. Die Stadt schien nur aus Vororten und Neubauten zu bestehen und sah sehr nett und sauber aus. Die Fassaden waren mit hellem Kalkstein verkleidet.
Wie uns der Reiseleiter erklärte war Amman früher nicht die Hauptstadt von Jordanien gewesen. Vor 1947 betrug die Bevölkerungszahl nur etwa dreitausend Personen. Nach der Invasion der Juden und der Vertreibung der jordanischen und palästinensischen Bewohner überfluteten Flüchtlinge Jordanien. Zum zweiten Mal nach dem Sechstagekrieg, an dem der ostjerusalemische Landteil verloren ging, auch die südlibanesische Bevölkerung wurde zu Hunderttausenden vertrieben. Heute leben in der Hauptstadt Amman

etwa 2,3 Millionen Menschen. Von den ursprünglich sieben bebauten Hügeln, sind es nun deren dreiundzwanzig. Eine Stadt, die total unübersichtlich ist aber trotzdem lebt und funktioniert.
Ich fragte mich, wie es wohl möglich ist, mit so vielen fremden Menschen aus allen Ländern zusammenzuleben. Die Jordanier müssen besonders tolerante Menschen sein oder ihnen blieb in dieser Notsituation einfach nichts anderes übrig.

Nach dem Nachtessen gab es in der Umgebung, ausser entlang der Autobahn, die durch eine Vorstadt führt, nicht viel zu sehen. Ein Glas Wein verhalf mir zu einigen Stunden Schlaf trotz des starken Strassenlärms.

11.1 Erster Tag

Ein herrlicher, sonniger Morgen mit starkem Nordwind weckte mich. Nach dem Frühstück war eine Stadtrundfahrt auf dem Programm, dann die Besichtigung der Zitadelle, die Hauptbefestigungsanlage der alten Stadt. Da gab es griechische und römische Tempel, aber auch viele Ausgrabungsrelikte aus noch früherer Zeit. Man zeigte uns Höhlengräber aus unbekannten Vorzeiten. Neben den vielen noch gebundenen Seelen aus allen Zeitepochen, die herumstanden oder sassen, waren gerade diese ältesten beeindruckend. Sie lugten aus ihren Steinlöchern ins Freie. Ich sprach ein Ablösegebet nach dem anderen, aber sie reagierten nicht besonders aktiv auf meine Bemühungen. Na ja, vielleicht das nächste Mal dachte ich. Beim Eingangsareal wurde an der neuen Umgebung gearbeitet und eine Kunstsäulengruppe enthüllt, vier rechteckige Säulen von jeweils etwa zwei Metern Höhe. Der Name des Künstlers war auf der Seite der kleinen Säulen angegeben. Ich weiss nicht was dies zu bedeuten hatte, aber wenn man die alten Säulen der Griechen und Römer mit ihren Abschlussverzierungen ansieht und dann mit den neuen vergleicht, so wirken diese jungen Werke, als hätte da ein Lehrling an seinem ersten Arbeitstag etwas hingestellt. Die alten Bauten auf dem Tempelberg waren vor über zweitausend Jahren meisterhaft und edel gebaut worden, die neuen werden wohl in ein paar Jahren wieder zusammenfallen...

Wir fuhren kreuz und quer durch die Stadt. Sie schien keinen Anfang und kein Ende zu haben und es war eine dauernde Berg- und Talfahrt. Unser Fahrer war die Ruhe selbst, er fuhr souverän, drängelte und hupte. Alle bewegten sich mit ihren Fahrzeugen als wären sie alleine auf der Strasse. Auf drei Spuren waren wir zu viert und auf zwei Spuren zu dritt, aber was heisst denn hier 'fahren'? Ich hatte das Gefühl wir würden gestossen und gezogen. Eine offensive Fahrweise war hier normal und man bekam den Eindruck, als hätten alle den Blinker zuhause gelassen, was ziemlich gewöhnungsbedürftig war.
So kamen wir zum Römischen Theater, das nach Überlieferungen im Jahre 72 nach Christus durch Kaiser Tiberius erbaut worden war. Wobei man bemerken muss, dass er wahrscheinlich beim Bau selbst nicht zugegen war, sondern nur seine Tausende von Sklaven und Unterjochten. Nach der Restauration wird das Theater heute wieder wie vor zweitausend Jahren voll genutzt. Im Museum für Kultur, das sich im selben Gebäude befindet, illustrierten Fotos die Situation vor hundert Jahren. Das Nordtheater, das an den Hang gebaut, war ziemlich zerfallen. In der Nähe war weit und breit kein Haus zu sehen und die kleine Stadt Amman lag fern. Heute, etwa hundert Jahre später, steht dieses römische Meisterwerk mitten in der Hauptstadt. Beim Besichtigen der Hauptarena mit den vielen Nebenräumen und unterirdischen Kellern, sahen meine Begleiterin Antonie und ich etliche Male wie und was in diesem Theater damals so alles ablief. Wir hörten das Raunen, Lärmen und Schreien während der Aufführungen. In den Kellerräumen sassen viele gebundene Seelen in ihrer damaligen Bekleidung. Für das Alter des Gebäudes waren es jedoch verhältnismässig wenige. Der Reiseleiter demonstrierte uns die perfekte Akustik in diesem Freilichttheater: Er

stand ziemlich genau auf der Grundlinie des halbrunden Sitzreihenkreises und redete mit normaler Lautstärke zu uns. Wir hörten ihn nicht gut. Er trat noch einen Schritt zurück und seine Stimme war noch schwächer vernehmbar. Dann machte er zwei Schritte zur Mitte hin und es klang als hätte er in ein Mikrophon gesprochen. Erstaunlich diese Bautechnik der alten Römer und Helenen.
Nach einer guten Stunde verliessen wir das Theater. Für den frühen Nachmittag wurden uns noch viel grössere Bauwerke versprochen. So fuhren wir etwa dreissig Kilometer nach Norden in die Stadt Jerash. Beim Hadrian-Torbauwerk, das stolz und neu restauriert dastand, bogen wir links zur Schlossburg Ajlun ab. Wieder ging es bergauf und Hügel runter, bis wir etwa nach zwanzig Kilometern das Riesenbauwerk auf einem Berg thronen sahen. Wir mussten noch eine steile Strasse durch die Gassen des uralten Dorfes hochfahren und schon standen wir auf dem Parkplatz unterhalb der Burg. Ein modernes Touristencenter mit vielen, müde dreinschauenden Staatsangestellten empfing uns. Dieses Bild sahen wir später an staatlich kontrollierten Stellen noch oft. Niemand hatte wirklich etwas zu tun, aber in den Ticketbüros sassen immer gleich mehrere Personen, die sich augenscheinlich gegenseitig kontrollierten. Zwei freundliche Männer baten uns in den Shuttlebus einzusteigen, der aussah wie ein offener Wagen für eine Wildsafari. Der breite Weg zur Burg betrug nur etwa zweihundert Meter, aber wir mussten fahren. Mir war dies gerade recht, denn mein rechter Fuss begann heftig zu schmerzen, obwohl ich schon zwei Tabletten eingenommen hatte. Diese Burg sah aus wie unsere Schweizer Burgen des späten Mittelalters, gewaltig und mit einem riesigen Burggraben. Sie wurde von Saladin oder seinen vor Ort Leitenden beauftragt und erstellt und war die Antwort auf die vielen Burgen der Kreuzritter auf der anderen Seite des Jordans. Erstellt wurde sie im frühen 12. Jahrhundert, kurz vor der bedeutenden Schlacht gegen die Kreuzritter im Jordantal. Wie sich diese, angeblich für das Grab Jesus kämpfenden Ritter und ihre Söldnertruppen, hier aufgeführt hatten, war unübertroffen. Vor allem die

Zivilbevölkerung litt damals am meisten, denn sie wurde zuhauf dorfweise ausgerottet. Diese edlen Ritter benahmen sich wie die Tiere und meinten noch, sie kämpften für eine heilige Sache. Aber es kam wie es kommen musste, denn für ein Grab oder einen Geburtsort lohnt es sich nie zu kämpfen, vor allem dann nicht, wenn niemand so richtig weiss wo es war oder er überhaupt liegt. Das Gesetz von Ursache und Wirkung bekamen diese Missetäter nach der dritten Invasion deutlich zu spüren. Denn durch die Missstände war die Wut und der Widerstandswille bei den bis anhin friedlich lebenden, Völkern rund um Palästina geweckt worden. In grossen Kämpfen vertrieben sie die verblendeten Europäer oder rieben sie alle bis auf den letzten Mann auf.
Ich traf auf dieser Burg ganz wenige Seelen an, obwohl die Anlage riesengross war. Von den Zimmern hatte man einen grandiosen Rundblick auf das Jordantal. Dieser Festung konnte damals niemand etwas anhaben, denn auch in der fünften Etage waren die Aussenmauern noch drei Meter dick.
Der Wind blies stark über diesen hohen Berg, aber vor allem auf der obersten Zinne. Es war fast nicht möglich gerade zu stehen, so böig war es hier. Wir beide hatten das Gefühl, als ob alles unter uns schwanken würde. Auf dem Vorplatz der Burg, vor dem äusseren Graben, kauften wir von einem Beduinen einen heissen Tee. Er gab etliche Blätter Pfefferminze in die braune Flüssigkeit und noch drei, nein, vier Löffel Zucker dazu. Das tat gut und wärmte uns von innen. Wieder spürten wir wie sich die Erde bewegte, aber wegen des starken Windes meinten wir uns zu täuschen. Antonie hatte schon am Abend bei der Ankunft im Flughafengebäude und auch später im Hotel das Gefühl gehabt, dass die Gebäude zittern oder schwanken würden. Mit dem Pendel befragte sie ihre Engel und bekam die Antwort: *„Ja, es sind Vorboten eines Erdbebens, das Vieles in der Stadt Amman verändern wird. Die Menschen leben zum Teil noch mit Hass auf ihre Vertreiber aus ihrer alten Heimat Palästina und sie haben vergessen der Mutter Erde zu danken und sie zu lieben. Sie*

schätzen den Boden auf dem sie jetzt leben gar nicht, sie wollen nur wieder zurück nach Hause. Sie leben aber jetzt schon zwei oder drei Generationen hier und haben nicht gemerkt, dass sie durch den zu schnellen Stadtbau das Gleichgewicht der Natur stören." Wir wollten abwarten, was uns weiter mitgeteilt werden würde.

Wir fuhren zurück nach Jerash, um die grösste noch intakte römische Stadt zu besichtigen. Wir stellten unseren Bus unter dem grossen Torbauwerk ab und mussten durch eine Marktstandhalle gehen bis der Reiseführer seine Tickets für uns entgegennehmen konnte. Aber die jordanischen Händler und Marktbetreiber sind hochanständig im Gegensatz zu den Türkischen oder Ägyptischen, denn dort kann man froh sein, wenn sich einem nicht zwei oder drei in den Weg stellen und zum Kauf nötigen. Ich fand das jedes Mal bedrückend und sehr unangenehm, vor allem weil ich nicht besonders begabt bin im „Nein" sagen.
Wir spazierten durchs Hadrians-Tor entlang des Hippodroms. In diesem war gerade eine Vorführung mit antiken Wagenrennen und ein paar Dutzend glänzende Legionärssoldaten marschierten im militärischen Gleichschritt vor den klatschenden Touristen herum. Heute konnten wir uns an diesen Statisten und ihrem Klamauk erfreuen, damals aber hatten die Stadtbewohner vor ihnen grösste Ängste. Damals hielten ein paar Hundert dieser Blechpinocchios eine ganze Stadt in Schach. In der Not waren zwischen den Städten noch Tausende andere in ihren Kasernen abrufbereit.
Es war eine besondere Stimmung von vorgetäuschter Realität. Ähnlich wie die Seelen, die hier in dieser riesigen antiken Stadt noch gebunden lebten. Sie alle waren hier schon lange gestorben, lebten aber in alter Gewohnheit und Realität weiter. In diesem Hippodrom gab es demnach viel Leid und Greueltaten. Ich spürte ein starkes Unbehagen und hörte unzählbar viele Leidensschreie.
Wir gingen weiter am zweiten grossen Torbogen vorbei, der als Ehrerbietung für einen Staatsbesuch errichtet worden war. Dann

besichtigten wir den Zeustempel und das noch sehr gut erhaltene Südtheater, beide gigantische und sehr beeindruckende Bauten. Nun wäre noch der Artemistempel zu besichtigen gewesen, aber mein Fuss machte nicht mehr mit. So schlug ich langsam den Weg Richtung Eingang ein und wartete bis die Reisegruppe nach knapp zwei Stunden wieder zurückkam. Man berichtete mir so gut wie nur möglich, was es dort zu sehen gab. Es bedrückte mich, dass ich das nicht selber erleben konnte. Ich glaube, dass dies die schönsten Prunkbauten der Römer in Jordanien, oder vielleicht in ganz Asien, die noch in einem fast intakten Zustand sind. In dieser Stadt lebten schon vor den Griechen viele Völker, dann kamen die Römer und später die Byzantiner.
Es muss dort eine riesige Handelsstadt mit allem drum und dran gestanden haben, aber heute herrscht da Totenstille. Die neue Stadt wurde auf der entgegengesetzten Hügelseite errichtet, nachdem die schmucke alte Kulturstadt verlassen oder zerstört worden war. Sie diente den Erbauern der neuen schnörkellosen Stadt bestenfalls als Steinbruch. An vielen Stellen sieht man noch Bruchstücke von alten Säulen und Brunnen in Gärten oder auf Vorplätzen unbeachtet herumliegen…
Hani, unser gebildeter Reise- und Kulturführer, wusste zu berichten, dass die alten, so gut erhaltenen Kulturdenkmäler gar nicht so verwaist waren wie ich dachte. Die jungen Bewohner der Stadt Jerash geniessen nämlich die in den Steinen gespeicherte Sonnenwärme an lauen Sommernächten bis tief in die Nacht, bei einem Rendevous oder Picknick inmitten der Ruinen.

11.2 Fahrt in den Norden: Irbid und Gadara

Am Morgen fuhren wir zur nördlichen Verwaltungsstadt Irbid. Diese Stadt hat zirca fünfhunderttausend Einwohner. Ich fand sie nicht besonders attraktiv. Von da ging's weiter ans nordwestlich gelegene Drei-Ländereck von Syrien und Israel. Wir erreichten das alte ehemalige Gadara, das eigentlich ein riesiges Trümmerfeld ist. Gadara wurde etwa dreihundert Jahre vor Christus von den Griechen gegründet. Die Römer erweiterten diese Stadt dann gegen Norden hin mit Tempeln und einem Theater. Von da eröffnet sich ein grossartiger Blick auf die Golanhöhen und einen Teil des Sees Genezareth. Die alten Stadthäuser sind zum grössten Teil nur noch Ruinen. Als Baumaterial wurde meist schwarzer Basalt verwendet, auch die Tempel und Theater sind aus Lava-Basalt erbaut. Während der Zeit Jesu hiess diese Stadt auf dem Hügel Pella. Bei einem Besuch mit seinen Jüngern hat er hier zwei junge Männer, die von bösen Dämonen besetzt waren, befreit und diese Wesen in eine Schweineherde gejagt. Die besetzten Tiere stürzten sich alsdann laut schreiend über den Abhang in den Abgrund. Diese Begebenheit wird in einem Evangelium erwähnt.

In den noch stehenden Häusern, aber auch in den Ruinen, sah ich unzählbar viele gebundene Seelen. Ebenfalls befanden sich in den Prunkbauten und im Tempelbezirk welche. Sie sahen sehr unterschiedlich aus und wie überall wirkten die meisten alten Wesen sehr zerlumpt. Andere jedoch, die wohl eine wichtige Position innehatten oder reich gewesen waren, unterschieden sich deutlich in ihrer Kleidung. Dieser Ort war eine Drehscheibe des Handels zwischen verschiedenen Völkern. Ich sprach zwei Ablösegebete, woraufhin sich viele Seelen auflösten.
Aus diesem Pella stammen Persönlichkeiten, die weit über ihre Grenzen hinaus bekannt wurden. So ist im Museum ein grosser Basaltstein mit einer Grabinschrift zu sehen. Er soll auf dem Grab von Arabicus gelegen haben, einem Poeten, der etwa siebzig Jahre vor Christus lebte und die arabische Welt besonders beeinflusst hat. In griechischen Lettern steht auf dem Stein: *„Mensch, wo du jetzt stehst war ich schon. Wo ich jetzt bin wirst du sein. Geniesse das Leben, denn es ist kurz.“* Aus menschlicher Sicht gesehen hat er Recht, jedoch ist nur das Leben im momentanen Leib kurz, als Seelen sind wir unzerstörbar und ewig lebend.

An diesem Ort empfand ich eine besondere Schwingung, die ich so noch nicht erlebt hatte, irgendwie neu, nicht nur unangenehm wie ich es sonst oft an alten Kulturstätten fühle. Im Museum, in dem auch der Stein des Weisen aufbewahrt wird, sind viele verschiedene Sarkophage aus schwarzem Basalt aufgestellt. Sie sind sehr edel und fein gearbeitet und stammen scheinbar aus der Zeit der Griechen, also vor Christus. Als ich an ihnen vorbeiging sah ich in einem von ihnen gleich drei Seelen dicht aufeinander gedrängt liegend, in den anderen befanden sich mehrere hockend Sie trugen edle Gewänder mit goldbestickten Bordüren über den Schultern und vorne. Sie schauten ins Leere und bewegten sich kaum. Ich hatte keine Ahnung wer sie gewesen waren, aber sicher nicht die ärmsten Schlucker in dieser Stadt.
Sie hätten es damals wohl nicht geglaubt, wenn man ihnen gesagt hätte, dass sie noch Jahrtausende in diesen Steinkisten hocken würden.

Wir verliessen den Ort, an dem an diesem Tag der Wind durch alle Ritzen pfiff, in Richtung Jordantal. Die Reise dauerte zwei Stunden und führte durch grüne Plantagen und Dörfer, wo grosse Mengen von Gemüse und Früchten in Unterständen der Strasse entlang lagerten und auf Käufer warteten. Am Hang verlaufend befand sich ein Wasserkanal für die Feldbewässerung. Wir sahen jedoch auch die höher liegenden und unteren Felder, die nicht mehr bewässert werden konnten, weil die Israelis sich nicht an die Verträge mit den Nachbarländern halten. Sie entnehmen dem Jordan mehr als die abgemachten fünfzig Prozent des Wassers. So bleiben den Syrern und den Jordaniern nur noch gerade zehn Prozent des lebenspendenden Nasses.
Israel nimmt sich das Recht, gut achtzig Prozent zu nutzen. Darum fordere ich Sie auf, liebe Leser, bevor Sie Produkte aus Israel kaufen, zu überlegen, ob dies noch zu verantworten ist. Durch das den Nachbarländern gestohlene Wasser können diese Früchte unmöglich positive Lebensenergie ausstrahlen. Leider ist diese

Aggression auch im besetzten Gazastreifen und im Ostjordantal festzustellen. Diesen noch verbliebenen, sozusagen gefangen gehaltenen Palästinensern, wird der Wasserhahn schon lange mit System zugedreht. So verbleiben den Jordaniern pro Person täglich zirka einhundertzwanzig Liter, den Palästinensern in Israel stehen knapp achtzig Liter Wasser zur Verfügung. Trotz internationaler Proteste nimmt sich Israel das Recht, pro Bewohner zweihundertachtzig Liter Wasser zu nehmen, allerdings geht auch sehr viel Wasser in den unsinnigen Gemüsekulturen in der Wüste im blossen Sand verloren. Nun, es besteht die grosse Gefahr, dass genau aus diesem Grund ein Krieg ausbrechen könnte. Ob dann international auch den Jordaniern und den Palästinensern geholfen wird bleibt dahingestellt. Es kommt auf das Verhalten der USA an. Ob man dort die Worte Moral und Gerechtigkeit wohl noch kennt?

Wir fuhren weiter bergwärts zu einer Ausgrabungsstätte in einer Ortschaft mit mehreren kleinen Tempeln und einem alten byzantinischen Kirchlein. Etwas weiter oben, konnte man von der gedeckten Terrasse einer alten Gaststätte aus eine wunderbare Rundsicht auf das Jordantal geniessen. Hier assen wir einheimischen Petrusfisch, scheinbar gefangen im Jordan. Er war in Öl knusprig gebraten und schmeckte, wenn man von den vielen Gräten absah, sehr gut. Immerhin war es sehr speziell in einer Wüstengegend Fisch zu essen.
Nach dem Essen ging es weiter in Richtung Totes Meer. Bei einem öffentlichen Seebad in einer neuen Umgebung mit zwei grossen Süsswasserpools hielten wir an. Während der Fahrt hierher zeigte uns unser Reiseleiter eine Strasse, die rechts abbog und zur Täuferkirche führte. Viele Touristen besuchen diese Kirche, die an der Stelle gebaut sein soll, wo Johannes der Täufer Jesus im Jordan getauft hatte. Bis heute wird aber über den genauen Taufort gestritten. Die unterschiedlichen Religionen wollten diesen jeweils für sich vereinnahmen und jede behauptet, den richtigen

Ort zu kennen. Wir fuhren nicht hin, denn niemand von unserer Gruppe hatte ein Verlangen danach.

Ich hatte diese Geschichte von Johannes dem Täufer auch im 'Johannesevangelium' gelesen und sie schien mir am logischsten zu sein: Johannes war ein Prophet, hatte eigene Jünger und lebte am Rande der Wüste in einem Zelt auf der jordanischen Seite. Weil sein Vater Zacharias, der ein Tempeljude war, die Missstände im Tempel von Jerusalem nicht duldete und anprangerte wurde er in den Räumen, in denen der allerheiligste Schrein stand, von den Erzjuden erwürgt. Johannes, sein Sohn, musste fliehen, weil er der gleichen Meinung wie sein Vater und zu alledem noch hellsichtig war. Ihm blieb von diesen Unholden nichts verborgen und er musste wohl erkennen, dass sie alle Teufel waren. Dies ist nicht von mir, sondern Jesus machte diese Aussage. Also verzog Johannes sich auf die andere Seite des Jordans. Er wurde als Seher und Prophet auch oft von Herodes, der in der Nähe sein Schloss hatte, gerufen und war sehr geschätzt.
Johannes war mit der Familie von Josef dem Zimmermann aus Nazareth verwandt. Die Mutter von den vier Brüdern, die Jesus schon hatte, war seine Schwester gewesen. Sie war schon lange gestorben, weshalb Josef Wittwer war, als man Maria zu ihm brachte.
Laut seiner Geschichte, ging Jesus für vierzig Tage alleine in die Wüste und wurde dort vom Teufel versucht, sein Geist wurde geprüft. Er war etwa siebenundzwanzig Jahre alt als er seine Jünger bestimmte und seine Zeit als Heiler und Segensverkünder begann. Aber warum sollte Jesus mit seinen Jüngern, die im Umkreis des Sees Genezareth lebten, etwa hundert Kilometer weit in Richtung Totes Meer ziehen? Ich bin sicher, er wanderte mit ihnen zu Johannes, der am Ausfluss des Sees, auf der anderen Seite des Jordans, wartete. Als Johannes die Jünger von Jesus und viele andere Menschen getauft hatte rief er: *„Du, Jesus, Du bist viel mehr denn ich. Ich taufe nur mit Wasser. Du aber mit Licht aus*

deinem Höchsten Heiligen Geist.“ Jesus blieb noch einen Tag bei Johannes und seinen Jüngern, dann zog er los und verkündete auf seinen Reisen das Evangelium, heilte Kranke und erweckte unzählige Tote.
Johannes wurde auf Geheiss von Herodia, der Schwägerin von Herodes, ermordet. Die Geschichte vom Schleiertanz der Salome wird oft von den Arabern erzählt. Nun, nach der Tötung von Johannes suchten seine Jünger Jesus auf und schlossen sich ihm an. Nach einer gewissen Zeit, in der er sie ausbildete und dann segnete, sandte er sie wieder aus. Die Jünger bekamen den Auftrag das Licht der Wahrheit und der Liebe zu verkünden.

11.3 Das Tote Meer

Es ist schon etwas Spezielles in diesem dreiunddreissig prozentigen Salzwasser zu baden. Man kann nicht wie in einem gewöhnlichen See schwimmen, denn das Wasser drückt die Beine nach oben. Die meisten liegen auf dem Rücken und lassen es sich gut gehen. Allein, mehr als vierhundert Meter unter dem Meeresspiegel zu sein, ist eigenartig. Die niedrigst gelegene Region auf der Erde.

Mir kamen die Toten, die in den sieben versunkenen Städten im Untergrund schlummern oder gefangen sind, in den Sinn. Ich spürte diese Leidensschwingung schon beim Aussteigen aus dem Bus. Ich musste mich zuerst auf eine Gartenmauer setzen und eine Ansprache an die leidenden Naturgeister machen. Sie waren hier so dicht und belastet wie ich dies noch nie erlebt hatte. Nach einer kurzen Zeit liess der Druck dann nach. Als ich auch noch mit dem Geist des Meeres und der Mutter Erde geredet hatte, zeigte sich auf dem Wasser in der Mitte des Sees ein weisses Licht als Streifen. Sofort wurde ich innerlich ganz ruhig und gleichzeitig von Freude überwältigt. Das Baden oder das anschliessende im Wasser

Umhergehen waren bald nur noch Nebensache. Glücklich verliessen wir nach dem Sonnenuntergang über den Bergen und dem See den Badeort und fuhren nach Amman zurück.

11.4 Fahrt nach dem Süden Wadi Musa und Petra

Wir verliessen unser Hotel, schleusten uns in den Strassenverkehr ein und fuhren aus der Hauptstadt in Richtung Königsstrasse. Das Ziel war der Berg Nebo. Dort soll Moses seinem Volk das gelobte oder versprochene Land und die Heilige Stadt, das noch kleine Jerusalem, gezeigt haben. Von diesem Hügel aus, der nun auch noch Überreste eines Franziskanerklosters oder einer Kirche trägt, sahen wir nur Dunst in Richtung Jordantal. Unser Reiseleiter versicherte uns, dass er und auch seine Kollegen von hier aus noch nie Jerusalem hätten sehen können, denn es liegt hinter einer Hügelkette. Die Bewohner des Ortes, Mohabiter-Stämme, hatten hier schon zur Zeit Moses einen Tempel errichtet und sie liessen Moses und seine Rückkehrer nicht in die Jordanebene hinuntersteigen. Sie sollten nach Norden weiterwandern zum Land ihrer Urväter, östlich durch die Mohab-Wüste, denn der Übervater der Juden, Abraham, stammte aus der Stadt Ur im Zweistromland Mesopotamien.

Die Moslems zitieren oft das Alte Testament und kennen viele Passagen auswendig. Es ist eine Überlieferung einer Überlieferung und wird hier im Orient oft anders ausgelegt als bei uns. Bei uns im Westen sind die Texte aus dem Arabisch-Hebräischen ins Griechische übersetzt worden, dann ins Lateinische und schliesslich in die deutsche Sprache. Aber wir Europäer haben ein völlig anderes Denken als die Menschen, die zu der Zeit in der Wüste lebten. Auf meine Frage, warum denn die Juden aus Ägypten ausgezogen seien und vierzig Jahre in der Wüste umherirrten, bekam ich die

Antwort: Moses hätte in Ägypten eine Schuld gehabt. Man glaube, dass er jemanden im Umfeld des Pharaos getötet habe und deshalb sofort fliehen musste. Dabei wollte er so viele Menschen wie nur möglich aus seinem Volk mitnehmen. Er versprach ihnen das gelobte Land, das irgendwo liegen solle. Dass er so lange im südlichen Jordanien blieb, scheint daran zu liegen, dass er eine Frau aus dieser Gegend geheiratet hat. Aus dieser Sichtweise ergeben die vierzig Jahre östlich des Jordans einen völlig anderen Sinn. Auch Moses` Bruder, der mit ihm zusammen ausgewandert war, blieb bis zu seinem Lebensende in Jordanien. Sein Grab liegt auf der Spitze des höchsten Berges in der Nähe der alten Kulturstadt Petra. Das Grab Moses wurde bis heute noch nicht aufgefunden. Das Alte Testament sagt aus, dass Moses sein verheissenes Land nie betreten habe.
Auf dem Mosesberg boomt heute das Geschäft mit den Touristen. Ich befragte meine verschiedenen Engel, ob denn Moses hier auf diesem Berg gewesen sei? Ich bekam ein *„Nein“* zur Antwort. Ich fragte weiter, ob er eventuell auf dem Nachbarberg, der noch etwas höher ist, war? Da bekam ich mehrfach ein eindeutiges *„Ja“*. Dann stimmt es wahrscheinlich, dass auf dem Pseudomosesberg eine Tempelanlage stand, die bewacht war. Auf dem Nachbarhügel steht ein kleiner Stall oder ein Mini-Haus, es könnte sich lohnen diesen Ort zu inspizieren, obwohl man wissen muss, dass Nomaden oder Beduinen nie feste Bauten erstellen oder etwas zurücklassen. Moses jedenfalls schien dort auch nicht gewohnt zu haben, sondern nur zu Besuch gewesen zu sein.

Nach diesem kurzen Aufenthalt ging's in eine Ortschaft, in der spezielle Mosaike hergestellt werden. Wie schon vorher auf dem Berg Nebo, sind Mosaike auf dem Boden der Klosterkirche aus der Zeit vor der Jahrtausendwende in einem Zelt vor der Ruine ausgestellt. In Madaba warteten wir über eine Stunde auf den Einlass in eine griechisch-orthodoxe Kirche. So nutzten wir die Zeit, um im Schauraum der Ticketverkaufsstelle eine Bildtafel an der Wand zu besichtigen. Beim Neubau dieser Kirche namens St. Georg, stiess man auf einen Teil des wohl grössten Mosaiks in Jordanien. Es zeigt eine Landkarte mit Dörfern und Städten von Jerusalem bis ans Nildelta. Das byzantinische Mosaik hat eine Grösse von fünf auf fünfundzwanzig Metern. Endlich, nachdem sich drei Popen Richtung Kollegium entfernt hatten, durften wir in die Kirche hineingehen, um das Original am Boden zu bestaunen. Es war verstaubt und abgetreten, viel war nicht zu erkennen und so machte sich Enttäuschung unter den Besuchern breit. Schon als ich in den Vorraum der Kirche eintrat, hatte ich Hunderte verstorbener Seelen bemerkt. Die warteten vermutlich schon lange auf eine Erlösung oder eine Audienz bei diesen schwarzen Orthodoxen. Ich sprach ein Ablösegebet und die meisten erwachten, schauten mich kurz an und lösten sich auf. Die orthodoxen Kircheninnenräume sind immer zweigeteilt. Das Volk hat gar keinen Blickkontakt zu den betenden, den Gottesdienst abhaltenden, Popen. Die Menschen könnten sich genauso gut eine Messe zu Hause am Radio anhören, es wäre kein Unterschied. Es wirkte befremdend, wie sich anschliessend die drei Popen vor der Kirche gaben. Leute, die sie begrüssten oder ansprechen wollten, mussten vor ihnen auf den Steinboden knien. Dann traten sie zu ihnen hin und streckten ihre Hände um einen Batzen Geld aus, reichten lasch die Hand und blickten schon wieder zum nächsten Gebenden. Mir taten die alten Weiblein und Männlein, aber auch die Jugendlichen, leid, die sich so einem unterwürfigen Ritual unterzogen. Erinnern wir uns an das, was Jesus sagte: *„Denke immer daran, es ist nie einer mehr denn du, aber auch keiner je geringer als du. So glaube nie einem der scheinbar mein Heil verkündet aber schwarz gekleidet ist. Denn ihr, die mein Wort und das Licht verkünden, solltet euch weiss oder blau kleiden.“* Da haben wir's. Ich sah natürlich bei den Dreien so ziemlich das Dunkelste dranhängen, was es gibt. Eigentlich taten sie mir leid, aber noch mehr Mitleid empfand ich für die einfachen Menschen, die sie täglich verführten.

Nach dieser unschönen Begegnung fuhren wir nochmals in den oberen Stadtteil, um eine Mosaikwerkstätte zu besuchen, in der körperlich Behinderte arbeiteten. Sie war als Stiftung von Königin Ranya ins Leben gerufen worden. Dort bei den Arbeiten zuzuschauen war äusserst interessant, denn es erfordert grosse Geduld und dauert oft Tage oder Wochen bis so ein Bild, Steinchen um Steinchen, fertiggestellt ist. Das Angebot dieser verschiedenen Handarbeiten war riesig. Ich bewunderte auf einem Tisch ein Mosaik, das einen Lebensbaum zeigte. Daran hatten zwei Menschen über zwei Wochen gearbeitet. Der Verkäufer drängte mich zum Kauf, senkte den Preis plötzlich um über fünfunddreissig Prozent und versprach auch noch eine kostenlose Lieferung. Dazu würde er mir noch ein Set mit handbemalten Tellern geben. Diese arabischen Händler lassen nicht so schnell locker. Aber ich musste leider ablehnen, auch wenn er mir noch sein Lieblingskamel oder einen Esel dazu gegeben hätte.

Zurück auf der Königsstrasse fuhren wir durch eine hügelige Landschaft, ähnlich der Toscana. Äcker und gestriegelte Erde so weit das Auge reichte, ab und zu erschien ein kleines Dörfchen oder ein Weiler, aber nirgends ein Baum, wo müde Vögel hätten ausruhen können. Jetzt, in der Zeit bis Dezember, ist alles braun und trocken. Die Menschen sind wie erstarrt und warten, gleich der Natur, auf Wasser oder in dieser Höhe auch auf ein wenig Schnee. Die Königsstrasse führt von Damaskus in Syrien bis nach Akaba ans Rote Meer. Sie zweigt links nach Saudiarabien und rechts ins Sinai-Gebiet ab. Vor dem Sechstagekrieg waren die Nachbarn hier noch Ägypter, denen die ganze Sinai-Halbinsel seit Urzeiten gehörte. Die Königsstrasse verband Königreiche, war Hauptschlagader für Handel und Austausch über die Meere hinweg. Die Königin von Saba, aus Jemen kommend, war zu Besuch in Akaba bei einem mächtigen König. Ob sie ihn heiratete oder nur Badeferien machte, weiss ich nicht.

Wir fuhren von der Hochebene in Richtung Westen talwärts zur Ortschaft mit der Burg Kerat. Sie wurde von den Kreuzrittern gegründet und in acht Jahren aufgebaut. Und was da für eine Burg stand, ein ganzer Berg schien da zugemauert worden zu sein. Der Erbauer war ein französischer Adliger und er schien sehr grausam mit den vielen Sklaven, die für diese gigantische Anlage schuften mussten, umgegangen zu sein.
Wir schauten uns die Burganlage von innen an. Mehrere übereinander liegende Gewölbekeller ergaben eine weite Innenhoffläche. Die recht grossen Aufbauten sind zum Teil zerfallen oder wieder abgebrochen worden. Eine gewisse Zeit beherrschten die Marmeluken aus Ägypten die Anlage. Die Raubritter mit dem Kreuz auf der Brust bauten von der Syrischen Grenze bis zum Roten Meer eine Burg nach der anderen, die alle an strategisch wichtigen Punkten mit Blick aufs Jordantal platziert waren und nur einen knappen Tagesritt auseinander lagen. So konnte man das Jordantal und die Königsstrasse ständig überwachen. Zölle wurden erhoben oder den Händlern wurden die Waren einfach weggenommen. So zwang man diese schliesslich die Jahrtausende alten Handelswege immer mehr zu verlassen und grössere, gefährlichere Umwege zu machen. Die Mörderbuben und Raubritter hinterliessen nicht das beste Bild von christlichen, ehrlichen Menschen. Doch das Blatt wendete sich und die Kreuzritter wurden besiegt.
Leider, wie so oft in der Geschichte, kommt nach einem Übel schon bald das nächste. Jordanien scheint so ein Land zu sein, das immer wieder von fremden Völkern überrannt wurde. Die Araber und ursprünglich die Beduinen waren wohl eher Händler und gute Kleinhandwerker gewesen. Wären sie grosse Baumeister gewesen, hätten sie wohl zuerst Verteidigungsanlagen gebaut.

In den unterirdischen Verliesen, Mannschaftsräumen, Küchen und Tierställen wimmelte es nur so von unerlösten Seelen aus allen Zeitepochen. Unsere Gruppe stolperte, ausgerüstet mit zwei schwachen

Taschenlampen, durch die engen Gänge von einem Gewölbeverlies ins andere. Auf jedem Stockwerk waren Hunderte von Seelen. Ich hatte jedoch gar nicht genügend Zeit jede Etage zu reinigen. Ich wollte mich nicht in diesem Labyrinth verirren und den anderen Reiseteilnehmern zur Last fallen, denn ich hatte meine eigene Dynamolampe im Reisebus liegengelassen. So machte ich ausserhalb der Keller im Freien eine Kollektivablösung und hoffte, dass denn auch die letzte Seele meine Ansprache verstanden haben würde. Dieser Besuch bedrückte alle, das merkte man sehr gut.

Wieder auf der Wüstenstrasse fuhren wir in Richtung Süden, in ein enges Tal, an dessen Ende sich ein kleiner Stausee befand. Es ging steil bergab und wir alle beteten, dass die Bremsen unseres Fahrzeugs durchhalten mochten. An vielen Stellen gab es eindeutige Hinweise darauf, dass andere nicht so viel Glück gehabt hatten. Gut unten anzukommen war eine Sache, aber auf der gegenüberliegenden Seite wieder hochzufahren eine andere. Unser Fahrzeug keuchte im ersten Gang die Tausend Höhenmeter hinauf. Die Kurven waren so steil und eng, dass der Bus sie nur mit Schuss oder Anlauf schaffte. Zum Glück gab es praktisch keinen Gegenverkehr, sonst hätten wir einige ungemütliche Momente über dem Abgrund erlebt. Unser Reiseleiter hatte uns schon vor zwei Stunden angekündigt, dass wir auf der Anhöhe einen Gasthof mit einer herrlichen Aussicht über das enge Tal, das nun von der Sonne in allen Farben der Gesteinsschichten leuchtete, besuchen würden.
Die Karawanserei sah von aussen unbedeutend und alt aus, aber drinnen war es grosszügig und sehr originell eingerichtet. Eine ausgedehnte, gedeckte Terrasse gegen Norden liegend wäre der Höhepunkt gewesen, aber der Wind blies doch zu stark, was einen Aufenthalt dort unmöglich machte.
Wir setzten uns auf die Bänke an den langen Tischen. Die Kissen darauf waren weich und mit Beduinenstoffen bunt überzogen. Der alte, schrullige Wirt kam und sprach uns im besten Deutsch an. Wir waren überrascht, an so einem Ort, wo sich nur wenige Menschen

begegnen, einen in allen Sprachen gewandten Menschen anzutreffen. Er hatte vor dreissig Jahren in Deutschland Maschinenbau studiert und auch dort gearbeitet. Nun bot er uns die vielen Köstlichkeiten seines Buffets an, die auch sehr lecker waren. Seine Frau stand in Beduinenkleidern in der Küche am Herd. Man konnte fast nicht glauben, dass von dort diese Menge guten Essens auf den Tisch kam. Die Überraschung war mehr als nur gelungen. Die glutäugigen Töchter und Söhne halfen flink, und immer lächelnd, bei der Arbeit mit. Ja, der Mann verstand sein Geschäft, obwohl man hätte meinen können, er sei Verwalter eines Museums, denn im Gastraum und beim Eingang standen Dinge, die schon vor mindestens hundert Jahren benutzt worden waren. Es war dort sehr gemütlich und ich würde gerne nochmals in diesem Gasthaus absteigen.

Bevor wir weiterfuhren suchte ich die Toilette auf. Als ich mir die Hände wusch, der Wasserhahn befand sich im Gang, kam aus einem kleinen Lagerraum die jüngste Tochter der Familie auf mich zu. In den Händen trug sie Tischtücher. Sie lächelte und sagte etwas zu mir, das ich aber nicht verstand. Sie legte die Tücher auf eine alte Kommode, sprang auf mich zu und umarmte mich. Drei Küsse drückte sie mir auf beide Wangen und hielt mich fest um den Hals, ja sie hing mir mehr am Hals, denn ich war zwei Kopflängen grösser als sie. Sie schaute mich an als wären wir gute alte Freunde. Nun fasste sie meine beiden noch nassen Hände, fiel auf die Knie und küsste sie innen und aussen innig ab. Mir war dies sehr peinlich, denn ich war ja auch nicht der 'Papa-Ratzi' aus Rom. Ich zog sie hoch, hielt sie an den Händen und sagte: *„It's ok, little dear woman."* Sie schaute mich mit grossen traurigen Augen an. Ich streichelte ihr über Kopf und Wange und sie lächelte. Die Haare sah ich nicht, denn sie trug ein klassisches hellgrünes jordanisches Kopftuch, das alles mit einschloss, was nicht zum Gesicht gehört. Ich riss mich los und eilte nach draussen, wo alle schon im Bus Platz genommen hatten und nur noch auf mich warteten. Was war denn das nun gewesen? Als wen hatte sie mich erkannt? In welchem Leben kam ich wohl bei ihr vor? Ich dachte noch während der ganzen weiteren Fahrt an diese Begegnung.

Wir trafen in Wadi Musa ein, was übersetzt Tal Moses heisst. Bei einem kleinen unscheinbaren Gebäude hielten wir an, um den Moses-Stein und die darunter hervorspringende Quelle zu besichtigen. Der schwarze grobe Basaltstein schaute aus dem Bodenbelag hervor und war etwa einen Meter lang, einen Meter breit und achtzig Zentimeter hoch. Im Boden befand sich ein sechzig Zentimeter breiter Kanal von einem halben Meter Tiefe mit moosigem Grund. Frisches und klares Wasser fliesst, scheinbar seit der Zeit von Moses hier und kann vor Ort gut genutzt werden.
Bis zum Möwenpick-Hotel waren es nur noch etwa vier Kilometer der Königsstrasse entlang. Es war schon dunkel als wir dort eintrafen. Wir waren an diesem Abend neben einem Pärchen die einzigen Gäste.

Nach einer ruhigen Nacht und gut ausgeschlafen erlebten wir am Morgen eine grosse Überraschung. Das Hotel, weit ab vom Dorf und an einem Abhang gelegen, gab den Blick auf die wunderbarsten Felsformationen, die in allen Farben leuchteten, frei. Die Luft war klar und der Himmel tiefblau. Wie zauberhaft kann die Wüste sein, vor allem wenn man von einem Fünf-Sterne-Hotel auf sie hinunterschaut. Reisende in früheren Zeiten waren grossen Strapazen ausgesetzt und hatten vielleicht nicht so einen genussvollen Blick für die Schönheiten der Natur. Nach einem reichhaltigen Frühstück fuhren wir zur Stadt Petra hinunter.
Unser Reiseleiter Hani besorgte uns Eintrittskarten und wir mussten nun etwa einen Kilometer zu Fuss sanft abwärts ins Tal marschieren. Als Varianten bot man uns einen Ritt auf einem Araberpferd oder eine Fahrt in einem kleinen zweirädrigen, gedeckten Wägelchen an. Die faulsten und dicksten Touristen auf diesen kleinen Pferdchen hocken zu sehen, war nicht unbedingt ein ästhetischer Anblick. Kleine Beduinenkinder führten die Gespanne zur

Schlucht. Der Weg war gesäumt von aneinandergereihten behauenen Steinen mit Verzierungen in der Grösse eines kleinen Häuschens. Das waren nicht etwa Opfersteine, nein, es sind Bestattungsplätze der Ureinwohner aus der oberen Siedlung. Die Leichen wurden auf die Steine gelegt, um sie den Geiern zum Frasse zur Verfügung zu stellen. Das Beerdigen ist dort so eine Sache, da es keinen Humus sondern nur Felsen und Steine gibt. Auch in anderen Regionen auf der Welt war und ist dies noch Tradition. In Tibet zum Beispiel ist der Boden steinhart gefroren, was ein Vergraben der Verstorbenen unmöglich macht. Wir sahen aber keine Geier, denn heute werden die Toten ausserhalb der Dörfer auf normale Weise beerdigt.
Beim Eingang der engen Schlucht wurde ein Damm erstellt, weil vor Jahren nach einem starken Gewitter einige Touristen eingeschlossen waren und ertranken. Die antike Stadt Petra verbirgt sich hinter dieser Schlucht, die man von aussen nicht erkennt. Vor mehr als zweitausendsechshundert Jahren lebten hier die Nabatäer. Sie waren ein fleissiges arabisches Handelsvolk. An den genialen Bauwerken und der hochentwickelten Wasserbautechnik erkennt man, dass sie aus dem Jemen eingewandert waren, denn nur handeltreibende Beduinen können keine so hochentwickelten Bautechniker sein. Diese Menschen lebten in dem grossen Tal, das sich nach der Schlucht öffnet, schon mehrere Jahrhunderte bis die Römer sie entdeckten. Die Stadt Petra erstreckt sich über eine Grösse von vierzig Quadratkilometern und brilliert durch die grossartigen Tempelfassaden, die in den roten Sandstein gehauen sind und Grabmale der Reichen waren. Der Normalbürger lebte in Felslöchern. Bisher ist nur sehr wenig von dieser riesigen Stadtanlage ausgegraben worden. Da die Reichen wohl nicht in Löchern oder Zelten lebten, sind vermutlich noch viele Paläste unter dem Schutt begraben. Petra war eine Handelsdrehscheibe und uneinnehmbar. Hier lebten bis zu dreissigtausend Nabatäer. In der Hochblütezeit ihrer Herrschaft, wirkte ihr Einfluss bis nach Damaskus und im Süden über das Sinaigebiet hinaus. Sie kon-

trollierten die Routen der Königsstrasse und die sogenannte Weihrauchstrasse am Sinai entlang bis zum Mittelmeer. Irgendwann verliessen die Menschen diese damalige Weltstadt und sie geriet, auch von den Einheimischen, über dreihundert Jahre lang in Vergessenheit. Erst der gut zwanzig Jahre alte Schweizer Forscher Johann Ludwig Burckhardt entdeckte 1812 in den Ruinen des Wadi Musa das antike Petra wieder.
Wir schlenderten durch die Schlucht, die auch für uns, von spektakulären Naturformationen verwöhnten Schweizer, ausserordentlich speziell und schön ist. An einem Tag wie heute, mit dem tiefblauen Himmel über uns, leuchteten die verschiedenen Schichten der Sandsteine in allen Farben. Die sonderbarsten Formen und Strukturen ergaben eine regelrechte Zauberwelt. Unser liebenswürdiger Reiseleiter machte mit uns kurz vor dem Ende der Schlucht ein Spielchen: Wir mussten die Augen schliessen und eine Menschenschlange bilden, er allen voran. Die Polonaise stapfte um die nächste Ecke und er hiess uns die Augen wieder zu öffnen. Welch ein Anblick! Vor uns stand, wie aus dem Nichts, plötzlich die Tempelfassade des Schatzhauses, angestrahlt von der Morgensonne. Sie war gut zwanzig Meter breit und etwa vierzig Meter hoch. Die massiven Säulen trugen das gespaltene Tempeldach mit den halbrunden Aufbauten.
Vor diesem, in Felsen gehauenen, Weltbauwerk zeigte sich uns ein orientalisches Spektakel der besonderen Art; einheimische Händler und deren geschickte Kinder lärmten und feilschten für Karten und Steinhalsketten um die Wette. Dazwischen gab es Kamele, die auf Touristen warteten, um sie dreissig Meter im Kreis herumzutragen. Auf Eseln vorbeigaloppierende Kinder, die paketweise Colaflaschen umgehängt hatten, brachten Nachschub für die Essbuden. Rechter Hand führte die Schlucht weiter Richtung Stadt. Doch davor war das Handelshaus in den Felsen eingehauen, das sich etwa vier Meter über der Talsohle befindet. Zu damaligen Zeiten wurde hier um die Waren gefeilscht, die draussen, vor der Schlucht noch bei den Lasttieren verblieben war. Die früheren

Händler durften die Stadt nie betreten, denn gleich nach dem Handelshaus war damals eine grosse Trennwand angebracht, die die eigentliche Stadt vom Handelszentrum trennte. Die Einwohner konnten ehemals auf diese Weise ihre Stadt geheimhalten.
Die grossartigen Werke der Steinmetze sind auch heute noch sehr beeindruckend. Die herrlichen Bauwerke wurden alle ohne Maschinen und Hartmetallmeissel in den farbigen Stein gehauen, für ein paar Leichen von begüterten Menschen. Aber interessanterweise hat man dort weder mumifizierte Leichen noch Skelette gefunden. Ich fühlte mich recht wohl in diesem engen Tal. Das Theater wurde von den Nabatäern in den Felsen geschlagen, noch bevor die Römer kamen, und ist deshalb noch gut erhalten. Weiter konnte ich unsere Gruppe nicht mehr begleiten, denn mein Fuss schmerzte unerträglich. Ich musste ihn ja auch in vierzehn Tagen nochmals operieren lassen.
Nun, ich wartete in einem Freiluftrestaurant und schaute dem lauten Treiben der Beduinen und den in allen Sprachen gestikulierenden Touristen zu. Obwohl ich nicht immer alles verstand merkte ich, dass man den glotzenden Touristen Unterschiedliches verzapfte. Vis-à-vis sah ich die letzten grossen Tempelfassaden und dahinter, an einem Hang, viele neu gebaute Häuser. Der Staat hat dort für die Beduinen, die sich in diesem Stadtteil eingenistet hatten, eine Siedlung errichten lassen. Viele ältere Einheimische kamen aber Nacht für Nacht hierher, um lieber in ihren Felslöchern zu schlafen. Ja, auch hier spielt die Macht der alten Gewohnheiten. Mir kamen die alten Fassaden und die antike Stadt überhaupt nicht fremd vor, ich hatte eher das Gefühl, nach langer Zeit wieder zurückzukehren. Plötzlich hatte ich eine kurze Vision oder Rückschau vor meinem inneren Auge. Ich sah mich als römischen Arzt, der hier eine gewisse Zeit zu Besuch war. Ich sah das Leben von damals, den Hang vor mir mit den Stadthäusern, die allerdings nicht aus Stein sondern aus mit Lehm vermischtem Kies, heute würde man Beton sagen, gebaut waren. Man führte mich als Gast umher und zeigte mir die Stadt- und Ortsteile. Ich sah auch

die verschiedenen Bevölkerungsschichten. Die Beduinen waren damals wie heute die gleichen geblieben mit ihren Zelten, den farbigen Teppichen und Überhängen der Kamelsättel. Zur Oberschicht gehörten indes römische Befehlshaber und vor allem einheimische Fürsten oder Scheichs. Die Römer hatten damals Petra nicht mit Gewalt eingenommen, sie hatten aber die Handelswege gesperrt und selber Zoll verlangt. Als dann eine Tochter des höchsten Fürsten auch noch eine Zweckheirat mit einem hohen Römer einging, da war die Autonomie von Petra vorbei.
Als ich wieder so um mich schaute, sah ich nun doch einen grossen Unterschied zu den Beduinen von damals zu heute. Die Jungen hocken auf den Kamelrücken, schaukeln auf ihren Wüstenschiffen vorbei und schauen dauernd auf ihre Hände. Was halten sie wohl darin? Ihr Handy, mit dem sie ganz verzückt wie kleine Kinder spielen, oder hineinkrähen, als wäre auf der anderen Seite der Todfeind. Vermutlich ist ihre Sprache während der Sandstürme entstanden, da musste man wohl lärmen und sich laut ausdrücken, das ist ihnen wohl dann geblieben.

Es schien so, als ob hier gar keine gebundenen Seelen vorhanden waren, auch in den Grabkammern war nichts auszumachen. Das war mir sehr recht. Aber viele dieser Beduinen, auch schon die Kleinkinder, waren mit Seelen oder vielen Astralwesensenergien belastet. Hatte hier in Petra schon jemand anderer aufgeräumt und die vielen Seelen erlöst? Oder waren diese paar Jahrhunderte für die Seelen hier doch zu ruhig und sie hängten sich an die Menschen? Hatten die jetzigen Bewohner alle ihre Ahnen am Hals oder am Vieh? Ich konnte es mir nicht erklären.
Gegen Nachmittag kamen die Gruppenmitglieder zurück und wir spazierten durch die Schlucht wieder zu unserem Ausgangspunkt. Viele wartende Pferdeführer wollten uns ein Reitpferd unterjubeln und priesen ihre Rösser lauthals an. Ich wollte mich nicht auf so ein mageres, geschundenes Kleinpferdchen setzen, sie taten mir Leid. Ich beobachtete, wie die Menschen hart und lieblos mit ihren

demütigen Tieren umgingen. Vielleicht ist es auch ihr altes Karma, das ihnen seit Urzeiten immer noch anhängt. Jesus zufolge war der ganze arabische Kontinent das Paradies Eden, heute ist alles Wüste. Die damaligen Menschen waren gegenüber der Natur und ihren Grundgesetzen sehr undankbar, deshalb wurde ihnen dieses Lebensgeschenk weggenommen. Erst wenn die Landsleute wieder lernen, mit den Naturgeistern und den Geistern der Elemente zu sprechen und sie wieder dankend einladen der Natur und ihnen zu helfen, dürfte das Paradies wieder zurückkehren. Diese wunderbare Verwandlung der Mutter Erde zu ihrer ursprünglichen Pracht könnte jederzeit wieder stattfinden, jedoch müssten die Menschen endlich von den, sie beherrschenden, monotheistischen Religionen abkommen. Diese schränken sie ein, ja, lassen sie verblöden, denn Denken ist fast nicht mehr erlaubt und die Liebe zu den göttlichen Geschenken der Natur wird unterdrückt oder nicht zugelassen. Heute kommt noch dazu, dass viele, auch in Jordanien, glauben, nur mit der neuesten Technik könnten ihre Probleme oder vor allem die der Natur gelöst werden. Irrtum, die Technik kann hilfreich sein, sofern sie in der Natur nicht noch grössere Nachfolgeschäden anrichtet. Ein Land oder eine grosse Stadt kann nicht lange Grundwasser nur pumpen und verwenden, wenn von oben nicht doch noch einmal Nachschub kommt. Solche Beispiele gibt's heute zuhauf auf der ganzen Welt, vor allem in den USA. Nach einer gewissen Zeit der Übernutzung der unterirdischen Wasservorräte, kommen plötzlich Salzausscheidungen oder andere Mineralien an die Oberfläche, die für die Pflanzen wie Lauge, also tödlich, wirken.

Am Abend nach dem Nachtessen waren alle sehr müde und verschwanden in ihren Zimmern. Auch diese Nacht und vor allem der darauf folgende Morgen waren paradiesisch ruhig. In Amman weckte uns der Muezzin und es war schon früh sehr laut. Ich dankte Gott, dass dieses Geschrei hier in der Wüste ausblieb.

Wir fuhren auf der Königsstrasse weiter über die unendlich scheinende Hochebene. Nach anderthalb Stunden bogen wir links in die Zufahrt zum Wadi Ram ab. Von da an ging es etwa zwanzig Kilometer immer höher und enger die kahlen Berge hinan. Schliesslich gelangten wir an einer engen Stelle an ein Zollhaus, welches im Stil wie zu römischen Zeiten erbaut wurde. Man liess uns aussteigen und wir mussten Eintrittstickets für den Naturpark Wadi Ram kaufen. Die Anlage war neu aufgebaut und vom Staat organisiert. Und wie überall, wo ein Staat respektive seine Knechte arbeiten, stehen viele Angestellte herum, schauend was der jeweils andere tut oder sie machen schlicht gar nichts. Dies steht im Gegensatz zu den Beduinen, die etwas zu verkaufen versuchen, um zu überleben. Von einer Terrassenplattform hatte man einen weiten Blick auf die Anlage. An dieser Stelle soll der Reisende und später berühmt gewordene Lawrence von Arabien die Grundgedanken zu seinem Buch mit dem Titel 'Die sieben Säulen der Erkenntnis' gehabt haben. Tönt gut, ich kenne es leider nicht, aber der Berg links hat sechs Säulen und wenn man den Rest dazuzählt, kann man mit ein wenig Fantasie auf sieben kommen. Zu Lawrence` Ehren wurde hier eben der Monumentalfilm unter gleichem Titel und dem Schauspieler Peter O'Toole gedreht.
Wir wurden eingeladen, mit einem Geländefahrzeug in der Wüste herumzukurven. Dutzende von schreienden Beduinen boten ihre röchelnden Kisten an. Bei vielen fehlten Karosserieteile, bei anderen die Plachenverkleidungen für das Dach der Rücksitze. Bei einem Wagen lief ein Vorderrad sichtbar unrund und die Leinwand trat bleich aus der Gummikarkasse anstelle eines Profils, wichtig war aber eigentlich nur, dass der Motor lief. Hani entschied sich für zwei Fahrer und wir stiegen auf. Dann ging's ab über die trockene, rote Sandwüste. Wir überholten etliche Touristen, die mit Kamelen unterwegs waren und das alte Reisegefühl erleben wollten. Da trabten uns zwei Kamele entgegen. Auf dem hinteren sass der sichtlich erregte Kamelführer, vorne ritt ein bleicher Tourist, der sich mit Müh und Not auf dem Tier festkrallte und

schrie. Er sah aus wie der 'fliegende Holländer' und war mehr in der Luft als im Sattel. Sein Tier wollte wohl einfach nur schnell zurück zu seinem Fressplatz oder zu seinen Artgenossen. Auf die Schreie des Touristen schien es nicht zu hören, aber es verstand ja sowieso nur Arabisch. Wir hatten da mehr Glück und kamen an einer Wasserstelle rechts zwischen zwei Bergen an. Weiter oben sah man an den verschiedenen Gesteinsschichten, unten schwarzer Vulkanbasalt und oben Sandstein, Pflanzen spriessen. Bei der Trennschicht kam das Wasser nicht durch und sammelte sich, dort wurde das kostbare Wasser mit einem Kunststoffschlauch zur Kameltränke abgeleitet. Daneben stand ein Beduinenzelt, in dem es Tee und Kaffee gab. Das Panorama der Berge und die speziellen Formen waren einfach faszinierend. Wäre die Fläche dazwischen noch grün gewesen, wäre alles schon so gut wie paradiesisch.
Wir kamen an eine Schlucht, bei der sich Kalk über den Sandstein herunter zu Säulen formte. Ein schöner Anblick einer speziellen Naturerscheinung. Vor der Schlucht befand sich ein grosser, roter Stein, auf dem Schriften und Zeichen von den damaligen Bewohnern aus der Urzeit angebracht worden waren. Wir kletterten ein wenig in die enge Schlucht hinein und Hani zeigte uns prähistorische Felsenzeichnungen, die vier bis fünf Meter über dem Boden und an den überhängenden Felsplatten angebracht waren. Der Boden muss über die Jahrtausende richtiggehend herausgespült worden sein. Beim roten Stein am Schluchteingang, wuchs ein alter Wildfeigenbaum sonst waren keine Pflanzen zu sehen. Wenn man aus dem Dunkeln der Schlucht nach draussen blickte, erschien einem ein unglaubliches Panorama. Roter Sand, so weit das Auge reichte, dahinter dunkle, zerklüftete Berge und unter dem Feigenbaum ein alter Beduine mit seinem Souvenirverkaufstischchen. Der Mann bot kleine bläuliche Statuen mit einem Kreuz darauf an und behauptete steif und fest, er habe diese bei der Höhle aus dem Sand ausgegraben. Dummerweise hatte ich die gleichen Figürchen schon in Petra gesehen.

Nach der Rückfahrt in den Klapperkisten kehrten wir bei einer Raststätte ein und genossen ein herrliches Essen. Ich dankte dem Schöpfer für die Fülle und das Essen und auch dafür, dass ich jetzt zu dieser Zeit hier sein durfte und nicht schon früher, so dass ich die alten Leidenszeiten nicht mehr erleben musste.

Spät am Nachmittag erreichten wir Akaba am Roten Meer. Wir sahen auf der anderen Meerseite und an der Hügelflanke die Überbauungen von Eilat und weiter links das bergige Ufer, das zu Ägypten gehört. Jordanien hatte zuvor nur drei Kilometer Meeranstoss, konnte aber vor ein paar Jahren mit den Saudis einen Wüstenlandabtausch vollziehen und erhielt so noch weitere zwanzig Kilometer dazu.
Wir fuhren durch Akaba, vorbei am grossen Hafen für Handelsschiffe, zum neuen Möwenpick-Hotel. Dort luden wir ein nettes Paar aus, welches noch eine Verlängerungsferienwoche gebucht hatte. In Akaba findet man Läden mit einem riesigen Angebot an internationalen Waren, leider vieles aus China. Diese Produkte ruinieren den Markt der einheimischen Erzeugnisse. Hier am Roten Meer gab es schon immer Händler aus allen Herren Ländern, was dieser Hafenstadt schon in der Antike eine grosse Bedeutung verliehen hatte. Waren aus dem Norden von Afrika, Ägypten aber auch aus Übersee von Indien und weiteren asiatischen Ländern fanden hier ihren Absatz. Auf dem grossen Containerumladeplatz wurden riesige Schiffe be- und entladen. Die meisten Güter sind für den Irak bestimmt, dem einzigen Hafenzugang in einem befreundeten Nachbarland.
Wir bezogen nach einer kleinen Stadtrundfahrt unser Hotel, das im Stadtzentrum liegt. Das Möwenpick Stadt-Hotel hat eine eigene Brücke, auf der eine Shoppingmeile eingebaut ist, die über die Strasse zum einhundertzwanzig Meter breiten eigenen Strand führt. Um die Gäste zu erfreuen, wurde hier alles aufgeboten, was nur möglich ist. Palmen und eine Fülle von Blumen, man hätte sich wahrlich wie im Paradies gefühlt, wären da nicht die grossen

Lastschiffe gewesen, die in zwei- bis dreihundert Metern vor uns an den Ankerketten lagen. Aber das Meerwasser war glasklar und sehr sauber. Die Hotelanlage hatte auch mehrere Pools mit verschiedenen Wassertemperaturen anzubieten, eine Oase des Wohlfühlens für Menschen, die Entspannung suchen. Die hätte ich schon gebraucht, aber wir waren nur eine Nacht hier und reisten am nächsten Mittag wieder zurück nach Amman.

Unser Schlaf wäre ruhig gewesen, wenn uns nicht plötzlich ein Lärm aus dem Bett gerissen hätte. Gestern Abend war es schon so laut, aber ich dachte der Krach käme von einem Frachtschiff oder einer Baustelle. Wir standen auf und eilten zum Fenster, rissen die Balkontüre auf und schauten nach draussen. Gegenüber sahen wir die Überbauungen von Eilat, die wie ein Christbaum hell beleuchtet waren. Es war kurz vor fünf Uhr. Ein fürchterliches Pfeifen und Kratzen war zu vernehmen. Ja, nun merkten wir, dass der Muezzin seine Gläubigen weckte und wahrscheinlich die Laut-

Amman: politische Hauptstadt Jordaniens

sprecher defekt oder überfordert waren. Kaum waren wir wieder im Bett, hörten wir schon den nächsten Sänger, der Gott anrief. Bei uns zu Hause sind es die Kirchenglocken, die in jedem Dorf den Menschen den Schlaf rauben und keiner weiss mehr, weshalb so früh geläutet wird. Sicher nicht mehr, um die Leute zu wecken, im Zeitalter der elektronischen Weckuhren? Liturgisch hat es keine Bedeutung, will man die Menschen plagen oder ist es einfach Gewohnheit oder Brauchtum? Eine Minderheit tyrannisiert immer noch die grosse Mehrheit.

Ausser einer Burg aus der Marmelukenzeit gab es hier in der Hafenstadt aus alten Zeiten nicht viel zu besichtigen. Überreste von Untergeschossen gab es zuhauf aber etwas Zusammenhängendes war nicht auszumachen. Vermutlich wurden viele Bauten immer wieder von den nachfolgenden Siegermächten zerstört oder abgetragen. Es sei denn, dass diese Händler- und Beduinenvölker nur in ihren Zelten lebten.

Minzentee-Verkäufer vor der Burg

Am Morgen fanden wir noch Zeit am Palmenstrand entlang zu schlendern. Es reute mich, dass ich die Badesachen schon im Koffer verstaut hatte. Nun sassen wir im Schatten schöner Palmen und genossen die Sonne und den blauen Himmel. Ich hatte Zeit mit der Mutter Erde zu sprechen, rief die Luft- und Wassergeister und bat sie, Jordanien Regen zu bringen. Dieses Jahr hatte es nur einmal vor zehn Tagen im Norden von Amman geregnet, hier aber blieb es trocken. Natürlich brachte auch der Wetterbericht nur Sonnenschein, ohne jede kleinste Wolke. Vor uns dümpelten die kleinen Touristenboote in den Wellen und die Fahrer hatten an diesem Tag nichts zu tun. Jede halbe Stunde riefen sie, um uns zu einem Ausflug zu bewegen. Uns war es aber unter den Dattelpalmen sehr wohl und wir wussten, dass wir noch fünf oder sechs Stunden im Bus geschüttelt werden würden.

Wir wurden abgeholt und fuhren auf der Strasse Richtung Totes Meer. Wie aus dem Nichts, hatten sich in der letzten halben Stunde Wolken gebildet und schon fing es an zu regnen. Eine Fahrt im Regen durch die Wüste, entlang des Toten Meeres, ist schon etwas Aussergewöhnliches. In unserem Bus begannen etliche Fahrgäste über das Sauwetter zu klagen. Sie waren hier in Akaba zwei Wochen in der Sonne gelegen und jetzt ärgerten sie sich über das von den Jordaniern seit Langem erwartete Wasser, das vom Himmel fiel. Es erinnerte sie an zu Hause, wo zwar alles immer grün ist, aber eben nur wegen des Regens.
Am Toten Meer hielten wir an, der Bus fuhr auf einen aufgeschütteten Parkplatz. Hani zeigte uns eine Figur auf einem Felsen, die wie eine Frau aussehen sollte, zumindest wenn wir uns so eine verschleierte Araberin vorstellten. Er erklärte dies stelle die Frau von Lot dar, die zu einer Salzsäule erstarrte, weil sie dem Rat des Engels nicht gehorchte und zurückschaute. Laut Jesus und dem Alten Testament liegen unter dem Wasserspiegel sieben Städte, darunter Sodom und Gomorra. Was da passierte, weiss ich nicht, aber es schien eine Strafe Gottes gewesen zu sein, dass die

Menschen, die dort lebten untergehen mussten. Jesus sagte allerdings man hätte einige Seher und Propheten zu diesen abgefallenen Menschen gesandt, um sie zur Umkehr zu bewegen. Diese wurden aber nur verhöhnt, verfolgt und schliesslich umgebracht. Lot und seine Familie seien die Einzigen gewesen, die sich vom Bösen abgewandt hätten. Sie beteten zu Gott und deshalb schickte er ihnen Engel, die sie wegführten.

Ich fragte die Engel, ob diese Steinsäulen wirklich Lots Frau und seine Knechte und Mägde seien. Ich bekam ein *„Nein"*. Ich fragte nochmals: *„Hat denn dieses Ereignis überhaupt stattgefunden?"* *„Ja."* Also sagte ich zu Hani: *„Das Ereignis mit Lot und seiner Frau hat schon stattgefunden. Laut der Überlieferung erstarrte sie auch zur Salzsäule. Aber es hat hier in den letzten paar Tausend Jahren doch sicher auch ein paarmal geregnet, oder?"* Er schmunzelte und meinte: *„Die Touristen wollen halt die Säule von Lots Frau sehen und hier steht eine."* Er lachte über das ganze Gesicht. Wir stiegen wieder in den Bus und fuhren nach Amman.

Die letzte Nacht in Amman war ruhig und wir schliefen gut und lange. Am anderen Morgen war es kühl und leicht bewölkt, der Regen hatte in der Nacht aufgehört. Der Morgen war zu unserer freien Verfügung. Alle Leute unserer Reisegruppe machten eine Einkaufstour in die Altstadt. Ich hatte weder das Bedürfnis noch Lust nochmals dorthin zu gehen und so schrieb ich an diesem Reisebericht bis wir um 13 Uhr vom Bus abgeholt wurden.
Der Heimflug via Wien verlief ruhig und gut. Jordanien hat mir sehr gut gefallen und ich werde wieder dorthin zurückkehren. Die Menschen sind offen und nett, obwohl die meisten von ihnen Flüchtlinge aus den von den Israelis besetzten Gebieten sind. Man spürt weder Groll noch Hass über die Vertreiber, welche ihnen eine Rückkehr unmöglich machen. Ich hoffe einfach, dass dort in der nächsten Generation aus Frust nicht Hass wird und wieder ein Rückeroberungskrieg beginnt. Es hängt von den Israelis ab,

ob sie endlich die abgemachten Verträge einhalten und sich wie Menschen zu ihren Brüdern verhalten.

Im November 2010 wiederholten wir die Reise mit einer anderen Fluglinie und einem anderen, grossartigen Reiseführer. Eigentlich wollte ich mit Interessierten eine Meditationsreise machen, doch Antonie und ich bekamen die letzten Plätze, so mussten unsere Freunde zuhause bleiben. Dem Reiseveranstalter war es nicht möglich, ein zusätzliches Kontingent zu organisieren, obwohl wir dann sahen, dass das Flugzeug und auch alle Hotels halb leer waren – das war schon eigenartig. Ich möchte mich bei allen Interessenten für dieses Missgeschick entschuldigen, aber ich werde diese Reise wiederholen, bitte schauen Sie regelmässig auf meine Homepage.

Diese zweite Jordanienrundreise war sehr angenehm und leicht, wir trafen praktisch auf keine gebundenen Seelen mehr, alles schien frei geworden zu sein.

Schatten kriechen über die inmitten einer Felsenwüste liegenden Stadt Petra

Eingangsareal der jahrtausende lang verborgenen Stadt Petra

Die Höhlen der Stadt Petra dienten Mensch und Tier als Behausung

Reise in die Nordostschweiz 12

12.1. Auf dem Platz eines Schlachthofes gebaut

Ein Regionalvertreter eines grossen Autohauses rief bei uns an und bat um einen Rückruf. Der Mann war zuständig für mehrere lokale Garagen und Wiederverkäufer-Betriebe. Er hatte in zwei Reparaturwerkstätten grosse Probleme und Grund zur Annahme, dass es dort nicht mit rechten Dingen zu ginge. Für beide Firmen vereinbarten wir einen Termin zusammen mit den Garagenbesitzern.

Wir trafen uns ausserhalb eines Dorfes am Rande eines Gewerbegebietes im Flachland. Treibstofftanksäulen standen direkt an der Strasse und ein wenig zurückversetzt erblickte ich die Werkstatt und den neuen, grossen Autoausstellungsraum. Dieser wirkte geräumig, hell und war sehr einladend gestaltet. Auf der etwa fünfundzwanzig Jahre alten Werkstatt waren das Wohnhaus des Garagenbesitzers und eine Abwartwohnung errichtet worden und angrenzend an das grosse Grundstück befanden sich zwei ältere Einstellhallen für Occasionsfahrzeuge. Alles präsentierte sich sehr ordentlich und aufgeräumt. Auf dem Nachbargrundstück war ein Entsorgungsbetrieb für Haus- und andere Abbrucharbeiten zu sehen.
Ich setzte mich mit dem Besitzerpaar und dem Vertreter, sie schienen sich schon lange und gut zu kennen, an den Tisch im Besprechungsraum zusammen. Man sagte mir, dass sich seit einiger Zeit immer weniger Kundschaft hierher wage. Ich fragte meine Lichtwesen deshalb: *„Hat es hier auf dem Grundstück verstorbene Seelen?“ „Nein.“ „Gibt es negativen Abfall von Astralwesen?“ „Nein.“ „Sind auf dem Grundstück aufgebrachte Natur- und Erdgeister tätig?“ „Ja, Ja!“ „Sind die dafür verantwortlich, dass sich hier niemand mehr so richtig wohl fühlt?“ „Ja.“ „Wird die Frau*

eventuell von niederen Astralwesen geplagt?" „Nein." „Wird der Mann von negativen Astralwesen und deren Abfall geplagt?" „Ja." „Sie sehen", klärte ich auf, „es gibt eigentlich zwei Probleme. Zum einen wirken da viele Erd- und Naturgeister störend und zum anderen hängen an Ihnen negative Energien. Dies alleine genügt schon, dass vieles nicht mehr rund läuft." Dann fragte ich die Frau: *„Hätten Sie etwa eine oder mehrere Kerzen da?"* Sie beeilte sich und brachte zwei dicke gelbe Kerzen auf einem Ständer her. *„Soll ich sie auch anzünden?" „Ja, bitte, wir machen jetzt das Ablösegebet für Ihren Mann und gehen anschliessend nach draussen, um mit den Naturgeistern zu sprechen."*
Man informierte mich darüber, dass sich diese Energien erst vor etwa drei Jahren bemerkbar gemacht hätten. *„Haben Sie bei Ihrem Mann oder in seinem Umfeld seit dieser Zeit eine Veränderung festgestellt?"* Die Frau überlegte und schaute zu ihrem Mann. *„Du hattest doch diesen blöden Streit mit dem Nachbarn und gleichzeitig ein Problem mit deinem Garagenchef, der dich bestohlen hatte. Von da an hattest du schlaflose Nächte und plötzlich auch Ängste. Nichts war mehr so wie vorher."* Er nickte nur und ich erblickte einen Moment lang um ihn herum drei schwarze Wolken, die sich bewegten. Ich stand auf, legte ihm meine Hände auf die Schultern und sprach das Ablösegebet ('Gebete für die Seele', Kap. 4 und 5). Er zuckte und konnte seine Beine nicht ruhig halten. Plötzlich entspannte er sich und sass nun bewegungslos da. Ich setzte mich wieder ihm gegenüber hin und fragte ihn: *„Haben Sie etwas gespürt?" „Das war ja verrückt. Ich meinte, mir würde jemand mit der Mistgabel in die Beine und den Hintern stechen. Dann wurde mir am Rücken so kalt, als wenn mir ein Eisbeutel aufgelegt worden wäre. Zum Schluss des Gebetes spürte ich unter ihren Händen eine wohlige Wärme. Das war sehr speziell, hätte ich das nicht selbst erlebt, ich würde es nicht glauben. Danke."*

„Wir gehen jetzt hinter das Gebäude", schlug ich dann vor, *„und schauen was wir dort machen können. Die Kerzen nehmen wir*

mit." Ich versuchte, die Naturgeister zu finden. Am Tag ist es oft schwierig sie auszumachen oder aufzuspüren. Im Schatten der Occasionshalle nahm ich dann aber eine grosse Anzahl wahr und beim deponierten Aushub- und Abbruchmaterial, das zu kleinen Hügeln aufgehäuft war, sah ich schon aus der Ferne, dass es dort nur so von ihnen wimmelte.

Zuerst zündeten wir hinter der Autohalle die Kerzen an. Ich sprach für die Natur- und Erdgeister das Harmonisierungs-Gebet ('Gebete für die Seele', Kap. 13). Für eine kurze Zeit vervielfachte sich die Menge der Geister und plötzlich war nichts mehr von ihnen zu sehen. Wir begaben uns hinüber zur Materialdeponie. Da jedoch die dort angebrachte, mannshohe Mauer nicht so ohne weiteres zu übersteigen war, mussten wir einen Umweg einschlagen. Das Grundstück war zudem eingezäunt, weshalb wir eine der beiden offenen Zufahrten benutzten. Es war jedoch niemand anwesend auf dem Werksgelände und so konnten wir uns ungestört zwischen den drei grössten Schuttkegeln aufhalten. Diese Natur- und Erdgeister, die man aus ihrer Umgebung gerissen hatte, waren sehr aufgeregt als ich das Befreiungsgebet sprach. Das war anders bei denen auf der Garagenseite. Diesen hatte man einfach ihre ursprüngliche Umgebung zerstört. Bald spürte ich, dass sie mich verstanden hatten und von ihrem negativen Wirken abliessen. Meine Begleiter indessen wurden nicht müde, mich mit Fragen zu bombardieren.

Als wir zurück Richtung Garagengelände kamen, sah ich plötzlich eine ganze Horde Tiere, Kälber, Rinder und eine grosse Zahl von Schweinen. *„Was ist denn das oder täusche ich mich? Weshalb waren die vorher noch nicht da? War hier je in der Nähe ein Schlachthof oder eine Schweinemästerei?"* *„Ja"*, bestätigte der Garagenbesitzer, *„als mein Vater das Grundstück kaufte war ein Schlachthof darauf und die zwei langen Bauten, so denke ich, waren Schweineställe. Warum, ist da etwas?"* *„Oh ja, da sind unzählbar viele Tierseelen aller Art auf dem Platz hinter der Garage und im neuen Verkaufsraum. Ich muss hier sofort eine Ablösung machen."*

Ohne, dass ich etwas sagte, zündete die Frau die Kerzen an. Ich rief die Engel um Hilfe an und sprach zu den Tieren. Es waren inzwischen noch mehr dazugekommen. Die Frau wurde sehr unruhig und suchte meine Nähe, dabei fasste sie mich um die Taille. Nun standen wir zu viert an der Wand vor den Tierseelen. Diese reagierten sofort, waren ruhig und sehr aufmerksam, als ich sie auf ihrer Seelenebene ansprach und mich bei ihnen für das Leid, das man ihnen angetan entschuldigte und für die Menschen, die sie nur benutzt und zum Schluss lieblos einfach totgeschlagen hatten ('Gebete für die Seele', Kap. 14). Am Schluss des Ablösegebetes wirbelte ein Windstoss den Staub auf dem Asphalt auf und kleine Blätter zog es wie in einem Strudel in die Höhe. So schnell wie dieser Windstoss kam, war er auch wieder weg. Die Kerzen waren ausgeblasen und die Blätter an den Bäumen bewegten sich nicht mehr. Die Frau schaute mich fragend an und liess mich los. *„Sind sie jetzt wirklich weg? Mir war es unheimlich zumute, es stank und einen Moment lang konnte ich die Tiere sogar sehen, oder war das nur Einbildung?"*
Die Männer waren bleich geworden. Sie boten mir einen Kaffee an, aber ich lehnte ab, denn es war schon spät. Gerührt fuhr ich weg.

12.2 Die stinkende Gottheit

Vor dem Mittagessen hatte ich einen Termin in einem Einfamilienhaus. Als ich ankam, erwartete man mich schon. Der Frau eines Ehepaars ging es von Monat zu Monat immer schlechter, aber der Arzt konnte nicht herausfinden weshalb. Sie war Hochschullehrerin, konnte aber schon seit knapp einem Jahr nicht mehr arbeiten. Ich sah sofort, dass sie viele dunkle Wolken und auch Schattenwesen um sich hatte. Ebenso huschten abartige Fratzenwesen um sie herum oder klebten an verschiedenen Körperstellen. *„Waren Sie in Indien in einem Ashram oder einem Tempel?"*, fragte ich sie.

„Ja, zusammen mit einer Freundin. Der geht es auch schlecht, sie hat seither psychische Probleme. Meinen Sie, mein Problem könnte von da her rühren?" „Ja, das nehme ich an. Sehen Sie, viele Europäer, die in ein solches Land gehen, wo alte Energien die Menschen beherrschen, kehren besetzt zurück, anstatt dass sie ihr Heil gefunden haben. Es gibt leider viele Scharlatane, die die Leute sogar nach einem Besuch noch telepathisch missbrauchen."
„Ja, nun geht mir ein Licht auf. Mich betatscht und behopst nachts oft ein Farbiger und ich sagte schon zu meinem Werner, ich sei froh, dass er neben mir liege und schnarche, denn ohne ihn wäre ich schon längst in der Klapsmühle. Was kann ich da bloss machen? Ich werde immer kränker und schwächer."
Ich sah mich in der Wohnung um und bemerkte, dass überall Artefakte und Ritualfiguren herumstanden. Die Göttin mit den dreizehn Armen, der Elefantengott mit Rüssel und die Göttin mit dem halben Dutzend Busen, die gefiel mir eigentlich.
„Wir werden zuerst die negativen Energien, die an Ihnen sind, löschen und wegjagen. Dann sollten Sie diese religiösen Requisiten aus Indien entfernen, sonst haben die negativen Gurus wieder die Möglichkeit bei Ihnen anzudocken. Ich rate Ihnen zu echten Schutzgebeten zu unserem Schöpfer, sonst kommt noch mehr solcher Dreck auf Sie zu." Sie nickte und ich stellte mich hinter sie. Zuvor hatten wir noch einige Kerzen auf dem Tisch angezündet.
Als ich mit dem Ablösegebet begann, zitterte und vibrierte sie am ganzen Körper. Bald wurde sie ruhiger und ich setzte mich, da ich annahm, dass sie nun frei sei.

Ich täuschte mich. Schon nach einigen Minuten sah ich wieder diese Drecksenergie an ihr. Da machte ich die Ablösung auf eine gröbere Art. Die Gruselwesen schienen das zu brauchen, damit sie begreifen konnten, dass sie weg mussten. Aber Parasiten lassen den Wirt auch nicht gerne los. Die Wesen umkreisten nun mich wie ein Wirbelsturm. Sie konnten mir allerdings nichts anhaben,

einzig ein hölzernes Bild einer Göttin fiel auf den Boden und zersprang in mehrere Teile. Die Luft im Zimmer wurde reiner, vorher stank es wie an auf einem orientalischen Viehmarkt. Auch ihr Mann Werner hatte dies bemerkt und sagte: *„Was war das denn? Dieser Gestank war ja ekelerregend. Wenn ich aber zurückdenke, kann ich mich erinnern, dass es bei uns ab und zu wie aus dem Nichts so stank. Wir wussten beide nicht, woher der Geruch kam.“ „Wissen Sie“*, versuchte ich zu erklären, *„ein Geruch kann nie aus dem Nichts entstehen. Alles ist Geist und wo kein Geist ist, ist auch kein Geruch. Je höher und reiner die Geister umso angenehmer ist ihr Auftritt.“* Sie sagte daraufhin: *„Mir ist es nun viel leichter“*, und fragte, *„Dürfen wir Sie, da ich nicht gekocht habe, zum Mittagessen einladen?“ „Ja, gerne“*, denn es war schon gegen halb eins. Während des Essens stellte mir das Paar viele Fragen und ich riet der Frau, sie solle die Gedanken, die sie während der letzten zwei Jahre gegen sich gerichtet hatte, mit System löschen. Gedanken also wie: *„Ich bin krank. Ich werde nie mehr gesund. Der Arzt sagt mir nicht die Wahrheit, vermutlich werde ich bald sterben.“ „Ja“*, sagte sie, *„das kann ich verstehen. Es kann nichts Neues kreiert werden, wenn das Alte noch nicht weggeschafft ist. Das habe ich aus Ihrem Buch. Man lernt nie aus. Aber ich spüre meinen Körper jetzt besser.“*
Bald verliess ich die beiden in Richtung Bodensee.

12.3 Die gestörten Maschinen

An einem Ort in der Nähe des Bodensees hatte ich einen Termin bei einer grossen Firma, die in einer Abteilung immense Probleme hatte. Die Firma stellt Karton und Verpackungen her. Einer der Prokuristen namens Heinz und der Werkmeister Rainer hatten mich eingeladen.
In einem der Besprechungsräume wurde mir von einem jungen Mann zuerst eine Tasse Kaffee serviert. Der Werkmeister setzte

sich zu mir und fragte, ob ich an dem Mann etwas wahrnehmen würde. Er sei der Sohn seines Cousins, sehr intelligent, aber übersensibel. Oft käme es ihm vor, als wäre der junge Mann ferngesteuert und gar nicht er selber. Er sei hier in der Lehre und, obwohl er die Matura abgeschlossen hätte, lerne er nur mit Mühe. Der Prokurist hätte Gleiches auch bei einer der Sekretärinnen festgestellt. Sie hätte schon oft erzählt, dass sie nachts nicht schlafen könne und dauernd von komischen Wesen geplagt werde, auch habe sie oft grosse Ängste. Ob er sie rufen dürfe?
Bald kam die junge Frau herein. Sie war scheu aber sehr nett. Sie erzählte mir kurz, was mir ihr Vorgesetzter zuvor schon angedeutet hatte. Ich pendelte sie aus und sagte ihr, dass viele negative Astralwesenenergien an ihr hingen. Auch bei dem jungen Mann von vorhin hatte ich eine grössere Menge solcher Energien festgestellt. Um jedoch Zeit zu sparen, wollte ich beide Personen zusammen von dieser Negativität befreien. *„Ist es möglich, den jungen Mann nochmals zu rufen?“*, fragte ich deswegen. *„Ich würde auch ihn auspendeln und zusammen mit der jungen Frau von den negativen Energien befreien.“*
Der Mann wurde gerufen und war auch schnell zur Stelle. Er setzte sich an den grossen Tisch und ich nahm wahr, wie etwas in oder an ihm arbeitete. Sein Körper zuckte und es bereitete ihm grosse Mühe ruhig dazusitzen. Durch das Pendeln bekam ich den Hinweis, dass ihn sogar zwei Seelen von Verwandten plagten. Diese wiederum waren von Astralenergien besetzt. Ich teilte dies dem Mann mit und fragte die junge Frau, ob sie für uns vielleicht eine Kerze auftreiben könne. Sie sprang förmlich auf, brauchte aber eine geraume Zeit, bis sie mit dem Gewünschten zurückkam.
Der Werkmeister fragte mich, ob ich denn sehen könne, wie diese zwei Seelen in oder an dem Mann aussehen würden. *„Leider nein. In seinem Fall kann ich sie nur ansatzweise erkennen, da sie schon seit Kleinkindesalter an ihm sind. Aber wenn Sie eine Vermutung haben oder Namen nennen können, dann werden wir schon eine Antwort bekommen.“* Er überlegte einige Zeit und

schrieb dann drei Namen auf einen Zettel, den er mir zuschob. Ich befragte die Engel und ein Name passte zu einer Seele, die an dem jungen Manne hing. Die zweite Seele war eine Frau, aber der Werkmeister hatte keine Ahnung, um wen es sich bei ihr handeln könnte. *„Es wäre möglich"*, meinte ich zum jungen Mann gewandt, *„dass diese Frau schon gestorben war, als sie auf die Welt kamen."*
Der Prokurist zündete die zwei kleinen Kerzenstumpen an, die die junge Frau auf einem Pappteller gebracht hatte. Ich bat nun die jungen Leute nebeneinander Platz zu nehmen. Dann begab ich mich hinter die beiden und sprach zuerst die zwei Seelen an und daraufhin die Astralwesenenergien.
Der Mann sass ruhig da, als ich jedoch die Astralwesen ansprach, begann sein Körper auf dem Stuhl zu hüpfen. Die Frau begann ebenfalls zu zucken und ihre Beine schlugen aus, als hätte sie Ameisen abschütteln wollen. Dann kehrte plötzlich Ruhe ein. Der Junge begann bitterlich zu weinen. Die Frau legte ihren Arm um ihn, er war aber untröstlich. Da legte auch der Werkmeister die Hände auf seine Schultern. Obwohl er grob und unnahbar aussah, hatte er Tränen in den Augen.
Als sich der junge Mann wieder etwas gefasst hatte, meinte er: *„Bei der Ablösung der Seelen hörte ich plötzlich wie jemand drei Mal danke sagte und während der Ablösung der negativen Astralenergien spürte ich Schmerzen. Mir war, als erteilte mir jemand Befehle aufzustehen und wegzugehen. Ich nahm auch Drohungen der gröbsten Art wahr. Jetzt wird mir klar, wer mich immer bremste und blockierte, das ist so gemein."* *„Ralf"*, sagte ich zu ihm, *„ich rate Ihnen, sich immer mit Gebeten zu schützen. Sie sind ein ganz sensibler junger Mensch. Sollten Sie wieder etwas derart Negatives spüren, so rufen Sie sofort Jesus Christus um Hilfe und jagen Sie dieses Negative mit Nachdruck und Entschlossenheit weg."*
„Ja, das mache ich gerne. Ich danke Ihnen für Ihre Hilfe. Aber auch euch, Rainer und Heinz, danke ich für eure Hilfestellungen und dafür, dass ihr mich nicht aufgegeben habt."

Auch die junge Frau bedankte sich herzlich. *„Ich habe intensiv gespürt, wie diese Energien aus meinem Körper weggezogen wurden und ich fühle mich jetzt viel freier und leichter. Herzlichen Dank an dich, Heinz, dass du auch an mich gedacht und dies hier eingefädelt hast. Ich arbeite gerne mit dir zusammen. Danke."* Heinz war gerührt und sprachlos.

„Ich möchte aber jetzt auf unser Hauptproblem zu sprechen kommen.", sagte der Werkmeister nun, *„Wir haben gewisse Maschinen, die ständig Störungen anzeigen und dann nur mit Mühe wieder zum Laufen zu bringen sind. Einige Meter daneben stehen dieselben Modelle und die machen uns nie Probleme. Herbei gerufene Techniker unterstellten uns, wir hätten die Maschinen über Nacht umprogrammiert oder anders eingestellt, denn bereits am Vorabend hatten sie diese wieder in Gang gebracht. Was geht hier vor? Haben wir Saboteure im Werk oder ist es Zufall, dass nur immer die Maschinen im neuen Teil der Fabrik spinnen?" „Im neuen Teil der Fabrik? Können Sie mir den zeigen?"* Wir standen auf und gingen durch verschiedene Räume, hinauf auf eine Art Galerie, von wo aus wir die grossen Hallen überblicken konnten. *„Sehen Sie, dort hinten, rechts von der roten Anlage, da ist ein Neubau, den wir vor drei Jahren erstellt haben"*, sagte der Prokurist und deutete in die Halle. *„Die neueste Etappe, hinten links bei der Säulenreihe, ist erst vor anderthalb Jahren in Betrieb genommen worden. Da haben wir diese vielen Probleme."* Ich wollte mir das Ganze von der Nähe ansehen und sagte zum Werkmeister: *„Ich habe meinen Messkoffer noch im Besprechungszimmer stehen, den möchte ich holen."* Wir gingen den gleichen Weg zurück und ich entschied gleich da meine Engel zu fragen, was im Maschinenraum vor sich ging: *„Werden diese Störungen im Maschinenpark von Menschen produziert?" „Nein." „Von Menschen ausserhalb des Betriebes, schwarzmagisch?" „Nein." „Wurden diese Maschinen schon mit negativer Energie aufgeladen geliefert?" „Nein." „Haben die Störungen etwas mit dem Bau zu tun?"* Neutral. *„Mit den*

Planern des Gebäudes?" „Nein." „Mit den Erbauern der Halle?" „Nein." „Treiben gestörte oder erregte Natur- und Erdgeister ihr Unwesen?" „Ja." „Waren die schon immer da, aber ausserhalb des Gebäudes?" „Ja." „Sind sie jetzt hier drinnen im Gebäude?" „Nein." „Kommen sie nur nachts und zerstören Diverses?" „Ja – ja!" „Da haben wir's!", erzählte ich den anderen. *„Es sind Natur- und gestörte Erdgeister. Die fühlten sich verletzt und entwürdigt. Vielleicht sind einige auch noch von der ersten Bauetappe her aufgebracht und böse. Wir sollten mit ihnen reden und sie von ihrem bösen Tun lösen. Da sie aber nur nachts aktiv sind, müsste man sie dann ansprechen. Trauen Sie sich das zu? Ich gebe Ihnen den Text dazu. Ich bin sicher, Sie können das."* Beide nickten, wirkten im Moment jedoch etwas unsicher. Also gab ich ihnen den Text und verabschiedete mich.

12.4 Die Familie mit den Tierseelen

Gegen Abend hatte ich mit dieser Familie ein Treffen vereinbart. Ich war zum Nachtessen mit anschliessender Übernachtung eingeladen, denn wie man mir geschrieben hatte, ereigneten sich dort nachts sonderbare Dinge.

Leider verspätete ich mich und die Frau war verärgert darüber, dass es nur noch aufgewärmtes Essen gab. Die beiden Kinder mussten schon bald darauf zu Bett gehen und das Ausmessen ihrer Schlafplätze auf physikalische oder geomantische Störfelder, wurde auf den kommenden Morgen verschoben.
Als ich plötzlich zwei Verstorbene im hinteren Teil der Wohnstube erblickte holte ich mein Pendel hervor. Ich fragte meine Engel, ob es da noch mehr Seelen gäbe. *„Ja."* Im Untergeschoss befänden sich zwei und im Anbau, wo die alte Mutter lebte, wären auch zwei gebundene Seelen. Das Haus war sehr alt und stand in einem Dörfchen, wo es auch ein altes Schloss gab. So ein Schloss und

im Umfeld ein Friedhof, verheissen nicht immer Gutes. Ich bat die Engel auch um Auskunft, ob es hier gebundene Tierseelen gäbe. *„Ja"*, wurde wieder vermittelt, jede Menge und sie hielten sich nachts ums Haus herum auf. Als ich dann mit dem Ehepaar alleine war, rief ich nochmals Erzengel Michael um Hilfe, damit er alle gebundenen Seelen in diese Wohnstube holte. Es vergingen bloss einige Minuten und ich konnte die sechs Seelen, darunter zwei Frauen, sehen. Die ältere der beiden war kleiner und hatte eine schmucke dunkle Tracht an. Die jüngere Frau schien im Bett gestorben zu sein, vielleicht sogar bei einer Geburt. Die Männer waren alt und betagt gewesen als sie starben. Ich sprach das Ablösegebet und sehr schnell waren alle verschwunden.
Die alte Mutter kam vorbei und wollte wissen, was ich denn schon gemacht hätte. Der kommende Tag war jedoch ein Werktag und die Dame wurde auf morgen vertröstet, da es Zeit war schlafen zu gehen. Mir wurde das Zimmer der Tochter zugewiesen.

Irgendwann in der Nacht erwachte ich und hörte es knacksen und knarren. Die Geräusche waren überall in der Wohnung zu hören, auch über mir, im Estrich. Da klopfte es an meine Zimmertüre. Ich hockte mich im Bett auf, knipste die Nachttischlampe an und rief *„herein"*. Der Kleine streckte seine Nase durch den Türspalt und hüpfte, ohne vorher etwas zu sagen, zu mir aufs Bett. *„Sie sind wieder da, aber noch viel mehr als sonst. Kommen Sie bitte."* Er fasste mich an der Hand und zog mich auf den Gang hinaus. Für seine zehn Jahre war er gross gewachsen. Er zitterte am ganzen Körper. Im Gang waren schon viele Seelen versammelt. Wir gingen durch sie hindurch in sein Zimmer, das am Ende des Ganges um die Ecke gelegen war. Die Türe stand offen und es brannte kein Licht, aber durch die zwei Fenster war die erleuchtete Strassenlaterne zu sehen.
Das Zimmer war zum Bersten voll mit Verstobenen, wie in einem überfüllten Tram. Sogar im Bett hockten, respektive standen sie, weil sie dieses scheinbar gar nicht wahrnahmen. Wir beide setzten

uns auf einen schmalen freien Streifen des Bettes. Nun vernahm ich schnelle Schritte auf dem Korridor. Die Mutter schaute herein und war überrascht als sie uns sah. Sie setzte sich neben ihr Kind und drückte es an sich. Mit der rechten Hand, die stark zitterte, hielt sie sich an meinem Rücken fest und sagte stotternd: *„Soll ich Licht machen, ich habe furchtbare Angst? Was geht denn hier vor?" „Nein"*, antwortete ich, *„machen Sie bloss kein Licht an, aber bringen Sie mir bitte eine Kerze."* Schnell griff sie nach der, die auf einem Sockel im Gang stand. Es sah bizarr aus, wie sich die Frau im blauen Nachtanzug mit den vertikalen, gelben Streifen durch die vielen Seelen bewegte. Aufgeregt versuchte sie die Kerze anzuzünden, gab jedoch nach dem sechsten Versuch enttäuscht auf. Sie war zu aufgeregt. *„Bitte, machen Sie das"*, bat sie mit ängstlicher Stimme. Dann setzte sie sich wieder hin und hielt ihren Sohn umschlungen. Die Kerze flackerte stark, denn in oder über ihr war eine verstorbene Frau. Nun bat ich Erzengel Michael um Hilfe und um Übersetzung:

„So, Ihr leidgeplagten Seelen, kommt bitte alle her zu mir und hört mir gut zu. Eurem Körper nach seid Ihr Verstorbene, doch Ihr unsterblichen Seelen, erwacht aus Eurer Lethargie. Wir schreiben jetzt das Jahr 2009 und es ist Frühling. Erinnert Euch daran, wann Ihr gelebt habt und gestorben seid. Für viele von Euch ist das schon sehr lange her. Ihr hattet Angst vor dem Sterben, seid jedoch schon lange tot, und habt dies nur nicht gemerkt. Habt keine Angst. Erwacht, ich will Euch helfen..."

So machte ich ein sehr langes und intensives Ablösegebet. Es dauerte einige Zeit bis sich die Wesen aufzulösen begannen. Eine Gruppe quoll vom Gang her ins Zimmer und wollte mich sehen. Viele lächelten oder nickten mir zu. Eine junge Frau drängte sich vor. Sie trug eine helle, rosafarbene, edle Festtagstracht und ihr geflochtenes Haar war in Form eines Kranzes um ihren Kopf geschlungen. Sie schien kaum älter als dreissig gewesen zu sein,

als sie starb. Ihre toten Augen sahen mich aus tiefen Höhlen an. Plötzlich fiel sie vor mir auf die Knie, erfasste meine Hände und küsste sie. Als sie aufblickte hatte sie für einen kurzen Moment wieder ihr einstiges, strahlendes Aussehen angenommen. Sie lächelte und löste sich kurz danach auf.
Nun spürte ich, wie die Spannung von Mutter und Sohn gewichen war und ich sagte zu ihnen: „*Sie haben hier im Haus heute Abend den ganzen Friedhof zu Besuch gehabt.*" „*Mami, so etwas habe ich noch nie erlebt, aber das erzähle ich dir morgen.*" Der Bub gähnte, legte sich ins Bett und schlief ein. Die Frau begleitete mich noch mit der Kerze bis zu meinem Zimmer. Sie legte ihren Arm auf meine Schultern und meinte: „*Wie liebevoll Sie zu diesen Seelen gewesen sind, einfach grossartig.*" Dann drückte sie mir einen Kuss auf die Wange und verschwand in ihrem Zimmer.

Irgendwann hörte ich ihren Mann aufstehen und mit dem Auto wegfahren. Als dann auch die Kinder herumtollten, begab ich mich ins Badezimmer. Das Frühstück war schon hergerichtet als ich in die Küche trat. Die Kinder grüssten mich freundlich, packten noch die letzten Schulsachen zusammen und verliessen dann auch das Haus. „*Mein Bub hat mir vorhin erzählt was er letzte Nacht gesehen hatte. Es war das erste Mal, dass er so etwas sehen konnte. Zuvor hatte er, wie auch ich, immer nur diffuse Ängste. Die schöne Frau mit der Tracht und den geflochtenen Haaren hat ihn sehr beeindruckt und tief berührt. Warum sind denn diese Seelen jetzt alle auf einmal hierher gekommen? Ich habe einen solch gewaltigen Druck und eine grosse Angst verspürt, wie noch nie zuvor.*"
„*Das weiss ich auch nicht so genau. Ich nehme an, sie wussten, dass hier jemand kommt, der ihnen helfen will und auch kann. Insgesamt waren etwa um die fünfzig Wesen da. Aber nun messen wir doch noch die Schlafplätze aus.*"
Wir begaben uns wieder nach oben in die Schlafzimmer und ich war überrascht, überall so viele Stromfelder vorzufinden. Vor etwa zehn Jahren, bei einem ersten Umbau des Hauses, hatte man

Stromfreischalter einbauen lassen. Die Frau meinte, dass diese ihren Dienst taten und war jetzt erstaunt, dass dem nicht so war. Kontrolliert oder nachgemessen, ob die Installation auch etwas nützte, hatte man nicht. *„Jetzt ist mir natürlich klar, warum wir meist nicht gut schlafen konnten. Wir dachten, dass der Strom überall weg wäre." „Wie Sie nun aber auf den Messgeräten ablesen können, strahlen diese ungeerdeten Lampen bis über einen Meter weit ab und in ihren Zimmern sind die Geräte bei jedem Schläfer im Abstand von nur zwanzig Zentimetern angebracht. Das sollten Sie unbedingt ändern lassen. Abgesehen davon, hätten die vielen Seelen, die da waren, auch genügt, um ein Schlafen zu verhindern." „Jetzt dämmert es mir auch, weshalb ich über zehn Jahre lang immer wieder an akutem Schwindel litt. Ich musste deswegen meinen Beruf aufgeben und meine Lebensqualität war seither sehr beeinträchtigt. Das ging so weit, dass ich für den Weg zum Einkaufszentrum, welches nur hundert Meter von hier steht, das Auto nehmen musste. Ich hatte zu grosse Angst davor, es zu Fuss nicht bis dorthin zu schaffen, ohne auf dem Weg mehrmals hinzufallen. Kein Arzt oder Therapeut hat mir helfen können." „Seien Sie froh, dass Sie von den hohen elektrischen Wechselstromwerten noch keinen Hirntumor haben. Es kann jetzt nur noch besser werden. Wegen der Tierseelen, von denen Sie gestern noch gesprochen haben, können wir noch nach draussen gehen."*
Wir stapften das enge, alte Treppenhaus hinunter. Als wir aus der Eingangstüre traten, kam uns die Mutter der Frau entgegen. Sie war auf dem Weg Einkäufe zu tätigen. Sie fragte, wie wir letzte Nacht geschlafen hätten. Wir schauten uns an und die Tochter meinte: *„Mama, genaue Details erzähle ich dir heute beim Mittagessen. Aber weisst du, was früher in unserem Schuppen im Nebenhaus untergebracht war?" „Ja, Kind, weisst du das denn nicht mehr. Meine Eltern und auch die Grosseltern waren Metzgersfamilien. Dort im hinteren Bereich war das Schlachthaus und vorne, wo jetzt die Autos stehen, der Verkaufsladen. Übrigens der Einzige in der Umgebung." „Ja, natürlich, jetzt erinnere ich mich wieder.*

Aber die Grosseltern waren ja schon gestorben als ich zur Welt kam. Weisst du, Mama, wir scheinen da auf dem Grundstück noch viele gebundene Tierseelen zu haben. Wir wollen jetzt ein wenig herumgehen und versuchen sie zu finden." „Darf ich mich euch anschliessen?", fragte die Mutter. *„Aber natürlich"* antwortete die Tochter, *„komm ich stütze dich mit meinem Arm und du pass auf, dass du nicht hinfällst."* Sie lachten beide und ich bat Erzengel Michael, dass er die Tiere versammle, damit wir ihnen helfen könnten. Ich sah nun, dass das Grundstück sehr gross war. Es war zum Landwirtschaftsland hin offen und an einen Nachbarn verpachtet. Ein grosser, alter Baubestand liess alles ein wenig parkähnlich aussehen. Wir spazierten um das Wohnhaus herum, überquerten den Vorplatz zum Dorf hin und begaben uns dann zum Nebengebäude und zur Garage. Hinter einer kleinen Wiese lag, nur einen Steinwurf entfernt, der Friedhof. Als wir um das ehemalige Schlachthaus bogen konnte ich sie sehen, Hunderte, unter den grossen Tannen und Föhren und auch unter den hohen, alten Blütensträuchern. Alle waren sie hier totgeschlagen worden. *„Spüren Sie, dass da Tierseelen sind?"*, fragte ich. *„Ja"*, erwiderte die Tochter, *„jetzt wo Sie das sagen, spüre ich sie. Es drückt mir aufs Herz. Da hinter diesem Schopf war ich, glaube ich, überhaupt noch nie, weil ich immer irgendwie Angst hatte."*

Ich stellte mich vor die Tierseelen hin und rief laut:

Ihr Tierseelen, kommt zu mir. Ich möchte Euch helfen von hier frei zu werden. Ihr seid dem Körper nach schon sehr, sehr lange tot. Ihr wurdet getötet und habt dabei grosse Ängste ausgestanden. Darum seid Ihr Unglücklichen noch hier. Ich will Euch helfen, dass Ihr weggehen könnt. Lasst los und vergebt den Menschen, die Euch nicht geliebt haben. Aber tragt keinen Hass und Groll in Euch, sondern lasst nun los. Die Engel werden Euch helfen den Weg für Euch in die Freiheit zu finden. Geht nun in Frieden an viel schönere Orte als diesen hier.

Liebe Engel, helft ihnen und ich danke Euch im Namen des Lichtes. So sei es. Amen.

„Herr Styger, Sie haben das auch so liebevoll gesagt wie gestern den Menschenseelen“, lobte die Tochter. *„Wissen Sie, Jesus sagte einmal zu den Jüngern: ‚Wer das Kleinste in der Schöpfung nicht gleich schätzt wie das Grosse, ist nicht würdig das Allergrösste je zu erleben und zu finden.‘“*

Wir gingen zum Haus zurück, wo ich mich dann bald verabschiedete und weiterfuhr.

Geschmückte Frau 13

Von einer lieben Therapeuten-Kollegin erhielt ich einen Telefonanruf, in dem sie mir erzählte, dass sie meine Adresse einer jungen Frau gegeben hätte. Sie spüre, dass die Patientin selber stark belastet, aber auch, dass in der Wohnung noch Verschiedenes vorhanden sei. Die Patientin sei sehr erschöpft und nervlich am Ende. Sie kündete an, dass sie sich schon mehrfach überlegt hätte Selbstmord zu begehen. Sie bat mich so schnell wie möglich in ihre Wohnung zu gehen, wenn diese mich anrufen werde. Leider käme sie, als Frau, bei ihr nicht so auf den Kern der Sache.

Zwei Tage später rief mich diese junge Frau dann an. Eine scheue und verunsicherte Stimme fragte mich, ob ich zu ihr kommen könne. Sie sei in grosser Not. Am übernächsten Abend hatte ich noch zwei Stunden frei, bevor ich in eine GV (Sitzung) gehen musste. Sie wohnte in einem alten Haus, unweit des anderen Hauses der vorangegangenen Geschichte.

Die junge Frau öffnete mir die Wohnungstüre, welche sich auf Strassenhöhe befand. Die Wohnung war hell und neu hergerichtet, nur nahmen ihr die angrenzenden Häuser das Sonnenlicht. Ich kam mir vor wie in einem schönen Keller. Die Frau war etwa Mitte dreissig und von zierlicher Gestalt, so wie ich das erkennen konnte. Sie hatte nämlich einen Rock an, der bis zum Boden reichte und an den Armen nur noch die Fingerspitzen frei liess. Der Stoff war farbig und mit Glitzerfäden durchwoben. Sie trug offene, dunkle Haare und aus ihrem blassen Gesicht schauten mich verweinte Augen an. Alles in ihrer Wohnung war ordentlich und sauber aufgeräumt, doch ich spürte von der Küche her eine magnetische Art von Energie, die mich störte oder die versuchte mich abzulenken. Ich sah dort auch eine Kerze brennen und ich fragte sie weshalb. *„Aus dieser Ecke spüre ich immer eine grosse Kälte ausströmen* *und oftmals auch sehr unangenehme Gerüche. Das ist komisch, denn es ist ja alles relativ neu, da ich erst seit sechs Monaten hier wohne. Dort drüben ist mein Schlafzimmer, in dem habe ich noch nie gut geschlafen. Ich bin bei meinem Freund ausgezogen, mit dem ich sieben Jahre zusammen gelebt habe. Er kann mich nicht loslassen und leidet seit meinem Fortgang sehr." „Wir messen zuerst die Störfelder an Ihrem Schlafplatz aus, dann pendle ich Sie aus"*, schlug ich vor.

Die elektrischen und magnetischen Störfelder hielten sich in Grenzen und waren ziemlich sicher nicht die Hauptursache für ihre Schlaflosigkeit. Wir setzten uns an den Tisch und sie streckte mir ihre Hände über den Tisch entgegen, damit ich sie auspendeln konnte. Ich bekam die Antwort, dass sie von drei irdisch gebundenen Seelen besetzt war und dass noch zwei Seelen in diesem alten Gemäuer, respektive dem ehemaligen Keller, gefangen waren. Weiter erhielt ich die Information, dass sie ein ambivalentes, also gestörtes, Verhältnis zu ihrem Körper hatte. Auch vernahm ich, dass sie gegen sich selber gerichtete, eigene Elementale aktiviert hatte. *„Wie Sie richtig bemerkt haben"*, sagte ich zu ihr, *„sind da noch zwei alte Seelen im Haus, das heisst in Ihrer Wohnung gefangen. Aber an Ihnen sind schon lange drei Seelen. Eine davon gehört einem Selbstmörder, der Ihnen diese Gefühle vermittelt. Wir sollten ihnen helfen von hier wegzukommen und sie ablösen. Diese Wesen verstärken in Ihnen noch mehr das Gefühl durch das Sie ein gestörtes oder gespaltenes Verhältnis zu Ihrem Körper haben."*

Ich sah nun wie ihre Hände stark zitterten und bemerkte erst jetzt, dass sie an den Händen Tätowierungen trug. Sie warf ihre Haare mit einem Schwung über die Schultern und sagte leicht seufzend: *„Oh ja, ich habe ein sehr gestörtes Verhältnis zu meinem Körper. Sie können sich nicht vorstellen wie ich mich fühle."* Ich sah nun gegen die Wand zur Küche hin diese Wesen, die bereits in ihrer innersten Auraschicht hingen. Ein Schatten, der sich dann bald wieder als Fratzenkopf zeigte, hing sozusagen aus ihrem Bauch heraus. Sie bemerkte, dass ich ihr speziell auf die Bauchregion schaute und fragte mich: *„Was sehen Sie denn?“* *„Diese drei Wesen in Ihrer Lichtschicht, einer davon hockt vorne in einem Ihrer Chakras.“* Sie stand auf und drehte sich langsam vor mir. Dieser glitzernde Zigeunerlook stand ihr gut, aber konnte die dunklen Schatten und Fratzenbilder nicht verdecken. Sie holte noch einmal ein Glas Wasser aus der Küche und ich zog die Ablösegebete aus meiner Mappe. Sie stellte die gefüllten Wassergläser auf den Tisch und sagte dann laut: *„Ich zeige es Ihnen.“* Ich wusste gar nicht, was sie meinte. Sie aber bückte sich nach vorne und zog ihr langes Kleid über den Kopf. Nun stand sie da, nur noch mit einer dunkelblauen Unterhose bekleidet. Ich war platt. So etwas hatte ich meine Lebtage noch nicht gesehen. Ich muss so verdutzt gewesen sein, denn ich starrte blöder als beim übelsten Monstergeist. Ihr ganzer Körper war übersäht mit Verunzierungen. Von den Knien an aufwärts war sie tätowiert von rankendem Urwaldkraut. Lianen schlangen sich um die Oberschenkel und setzten sich vor allem auf dem Rücken in allen Farben und Formen fort. Die ‘Frontseite’ war nicht tätowiert sondern noch schlimmer: Ihr ganzer Bauch war mit einem rautenförmigen Muster aus Knötchen übersäht. So etwas habe ich in Filmen über afrikanische Ureinwohner schon gesehen. Diese stiessen sich kleine Kügelchen oder Steine unter die Haut, die dann wie Knötchen die Hautoberfläche ausbeulten. Bei ihr waren das hunderte. Ihre Brüste waren eher klein, die Hacken, die durch ihre Warzen gestochen waren, waren dafür aber umso grösser. Daran hingen zehn Zentimeter lange Kettchen mit Glasperlen und Silberplättchen. An jedem Ende baumelte ein kleines Glöcklein. So etwas hatte ich schon früher bei anderen Personen mal gehört, ahnte jedoch nicht, woher dieses Geräusch gekommen war. Aber das Gröbste waren doch diese silbernen, mit Goldrändern verzierten, Zwei-Frankenstück grosse Knöpfe, die bei Jackets in Doppelreihen angenäht sind. Etwa ein Dutzend

davon waren da zwischen dem Busen in Handbreite untereinander angenäht. Um noch vollkommener zu wirken war dazwischen aber noch eine Reihe goldener Perlen angebracht, vom obersten Brustknochen abwärts bis in die Hose verlaufend.
Bei mir löste dieser Anblick ungute Gefühle aus. Mir war, als begänne mein ganzer Oberkörper genau da zu stechen und zu schmerzen, wo sie dieses Zeug trug. Ich habe wohl nicht mehr ganz gut ausgesehen, denn sie fragte mich: *„Gefällt's Ihnen auch?"* *„Nein"*, sagte ich irgendwie verdattert. *„Haben Sie diese Sachen selber angetackert?"* Gut, das war nicht ganz passend gewesen und sie gab darauf keine Antwort. *„Nein, meinem Freund gefiel ich so. Er wollte immer, dass ich mir noch mehr Verzierungen anbringen sollte."* Sie drehte sich immer noch ganz langsam und gedankenverloren im Kreis. *„Schauen Sie!"* Oh, nun zog sie auch noch ihre Unterhose aus. Oh weh, da hingen noch einmal zwei Kettchen zwischen den Beinen herunter. Wieder mit glänzenden Plättchen dran, aber ohne Glöcklein. Zum Glück zog sie sich schnell wieder an. So viel Glitzerzeug hatte ich das letzte Mal auf unserem Jahrmarkt gesehen, oder im Fischereiladen, die Löffelchen in allen Grössen führten. Die junge Frau tat mir echt leid. Wie konnte man nur einen makellosen Körper mit solch einem Müll und Unrat so versauen? Wenn man ihr dabei noch Zwang angetan hätte, wie bei Gefangenen oder Sklaven, aber freiwillig solche Torturen auf sich zu nehmen? Nein, soll dies verstehen wer will! Würde man so etwas bei unseren Tieren machen, so käme sofort der Tierschutzverein und würde sich für die stummen Kreaturen einsetzen.

Nun die Zeit drängte, ich musste an diese Sitzung. Also empfahl ich ihr diese Blätter durchzulesen und zu versuchen ihre Plagegeister los zu werden. Ich versprach ihr aber nochmals vorbei zu kommen um mit ihr gemeinsam diese Wesen wegzuschicken.

Die Generalversammlung war nach dieser Peepshow irgendwie gar nicht mehr so interessant. Beim anschliessenden Essen kamen mir immer wieder die verschiedenen Formen dieser Klunker vor das innere Auge. So etwa bei den Erbsen mit den, in Scheiben geschnittenen, Karotten, wie auch den Pommes. Alles begann sich zu bewegen und glänzte plötzlich sehr metallisch. Ich verlor den Appetit und liess den Teller fast voll wieder zurückgehen. Dies passiert bei mir eher selten, aber für die Verdauung an diesem Abend war's bekömmlicher.

Am nächsten Tag stand ich nach dem Mittag wieder vor ihrer Türe. Es war schon recht kühl an diesem Herbsttag und der Wind blies verwelkte Blätter um die Häuser. Ich hoffte nun, dass bei dieser Frau heute die Kleider nicht wieder fallen würden. Sie öffnete und offenbarte wieder ein langes, aber schmuckloses grünes Kleid. Wir setzten uns gleich an den Tisch und ich wollte wissen, wie sie es denn in dieser Nacht gehabt hätte. Sie meinte: *„Oh, Sie, diese Nacht ist schon etwas Besonderes gewesen. Ich spürte sehr intensiv diese Wesen in der Wohnung und redete lange mit ihnen. Aber jene, die in mir oder an mir sind, wehrten sich vehement als ich sie angesprochen habe." „Ja, das machen Sie sehr gut. Wir werden dies nun zusammen schon fertigbringen. Haben Sie keine Angst und entspannen Sie sich."* Ich begann mit dem Ablösegebet und sprach alle an, denn sie waren alle noch da.
Mit der Zeit bemerkte ich wie ihre Aura heller wurde und sich wieder mit Farben füllte. Auch begann es wieder aus ihren Augen zu leuchten. Da sagte sie: *„Jetzt fühle ich mich erleichtert, ja fast schon froh. Dieser Druck in und auf mir ist weg. Ist das jetzt nur Einbildung? Sie, ich freue mich nun noch mehr auf meine Ferien in Spanien. Ich fliege nämlich heute für zehn Tage mit meiner Freundin weg. Beinahe hätte ich abgesagt, weil ich Angst hatte es nicht zu schaffen. Aber das ist ja nun hinfällig."* Sie lachte und strahlte, stand auf, lief schnell um den Tisch herum und umarmte mich herzlich.
Ich hörte süss die Glöcklein klingeln. Dabei durfte ich gar nicht daran denken, woran sie hingen…

14 Erlebnisse in Peru

14.1 Peru-Reise (Mai - Juni 2008)

Peru, als Land der Antike hat mich schon als Kind begeistert und angezogen. Ich habe damals fast alles gelesen, was über Peru geschrieben wurde. Die in den Reiseberichten beschriebenen Ausgrabungsorte wollte ich unbedingt kennenlernen, doch musste ich sechzig Jahre alt werden, bis sich mir eine Gelegenheit bot, dorthin zu kommen.

Ich hatte eine Einladung von Astrid und Victor bekommen und konnte mir drei Wochen Zeit nehmen. Die beiden sind das Schweizer Gründerehepaar, das in den Hochanden Perus eine Schule für die Kinder der ärmsten der armen Einheimischen, die in den entlegensten Bergen leben, betreibt.
An dieser Schule gab es Störungen, die nicht erklärbar waren. Um diese paranormalen Zustände zu klären und zu lösen, besuchte ich zuerst eine Woche diese Schule in Limatambo. Doch hier berichte ich über meine Rundreise in den darauf folgenden zwei Wochen:

14.1.1 Cuzco

Cuzco, für den Peru-Reisenden ist dies sicher die schönste Andenstadt. Sie liegt auf etwa dreitausendsechshundert Metern über dem Meeresspiegel, inmitten eines breiten Tales. Sie gilt als eine der bekanntesten Grossstädte in den Anden und scheint auch historisch die wichtigste gewesen zu sein. Der Altstadtkern ist in typisch südspanischer Manier errichtet worden. Besucht man aber die Gässchen oberhalb der Kathedrale und des Monasterio (Kloster), das jetzt ein Fünf-Sterne-Hotel ist, so bemerkt jeder, dass die Fundamente aus Lavastein aus der Vorhispano-Zeit stammen. Als die Spanier hier vor etwa fünfhundert Jahren einmarschierten, zerstörten sie in ihrem blinden Eroberungseifer all die schönen Gebäude und Paläste, um damit die Einwohner einzuschüchtern. Diese Menschen flohen in die noch höher gelegenen Regionen und Gebiete, wo die meisten aus Hunger und Entbehrung nicht überlebten. Dies muss eine furchtbare Zeit gewesen sein, denn damals sind gut die Hälfte der Menschen wegen dieser grausamen Eroberer gestorben. Den Spaniern ging es ja nur ums Gold und sie suchten das vermeintliche Eldorado (Goldort). In der Hoffnung, viel Gold und Edelsteine zu finden, wurden diese Seefahrer und Eroberer los gesandt und vom königlichen Hof subventioniert. Auch die römische Kirche trägt eine Hauptschuld an der unmenschlichen Behandlungsweise an den Ureinwohnern. Sie behauptete, diese Menschen hätten keine Seele und aus diesem Grund seien sie nicht schützenswert. Erst vor gut hundert Jahren hat die Kirche diesen Fehlentscheid korrigiert, doch das Gold hat man ja und was interessieren da diese Repräsentanten der grössten Schwulenvereinigung in Rom ein paar Dutzend Millionen Tote auf der ganzen Welt?

Wer die Kirchen und Kathedralen, vor allem in Spanien, besucht hat, staunte sicher schon über deren Goldprunk. Dass dies gestohlenes Gold ist und Blut daran klebt, wollen aber die Wenigsten wissen. Wenn man den alten Weissagungen der Indianer zuhört, aus welchen Ländern auch immer, so wird es mit dem gestohlenen Gold so eine Sache sein. Sie besagen: *„Das Land, wo unser Gold liegt, wird von Staub (Wüste) umgeben oder es geht vom grossen Wasser unter (Überschwemmungen). Damit ist ganz klar Spanien gemeint."*

Nun, das mögen auch Verwünschungen sein, die aber zeitlos wirken können. Die Inkakultur war immerhin schon uralt als die Spanier sie überrannte. Neueste Ausgrabungen lassen erkennen, dass diese Kultur Pyramiden erbaut hat, die auf drei- bis viertausend Jahre vor Christus zurückreichen. Etliche Forscher sind heute der Meinung, dass in diesem Land schon Hochkulturen lebten, bevor in Ägypten und im Zweistromland Menschen überhaupt grosse Bauten erstellten. Das heisst, man müsste nochmals eine Null anhängen, denn dreissig- bis vierzigtausend Jahre vor Christus gab es da schon Prunkbauten, als bei uns noch eine dicke Eisdecke lag. Mir ist aufgefallen, dass die Menschen in den Anden noch heute eine unterwürfige Art und Weise an den Tag legen und fast ängstlich den Anweisungen der übrig gebliebenen Herrenrasse gehorchen.

Nun war ich zwar das zweite Mal schon in Cuzco, aber erstmals in der Altstadt. (Ich musste eine Woche zuvor schon durch die Stadt.) Man feierte gerade „Día del Corpus", eines ihrer Hauptkirchenfeste, das bei uns als Fronleichnam bekannt ist. Die ganze Stadt war auf den Beinen und um die Plaza de Armas wurden grosse Heiligenbilder getragen. Vor der Kathedrale war eine Bühne aufgestellt, wo geschmückte Schreine mit Madonnen und Heiligen vorgeführt wurden. Der Zug durch die Stadt bot ein eigenartiges Bild: kleine, magere Menschen trugen riesige Statuen über ihren Häuptern. Die einzigen fetten Menschen in dieser Stadt waren die fetten Pfarrer und Kirchenleute, die den Zug anführten und natürlich nichts trugen. Die Musik war extrem laut und exklusiv eigenartig. Sie tönte teilweise so schräg, wie bei uns an der Fasnacht bei einem Guggenmusik-Treffen. Unsere kleine Reisegruppe hatte das Glück, in einem der vielen Cafés, die sich rund um den grossen Hauptplatz befinden, einen Sitzplatz zu ergattern. Die Gaststättenbetriebe sind jeweils im ersten Stock über den Fussgängerpassagen gelegen, mit kleinen Balkonen auf den Platz hinaus.

Unzählige Menschen hatten sich auf dem Platz eingefunden, um der alljährlichen Prozession beizuwohnen. Die etwa zehntausend Zuschauer, die Kopf an Kopf der Dinge harrten, die da kommen sollten, hatten eines gemeinsam: tiefschwarze Haare und dunkle Augen. Ich kam mir dabei auf dem Balkönchen wie ein ausgestellter Exote vor, weil ich schlohweisse Haare trage und dazu noch helle, blaue Augen habe. Ich hielt die anstarrenden Blicke

nicht sehr lange aus und verzog mich bald über den Hinterausgang zu meinem Hotel. Dieses lag genau auf der gegenüberliegenden Seite des Platzes und die Strassen dahin waren ebenso verstopft, wie der Hauptplatz. Aber ich hatte im Umgang mit diesen Menschen immer ein sehr gutes Gefühl, auch wenn sie mir, wie jedem Touristen, etwas andrehen wollten, so liessen sie mich ziehen, wenn ich sie anschaute und *„nein“* sagte. Machen Sie das einmal in der Türkei, Tunesien, Ägypten oder in Asien. Sie wissen, was ich damit meine, denn dort kann einem der Besuch als Tourist verleiden.
Mir gefiel die Stadt auf Anhieb. Das Hotel war alt, aber sauber und sympathisch. Ich bewohnte ein grosses Dachzimmer, von wo aus ich auf die beiden Kuppeln der Kathedrale und die anderen Kirchen hinuntersah. Vis-à-vis, über die Gasse, war das alte Monasterio. Trotz der geschlossenen Fenster hörte ich diese eigenartige Musik, die an diesem Tag die Stadt erfüllte. Es war, als gäbe es gar keine Fenster, da diese nämlich so grosse Spalten hatten, dass ich sie nachts nicht zu öffnen brauchte, ich bekam auch so genug Luft. Für den Notfall stand sogar ein kleines Elektroöfchen im Zimmer. Pro Bett waren zwei dicke Lamawolldecken sowie eine Steppdecke vorgesehen, denn es war nun die Zeit der kalten Winternächte und vorgestern, am 21. Juni war der kürzeste Tag hier.

In einem nahen, oberhalb der Stadt liegenden Restaurant wollten wir zum Nachtessen gehen. Beim Hinaufsteigen durch die schmalen Gässchen merkte ich, dass ich die dünne Luft nicht gewohnt war. Da gibt es nur eines, wie die Bergsteiger wissen, langsam einen Fuss vor den anderen setzen. Das gute Essen und die schöne Aussicht auf die Stadt aber versetzten uns in Hochstimmung, so dass mir der Abstieg dann leicht fiel. Morgen würde Astrid die verschiedenen Billette, Eintrittskarten und auch schon die Rückflugtickets nach Lima besorgen. Dies wäre für jemanden, der der spanischen Sprache nicht mächtig ist, ein kompliziertes Unterfangen. Nun, ich war müde, denn ich hatte die letzten zehn Tage

nicht viel geschlafen und mir dazu noch eine Erkältung eingefangen, vermutlich aus Übermüdung. Also freute ich mich auf eine ruhige Nacht in meinem Turmzimmer.
Anfänglich ging alles gut, aber so um zwei Uhr in der Nacht spürte ich jemanden in meinem Zimmer. Ich lag mit meinem Kopf zur grossen Fensterscheibe hin und die Vorhänge waren nicht zugezogen, weil ich ja „über allen Dächern" wohnte. Zu meinem Erstaunen sah ich nicht einen Einzelnen, nein, das ganze Zimmer war voll von Wesen, etliche streckten noch ihre Köpfe durch die Wand zum Treppenhaus. Anfangs erschrak ich und setze mich im Bett auf. Die Wesen schienen mich auch sehen zu können, waren aber ruhig und erwartungsvoll. Warum suchten diese einfachen Indios gerade mich auf, hier im vierten Stockwerk? Ich hatte eine Kerze zur Hand und kramte nach den Zündhölzern. Die kleine Flamme brannte unruhig, aber die Verstorbenen schreckten davor nicht zurück, im Gegenteil, sie traten nun ganz nahe an mein Bett heran. Ich bat die Engel als Übersetzer zu mir und begann ein Ablösegebet zu sprechen. Alle hörten mir ruhig zu und der Mimik nach verstanden sie auch, was ich sagte. Nach etwa einer halben Stunde kam das Licht der Erlösung ins Zimmer und nach und nach verschwanden immer mehr Seelen. Es fühlte sich leichter und freier an im Raum. Ich streckte mich und drehte mich, musste aber noch schnell aufs WC, danach legte ich mich gähnend ins Bett, blies das Kerzchen aus und deckte mich bis zur Nasenspitze zu.
Nur zum Durchschlafen sollte ich trotzdem nicht kommen, denn so nach etwa einer Stunde hörte ich jemanden an der Türe klopfen oder kratzen. Ich war sofort hellwach. Oh, was ist denn jetzt los? Ich schlurfte zur Türe und sagte laut: *„Ja – si?"* Wieder ein Klopfen, wie von mehreren Händen. Ich öffnete die Türe und sah im schwach erleuchteten Gang unzählbar viele verstorbene Indios stehen. Ich wollte mich vergewissern, wie viele es denn waren und „drückte" mich an ihnen vorbei auf die grosse Veranda, die den Innenhof auf drei Seiten umfasste. Die dritte Seite war verglast

und man hatte von dort einen Blick über die Kathedrale und die Stadt. Dort war auch die Treppe, die die Etagen miteinander verband, angebracht. Der überdeckte Innenhof war übervoll und auch die umlaufenden Balustraden waren überfüllt mit Seelen. Warum kamen die bloss hierher? Wegen mir? Es musste so sein, sie bedrängten mich, wie arme Bettelweiber und alle schauten nur mich an. Ihre schwarzen Augen funkelten, je nachdem, woher noch Licht auf sie fiel. Also ging ich zurück ins Zimmer und holte die Kerze. Ich stellte die kleine Kerze aufs Geländer und zündete sie an. Nun begann ich alle Anwesenden anzusprechen und machte feierlich das Ablösegebet.

Durch meine Stimme angelockt, kam der Nachtwärter, der in der offenen Eingangshalle weilte, in den Innenhof gelaufen. Er sah mich im obersten Stockwerk mit der Kerze auf der Balustrade, laut sprechend. Ihm werden verschiedene Versionen durch den Kopf geschossen sein: *„Der spinnt doch dieser Gringo"*, oder *„Er ist einfach besoffen"*, *„Hoffentlich zündet er dem Chef nicht noch die alte Hotelkiste an"* oder *„Soll ich gleich einen Polizisten rufen?"* Er rief jedenfalls laut: *„Problema, Señor?" „No, gracias Señor, vamos a la Luz"* (nein, danke Herr, wir gehen ins Licht). Ich meinte zwar die vielen Seelen, aber die sah er ja sowieso nicht.

Ich wusste nicht, wie viele Wesen da waren, aber, so weit ich sehen konnte: Köpfe, Hüte und Gesichter, die traurig und bedrückt wirkten. Die Engel halfen mit ihrer Liebe und dem Licht, denn fast alle verschwanden gleichzeitig, nachdem sie eine zarte Aurafarbe aus Blau erhalten hatten. Ich stand noch ein paar Minuten da und schaute in die Runde, obwohl alle weg waren?

Dem Nachtportier war es scheinbar gar nicht wohl bei der Sache. Da ich nichts mehr sagte, wollte er nochmals nachschauen. Er lief wieder bis in die Mitte der Treppenhalle und sogar noch eine Etage höher, dann murmelte er relativ leise: *„Señor, todo en orden?"* oder so ähnlich. *„Si, si, buenas noches, Señor."* Ich blies die Kerze aus und schlurfte zurück in mein Zimmer, die Türe stand noch offen, hüpfte in die Kiste, wo ich bis morgens um sieben durchschlief.

14.1.2 Ruinenstadt Sacsayhuaman

Der Wecker schellte und holte mich aus dem tiefen Schlaf. Es brauchte ein wenig Zeit, bis ich so richtig wach war. Rundherum waren schon die Dächer vom milden Morgenlicht eingehüllt und der Himmel zeigte sich im strahlendsten Blau, also auf in den neuen Tag! Beim Frühstück waren alle noch ein wenig schläfrig, aber bald, nach dem ersten Kaffee, wurden sie hellwach. Hier in Peru erhält man als Kaffee eine dicke pastenartige, schwarze Sauce, die man dann selber nach Belieben mit heissem Wasser aufgiesst. Für meinen Geschmack zu bitter und nicht so bekömmlich. Ich blieb deshalb beim Mate de Coca, dieser hatte eher ein neutrales Aroma wie bei uns Eisenkraut-Tee. Die Coca-Pflanzenblätter helfen den Einheimischen, die enormen Strapazen auf dieser Höhe auszuhalten. Unser Tagesprogramm lautete wie folgt: am Morgen Geld wechseln, digitale Fotobilder auf CD brennen lassen etc. und diverse Sehenswürdigkeiten besuchen. Am Nachmittag war die grosse, über der Stadt liegende Festung unser Ziel.

Nach einem kleinen Mittagessen bestellten wir uns ein Taxi. Die enormen Steigungen waren für die schwachen Autos eine echte Herausforderung, aber es war vor allem die enorme Höhe, über dreitausendsechsundert Meter, die die Motoren fast abwürgen liess. Mit letzter Motorleistung erreichten wir die Kassenhäuschen der gigantischen Befestigungsanlage und auch hier herrschte wieder Bürokratismus im Quadrat. Zuerst zeigten wir unsere zuvor gekaufte Touristen-Museumskarte für alle Eintritte zu Sehenswürdigkeiten in der Gegend, beim nächsten Kontrolleur erhielten wir ein kleines Papierticket, wiederum der nächste wollte unseren Pass und das Visum sehen, der vierte lochte die Touristenkarte und schliesslich riss eine Kontrolleurin noch die eine Ecke des Papiertickets weg – dann durften wir eintreten. Wenn dieses Volk je aussterben sollte, dann wird dies wegen der kranken Bürokratie sein.
Wir spazierten in der Nachmittagssonne kreuz und quer durch diese

riesige Ausgrabungsstätte. (Dieser Ort wurde früher Saqsayhuaman geschrieben, erst auf neueren Kartenwerken findet man die moderne Schreibweise Sacsayhuaman.) Der ganze Berghügel war von mehreren Ringen und Wallmauern umgeben. Ganz auf dem Gipfel waren noch Ruinenreste von alten Palästen oder grossen Häusern zu sehen. Von da oben aus hatte man eine atemberaubende Aussicht auf die ganze Stadt, aber auch auf das sanfthügelige Hinterland. Zwischen dem untersten Burgring und dem gegenüber liegenden Felsberg war eine grosse, etwa hundert Meter breite Fläche in den Berg gehackt worden, die als Aufmarschplatz für Zeremonien und Kultzwecke diente. Die Forscher sind sich nicht einig, ob hier oben je eine Stadt gewesen war oder ob nur die Adligen, die Höchsten des Landes, hier gethront haben. Auf jeden Fall ist es eine der grössten Wehranlagen der Welt, aus Natursteinen gebaut, die sehr kunstvoll in- und aneinander gefügt sind. So genau und in einer meisterlichen Art der Inkas, die ihresgleichen auf der Welt sucht. Über das Alter der Anlage herrscht Uneinigkeit, denn man sieht von der Machart her grosse Unterschiede und Qualitäten. Die unterste, erste Wallmauer war nicht etwa einfach gerade oder im Bogen um den Berg gezogen worden, nein, da hatten gute Planer gewirkt. Sie haben die Mauern vielleicht alle fünfzig Meter mit einer Ecke respektive grossen Nische versehen. In jeder war seitlich wieder jeweils eine Eingangsöffnung eingelassen. Innen waren überall gefangene Gänge, die, um einhundertachzig Grad gedreht, erst zu einer Treppe führten.
Nun, für mich war der Gesamteindruck überwältigend, die Dominanz dieser alten prähistorischen Architektur. Laut Angaben der Archäologen, soll der schwerste, verbaute Felsbrocken aus Granit mindestens einhundertzwanzig Tonnen wiegen. Niemand weiss, wie man den hierher gebracht hatte, geschweige denn, wie er aufrecht in die Mauer eingefügt werden konnte, dies ist noch ein Rätsel für die Menschheit. Aber wer weiss, vielleicht waren die Menschen hier vor zwanzig- oder dreissigtausend Jahren oder noch früher, Riesen? Dann sähe alles wieder anders aus.

Ich spürte, je länger ich mich in dieser Anlage aufhielt, wie mich eine grosse Traurigkeit überkam. Es war ja noch taghell, aber ich hätte mich gerne einmal in der Nacht hier oben umgeschaut. Dann wäre mir vermutlich vieles über die alte Vergangenheit dieses geheimnisvollen Ortes klarer geworden. Doch eigentlich hatte ich ja die letzte Nacht schon genug Action gehabt. Hätte ich dies hier oben denn überhaupt verkraften können? Eines Tages werde ich es wohl doch noch machen.
Leider wurde hier oben nicht allzu viel von dem gezeigt, was die Archäologen ausgegraben hatten. Diese Artefakte sind in verschiedenen Museen in Cuzco ausgestellt. Mich hätte sehr interessiert, an was oder welche Gottheit diese alten Völker der Vorinkazeit geglaubt hatten. Mit was für Methoden wurden die Menschen wohl unterdrückt oder mit Angst in Schach gehalten?

Überall in Mittel- und Südamerika findet man bei Ausgrabungen grausam aussehenden Tiergottwesen, die einen abgeschlagenen Menschenkopf in die Höhe strecken. Die Namen für diese Menschen-Tiergötter sind verschieden, aber die grausamen Fratzen gleichen sich. Wenn also die Menschen in der Urzeit sowie in der Vergangenheit der Inkas nur an jene glaubten oder glauben mussten, so war wohl wenig Licht und Freude in den Herzen der Seelen anzutreffen. Aber eine Zwischenfrage sei erlaubt: Glauben die Christen auch nur an eine aufgehängte, geschundene Leiche oder an den Schöpfergott? Da waren vermutlich ganz ähnliche, menschenverachtende Manipulatoren am Werk, die verstanden haben, wie man das dumme Volk mit Angst gefügig machen kann.

Der Abend kam und wir fuhren müde in die Stadt hinunter. Nach einem gemütlichen Nachtessen legte ich mich bald ins Bett. Für morgen waren wieder Besichtigungen von antiken Städten und Orten auf unserer Wunschliste. Vor dem Einschlafen liess ich nochmals die gemachten Eindrücke in dieser alten Stadt-Schlossanlage Revue passieren. Ich schlief ein, hörte jedoch ab und zu das

Bimmeln und Schlagen der Turmuhren von den verschiedenen Kirchen. Gerade eben hörte ich es an mindestens fünf Glocken ein Uhr schlagen, als ich plötzlich hellwach war. Etwas streifte in meinem Zimmer umher und durchsuchte meinen Koffer. Ich schaltete das Nachttischlämpchen an. Nichts. Vielleicht hatte ich mich ja getäuscht? Aber schon wieder wisperte und raschelte es beim Koffer, dann im Bad und schliesslich unter meinem Bett. Die Nacht war heute dunkel, denn der Himmel hatte sich spät am Abend mit Wolken überzogen und hier im Dachzimmer leuchtete keine Strassenlampe von aussen herein. Also machte ich nochmals Licht und zündete auch das Kerzlein an. Dann knipste ich die Tischlampe wieder aus. Nun erst sah ich, dass viele schwache und alte Seelen ins Zimmer strömten. Was mir aber gar nicht gefiel, waren die vielen Astralwesen, die an und um die leidenden Seelen versammelt waren. Viele hatten ein furchtbares Fratzenaussehen, waren eher klein, aber mit rot blitzenden Augen. Sie versuchten, sich krampfhaft hinter den gebundenen Seelen zu verstecken. Ich stand auf und begab mich auf den Gang in Richtung Innenhof. Oh, da und auf den drei Balustraden auf allen Etagen sowie in den Gängen vis-à-vis war ein richtiges Gerangel. Ich holte die Kerze und stellte sie, wie nachts zuvor, auf das Geländer vor mir. Ich rief alle leidenden Seelen und Astralwesenfragmente, die an ihnen klebten, zu mir und begann mit dem Ablösegebet.
Sie müssen sich vorstellen, es stand da nicht ab und zu nur eine Seele, nein, pro Quadratmeter schienen mindestens zehn oder noch mehr Seelen da zu sein. Ich sah zudem unter denen noch ein Meer von Köpfen und von der Decke hingen auch noch unzählige wie Fledermäuse herab. Es war also ein sehr gemütliches Kränzchen, aber intensiver als gestern. Ich hatte mehr Mühe sie zu überzeugen, doch mit der Zeit gelang es mir. Alle schienen sich aufgelöst zu haben.

Unten, vom Eingang her, hörte ich Personen laut rufen. Ich vernahm, wie der Concierge laut mit jemandem diskutierte oder lamentierte.

Gerade wollte ich die Kerze ausblasen und zurück in mein Zimmer gehen, da kam er in den Vorhof gesprungen, schaute, wie gestern, wieder zu mir hinauf und rief etwas. Ich verstand nichts. Da lief er über die Treppe eine Etage höher und rief mir zu: *„Señor, problema en la habitatción 212!"*, er zeigte fuchtelnd auf ein Zimmer im zweiten Stock. Dann rannte er wieder hinunter und kam mit einer Hand voll Schlüssel in den zweiten Stock hinauf. Er rief mir zu, ich sollte bitte zu ihm herunter ins Zimmer 212 kommen. Widerwillig stieg ich zu ihm in den unteren Stock, wo er mir etwas erklären wollte. *„Señora el Europeo tiene problemas."* Er klopfte wie wild an die Zimmertüren links und rechts von 212. Es dauerte lange, bis eine verschlafene Frau und ihr Mann die Zimmertüre öffneten. Der Nachtwärter redete auf die beiden ein und zeigte immer wieder zur Türe 212. Sie verstanden ihn aber nicht, denn sie redeten Französisch miteinander. Dann begann auch der Mann auf die Nachbarzimmertüre zu pochen und den Namen einer Frau Chantal zu rufen. Er zeigte dem Portier, er solle die Türe mit dem Notschlüssel öffnen. Das war nicht zu früh, denn wir sahen eine Frau im Schlafanzug auf dem Fenstersims kauern! Wir rannten zu ihr, der Concierge packte sie und wir zogen sie gemeinsam ins Zimmer und legten sie auf ihr Bett. Sie war alleine im Zimmer und das Paar war mit ihr befreundet. Man redete auf die Frau ein, aber sie war nicht ansprechbar. Nun kam auch noch eine andere Frau mit ihrem Mann dazu. Sie alle gehörten zu einer Reisegruppe, die morgen wieder weiterreisen wollte. Es entstand ein ziemlicher Tumult und grosses Geschrei, wie das bei vielen Franzosen so ist, wenn zwei Franzosen in Fahrt sind, meint man den Lärm eines ganzen Vereins zu hören. Nun, ich hörte, wie sie diskutierten, hin und her, nicht wissend, ob die Frau ohnmächtig, betrunken oder am Schlafwandeln war. Eine der Frauen schien auch Ärztin zu sein, wie die Frau Chantal selbst, denn sie sagte: *„Nein, nein, sie ist nicht ohnmächtig, sie ist auch nicht betrunken, das macht Chantal sowieso nicht, aber ihr Puls ist zu tief."* Ich hielt mich im Hintergrund und war bis jetzt still. Dann sagte ich, so gut ich das in

Französisch eben konnte, es war zudem nach zwei Uhr nachts und mein Vokabular war auch fast am Schlafen: *„Nein, diese Frau wurde von bösen Geistern attackiert und zum Selbstmord animiert. Ich sehe diese negativen Wesen. Es sind böse Dämonen." „Quoi?"*, schrieen die vier gleichzeitig schrill und in allen Stimmlagen. Ungläubig sahen sie mich nun erst einmal von oben bis unten an, dann schwafelten sie wild durcheinander. Ich habe nichts verstanden, aber ich nahm an, sie glaubten, ich sei das Rumpelstilzchen persönlich. Ruhig zündete ich die Kerze wieder an und stellte sie auf das Nachttischchen. Zu der Ärztin sagte ich, sie solle mir helfen die Frau aufzusetzen und zwar auf die Bettkanten-Ecke. Sie verstand zwar nicht, aber sie half mir. Der Frau traten die Augen extrem aus dem Kopf und sie starrte ins Leere. Ich setzte mich direkt hinter sie und hielt sie an den Schultern fest. Die anderen bat ich, ruhig zu sein und ein wenig beiseite zu treten.
Ich begann das spezielle Ablösegebet für dämonische Befreiungen (Kap. 21, Gebete für die Seele). Es war sehr unangenehm, denn diese Wesen waren nun durch die Nähe zur Frau in meine Aura geraten und versuchten mich zu beissen, kneifen und zu schlagen, das alles von hinten, wo ich es nicht sehen konnte. Ich spürte auch, wie sie wild um mich kreisten und stampften. Aber bald hatte das Licht der Engel wieder gesiegt und die Unwesen wurden richtiggehend weggeschleudert. In diesem Moment erwachte die Frau aus ihrer Erstarrung, sie schaute um sich und begann sich zu strecken. Sie erschrak ein wenig, als sie die vielen Leute im Zimmer sah, aber erst recht, als sie mich, der direkt hinter ihr sass, wahrnahm. Sie war nun hellwach und hatte viele Fragen an die anderen, aber auch an mich. So gegen drei Uhr begab ich mich wieder ins Bett und hoffte auf den Schlaf der Gerechten.

Doch die Ruhe dauerte nicht lange. Noch im Halbschlaf hörte ich Hunde in einem weiter oben liegenden Quartier anschlagen, immer stärker und lauter. Nun bellten schon die Hunde in der Stadt und ihre Anzahl nahm zu. Der Lärm kam immer näher. Auch in unserer

unmittelbaren Nähe schien es Hunde zu geben. Dieses immer wütender werdende Gebelle konnte nur eines bedeuten: ein Seelenzug näherte sich uns. Das habe ich schon des Öfteren erlebt, auch schon einmal in einem kleinen Dorf oberhalb von Varese in Italien.
Ich liess ein Stossgebet zum Erzengel los und wollte mich wieder vermehrt meinem Kopfkissen widmen, dieses aber schien, wie durch ein eingebautes Radio, in dem gerade Buschtrommeln gespielt werden, zu vibrieren. Oh, was sind denn jetzt wieder für Deppen da? Es hämmerte und dröhnte nun schon in meinem ganzen Kopf. Ich zündete die Deckenlampe an und stand auf. Ich dachte, das rhythmische Trommeln komme vom Korridor oder aus den Wänden und Böden. Ich öffnete die Türe zum Gang, ging hinaus bis auf die Balustrade und schaute durch die Glasfassade des Innenhofes über die Dächer des Domes, es war noch dunkel. Da sah ich den Nachtwächter in den Hof laufen, er schaute nach oben und erblickte mich wieder an derselben Stelle. Er sagte nichts, aber hob die Schultern und streckte die Hände nach vorne. Dann drehte er sich um und verzog sich wieder hinter die Theke, wo er ein kleines TV-Gerät eingeschaltet hatte. Mir schien, als käme der Lärm vom Eingang her, eventuell vom Platz, der vor dem Hotel lag. Nun konnte ich nicht mehr ins Bett, ich war jetzt hellwach und das grimmige Gebell der Hunde war noch nicht abgeklungen. Im Zimmer zog ich mir die Hose und zwei warme Pullover über, denn draussen war es nun in den Nächten unter null Grad. Schnell steckte ich Kerze und Zündhölzer ein und lief die ausgelatschten Tontritte in den Hof und das Entrée hinunter. Der Nachtwächter hörte mich kommen und stand schon hinter der Reception. Er schaute mich fragend an und rieb sich vor Kälte die Hände. Hörte er auch die Trommeln und die Rasseln? Ich sagte ihm, dass ich nach draussen gehen wolle. Er schloss mir die alte Holztüre mit den zwei Schlössern auf und ich trat ins Freie. Der gepflasterte Platz mit der Pflanzenrabatte in der Mitte war, von an den Fassaden angebrachten Laternen, schwach beleuchtet. Ich lief einen Häuserblock nach

rechts zur Zwischenstrasse hin. Gegenüber war das Hotel im ehemaligen Kloster. Auch diese Gasse war durch einzelne Laternen nur schwach beleuchtet, am meisten noch durch die zwei, die links und rechts des Hoteleinganges hingen. Durch die Augen und den Tagesverstand betrachtet, war alles menschenleer, mir selber aber bot sich ein unvorstellbares Bild. Die ganze Gasse war von unten bis nach oben, so weit ich sehen konnte, voller Seelen. Auch der ganze grosse Platz vor dem Hotel war gestossen voll von ihnen, Kopf an Kopf, Leib an Leib, dicht gedrängt. Alle hatten einen unbeschreiblich traurigen Gesichtsausdruck und schienen hilflos und leidend zu sein.

Jetzt sah ich, woher das starke „Bumm, Bumm“ kam. Zwischen den Wesen auf dem Platz sah ich plötzlich, als etliche Seelen seitwärts auswichen, eine Tänzergruppe. Diese kam näher zu mir an die Hausecke, wo ich unter einer Laterne stand. In der Mitte der wilden Tänzer stapften fünf Vollmaskierte, mit Furcht erregenden Jaguar-Masken im Kreis. Sie trugen graue Hosen bis zu den Knien und darüber farbige Ponchos mit Goldplättchen und Glöckchen verziert. Einzelne Teilmaskierte, mit langen Mänteln bekleidet, trugen auf Kissen oder Tabletts Schwerter oder Opfermesser mit sich, vor denen sich die Angrenzenden verneigten, ja sogar zu Boden warfen. Oh, wie speziell und exotisch das war und wirkte. Schade, dass man solche Geisterzüge oder -schauen nicht filmen kann. Diese Seelen mussten alt, wenn nicht uralt, sein. Ich sah nun im Gewühl der Menge noch mehrere andere Masken- und Tänzergruppen, diese bewegten sich konstant in grossen Reigen um diesen Platz. Ich fragte mich, ob die nur ab und zu da waren oder zu gewissen Zeiten ihrer ehemaligen Riten? Kamen diese Wesen alle nur wegen dieser Opferkulte mit Schwertern oder Messern? Waren ihre Seelen nun Gefangene dieser Kultmeister oder Monster? Um die Menge überblicken zu können, stellte ich mich auf einen Strassenpolderstein. Schaute ich die abfallende Gasse hinunter, blickten alle zu mir herauf. Drehte ich den Kopf in die nach oben steigende Strasse, da schauten sie alle zu mir nach unten.

Also kramte ich meine Kerze hervor und zündete sie an. Ich hielt sie vor mich. Noch immer stand ich auf dem schwarzen Basalt-Polder und versuchte, mein Gleichgewicht zu halten. Die drängende Menge stand nun ganz still und starrte mich unverhohlen an. Ich begann, die Allmacht Gottes mit all seinen Engeln anzurufen, auch die Übersetzer. Ruhig hörten sie mir zu, nickten dann ab und zu oder schauten sich gegenseitig bedeutungsvoll an. Langsam bekamen sie eine schwache Aura und ihre Blicke und die Mimik in ihren fahlen und toten Gesichtern wurden lebendiger. Das Licht erfüllte den ganzen Platz und die Strassenschlucht. Bald lichtete sich die Menge, nur die Tänzer und deren Zeremonienmeister waren noch standhaft und wollten nicht weggehen. Ich sah bei ihnen auch keine Aura aufkommen, sondern erkannte, dass sie auf einmal Körperteile verloren. Füsse, Beine, Arme fielen einfach ab. Sie hüpften aber weiter bis die Dunkelheit sie ganz zu sich ins Erdinnere geholt oder verschluckt hatte. Nach und nach hörte ich auch das penetrante Trommeln nicht mehr und nicht nur die Ruhe tat gut, nein, auf einmal war alles weg, niemand mehr da.

Ich stand noch ein paar Minuten und merkte, wie zu meiner Linken die Hoteltüre aufging und der Nachtwächter hinaustrat. Ich ging zu ihm und ging hinein. Er schloss die Türe und nickte mir zu. Ich verschwand in Gedanken versunken nach oben. Es war nun viertel nach fünf. Ich schlief sofort ein.

14.1.3 Wasser- und Mondtempel

Am Morgen hatte ich so meine Mühe aufzustehen. Der Fuss tat mehr weh als sonst und der Kopf wollte nicht wach werden. Beim Frühstück warteten die anderen schon, aber niemand war überaus gesprächig, was mir sehr recht war. Nach ein paar dieser sonderbaren Kaffees wurde ich lebendiger. Unsere heutigen Ziele waren der Wassertempel ganz oben auf den Hügeln und danach der abgelegene Mondtempel. Der schöne Morgen versprach einen schönen Tag in der Höhe. Also zog ich die Wanderschuhe an und packte den Rucksack.

Wir nahmen für die Bergfahrt ein Taxi. Wieder führte der Weg, am Eingang von Sacsayhuaman vorbei, noch höher und weiter über die Stadt. Oberhalb der Ruinenstadt wurde die Steigung der Strasse etwas geringer, was gut war für's Auto.
Oben angekommen, verlangte der Taxifahrer die doppelte Summe als vorher abgemacht worden war. Ja nun, was soll's, er hatte ja scheinbar auch nichts zu lachen, nur, dass er uns halt reingelegt hatte. Davon amüsiert sagte ich zu den anderen: *„Für uns bleiben die Ausgaben gleich. Wir werden dafür einfach hinunterlaufen müssen."* Alle lachten und der Morgen war gerettet.

Beim Eingang ging's ein wenig einfacher zu als gestern weiter unten. Wir liefen in ein kleines Tal, das von Hochgebirgsweiden umgeben war, auf denen etliche Gruppen von Schafen weideten. Mehr zu schaffen machten uns die fliegenden Händler, die uns unbedingt ihre Wolldecken, Teppiche, Kappen und Wollsocken andrehen wollten. Konntest du dich einem entwinden, kam fünf Meter weiter schon ein anderer, der dir eine Wollkappe anzog und sich damit auch noch rühmte. Ja, heilige Stätten ziehen unheilige Händler an. Aber: *„Der Zweck heiligt die Mittel"*, sagt ein alter Spruch, oder ein anderer: *„Du kannst die Schafe nur dort finden und scheren, wo sie sind."* Auch wahr.
Nun, bald standen wir vor dem Wassertempel. Auf dieser Höhe und in der dünnen Luft hatten wir alle einen Gang runterschalten müssen. Aus drei kunstvoll übereinander errichteten Mauern floss etwas Wasser in eine Rinne und von dort in einen Trog. Die oberste wohl jüngste Mauer hatte Nischen oder Aussparungen, in die sich bei gewissen Zeremonien die Priester hineinstellten. Sozusagen die 'Ölgötzen', oder vielleicht gerade jene, die ich am Morgen gesehen hatte, wie sie von der Dunkelheit aufgeschluckt worden

waren. Das musste nicht sein, aber möglich wäre es gewesen. Ich habe mich dann gar nicht erst angestrengt, etwas darüber zu erfahren.
Als gerade kein Wächter schaute, füllte ich meine Wasserflaschen mit diesem Wasser auf. Dann zogen wir uns auf eine etwas höhere Plattform gegenüber der Quelle zurück. Es schien die Ruine eines Wärterhauses zu sein. Wir schauten dem Treiben der Touristen und der Händler von oben herab zu. Ich pendelte das Wasser der Quelle aus und bekam heraus, dass es sehr wohl das Beste vom Besten war in dieser Gegend. Man sieht auch heute noch die alten, genau behauenen Steinschalen, in denen das Wasser früher den Hang entlang zum nächsten Bergdorf weiter unten geleitet wurde. Ein leidender Mensch könnte hier ziemlich sicher seine Heilung erlangen, sofern er die gewisse nötige, ernste Einstellung zu den Geistern der Natur, vor allem zum Wasser, hat. Die Inkas wussten davon, aber nun versickert diese Quelle unwissend über deren Wirkung, unter der Aufsicht der Wärter, im Boden. Dafür trinken

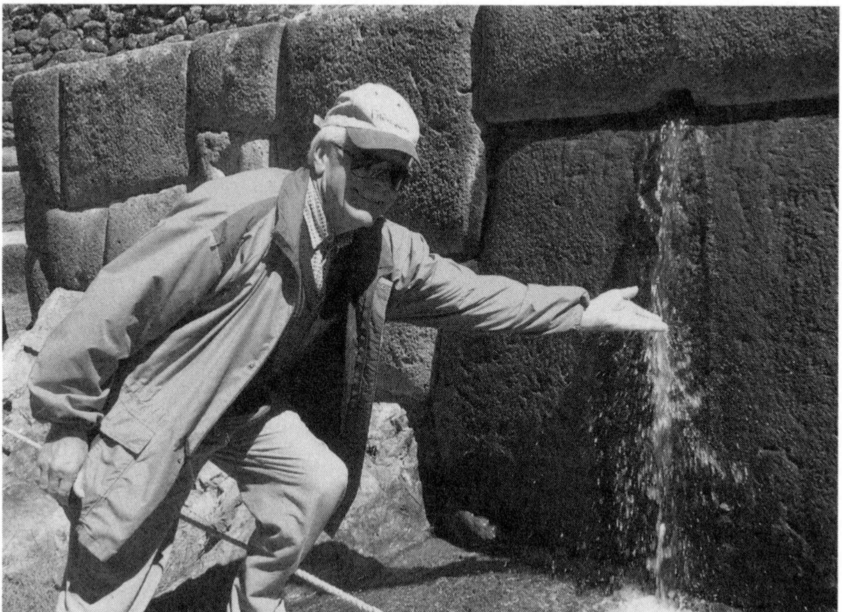

alle Personen vom Pepsi-Konzern aufbereitetes Wasser aus der Flasche. Auch die Ärmsten wollen dieses Pepsiwasser, denn den Menschen wurde gesagt, ihr Brauchwasser aus den Dorfquellen sei schlecht oder ungeniessbar. Leider ist es ja auch an vielen Orten verunreinigt oder mit Keimen belastet, aber das könnte man mit gewissen Massnahmen leicht örtlich ändern.
Wir fühlten uns alle sehr wohl hier oben in diesem Tälchen. Viele der Touristen lagerten deshalb so lange wie nur möglich rund um die Quelle herum. Eines war sicher viel besser als in der Stadt unten, es gab hier keinen Handy-Empfang und deshalb keine gepulste Mikrowellen-Strahlenverseuchung. Etwa nach zwei Stunden beschlossen wir von hier aufzubrechen und der Strasse entlang abwärts zu marschieren, um den entlegenen Mondtempel noch zu besuchen.
Etwa nach einem knappen Kilometer erreichten wir den Burgruinenhügel, der auch ein befestigtes Bergdorf gewesen sein könnte. Wir streiften durch den Eingang der Ruine. Eigenartige traurige und bedrückende Gefühle umgaben mich plötzlich. Auch die anderen bemerkten diese Veränderung schnell, nach der vorangegangenen Unbeschwertheit bei den Quellen. Sie fragten mich, was dies denn zu bedeuten hätte? Obwohl es um die Mittagszeit war, sah ich im Vorhof und vor dem Dorf eine grosse Anzahl irdisch gebundener Seelen herumstehen, die gebannt zu uns schauten. Es waren sicher mehr als fünf- oder sechshundert an der Zahl, die da seit verschiedenen Zeiten gebunden waren. Ich machte ein kurzes Ablösegebet und es schien auch zu wirken. Die Seelen lösten sich auf und schlagartig war die Stimmung leicht und frei, entsprechend des sonnigen Tages.

Bald machten wir uns wieder auf den Weg. Entlang einer Siedlung standen einzelne Häuser, die ebenso Hühnerställe gewesen sein könnten, aber es lebten Familien mit ihren Kleinkindern darin. Eine unbeschreibliche Kargheit und Armut ging davon aus, die mich sehr bedrückte. Nach etwa zwei Kilometern wanderten wir einen

Hangweg entlang in Richtung Mondtempel. Eine idyllische Gegend mit vielen romantischen Winkeln und Ecken umgab uns. Kleine Sümpfe, Teiche und einige kleinere Bächlein gab's, die in einen grösseren Weiher flossen. Drum herum weideten gefleckte Indianerpferde. Rund geschliffen von ehemaligen Gletschern, traten Felsen aus dem Heidegestrüpp. Sie hatten die fantasievollsten Formen. Es war ein richtig mystischer, unbefleckter Ort der Natur, so nahe der grossen Stadt, das wirkte wieder sehr eigenartig, aber vor allem sehr positiv. Wir beschlossen, an einem nahen Eukalyptus-Wäldchen unsere Mittagsrast einzulegen. Wir hatten jeder eine Paltafrucht (Avocado) und ein paar Brötchen mitgenommen. Diese Früchte schmecken hier, wo sie wachsen und reif geerntet werden, ganz anders, als wie wir es sonst kennen. Ich hatte vor meiner Reise schon seit Jahren keine mehr gegessen, weil sie mir nicht besonders geschmeckt haben, eher wie altes Motorenöl. Aber hier entfalten sie ein grossartiges Aroma, vor allem wenn man ein wenig Salz und Limonensaft darauf gibt.

Ab und zu ritt ein stolzer Indio mit offenem, wallendem Haar an uns vorbei. Dieser Anblick erinnerte uns an die verschiedenen Romane von Karl May. Aber hier ritten hinter dem schönen Indio auf seinem Fleckenpferd etwa ein Dutzend Touristen in allen Körpergrössen und -füllen auf Indianer-Pferden an uns vorbei. Das sah wie Sackhüpfen von McDonald's- oder Burger King-Opfern aus. Die echten Leidenden waren eben diese schönen kleinen Pferdchen. Unsere Traumvorstellung von Indianer-Idylle war damit sofort und endgültig zerstört.

So wanderten wir auf der Suche nach dem legendären Mondtempel wieder langsam weiter. Vor uns sahen wir zwar Hügel, aber wo sollte ein Tempel darauf stehen? Wir konnten nichts Bauliches erkennen. Nur etwas Unerbauliches: Auf einem schmalen Fussweg vor einem der Hügel hockten Indiofrauen mit ihrer Habe, sprich mit Souvenirs. Sie waren keine eigentlichen Wegelagerinnen, nur gab es dort keinen anderen Weg als an ihnen vorbei. Sie gaben alles, was sie hatten, aber nur gegen Soles und Dollars. Ja, der Mondtempel schien dort zu sein, denn als wir sie fragten und etwas abgekauft hatten, sagten sie, *„si, si.“* Wie aus dem Nichts stand dann plötzlich ein junger Mann vor uns, der auf uns einredete und uns die Geheimnisse dieses Hügels kundtat. Er führte uns zu einer alten Steintreppe ausserhalb des Hügels, wo wir in das Innere des Felsens hinuntersteigen konnten. Durch eine schmale Stelle im Felsen traten wir in eine Gruft, die nach oben im Karstfelsen eine fünf bis sechs Meter lange Spalte aufwies. Wenn da die Mondgottheit einmal im Jahr des Nächtens durchscheint, und das nur für eine Stunde, so mussten die Menschen Opfer bringen: Lamas, Schafe etc. Ja, so dumme Sachen gab's und gibt es immer noch. Würden die Menschen die ganze Nacht draussen bleiben, so könnten sie den Mond die ganze Nacht geniessen und müssten nichts opfern. Aber wenn der Mensch freiwillig sein Blickfeld eingrenzen lässt, muss er opfern oder wird sogar noch dazu gezwungen. So ähnlich kamen wir uns auch vor. Als wir nämlich die Grotte verliessen, stand der Junge mit unfreundlichem Gesicht vor uns und verlangte von jedem mehr als den Tageslohn eines Bauarbeiters, und das für nur fünfzehn Minuten Begleitung. Ja, wenn das Opfern an einem Ort einmal angefangen hat, ist es schwer, es wieder wegzubringen. Wir drückten ihm ein Trinkgeld in die Hand und entfernten uns.

Ein paar hundert Meter weiter kamen wir an die Krete, von wo aus wir auf den Moloch Stadt hinunterblicken konnten. Über steile Treppen liefen wir zwischen den ärmlichen Behausungen hindurch abwärts der Stadtmitte zu. Weiter unten bemerkte uns ein Taxifahrer, der uns fragte, ob wir ihn bräuchten. Wie froh war ich mit meinem wehen Fuss, dass es ihn mit seinem klapprigen Gefährt gab. Er hatte Glück mit uns, denn es ging bei dieser Fahrt nur sehr steil abwärts. Ob er es mit uns auch wieder aufwärts geschafft hätte, würde ich bezweifeln. Er führte uns direkt zum Hotel, wo wir uns in die Zimmer zurückzogen.

Zum Abendessen hatten wir uns in einem sympathischen Restaurant verabredet, aber wir waren alle müde. Zurück im Hotel fragten mich der anwesende Concierge und die Sekretärin aus, um was es sich denn in den letzten Nächten wohl gehandelt hätte. Der Nachtwächter hätte ihnen viel erzählt. Natürlich hatte ich Probleme, dies mit meinen mageren Spanischkenntnissen kundzutun, aber die beiden waren sehr interessiert und wir sprachen noch lange, als die anderen schon zu Bett gegangen waren. Ich selbst hoffte auf eine ruhige Nacht, müde genug war ich auf jeden Fall. Morgen stand die Fahrt zum Machu Picchu auf dem Programm und da hiess es, um vier Uhr aufzustehen.

Kaum nach Mitternacht, ich hatte schon eine Stunde gut und tief geschlafen, fingen die Hunde wieder an zu bellen. Dieses Mal in der anderen Richtung zur Kirche hin, oben am Hang. Das Gebell kam auf uns zu. Hunderte von Hunden schienen nun um die Wette zu bellen und es hörte nicht auf, bis die ganze Stadt aus bellenden Hunden zu bestehen schien. Ich spürte, wie wieder unzählige Seelen ins Gebäude eindrangen und sich dieses mehr und mehr füllte. Der Boden und die Gemäuer vibrierten und bald darauf hörte ich auch wieder das alles durchdringende „Bumm, Bumm" der Zeremonientrommeln. Am liebsten hätte ich mich im Bett umgedreht und mich nach Hause gewünscht. Es gab aber kein Zurück, ich musste, wie gestern und vorgestern schon, aus dem Gebäude gehen. Also packte ich wieder Kerze und Zündhölzer ein, zog mich warm an und lief schnell raus. Im Entrée war wieder der Nachtportier, aber auch der junge Mann von heute Nachmittag. Beide schienen ebenfalls etwas wahrzunehmen und öffneten mir sofort das Tor. Draussen, es war mittlerweile so um eins in der Nacht, war sonst, niemand mehr zu sehen.
Was sich mir jedoch zeigte, war mehr als nur eine Fülle an Seelen und Geistwesen. Unvorstellbar viele waren wieder da, auch Weisse darunter, Klosterbrüder, Schwestern, aber auch Geistliche und Soldaten. Alles bunt gemischt und wieder solche Zeremonientänzer

und Maskierte mit schrecklichen Fratzen. Ich sah nun auch viele Indios als Kämpfer und Soldaten, viele verletzt oder verstümmelt. Gerade sie glaubten ja, dass, wenn man körperlich nicht mehr unversehrt war, man nicht mehr heim oder ins Traumland gehen konnte. Wahrlich, diese hatten das Traumland nicht gefunden, sie waren alle im Albtraumland gelandet. Ich zündete die dritte Nacht in Folge die nun schon kleine Kerze an und begann mit dem Ablösegebet. Nach etwa einer halben Stunde waren alle Seelen verschwunden. Ich atmete tief die kalte Nachtluft ein und kehrte wieder zurück in mein Zimmer.

14.1.4 Machu Picchu

Unsere kleine Reisegruppe schaffte es spielend mit dem bereit stehenden Taxi, durch die noch schlafende Stadt Cuzco zum Bahnhof, den Andenzug um Viertel vor sechs Uhr morgens zu erreichen. Dort angekommen, trafen wir auf eine lange Menschenschlange. Wieder folgten mehrfache Kontrollen. Das Zugbillett hatten wir schon in der Tasche, doch man musste noch den Pass vorweisen, damit man uns überhaupt auf den Bahnsteig liess. Eine Frau prüfte den Pass, die nächste, in ihrem Glashäuschen, schaute, ob das Billett auch echt war. Wieder die Nächste riss einen Teil des Billettes ab und nochmals eine Weitere zeigte uns auf dem Bahnsteig unser Wagenabteil in der Zone C. Der blaue Andenzug war schmuck anzuschauen und sehr gepflegt. Er bestand aus fünf Panoramawagen und der Diesellok.

Schnell waren wir eingestiegen und hatten auf unseren 'vorgekühlten' Kunststoffsesseln Platz genommen. Alles, was aus Glas bestand, war mit Raureif überzogen.
Nun ging es los, rüttelnd und schüttelnd schnaubte der Zug durch die langsam erwachenden Viertel der Stadt. Wir schlotterten, denn natürlich gibt es in einem Andenzug keine Heizung. Plötzlich hielt

der Zug an und fuhr wieder rückwärts zurück. Nach dem zweiten dieser Manöver merkten wir, dass er im Zickzack an Höhe gewann und jeweils nach oben fuhr. Diese Bahnlinie wurde 1905 eröffnet und ich hatte das Gefühl, dass auch die Schienen und der unebene Untergrund noch aus dieser Zeit stammten. Cuzco liegt in einer grossen Talmulde, in deren Mitte sich der Flugplatz befindet. Rund herum breitet sich die Stadt an den Hängen hinauf aus und sieht sehr erdverbunden aus, weil alle Häuser mit gestampften Erd-Lehmziegeln erstellt wurden. Alles erschien hell- bis dunkelbraun, wie die Erde rundherum. Bei uns nennt man diese Art 'biologischen Hausbau', nur in einem dieser Häuser hier würde wohl niemand gerne wohnen wollen. Füsse und Beine fühlten sich inzwischen wie tief gefroren an. Wir hatten uns auf Dschungeltemperaturen eingestellt, nicht auf Frostbeulen. Aber dann, welch ein Glück, gab's für jeden von uns eine Wolldecke.

Wir hatten das Hochplateau erreicht und fuhren nun flott in Richtung des Rio Vilcanota-Tales. Diese hügelige Gegend liegt auf etwa dreitausendachthundert Metern über Meer und ist sehr abwechslungsreich. Neben den Schienen wurden Kühe, Schweine und Schafe auf die abgeernteten Äcker getrieben, wo sie nun den Tag erwarteten und das gefrorene Gras frassen. Für uns im Zug gab's nun sogar Frühstück mit Kaffee und Tee so viel wir wollten. Wir bestellten ein paar Mal nacheinander heisse Getränke, um vor allem unsere kalten Hände daran zu wärmen. Nach etwa eineinhalb Stunden Fahrzeit hatten wir die Höhe überquert und erreichten die tiefe Schlucht des Rio Vilcanota-Flusses. Der Zug fuhr in diese grosse Tiefe, indem er wieder Zickzack vorwärts und rückwärts manövrierte. Dann ging's am Fluss entlang an den steilen, grünen Berghängen vorbei. Langsam wurde es wärmer und tropischer. Immer schroffer und höher zogen sich die Steilhänge über uns. Für eine kurze Zeit sahen wir die dahinter liegenden Bergriesen der Anden, bedeckt mit ewigem Schnee. Sie erreichen hier eine Höhe von über sechstausend Metern über Meer. Diese Berg-

giganten, so nahe und so hoch, sind gewaltig beeindruckend. Aber nun wurde die Vegetation doch noch exotisch. Ich entdeckte die verschiedensten Kakteen, Kletterpflanzen und schönsten Orchideen. Zusätzlich waren die Felshänge mit bartähnlichen Hängeschmarotzer-Pflanzen überdeckt. Diese Bärte hingen mehrere Meter von den Bäumen, Telefon- und Elektroleitungen herunter, was kräftig und bizarr aussah. Nach etwa weiteren zwei Fahrstunden erreichten wir das Dorf Pueblo Aguas Calientes, hier endet die Bahnlinie. Mitten durch das Dorf fliesst der gleichnamige reissende Bergbach. Unser eleganter Luxuszug hielt an und wir begaben uns durch die Bahnhofhalle nach draussen. Was für ein Empfang, hier riefen die Gepäckträger aus lauter Kehle. Sie hielten ihre Plakate mit den Hotelnamen über ihre Köpfe und schrieen um die Wette. Wir hatten von unseren Freunden in Cuzco den Namen eines kleinen Hotels erhalten, das sie damals als sehr angenehm empfunden hatten. Wir hatten versucht, noch am Vorabend von Cuzco aus, dieses Hotel anzurufen, fanden es aber nicht im Telefonbuch. Unsere Freunde hatten uns gewarnt, einfach so aufs gerade Wohl loszufahren, denn in dieser Talstation war meistens alles überfüllt und ausgebucht. Ich vertraute meinen lieben Engeln und bestellte durch sie die nötigen Zimmer. Das Hotel hiess damals Urpi. Natürlich konnte ich mir diesen Namen behalten, weil der Papst seinen Gläubigen an Ostern den Segen „urbi et orbi“ erteilt. Ich empfand dies zwar mehr als „murbi“ für „morbi“, aber das ist meine Einstellung zu diesem extremen Personenkult, der nichts mit dem Glauben an Gott zu tun hat.
Also fragten wir einige der Schreihälse nach unserem Hotel Urpi, aber niemand wusste von diesem Hotel. Da kam ein etwas abseits stehender Mann auf mich zu und sagte, er kenne das Hotel. Er riss mir die Reisetasche aus den Händen und forderte uns auf ihm zu folgen. Er lief auf den angrenzenden riesigen Markt zu und, mit uns im Schlepptau, kreuz und quer durch diesen hindurch. Gleichzeitig wurden wir von dutzenden von Marktleuten mit ihren Produkten bedrängt. Wir schafften es durch diesen farbigen Einheimischen-

und Touristen-Kitsch und standen nun vor einem neu renovierten kleinen Hotel, in das unser Träger hineinstürmte. Wir waren verunsichert, denn es hiess Hotel Apu Majestic. Er versuchte uns zu erklären, dass der Name schon vor zehn Jahren zusammen mit dem neuen Besitzer gewechselt hatte. Also traten wir ein. Sie hatten noch genug Zimmer frei, die wir anschauen durften. Sie waren sehr sauber und die Besitzer freundliche Leute. Wir entschlossen uns zu bleiben. Einzig die Dorfumgebung war nicht gerade gemütaufhellend. Soweit wir im Moment erkennen konnten, war es eine 'junge' Stadt. Kein Gebäude war fertig erbaut, denn überall war zu sehen, dass noch ein Stockwerk irgendwann einmal später draufgebaut werden würde. Die grünen, mit Dschungel überzogenen, Berge dahinter waren jedoch ein herrlicher Trost für die Augen. Wir schlenderten durchs Dorf und wollten uns die Tickets für den Eintritt auf den Machu Picchu besorgen. Was dann folgte war ein Erlebnis der fünften Art:

Zum Glück hatten wir ja keine Eile. Es scheint aus organisatorischen Überlegungen in Peru nicht üblich zu sein, die Tickets dort zu verkaufen, wo man dies erwarten würde. Nach der Befragung mehrerer Leute, wurde uns zumindest die Richtung gedeutet, wo wir den Kauf tätigen könnten. Das Gebäude fanden wir dann neben der Kirche, denn dort bildete sich eine Menschenschlange bis auf die Strasse. Wir schauten zuerst im Gebäude nach, ob wir auch beim richtigen Billettschalter seien. Dies schien so, denn von den vier Schaltern war nur einer besetzt. Die anderen Angestellten lungerten im Büro herum und schienen sich nicht um die Menschenmassen zu scheren. Als wir nach langem Warten endlich in die Nähe des Schalters kamen, sahen wir sehr schnell, warum sich solch ein Stau bilden konnte. Eine unfreundliche Dame betastete und kontrollierte jeden Geldschein aufs Genaueste. Bei vielen Touristen nahm sie das Geld gar nicht erst an, was zu endlosen Diskussionen führte. Als ich dran war mit meinen drei halb 'vorgekauten' fünfzig Soles-Scheinen, da schaute sie mich herablassend an. Ich merkte wohl, dass sie die Scheine zurückschieben wollte, doch ich lächelte sie an und sagte: „*Einen schönen Gruss von der Bank in Cuzco.*" Verärgert riss sie die Scheine an sich und sofort erhielt ich das gewünschte Ticket.

Wieder im Hotel angekommen, konnte ich mich endlich im Zimmer ein wenig ausruhen. Bald schon schlief ich, wurde jedoch geweckt, weil meine Bettdecke zu Boden gefallen war. Ich zog sie wieder über mich. Schon nach ein paar Minuten fiel sie erneut hinunter. Sie bestand aus dem Lacken, der Wolldecke und einer Steppdecke mit Daunenfüllung. Jetzt zog ich alles wieder aufs Bett und legte meine Beine darüber und versuchte wieder zu schlafen, merkte aber, dass etwas an diesem Bettüberzug zog und zupfte. Nun war ich hellwach. Was zum Kuckuck war denn da im Zimmer? Ich schaute ganz langsam umher. Es war halbdunkel, denn ich hatte die Vorhänge zugezogen. Konnte das sein? Ich sah eine ganze Horde von kleinen Erdgeistern sowie eine grosse schwarze Wolke von Astralwesen, die sich langsam im Zimmer bewegte. Brauchen die Hilfe von mir oder sind diese Erdgeister da, um mich zu begrüssen? Mir war das in diesem Moment nicht klar. Ich setzte mich langsam auf den Bettrand. Sie blieben ruhig vor mir stehen und schauten mich erwartungsvoll an. Sie sahen nicht gleich aus wie die in Europa. Sie hatten eine dunkle Haut, trugen keine Bärte und waren wesentlich kleiner. Alle waren sie mit einer Art Poncho aus beiger Naturfaser bekleidet. Darunter sah ich ihre dünnen Beinchen auf übergrossen flachen Füssen. Überall im Zimmer standen sie, auch unter dem anderen Bett. Ich bat meine Engel zu übersetzen. Dann sprach ich sie laut und freundlich an: „*Ich begrüsse euch, ihr lieben Erdgeister von Südamerika oder von Peru. Geht es euch gut?*" Jetzt stampften sie und warfen ihre Ärmchen in die Luft, dabei blitzten ihre weissen und gelben Zähnchen im Halbdunkel. Ihre Gesichter verzogen sich, als ob sie aus Gummi wären. Sie erinnerten mich an die Schrumpfköpfe aus dem Urwald. Köpfe von unglücklichen Feinden, die man abgeschlagen und dann gekocht

hatte. Zuvor wurde aber die ganze Kopfhaut vom Schädel gelöst und mit Stroh oder Gras ausgestopft und wieder und wieder gekocht. Etwa so sahen diese Erdgeister aus, wie eine Vorstufe der Urmenschen.
Langsam begriff ich was sie wollten, denn sie zeigten fast alle gleichzeitig zur dunklen Wolke hin, die sich nun schneller von einer Zimmerecke zur anderen bewegte. Dabei verlor oder spalteten sich von ihr lange schwarze Fetzen ab, die auf den Boden fielen. Dies schien die kleinen Wesen extrem zu beunruhigen. Ich fragte sie: *„Ist das eure Energie, sind das eure Astralwesen?"* Sie schienen meine Frage nicht zu verstehen oder sie wussten es nicht. *„Habt ihr vor diesen Astralwesen Angst?"* Oh, jetzt gab's Bewegung bei diesem grossen Verein. Sie hüpften, warfen ihre Arme in die Luft und schienen etwas zu schreien, das ich natürlich nicht verstehen konnte. Ich bat nun meine lieben Engel um die Ab- und Erlösung von dieser grossen Astralwesengruppe.
Diese blieb nun über dem Nachbarbett wie angenagelt stehen. Sie begann, währenddem ich sie ansprach, immer unruhiger zu werden und drehte sich alsbald wie wild im Kreis. Als ich sie im Liebeslicht visualisierte, verlor sie langsam die schwarze Farbe und wurde immer heller. Nach einer Weile hörte sie auf zu existieren, ebenso verstummte das eklige surrende und zischende Geräusch. Die Kleinen schauten nun ruhig zu mir herauf. Sie drängten sich und alle versuchten einen Blick von mir zu erhaschen. *„Ihr lieben Wesen, ich hülle euch ein im stärksten Liebeslicht, das von unserem höchsten Gott und Wesen stammt, geht in Frieden."* Ich visualisierte das göttlich rote Herzliebeslicht auf alle und hüllte sie in rosarotes Auraliebeslicht ein. Das schienen sie zu geniessen. Sie griffen sich an die Brust und schauten mich liebevoll an. Dann schien es, dass alle vorbeilaufen wollten, um mich an den Füssen zu berühren. Darauf verschwanden sie in der Wand zum Nachbarhaus, das noch im Rohbau stand. Mir war nicht mehr ums Schlafen und so ging ich in die Empfangshalle hinunter und genehmigte mir einen Mate de Coca Tee bis die anderen wieder zu mir stiessen.

Nach dem Einnachten schlenderten wir durch die steilen Gassen des Bergdorfes. Vor jeder Beiz standen ein bis zwei 'Menu-Zuhälter', die versuchten, möglichst jeden Passanten in ihr Lokal zu ziehen. Von einem liessen wir uns überzeugen, weil sein Pizzaofen schön nahe beim Tisch stand, wo wir uns niederlassen wollten. Nach dem Eindunkeln, das in den Tropen sehr schnell geschieht, wird es sofort bitterkalt. Einerseits, weil eine hohe Luftfeuchtigkeit vorherrscht und andererseits, weil zwischen diesen steilen Bergen ein starker Hangabwärts- oder Tal-Wind einsetzt.
Wir gingen früh zu Bett, da es am Morgen schon vor fünf Uhr aufzustehen hiess. Wir wollten den ersten Bus um halb sechs Uhr nehmen, damit wir oben den Sonnenaufgang erleben konnten.

In mittelgrossen Bussen ging's holpernd die steile Naturbergstrasse hinauf. Von unten gesehen kann man es fast nicht glauben, dass man überhaupt diesen steilen Hang hinauffahren kann, aber die angelegte Strassenlinienführung bis zur Endstation ist optimal. Diese liegt etwa gut dreihundert Meter höher als das Dorf mit der Bahnstation. Es war noch fast dunkel und alle im Bus schienen noch zu schlafen. Sie wurden erst munter, als wir in die kalte Morgenbergluft ausstiegen. Nun hiess es wieder warten und eine lange Schlange bildete sich vor dem Kontrollhäuschen. Erst ein paar Minuten nach sechs Uhr wurde offiziell geöffnet, und die ersten Gruppen durchgelassen. Nun stürmten alle nach oben, die steilen, unebenen Inkatreppen hinauf. Aber der Ansturm hielt nicht lange, denn viele blieben schnell, nach Luft schnappend und japsend, wieder stehen. In dieser Höhe von zirka zweitausendvierhundert Metern über dem Meer macht manches Herz und die dünnere Luft Probleme. Nun erreichten wir den Vorposten und die Wärterhäuschen der verborgenen, vorchristlichen Stadt auf dem Machu Picchu. Welch ein grossartiger Anblick, unglaublich faszinierend an diesem Morgen. Staunend blieben wir stehen und fotografierten, was das Zeug hielt. Wir bewegten uns nach links oben, wo man von der Terrasse und dem alleinstehenden Wärterhaus die aller-

beste Sicht auf, die im Morgennebel noch schlafende, Totenstadt hat. Dort sind dutzende von Terrassen in den unglaublich steilen Berg eingebaut worden. Zuoberst ist eine relativ grosse, flache Weide entstanden, auf der Lamas in verschiedenen Farben und unterschiedlichem Alter grasten. Neben dem Wärterhaus liegt ein spezieller Stein mit einer Fläche, gegen Osten hin und wie mit einer kleinen Bergspitze versehen. Im Führerkatalog stand, dass dies ein Opfer- oder Grabstein sei, der auf einem Friedhof liegt. Aber dem schien nicht so, denn sobald die Sonne hinter den hohen, steilen Bergen jenseits vom Flusstal aufging, erzeugte diese kleine Bergspitze einen Schatten. Dieser wanderte in den zwei Stunden, in denen ich dort war, wie ein Zeiger auf einer Uhr. Heute war der 30. Juni, also neun Tage nach dem kürzesten südlich des Äquators. Ich konnte mir ganz gut vorstellen, dass ich hier einen der genauesten Kalender vor mir hatte, denn jeder, der sehen kann, stellt am Schattenverlauf auf dem Stein fest, ob es nun der kürzeste oder der längste Tag wird. Zusätzlich kann man das auch an Bergspitzen sehen, hinter welchen die Sonne aufgeht, dies ist ja auch von Tag zu Tag anders. Nun, das war eine interessante Beobachtung der Naturabläufe.
Mit dem stärker werdenden Sonnenlicht entstanden immer kürzere Schatten in den Ruinen und um die noch intakten Häuser. Von dieser hohen Warte aus konnte ich die ganze Stadtanlage überblicken und gegenüber stand der Waynapicchu, was der junge Berg heisst. Auf diesen führte ein extrem steiler Treppenpfad über fast senkrechte Bergschlünde. Viele, die sich vornahmen dort hinaufzuklettern, kehrten schaudernd wieder um.

Um diesen spitzen Berg floss der Fluss, und ab und zu hörte man die Bahn an verschiedenen Stellen hornen. Ein mystischer Ort und gebundene Seelen hatte es zuhauf. Noch bevor die Sonne aufging, sah ich in den Ruinen viele davon herumhuschen. Sie hatten alle wenig Energie, also mussten sie uralt sein. Während der Zeit des Beobachtens und Zuhörens, was die Touristenführer so alles den

leichtgläubigen Reisenden erzählten, hatte ich viel Zeit, meine Geistführer zu befragen. Ich wollte wissen, wie alt die erste Anlage hier oben sei, denn man sah die unterschiedliche Steinverarbeitung schon von weitem. Als Antwort erhielt ich, dass der erste Teil schon vor über zweitausend Jahren erbaut wurde. Es gab dort nie einen König, der über das ganze Inkareich geherrscht hatte. Ich wollte wissen, wie lange die Menschen hier oben lebten. In vielen Büchern wurden die verschiedensten Vermutungen verbreitet. Ich erhielt die Erklärung, dass die Stadt bis ins achtzehnte Jahrhundert von etwa zweitausend Personen bewohnt war und dann innerhalb einer Generation verlassen wurde. Ich wollte den, oder die Gründe erfahren und fragte, ob Krankheiten, Kriege oder Inzucht zum Aussterben oder Abwandern geführt hätten. Nein, dies alles waren auch Gründe, aber es schien ein akuter Wassermangel gewesen zu sein. Zuerst hatte ein Erdbeben die Hauptquelle zum Versiegen gebracht, dann kam eine fünfjährige Trockenzeit dazu. Unten floss zwar der Rio um die Stadtburg, aber oben hatten sie keinen Tropfen mehr. Das Wasser heraufzuschleppen bedeutete über grosse Umwege, jeweils drei Stunden Fussmarsch ein Weg. Dass das für die Bewohner selbst, geschweige denn, auch noch das Wasser für die durstigen Tiere und die grossen Felder und Terrassen herbeizuschaffen, nicht möglich war, wird sofort klar. Leider hatten die Inkas keine Schrift und von dieser Stadt fehlt jede Überlieferung. Auch heute ist im Umkreis von zirka dreissig Kilometern kein Dorf anzutreffen. Ich wollte auch wissen, ob auf diesem Bergrücken oder in einem Ort eine alte indianische Gottheit oder ein Deva lebt oder herrscht. Dies scheint aber nicht zuzutreffen.

Die um mich weidenden Lamas wurden immer zutraulicher und beschnupperten mich von oben bis unten. Ach, mein Rucksack schien sie zu interessieren. Eines wollte es ganz genau wissen, biss in den oberen Traggriff und riss den Sack vom Boden weg. Unwirsch schwenkte es diesen hin und her, dabei schlugen ihm die Traggurte nur so um den Kopf. Dies passte ihm nicht und es liess bald los. Der schwarze Tragsack flog nun auf die untere Terrasse, wo er noch eine Stufe weiter fiel, zwischen eine japanische Reisegruppe. Ich kletterte so schnell wie möglich auf diese untere Terrasse, musste dabei aber einen grossen Umweg nehmen. Hinunter springen ging nicht, denn jede Terrasse hatte mehr als zweieinhalb Meter Höhe. Als ich unten endlich ankam, standen etwa zwei Dutzend Japaner dicht um meinen Rucksack gedrängt. Sie machten bereitwillig Platz, so dass ich ihn an mich nehmen konnte. Sie sprachen etwas und verneigten sich vor mir. Ich lächelte und dankte ihnen auf Englisch. Sie verbeugten sich wieder tief vor mir. Ich dachte mir noch, hoffentlich meinen die nicht, mein Rucksack sei ein neuartiges Heiligtum vom Machu Picchu und ich, als Weisshaariger, so eine Art Guru von diesem Berg. Doch nun kam Bewegung in die Gruppe, alle wollten mir die Hand schütteln. Sie nahmen meine rechte Hand in die ihren und verbeugten sich tief vor mir. Als dann alle nun etwa dreissig Personen vorbei waren, war ich froh, dass nicht noch andere Touristen von diesem asiatischen Gruss Gebrauch machten, denn es waren nun mehrere hundert auf den oberen Abtreppungen versammelt und drängten auch nach unten vorbei. Ich kletterte mit meinem Sack, der ein wenig voll gesabbert war, wieder über die steilen, in der Mauer eingelassenen, Treppen nach oben. Die Tritte schienen für Riesen geschaffen zu sein, denn der Höhenunterschied zwischen ihnen war mehr als vierzig Zentimeter. Oben angekommen interessierten sich auch die anderen Lamas für mich, aber sie blieben auf etwa zwei Meter Distanz. Als ich diese lieben Tiere genauer betrachtete, sah ich, dass unter ihnen, aber auch weit um sie herum, eine grosse Anzahl von Naturgeistern versammelt war, die mich anstarrten. Sie waren ähnlich denen, die mich gestern im Hotel besucht hatten. Der Unterschied war einzig, dass die hier oben die verschiedensten Kopfbedeckungen trugen und ganz drollig aussahen.

Wie viele da waren, konnte ich nicht genau erkennen, aber das ganze Feld schien von ihnen besetzt zu sein, sie hüpften nun auch um mich herum. Der Fussweg vor mir war voll gestopft von ihnen.

Die keuchenden und stolpernden Touristen jedoch nahmen nichts wahr, denn sie waren ja feinstofflich und liefen durch sie hindurch, die schien das hingegen nicht zu stören. Einzelne waren ziemlich zutraulich und sogar frech. Doch die meisten hielten einen Respektabstand von etwa einem Meter ein. Vier Männlein kletterten an meinen Hosenbeinen hinauf und standen nun auf meinen Oberschenkeln. Ich verhielt mich ganz ruhig und beobachtete sie. Dann erlaubte ich mir ein Spässchen, riss den Mund sperrangelweit auf und fauchte sie wie ein Tiger an. Oh, wie erschraken die vier. Sie rissen die Augen und die Münder weit auf und fielen von meinen Schenkeln. Aber auch die vielen um mich herum wichen aus Angst schnell einen halben Meter zurück. Sie purzelten kreuz und quer übereinander. Es erinnerte mich an eine Ola-Welle im Fussballstadion, die ich einmal im Fernsehen gesehen hatte. Als ich sie gleich wieder freundlich anlächelte, lachten sie auch und klopften sich dabei auf die Oberschenkel. Sie hatten nun gemerkt, dass ich mir nur einen Spass mit ihnen erlaubt hatte. Sofort traten sie wieder ganz nahe an mich heran und schauten mich voller Erwartung an. Das war ein lustiger Anblick, die grosse Zwergenschar mit ihren schwarzen Knopfäuglein. Nun sprach ich sie an, bat aber meine Geistführer, für sie zu übersetzen. Ich dankte ihnen für ihre nützliche Arbeit hier oben. Sie sind ja sehr wichtig als Verbindungsglied zwischen den Pflanzen und den Tieren, denn sie sind über eine unbestimmte Zeit in dieser Form gefangen, da sie ja gerade den Sprung aus den Seelenebenen der Tierwelt geschafft haben. Ich bat für ihren Segen und hüllte sie in rosarotes Liebeslicht ein. Sie schienen im ersten Moment sehr erstaunt zu sein, aber bald bemerkte ich, wie sie sich riesig freuten. Sie hüpften nun wie wild umher, wie eine Menge toll gewordener Flöhe. Aber an denen schienen sie ja gerade auch zu leiden, denn ich sah, wie sich fast alle ständig kratzten und rieben. Eigenartige Geisterwelt, die an Flöhen litt. Langsam zerstreuten sie sich wieder auf der Wiese und den verschiedenen Terrassen. Ich sah zwar den ganzen Tag noch viele von ihnen in den Ruinen herumhopsen, doch normalerweise sind sie sehr selten zu sehen. Sie zeigen sich nicht so ohne weiteres den Menschen. Jesus beschreibt in den Lorber-Werken, dass die Naturgeister ganz genau erkennen, welche Menschen reinen Herzens sind und sich nur diesen zeigen.

Ich spürte nun bis zu mir hinauf die traurige, belastende Energie von irdisch gebundenen Seelen. Mich nahm es wunder, wie viele Seelen hier noch erdgebunden und unfrei waren. Bei einer Besiedlungszeit von etwa eintausendachthundert Jahren müsste dies ja eine Unmenge sein, aber ich bekam die Zahl von fünfhundertzweiundachtzig gebundenen Seelen auf diesem Berg. Irgendwie mussten die alten Inkas um das Geheimnis der Seelenbefreiung gewusst haben, sonst wäre hier sicher eine viel grössere Zahl anwesend. Ich bat die Engel, den Wesen mitzuteilen, dass ich ihnen nach neun Uhr auf dem grossen Hauptplatz versuchen würde zu helfen.
So gegen halb zehn konnte ich mich von diesem exzellenten Aussichtsplatz losreissen und ging langsam durch das Haupteingangstor in die alte Oberstadt. Ich nahm in und um jedes Gebäude eine grosse Anzahl von Seelen wahr. Sie schienen extrem scheu oder verängstigt zu sein. Ich lief direkt zum Hauptplatz zwischen den beiden sich auftürmenden Burghügeln. Dies ist heute eine grosse abgetreppte Wiese. Leider war mir der Zugang auf diese Wiese durch gespannte Seile versperrt. Ich sah aber niemanden in der Nähe, der die Wiese bewachte, also überstieg ich die Abschrankung und setzte mich unten an eine mannshohe Mauer. Auf der gegenüberliegenden Seite warfen die hohen Mauern der alten Bauruinen Schlagschatten, der bis zu meinen Füssen reichte. Ich bat nun die Engel, die gebundenen Seelen dieses Ortes herbeizurufen und sie kamen aus allen Winkeln und Ecken auf diesen Platz zugeströmt. Ich sah sie bald in verschiedenen Gruppen vor mir stehen, denn sie waren unterschiedlich gekleidet. Viele waren sehr einfach, fast nur mit Lumpen bedeckt, andere wiederum mit einem sehr würdevollen Outfit versehen und einem gebieterischen

Auftreten. Es ist wohl so, dass es auch noch im Geisterreich solche gibt, die andere befehligen und unterdrücken. Besonders zwei dieser Machtdespoten fielen mir unangenehm auf. Sie waren mit den schönsten Kleidern und dem grössten Federschmuck eingedeckt. Sie wurden jeweils von einer grossen Gruppe begleitet, die ihnen scheinbar jeden Wunsch von den Augen oder Lippen ablas. Auf einmal kam der eine mit seiner Gruppe auf den Platz, schob grob alle auseinander und drängelte nach vorne. Dort befahl er zwei Männern, sich auf den Boden übereinander zu legen, damit er sich auf sie setzen konnte. Er machte es sich dann gemütlich und stützte sich mit der rechten Achsel auf seinen vergoldeten Herrscher-Spazierstock. Herrschsüchtig oder machtgierig schaute er frech in die Runde. Seine Gruppe blieb nahe bei ihm und schaute aufmerksam, was ihr Herrscher noch von ihnen wünschen würde.
Der andere farbige und aufgeblasene Typ versuchte sich auch in die vorderste Reihe zu drücken, wurde aber mit seiner Gruppe nach rechts aussen abgedrängt. Auch er verlangte, seinem Status gemäss, eine Fussstütze, die er auch sogleich bekam. Ein Mann wurde vorgelassen, der eine andere Kleidung als die anderen der Gruppe trug. Er warf sich ihm buchstäblich vor die Füsse. Der Machthaber stellte unsanft seinen rechten Fuss auf die Schulter des Untergebenen. Stinkfrech schaute der Gebieter mit einer antrainierten Arroganz in die Runde, so nach dem Motto: *„Hier bin ich der Chef, ihr einfachen, dummen Schweine. Über mir gibt's niemanden mehr und ihr habt mir zu gehorchen."* Dies war die einfache Botschaft dieser beiden Erdenschweine.
Ich musste mich nach dem kurzen Einakter sehr zusammennehmen, dass ich wegen dieser alten Machtdominanz nicht wütend wurde. Ich versuchte, in mir ganz ruhig zu sein und neutral zu bleiben, denn ich wusste, nichts brachte mich mehr aus der Fassung und Ruhe, als Unterdrückung und Ungerechtigkeit. Vom zweiten hatte ich in den letzten vierzehn Tagen viel, ja fast zu viel, gesehen. Nun, sie warteten, was da wohl auf sie zukäme und Zeit hatten sie ja.

Also bat ich meine lieben Engel, aber vor allem Erzengel Michael, um Hilfe und Unterstützung. Sobald der Platz und die Seelen mit dem Licht der Liebe eingehüllt waren, begann ich die Seelen anzusprechen. Ich sah an ihrer bewegten Mimik, dass sie mich gut verstanden. Die lieben Engel leisteten perfekte Arbeit beim Übersetzen meiner Herzsprache. Schon nach kurzer Zeit griffen sich viele ans Herz, hoben den Blick zum Himmel und begannen zu strahlen. Ihre Aura um sie wuchs und sie wurden plötzlich unsichtbar. Der eine Despot, der machtvoll auf den zwei Männern hockte, fiel rückwärts auf den Rücken und streckte alle Viere in die Luft, da die beiden Männer unter ihm verschwunden waren. Aber er rappelte sich wieder auf, schaute seine Gruppe an und schimpfte und stampfte wild, doch die Seinen empfanden glücklichere Gefühle in ihren Herzen und nahmen keine Notiz mehr von ihm, sie verschwanden buchstäblich aus seinen Augen. So schien es auch dem zweiten federgeschmückten Häuptling oder Fürst zu meiner Rechten zu ergehen. Auch dieser stampfte wie wild auf die Erde, so dass es richtig stob. Mit beiden 'Machtkolben' fuchtelte er in der Luft herum. Es muss eine harte, aber gute Lektion für so einen Machtgierigen sein, wenn er etwas will oder befiehlt und niemand hört mehr auf ihn oder es ist gar niemand mehr da. Um die beiden herum lichteten sich die Reihen nun schnell. Bald waren nur noch eine Hand voll tobender und wütender Geister auf dem grossen Platz zu sehen, darunter natürlich die zwei gefiederten 'Fruchtzwerge'. Diese kamen immer näher und tanzten mir buchstäblich auf meinen Beinen und Füssen herum. Ich konnte ihre Wut, den Schweiss und ihre unangenehme Ausdünstung riechen. Kurz, es stank so ziemlich nach Meerschweinchenstall und Lamascheisse. Gut, damals kannte man hier im Urwald wohl noch kein Deo, ist ja auch besser so, aber diese lebten noch in ihrer alten Zeit. Die wiederum könnte mehr als tausend Jahre zurück liegen. Ich schaute diesem wütenden Treiben ein paar Minuten zu, spürte nun aber, dass es drei alte Schamanen waren, die mich sehr gut über Zeit und Raum sehen und wahrnehmen konnten. Sie ver-

suchten ununterbrochen mit schwarzmagischen Energien an mich, aber vor allem an meinen Körper, zu gelangen, aber meine guten Schutzgeister hatten schon vor Beginn des Ablösegebetes um mich eine Schutzhülle aus weissem Licht, wie eine Hülle aus Spiegelglas errichtet.
So, nun hatte ich aber genug von diesen bösen Wesen, ich weitete also blitzartig meine Schutzumgrenzung aus. Dabei sah ich, wie sie mit grosser Wucht an die gegenüber stehende Mauer geworfen wurden. Dort blieben sie eine Minute lang wie erschlagen liegen, kamen aber wieder auf die Beine und rannten nun schon wieder mit erhobenen Stecken und Fäusten zu mir herüber. Ein paar Meter vor mir wurden sie jäh gestoppt, als ob sie gegen eine harte Glaswand liefen. Sie knallten zurück und blieben benommen liegen, aber nicht lange, denn schon standen sie wieder und stampften und wüteten, so dass ich es im Gras dröhnen hörte und Staub aufgewirbelt wurde. Wie konnte ich so eine Wut besänftigen und sie von ihrer misslichen Lage überzeugen? Mir fiel nur ein, wie es wohl wäre, wenn sie ihre Machtattribute, die Kleider, verlören. Nur schon gedacht und schon war es so. Zwei bemerkten dies sofort, die anderen wüteten trotzdem weiter. Wie wäre es mit einer Eiswasserdusche? Gedacht, und schon geschah es. Sie wurden wie die Pudel abgegossen und konnten sich auf dem Boden dieser Wasserdusche nicht entziehen. Nun lagen sie alle da und krümmten sich wie arme Würmchen, aber vor Kälte. Ich hörte ihre spärlichen Zähne klappern, denn in ihren Mündern sah es eher wie nach einem abgebrannten Indianerdörfchen aus. Sie hockten sich vor mich hin, streckten die Beine und stützten ihre Arme hinter sich im Gras ab. Sie sahen nun nicht mehr so machtgierig und dominierend aus, diese schlotternden alten Würstchen.

Ich sprach sie an und merkte sofort, wie sie mich hörten und auch verstanden. *„Ich komme aus einem fernen Land von einem Kontinent über dem grossen Wasser zum Sonnenaufgang hin. Ich lebe in einer anderen und späteren Zeit als ihr. Wenn ihr vorher* *zugehört hättet, so könntet ihr jetzt verstehen, dass ihr vielleicht schon eintausend oder gar zweitausend Jahre lang tot seid.“* Ich merkte, wie sie sich plötzlich aufgeregt, ja erschrocken, anschauten und sich etwas zuriefen. *„Nun ihr wolltet das was ich sagte gar nicht hören, da eure Macht und euer Sein nur auf das Unterdrücken und Manipulieren anderer ausgerichtet war. Aber schaut, ihr könnt als Geist all die anderen nicht in eurem Gefängnis zurückhalten. Das funktionierte nur so lange, wie ihr ihnen Angst einflössen konntet. Sie konnten meine Botschaft scheinbar schneller verstehen und sich euren Krallen der Bosheit entziehen. Eure vermeintliche Kraft reichte nur für diese Erdebene aus. Als ihr, sowie die anderen, gestorben seid, seid ihr auf einer Zwischenebene gelandet, die genau gleich ist, wie zuvor euer Leben vor dem Tod. Ihr habt von eurem Sterben vermutlich gar nichts mitbekommen oder, weil ihr so grosse Angst vor dem grossen Unbekannten hattet, gar nicht in die höheren Lichtebenen wechseln können. Ihr müsst wissen, es gibt das Gesetz des Ausgleichs, noch bevor jemand die schönen, lichtvollen Ebenen überhaupt erreichen kann. Wenn ihr das ganze Leben lang andere unterdrückt habt, so kann es sein, dass ihr später zu den Unterdrückten werdet, sofern ihr das nicht schon gewesen seid. Helft nun, wenn ihr geht, anderen auf dem Weg ins Licht und in die Freude. Wenn ihr das tut, so helft ihr euch selber. Wenn ihr euch selber als Diener erniedrigt, so werdet auch ihr erhöht werden. Versteht ihr das?“*

Sie schauten sich gegenseitig kurz an und nickten mir zu. Einer sprach auf mich ein. Er wiederholte seine Frage mehrmals, bis ich sie verstand respektive übersetzt bekam: *„Wie kamst du denn über das grosse Wasser und wieso ist deine Haut so weiss?“ „Nun wisst, auf dem Kontinent, auf dem ihr lebt und auch auf dem grossen Kontinent oberhalb des Sonnenauf- und -untergangs, sind alle Menschen braun, wie ihr es seid. Aber dort, wo ich herkomme, gibt es viele Völker, alle mit weisser Hautfarbe. Wir haben auch verschiedene Haarfarben, wie braun, goldgelb, schwarz und rot.“* Ich zog an den Beinen die Hosen hoch und sie starrten meine

weissen Waden mit den blonden Haaren an. Einer kam sogar her gekrochen und wollte diese von nahem anschauen. Sie selber hatten an den Beinen und am Körper keine Haare. *„Wisset, dass es von mir daheim gegen die Mittagssonne hin über einem grossen Wasser einen riesigen Kontinent gibt, auf dem nur Menschen mit schwarzer Haut leben. Ihr habt noch gefragt, wie ich zu euch übers grosse Wasser kam. Ich flog mit einem grossen Condor aus glänzendem Eisen über den Wolken zu euch. Ich habe zwei Nächte und einen Tag dazu gebraucht."* Das schien sie sehr zu interessieren, denn sie redeten aufgeregt miteinander.
„Nun bitte ich euch liebe Engel, helft diesen alten Wesen von hier weg an einen besseren Ort zu gelangen, wo ihnen geholfen wird. Hüllt auch sie ein in das Licht der Gnade und Liebe." Ich breitete die Arme aus und schaute diese Männlein an wie sie eingehüllt wurden und dann langsam verschwanden.
Ich blieb an diesem Platz noch etwa eine halbe Stunde sitzen, ganz in Gedanken versunken.

Mit der Reiseleiterin hatte ich einen Treffpunkt unweit von hier ausgemacht. Also stand ich auf und begab mich langsam zum hinteren Ausgang des Ruinendorfes, wo ich sie erwartete. Ich war gut eine Stunde verspätet, aber sie war auch noch nicht zurückgekehrt. Ich machte mir Sorgen um sie und bat daher meine und ihre Schutzengel inständig, sie zu beschützen. Erst nach einer Stunde kam sie zurück, verschwitzt und müde.
„Weisst du, diesen Berg zu besteigen war schlimm. Zuerst wirst du kontrolliert und gefilzt, wie am Flugplatz und nachher läufst du hinter den anderen Touristen her wie eine Ameise. Der Weg ist schmal und zum Glück Einbahn, aber überall glitschig und sehr steil. An vielen Orten gab es Gott sei Dank Halteseile am Boden. Es gab keine Gelegenheit sich auszuruhen oder hinzusetzen, es war einfach kein Platz. Also wirst du sozusagen weiter geschoben, gezwungenermassen. Aber retour kommst du nicht über die gleiche Bergseite, nein, du musst hinten bis zur Hälfte zu diesem

Sattel klettern und dann um den Berg herum wieder auf diese Seite hoch. War das anstrengend, aber nun bin ich hier und brauche zuerst Wasser."

Wir hockten uns auf einen grossen flachen Felsen, der unter einem Blätterdach eines Baumes lag. Wir picknickten und legten uns für ein Schläfchen hin. Wir spürten nun, dass wir schon morgens um vier Uhr aufgestanden waren. Später schlenderten wir erholt durch die Ruinenstadt und fuhren am späteren Nachmittag wieder mit dem Bus ins Tal hinunter.

Nach einem gemütlichen Nachtessen mit einheimischen Musikanten, die noch, bevor sie zwei Stücke gesungen hatten, ihre beiden Hände hinstreckten, ging der lange Tag zu Ende.

Nach einer ruhigen Nacht, ohne hüpfende Naturgeister und Zwerge, packte ich meine sieben Sachen zusammen und ging zum Frühstück. Unser blauer Zug zurück nach Cuzco fuhr erst um ein Uhr Mittag, damit hatten wir noch reichlich Zeit, um uns bei den Thermalquellen umzusehen. Diese liegen in einem engen Bergtal etwas oberhalb des Dorfes und wurden vor ein paar Jahren mit neuen Bassins versehen. Vielleicht war das Wasser ja gesund, aber es stank höllisch nach Schwefel und faulen Eiern. Nach einem guten Fruchtdrink verliess uns dieser üble Geruch wieder. Gemütlich schaukelte der Zug durch die engen Täler zurück auf die Hochebene und dann wieder hinunter nach Cuzco, wo bereits die Nacht hereinbrach und tausende von Lichtern angezündet wurden.

14.1.5 Reise zum Titicacasee

Der Morgen brach viel zu schnell an. Für die weite Reise wollten wir den Hochandenzug nehmen, hatten aber das Pech, dass die Tickets schon über längere Zeit ausverkauft waren, also überraschte uns Astrid mit Busbilletts. Sie war enttäuscht, weil sie uns die Fahrt mit dem Hochandenzug so gewünscht hätte. Auch für die Rückfahrt hatte sie für uns ein Busticket besorgt, aber von einer anderen Firma. Dieses kostete praktisch nur einen Zehntel der Hinfahrt. Das verunsicherte sie sehr, sie meinte, das billige Fahrzeug könnte eventuell eine alte Rumpelkiste oder ein besserer Viehtransporter sein, aber es war in ganz Cuzco für diesen Rückreisetag nichts anderes zu finden gewesen.

An diesem Morgen schien es meinen Mitreisebegleitern nicht gut zu gehen, denn sie fürchteten die lange Reise und den ganzen Tag im vollen Bus zu sitzen. So blieb mir nichts anderes übrig als alleine zu fahren. Die Angestellte vom Hotel beorderte für mich ein Taxi, welches mich zum Busterminal in der Nähe des Flughafens führte. An diesem Tag klemmte der starke Morgenverkehr und wir fuhren im letzten Moment noch vor den wartenden Reisebus. Noch ein paar Fragen und Ticketzeigen, einladen, einsteigen und schon fuhr der Car (Reisebus) los. Dieser war bis auf zwei leere Plätze voll besetzt. Unsere Reisedistanz betrug zirka vierhundert Kilometer. Mit dem Zug brauchte man dafür etwa zehn Stunden und mit diesem Bus etwa neun, allerdings mit drei Stadtbesichtigungen und einem Mittagessen.

So fuhren wir durch die ausgedehnte Aussenstadt in Richtung Südosten Bolivien zu. Durch sanfte Täler mit kleinen Seen und Bergen, die bis zur Spitze hinauf terrassiert und landwirtschaftlich bebaut wurden. Die Bewohner lebten in den einfachsten Lehmbehausungen, einzeln oder in Gruppen, meistens im Talboden. Nach etwa zwei Stunden abwechslungsreicher Fahrt erreichten wir die kleine antike Stadt Raqchi, welche an eine grosse Ruinenstadt der Inkas grenzt. Wir verliessen die Hauptstrasse und holperten und ächzten langsam auf einem Feldweg zum Städtchen. Dort auf der Plaza standen schon acht weitere Reisebusse und versperrten unserem Fahrzeug den Weg. Zehn Minuten lang hiess es nun zentimeterweise durch die enge Gasse zurückzufahren, zu wenden, um dann wieder rückwärts auf den Dorfplatz zu holpern.

Dort schien sowieso alles verstopft zu sein, denn einheimische Indio-Händler boten das breite Spektrum ihres Schaffens an. Die bunten Farben der Waren sowie die Kleider der Einheimischen waren schön anzuschauen. Die vielen Touristen stauten sich um die unzähligen Stände und Tische, aber auch um die Frauen, die auf einem bunten Tuch am Boden hockten und da knüpften, strickten und woben.

Bei diesem kleinen Platz war der Eingang in die antike Stadt Raqchi. Was allen zuerst auffiel, war der grosse Versammlungsraum oder Tempel der Inkas. Imposant ist die Grösse dieses Wiracocha-Tempels bei einer Länge von über zweiundneunzig Metern und einer Breite von fünfundzwanzig Metern. Die mittlere Wand, die gut zwölf Meter hoch ist, ist aus Lehmziegeln gebaut und steht, wie die vielen Säulen, auf einem Lavasteinsockel. Daneben war die Ruinenstadt zu besichtigen. Die Architektur ist genau zu erkennen und für jene Zeit revolutionär. Unzählige gleiche Häuser, die in Vierergruppen aneinander gebaut sind und einem daraus resultierenden Innenhof. Die Haupt- sowie die Nebenstrassen sind wie die Häusermauern schnurgerade und rechtwinklig sehr exakt gebaut. Ich entnahm meinem Rucksack die Rute, um die Magnetfeldlinien abzulaufen. Wie war ich erstaunt, als ich feststellte, dass alle Gassen, Strassen, Häusermauern sowie die Tore exakt auf den Globalgitterlinien geplant und gebaut waren. Wahrscheinlich eine Meisterleistung eines reifen und weisen Volkes, das ich seit jeher für ihre Architektur bewunderte. Auf der einen Seite der Stadt waren mehrere Dutzend Korn- und Vorratsspeicher in runder Form gebaut. Sie waren mit einem spitzen Strohdach gedeckt und hiessen 'Qolqas'. Dahinter befanden sich die Ställe und Koppeln der Tiere. Auf der anderen Seite waren mehrere Teiche und kleine Seen für ihre Fische angelegt. Im Zentrum sowie an der einen Seite der Stadt waren Bäder von verschiedener Grösse angeordnet, in welche immer noch reichlich Wasser von oben liegenden Quellen floss. Um diese Stadt war damals eine über vier Meter hohe und zwei Meter dicke Mauer gezogen worden, die zum Teil noch steht. Die Länge betrug über sieben Kilometer für die Stadt und nochmals so viele für die äusseren Vorfelder. Raqchi liegt in einem sanften Tal, das an den Seiten zu den Bergen hin von lockeren Wäldchen umgeben ist. Auf den bebauten Hängen erkennt man verschiedene massive, in Blockmauerwerk errichtete Wachtburgen und Tempelanlagen. Damals als die Spanier hier eindrangen, ergaben sich die einheimischen Indios sofort und ohne Widerstand, obwohl ihr Inka-Staat bestens funktionierte und organisiert war. Da sie scheinbar keine Schrift hatten, waren die Städte und Dörfer durch Schnell-Meldeläufer verbunden. Diese damals wichtigen Männer hatten einen Sonderstatus und wohnten in stattlichen Häusern am jeweiligen Stadtrand. Die Dörfer und Städte waren untereinander mit sehr gut ausgebauten Strassen verbunden, die heute noch vielfach als Inkatrails benutzt werden.

Welch ein Drama muss sich damals hier abgespielt haben, als die Spanier brandschatzend und mordend ins Tal einmarschierten. Der schlechte Ruf dieser weissen Götterrasse muss diese Indios so in Schrecken versetzt haben, dass sie alles aufgaben und in die hohen Berge flohen. Die meisten kamen dabei auch um. Die Eroberer-Soldaten mit ihren adligen Führern wurden begleitet von Jesuitenpatres, die auch den gleichen Auftrag von Rom hatten, wie die spanischen Soldaten. Möglichst viel Gold und Edelsteine zu erbeuten, war die Hauptdevise. Als Freibrief erhielten sie von Rom die Verbürgung, dass diese Indios keine Seele und deshalb keinen Wert hätten. Rom forderte damals offiziell zum Töten auf oder versprach mindestens den Tätern die volle Absolution. Wenn ich mir solche Frevel und Gräuel vorstelle, so bekomm' ich ein ungutes Gefühl vom 'heiligen' Stuhl von damals, der immer noch derselbe ist, wie heute.
Ich sah in diesen Gassen und den einzelnen Plätzen unzählige gebundene Seelen herumhocken und schleichen. Aber die Wenigsten waren Indios, sondern Weisse und Mischlinge, die hier scheinbar

ihre Schuld abzutragen hatten. Ich machte ein Ablösegebet und hoffte, dass sie dies auch annehmen oder verstehen wollten.

Wir fuhren nun weiter in Richtung Puno. Eine Stunde später gelangte der Bus abermals in ein kleines Dorf, das sehr alte Häuser aufwies. Auf dem Hauptplatz hiess es aussteigen und die alte Kirche von San Pablo zu besichtigen. Die Plaza war von zweistöckigen Häusern umrahmt, von denen die Meisten aus der Erobererzeit stammten. Zusammen mit der Kirche war hier ein Handelszentrum der Spanier errichtet worden. Überall, wo Macht und Geld ist, da ist vor allem eine stattliche Kirche anzutreffen. Auch diese schien etwas Spezielles zu sein, man nennt sie die sixtinische Kapelle von Peru, allerdings ist hier die Rede von einer Kathedrale. Sie wurde auf einer Tempelanlage der Indios kurz nach der spanischen Eroberung erstellt. Sie ist voll von Gold, Gemälden und geschmückten Altären. Leider darf man da nicht fotografieren, aber dafür frei herumgehen. Das ganze Innere ist noch in dem Zustand, wie vor fünfhundert Jahren und hätte einige Reparaturen nötig. Diese Kirche wurde damals über den ursprünglichen Tempel für die Eroberer erbaut, die Einheimischen durften nicht hinein. Für sie war der Platz vor der Kirche bestimmt. Auf der Boden-Pflasterung sieht man das Rautenmuster, welches genau das alte globale Magnetgitternetz aufzeigt. Sie stammt noch von den Indios und ihrem Tempel. Auf der Seite in einer Hintergasse wurde ein Teil der alten Pflästerung der Tempelanlage freigelegt. Darauf sieht man das alte Kreuz der Inkas, das mehr einer Treppe ins Zentrum gleicht. Das spirituelle Wissen der Inkas, und schon ihrer Vorfahren, drehte sich um dieses Treppenkreuz mit den Tiersymbolen. Oben steht der Condor, der die Intelligenz (Götterwelt) symbolisiert. Unten ist die Schlange, welche die Unterwelt darstellt. Im Zentrum ist der Puma, der die hiesige Welt, die Kraft und den Stolz repräsentiert. Diese drei kosmischen Welten der Inkas sieht man überall als Symbol an Häusern, aber am Meisten in den Silberschmuckläden. Es ist in Peru omnipräsent und konnte von der Kirche nie ausgerottet werden.

Ich war froh, von diesem Ort und dieser überladenen Kirche wieder wegzukommen. Nach einer weiteren Stunde Fahrt und nach einem Besuch bei einheimischen Händlern an der Strasse auf freiem Feld, erreichten wir ein grösseres Dorf, wo es z'Mittag gab. In einem, von hohen Mauern umgebenen, Garten waren wir Reisegäste zum vorbereiteten Mittagsbuffet eingeladen. Es schmeckte alles hervorragend, einzig den frittierten, mich anstarrenden Meerschweinchen konnte ich widerstehen. Ich sehe diese putzigen Felltierchen lieber lebendig in den Hinterhöfen herumlaufen.

Im Bus setzte sich eine junge Frau aus der Ostschweiz zu mir. Sie hiess Claudia und hatte das Wirtschaftsstudium abgeschlossen. Nun wollte sie ein halbes Jahr in Südamerika herumreisen. Sie kam direkt aus Uruguay, wo sie schon einen Monat unterwegs war. Äusserlich glich sie stark meiner mittleren Tochter. Wir sprachen über Gott und die Welt und ich fand sie sehr sympathisch.
Unser Bus fuhr zügig durch ein Hochtal, wo die Vegetation immer spärlicher wurde. Wir erreichten den höchsten Punkt auf dieser Strecke. Ein kurzer Aufenthalt war angesagt. Die Passhöhe liegt auf knapp viertausendvierhundert Metern über dem Meer. Die Kargheit und die hohen weissen Bergriesen im Hintergrund waren ein besonderes Erlebnis. Bei einem Parkplatz stellten die Einheimischen ihre Erzeugnisse aus, vor allem weiche Felle der Lamas und der Alpacas. Gleich daneben weideten etliche Dutzend von ihnen und sahen interessiert zu, wie mit den Fellen ihrer Freunde und Verwandten gehandelt wird. Jeder Schritt fiel schwer, denn die Luft ist sehr dünn. Praktisch auf derselben Höhe fuhren wir weiter durch eine gleichbleibende Gegend. Dann wurde das Tal breiter und beidseitig weitete es sich in eine Prärie aus. Sie schien trocken und goldgelb zu sein. Ab und zu sah man in der Ferne eine Behausung und einen Stall. Die mit gesammelten Feldsteinen erstellten Weidemauern gaben einen markanten Kontrast in der grossen Einöde. Wir überholten den blauen Hochandenzug, der von einer schwarzen Rauchwolke begleitet wurde, die von der starken Diesellock stammte.

Einige Male sah ich Indios auf klapprigen Fahrrädern quer durch die Steppe fahren, alleine in der Landschaft, weit und breit kein Haus, kilometerweit nichts. Es war ein für uns Schweizer sonderbares Bild, wo doch bei uns schon fast jedes Dorf in Sichtweite zum nächsten liegt.

Dann erreichten wir das kleine alte Dorf Pucará, welches am Fuss eines grossen Hügels liegt. Alles in diesem Dorf schien verstopft und überfüllt zu sein. Als wir auf den Hauptplatz vor der Kirche kamen, stand das Volk, Kopf an Kopf, versammelt. Farbenfroh gekleidete Menschen, auf der Kirchentreppe und auf dem Platz davor, feuerten eine Kindertanzgruppe an, die zu Andenpfeifmusik ihren Reigentanz vorführte. Kindergruppen in verschieden farbigen Trachten (gekleidet) aus umliegenden Dörfern wurden für ihre Tanzdarbietung benotet. Die Menschen schauten uns interessiert an und boten Platz und Gelegenheit, damit auch wir dem Treiben zusehen konnten. Plötzlich zupfte mich jemand am Ärmel. Ich drehte mich um und schaute in die traurigen Augen eines schon fast erwachsenen Mädchens. Oh Gott, ich erschauderte bei ihrem Anblick. Sie hatte dem Anschein nach Lepra oder so etwas Ähnliches. Ihre ganze Nase und ein grosser Teil ihrer Ober- und Unterlippe fehlten. Ich war darauf nicht vorbereitet, weil ich mich am fröhlichen Tanzen der Kinder erfreute und im nächsten Augenblick in die Augen des Todes, oder der Vergänglichkeit, schaute. Sie trug, wie viele hier, einen dunkelbraunen Kremphut, den sie tief ins Gesicht gezogen hatte. Sie senkte wieder den Blick zum Boden und streckte mir dafür ihre beiden Hände vors Gesicht. Oh, auch da, fast alle Finger waren abgefault oder nur noch als Reste da. Ich griff automatisch zum Portemonnaie und gab ihr einen grösseren Betrag in die Hand. Sie wandte sich von mir ab, ohne mich anzusehen. Ich bot alle meine lieben Engel der Liebe und Heilung, aber auch unseren Schöpfer, um Hilfe für dieses Mädchen. Wie war ich da froh und glücklich, dass ich heil und unversehrt war und dankte dem Schöpfer dafür.

Ich beeilte mich, meine Reisegruppe wieder einzuholen, denn wir wollten ein Museum besichtigen, in welchem die alten Fundstücke der nahen Präinka-Stadt ausgestellt waren. Auf Fotos und Plänen sahen wir, wie bei den Ausgrabungen zwei terrassierte Pyramiden aus dem Berg gebuddelt worden waren. An vielen Stellen bedeckten Steinplatten ganze Wände oder Mauern, in die Relieffe und Rautenmuster eingemeisselt waren. Aber noch markanter waren Darstellungen von Wesen, die wie übereinander gestapelt waren. Vielleicht hat man da etwas im Stein verewigt, was ich auch alle Tage sehe, nämlich besetzte Menschen. Belagert und belastet von anhängenden Seelen oder extrem starken Astralwesen oder Dämonen. So sahen sie jedenfalls aus, sie hatten nichts Sympathisches. Ein grosser Teil der Steine und Stellen waren mit wahrhaft grausigen Monstern belegt. Grosse starke Fratzenwesen, die scheinbar verschiedene Götter waren und alle einen schönen Namen hatten, zertraten kleine Menschlein, frassen sie auf oder schnitten ihnen haufenweise mit einem Hackbeil die Rübe ab. Ich weiss nicht, waren dies die Götter dieser Landesfürsten-Tyrannen oder die der Metzgergilde? Sie waren jedenfalls grausig und schon sehr alt. Laut den Tafeln vier- bis fünftausend Jahre alt, aber der Führer des Museums erwähnte auch, dass man nicht sicher sei, ob hier nicht schon vor vielleicht dreissigtausend Jahren gesiedelt und gelebt wurde. Nun, wie auch immer, überall wo Menschen sind oder waren, gab es Monster und die Darstellungen von ihnen, heute leider auch noch viel zu viele im Film, aber auch überall in Kinderbüchern, Comics und in Spielzeuggeschäften.

Scheinbar hat es alle interessiert, diese Relikte anzuschauen, aber wir verliessen die Ausstellung der antiken 'Geisterbahn des Grauens' gerne wieder. Wie eine Schafherde folgten wir unserem Tagesreiseführer zum Bus. Ich war gerade beim Car angekommen, als ich von rechts sah, wie ein alter Mann ein Mädchen auf mich zu schubste. Sie hob den Kopf und ich sah wieder in das mir bekannte, verunstaltete Gesicht. Nun stieg in mir aber eher ein Zorn hoch, weil ich genau sah, wie der Alte das arme Mädchen nur für seine Zwecke benutzte und abgerichtet hatte. Der Reiseleiter erkannte die Situation und kam auf mich zu. Ich erklärte ihm kurz, was passiert war und er beschimpfte den Mann, welcher sich beschämt hinter einer Mauer versteckte. Im Bus erklärte der Reiseleiter, dass dieses Dorf viele Bettler habe, die von der Gutgläubigkeit der Touristen gut leben würden. Er fragte dann bei uns nach, wer diesem Mädchen etwas gegeben habe und wie viel. Sechs Personen hatten das gleiche Erlebnis, wie ich gehabt und eine grössere Summe ihres Geldes gegeben. Er zählte die Beträge schnell zusammen und erklärte uns, dass dies das Einkommen eines hiesigen Arbeiters in sechs Monaten sei. Man könne aber davon ausgehen, dass dieses Mädchen morgen und übermorgen wieder zuvorderst in der Reihe der Bettler stehe, selber jedoch ausser einem Essen überhaupt nichts erhalte. Dies machte uns alle betroffen.

Wir fuhren weiter durch diese spezielle Gegend, die ich jedoch zunehmend abstossend fand. Unser nächstes Ziel war die Stadt Juliaca und wir mussten im Zickzack durch die Quartiere holpern, da die Strassen hier eher Feldwegen glichen. Welch eine unsympathische Siedlung war das und wie wenig Freude müssen die Menschen hier erleben, denn ich sah keinen Baum und keinen Busch, geschweige denn eine Blume in dieser Stadt. Endlich waren wir durch und wieder auf freiem Feld. Aber auch die Hauptstrasse wies viele Löcher auf, die unser Fahrer geschickt zu umfahren versuchte. Wenn's nicht gelang, so landeten wir jeweils alle fast an der Decke des Fahrzeuges. Nach einer gewissen Strecke war so etwas wie ein Binnenmeer zu sehen, aber es handelte sich noch nicht um den Titicacasee. Erst in der Abenddämmerung erreichten wir dann den Rand der Hochebene und sahen diesen berühmten See zu unseren Füssen. Er schimmerte grau und gar nicht einladend. Die Stadt Puno hat sich in den letzten Jahren stark vergrössert und wächst nun vom Seeufer den Hang hinauf. Ich hatte kein so erhebendes Gefühl, wie an anderen Orten, wo ich nach langem

Warten hinkam und die ein Ziel meiner Wünsche und Sehnsüchte waren. Hier war alles anders, als ich es bis jetzt erlebt hatte. Es war für mich so extrem bedrückend, dass ich am Liebsten sofort wieder umgekehrt wäre, wenn dies möglich gewesen wäre. Aber am Busterminal sah und erfuhr ich, dass heute kein Bus mehr zurückfuhr, also musste ich bleiben. Ich fragte Claudia, ob sie denn schon ein Hotel gebucht hätte und sie erwiderte: *„Ja, ich habe diese Reise, das Hotel und einen Ausflug auf die Inseln schon in Uruguay gebucht. Aber ich würde mich freuen, wenn Du mich ins Hotel begleiten und den Abend mit mir in der Stadt verbringen würdest.“* Wir nahmen ein Taxi, das uns zu ihrem Hotel brachte. Für die Begriffe in diesem Land war es eine Nobelherberge und auch entsprechend teuer. Man hatte noch ein Zimmer für mich frei und, wie das Fräulein an der Réception meinte, eines mit Fenster. Müde begab ich mich in mein Zimmer und sah, dass es tatsächlich ein grosses Fenster auf einen Innenhof, oder eher Innenschacht, hatte. Ich legte mich eine halbe Stunde nieder und merkte dann, wie kalt es hier im Hause war.

Um sieben trafen wir uns in der Hotelhalle, denn zum Essen mussten wir ausser Haus gehen. Wir suchten nach einem sauberen Esslokal, aber viele waren nur mit amerikanischem ‘McFood’ bestückt oder total mit Touristen überfüllt. Wir spazierten ein Stück durch die Altstadt und über die Plaza de armas. Aber die Gegend hatte keinen Charme und wirkte sehr belastet. Auch die Menschen hasteten unfreundlich aneinander vorbei, ohne sich anzuschauen. In einer Seitengasse fanden wir eine einfache, aber saubere Gaststätte. Da gab es genau ein Menu, Huhn mit Bratkartoffeln und zum Trinken Cola oder Bier. Das Bestellen fiel uns daher leicht, nur bei der Grösse konnte man noch Wünsche äussern: ein ganzes, halbes oder ein viertel Brathuhn. Wir versuchten es für‘s erste mit dem kleinsten und wurden mehr als satt. So gemütlich war es trotzdem nicht und Schwitzen war hier nicht angesagt, alle Gäste assen mit dem Wintermantel, einzelne mit der Indio-Wollkappe oder sogar mit

Handschuhen. Bald zogen wir wieder zurück zum Hotel, wo die Eingangshalle wenigstens beheizt war. Auch eine Teekanne mit heissem Mate de Coca stand bereit und wir wärmten uns daran auf. Ein netter Herr kam auf uns zu und begrüsste Claudia und mich. Er erklärte ihr das morgige Programm, denn er war vor Ort ihr zuständiger Reiseleiter. Er fragte mich, ob ich morgen auch den Ausflug auf den See, zu den Inseln, machen wolle. Dies koste zwanzig Dollar, inklusive Mittagessen. Ich sagte gerne zu, da ich dies sowieso vorhatte, aber nicht wusste wie und wo. Meine Bestellung und der Auftrag an die Engel klappten ja wieder grossartig. Wir gähnten und waren müde, also verzogen wir uns in die Zimmer, denn morgen war wieder frühes Aufstehen angesagt.

Ich versuchte zu schlafen. Das Innenhof-Fenster stand offen, die kalte Luft drang ins Zimmer und es war schön ruhig, bis ein Paar das Zimmer auf der anderen Seite des Schachtes betrat und das Licht anzündete. Oh, das hatte ich vorher gar nicht beachtet: Das Nachbarzimmer war ja nur etwa drei Meter von meinem Fenster entfernt. Ihr Bett stand direkt am Fenster und die Vorhänge wurden nicht zugezogen. Ich zog die Stoffe über das Fenster, aber ich hörte nun leider trotzdem alles, was da so ablief. Zum Glück nahm der Liebhaber kein Viagra, denn er japste sehr schnell nach Luft und war mit der Liebe schon fertig, bevor es meistens erst anfängt, was mir aber sehr recht war.
Der Schacht wurde von immer mehr Zimmerfenstern ausgeleuchtet und ich sah nun, dass noch drei Stockwerke über mir waren. Zudem war der Innenhof noch überdacht. Ich bekam plötzlich ein Platz- und Luftproblem. Es machte mir im Hals zu und ich schaltete den Fernseher ein und versuchte mich abzulenken. Die dortigen Programme konnten mich jedoch weder beruhigen noch aufstellen. Als sich dann im Zimmer schwarzer Qualm ausbreitete und sich daraus Fratzenwesen formten, da war's mit meiner Geduld zu Ende: Ich löste diese dunkle Energie zuerst in meinem Zimmer und dann im ganzen Gebäude auf.

Ich zog mich wieder an und begab mich in die Eingangshalle. Niemand war mehr da und draussen auf der Strasse war auch Ruhe eingekehrt, aber ich sah beim Empfangsschalter sowie draussen viele eigenartige, mir fremde Geistwesen herumschleichen. Ihr Verhalten war nicht gleich, wie an anderen Orten. Ich versuchte zu beten und sie abzulösen, aber es kamen immer mehr dazu und es war absurd, wie sie um mich kreisten, hüpften oder an den Wänden und an der Decke krochen. Ihre Formen waren nicht stabil, sie veränderten sich dauernd und strömten einen fürchterlichen Gestank aus. Nun kam der Portier in die Halle und bot mir einen Tee an. Ich bedankte mich und fragte ihn, ob ich schnell nach draussen gehen könne. Er schloss mir die Glastüre auf und deutete an, dass ich läuten könne, wenn ich zurückkäme, er sei die ganze Nacht hier in der Halle.
Also trat ich auf die halbdunkle Strasse hinaus und schlenderte zum Hauptplatz hinauf. Der Platz war leer, nur zwei Taxifahrer schlummerten in ihren Autos mit Innenlicht. Ich überquerte den Platz zur Kirche hin, die über allem thronte. Da quollen gewaltige dunkle Schleier und Wolken aus allen Toren und Fenstern und etwas stiess mich weg von diesem grässlichen Ort. Was war nur der Grund für diese sonderbare Häufung solcher Schattenwesen aus alten Zeiten, ein buntes dunkles Gemisch aus Astralwesen, gebundenen Seelen und schwarzmagischen, mystischen Energien? Ich ging mitten auf den Platz und lehnte mich an einen Lampenpfosten bei einer Parkbank. Dort rief ich meine Engel und das Allerhöchste, um Licht und Frieden in dieser Stadt zu verankern. Langsam wurde es ruhiger um mich, denn zu Beginn des Ablösegebetes drehten diese Energien verrückte Spiralen um mich und über mir. Ich wartete noch ungefähr zehn Minuten ruhig am selben Ort, dann fühlte ich mich plötzlich leichter, nicht mehr so bedrängt und eingeengt. Also spazierte ich nun langsam zum Hotel zurück. Der Portier bemerkte mich und öffnete die Türe. Sofort schloss und verriegelte er die Glastüre hinter mir, gerade so, als befürchtete er einen Überfall. Ich ging in mein Zimmer, es war schon halb drei, und schlief kurz danach ein.

Als das Telefon laut schrillte hatte ich das Gefühl, ich sei eben erst eingeschlafen, aber es war schon halb sieben und ich durfte keine Zeit verlieren. Also stellte ich mich schnell unter die Dusche im unbeheizten Bad und begab mich anschliessend zum Frühstück. Die anwesenden Gäste machten allesamt keinen frischen Eindruck, was mich ein wenig tröstete. Pünktlich um halb acht wurden Claudia und ich vom Reiseleiter in einem Kleinbus abgeholt. Rumpelnd fuhren wir durch die noch halb schlafende Stadt zum Seeufer. Dort waren schon alle Reisegruppen mit ihren wild gestikulierenden, laut rufenden Reiseleitern versammelt. An den Schiffsstegen vertäut, lagen unzählige Boote dicht zusammen gedrängt. Unsere Gruppe wurde aufgefordert in unser Schiff zu steigen. Unser Boot war das vierte vom Steg aus gesehen, wir mussten über drei schwankende Boote balancieren, bis wir sicher an unserem Platz angelangt waren. Die Boote waren alle etwa gleich gross und nahmen jeweils so um die fünfzig Fahrgäste auf. Der uns für den Tagesausflug zugeteilte Leiter hiess Bruno, war ein Eingeborener und stammte aus einem Grenzdorf zu Bolivien. Er kontrollierte unsere Namen auf seiner Liste und war zufrieden, alle fünfzig waren da, es konnte also losgehen. Nun war es lustig zu beobachten, wie wir aus diesem Bootsknäuel herauskommen sollten. Aber mit viel Geschrei, Stossen und einem sich gegenseitigen Wegdrücken ging es langsam vom Ufer weg. Dann wurde der Dieselmotor gestartet.

Es war ein wunderbarer, klarer Morgen, ohne ein Wölkchen am Himmel, aber sehr kalt. Zum Glück hatte ich genug warme Jacken dabei und konnte die Fahrt im unbeheizten Boot geniessen. Ich blickte zurück und sah, wie wir eine lange Kolonne bildeten, die vom Ufer weg in See stach. Die eintönige Stadt wurde durch die blauen Dieselabgase in eine Art Aura gehüllt, die eigentlich auch zu ihr passte. Wir fuhren etwa knapp eine Stunde auf dem Titicacasee auf dessen Mitte zu, wo die viel gerühmten schwimmenden Inseln liegen. Beidseitig am Seeufer stiegen sanfte Hügel auf, die teilweise vom hellen Morgenlicht in ihrer roten Farbe erschienen. Dann sahen wir die ersten der zweiundsiebzig Inseln, die alle mindestens so gross wie ein bis zwei Fussballfelder sind. Sie werden der Legende nach seit über zweitausend Jahren von einem Volk der Uros bewohnt, das seinerzeit vor den Machthabern der Inkas fliehen musste.

Damals gab es die heutigen Staatsgrenzen noch nicht, verschiedene sesshafte Stämme, ja gar Völker, wohnen hier schon seit Urzeiten. Diese Indios der Uros lebten also seit dieser Zeit nur auf dem Wasser und verliessen ihre Inseln niemals mehr. Aus Schilf bauten sie immer mehr und grössere Inseln in den See, der an dieser Stelle nicht sehr tief ist.
Wir legten an einer der Inseln an. Da wir angemeldet waren, kamen die Bewohner an den Landungssteg, um uns zu begrüssen. Sie leben in Schilfrohrhütten, die sie aus sehr schönen geflochtenen Matten erstellt hatten. Grundsätzlich gab es den alten runden Haustyp, aber neuerdings nehmen rechteckige Formen überhand. Die Hütten sind klein, die Öfen aus Ton stehen draussen und die Familien leben auf gewobenen bunten Decken.

Bewohnte Schilfinsel im Titicacasee

Um neun Uhr traten wir Touristen auf die wackelnde und wogende Schilfinsel. Es war ein eigenartiges Gefühl, auf diesem bei jedem Schritt einsinkenden Schilfbett zu gehen. Jetzt am Morgen war alles auch noch gefroren und mit Raureif bedeckt. Die Indios trugen kurze Hosen, die Frauen knielange wippende Röcke und weder Schuhe noch Sandalen. Wir durften ihre Hütten anschauen und sie boten uns ihre handgemachten bunten Decken und Schals sowie Wollkappen an.

Uns wurde der Aufbau dieser Insel an einem Bohrloch aufgezeigt. Die Stärke des tragenden Schilfes betrug hier gut zwei Meter zwanzig. Die unterste Schicht wurde mit der Radon-Carbon-Methode untersucht und zeigte ein Alter von zweitausendzweihundert Jahren auf, dieses Ergebnis brachten auch etliche Nachbarinseln auf. Die untersten Schichten sehen aus wie alter Torf, aber sie sind nur feucht, leicht und schwimmen immer noch auf dem Wasser. Bei diesem Binsenschilf bleibt die Luft in den Fasern, auch wenn es so aussieht, als wäre es schon lange verfault. Die grünen Schilfstängel konnten wir schälen und sogar roh essen. Das Schilf ist denn auch das Grundnahrungsmittel dieser Bewohner auf dem Wasser. Man hält aber auch Ibisse und Enten als domestizierte Haustiere. Bei allen Inseln bilden Ausschnitte im Schilf kleine Teiche. Darin hängen Netze, die grosse und kleine Fische am Davonschwimmen hindern. Auch Gemüsebau wird betrieben. Unter den humusierten Flächen sind dichte Schilfmatten angebracht, so dass der Humus nicht weggeschwemmt werden kann, denn der See ist an dieser Stelle vierzehn Meter tief. Damit die Inseln am Ort bleiben, sind sie durch dicke Trossen und durch Bodenankern miteinander verbunden. Allerdings konnte ich nicht in Erfahrung bringen, wie diese Indios vierzehn Meter unter dem Wasser Ankerpfosten in den Seegrund getrieben haben, die auch noch nach über zweitausend Jahren den Naturkräften standhalten. In den Buchten lagen kunstvolle Schilfboote in allen Grössen. Genial, wie diese Menschen das Handwerk mit diesen Binsen beherrschen.

Der Titicacasee liegt auf dreitausendachthundert Metern über dem Meer und ist etwa einhundertachtunddreissig Kilometer lang. Etwa die Hälfte des Sees liegt auf Bolivianischem Staatsgebiet.
Nach zwei Stunden Aufenthalt ging unsere Reise weiter, an etlichen anderen Inseln vorbei. Auf einigen standen schöne Leichtbaubaracken und wir konnten auch eine Schule besichtigen. Ein Händler belieferte die Bewohner dieser Inseln mit einem Aluboot mit Brot, Obst und westlichem Unrat. Die Leute warteten schon auf ihn. Vor allem die Kinder, sie waren süchtig auf Süssigkeiten wie Smarties, Mars und anderen Industriemüll aus den Grosskonzernen Amerikas.

Nachdem wir die letzte schwimmende Insel hinter uns gelassen hatten, fuhr das Boot in einer schmalen Rinne durch eine labyrinthartige, sanft wogende Schilflandschaft. Zum Glück stand die Sonne am Himmel und der junge Bootsfahrer kannte sich gut aus. Bald hatten wir den riesigen Schilfgürtel hinter uns gelassen und fuhren auf den See hinaus, der sich fast wie das offene Meer präsentierte. Der Reiseleiter im Boot erklärte uns die Berge, die am entfernten Ufer langsam ihre Formen änderten. Vor uns lagen links und rechts zwei grosse Halbinseln, die weit in den blauen See hinaus ragten und so eine Art von Meerenge bildeten. In einer Stunde sollten wir dort sein und bis Taquile würden wir dann nochmals eine weitere Stunde benötigen.

Das Wasser war sehr ruhig und so klar und rein, dass wir sogar beim Fahren weiträumig auf den Seegrund sehen konnten, der eher einer Wüste glich, denn Wasserpflanzen oder eine grosse Artenvielfalt von Fischen fehlten mehrheitlich. Die Wassertemperatur an der Oberfläche war etwa fünf bis sechs Grad am Tag und nachts um etwa zwei bis drei Grad tiefer.
Wir hatten gerade die Seeenge passiert, als plötzlich von rechts und von vorne zwei Militärboote in voller Fahrt auf uns zupreschten. Die Bootsführer und der Reiseleiter wurden sehr nervös und riefen

hinüber und herüber. Sie kramten eiligst Schwimmwesten aus den Bootskisten auf und unter dem Deck hervor. Alle auf dem Boot mussten diese sofort anziehen. Ausserdem forderten sie uns zur Ruhe auf, waren aber selber aufgeregter als Hühner während der Fütterung. Die Schnellboote der Peruanischen 'Navy' legten an unserem Boot an. Es sah fast nach einem Überfall aus, aber man wollte nur die Bootspapiere sehen und die Fahrgäste kontrollieren. Scheinbar werden auf diesem See im Grenzgebiet des Öfteren Waren, vor allem Drogen, geschmuggelt. Nun, die Soldaten befanden uns als 'brave' Touristen und legten bald wieder ab. Mit viel Lärm und einer grossen schwarzen Dieselrauchfahne rauschten sie von Dannen.
Während wir so dahin tuckerten, erzählte unser Reiseführer wissenswertes über die Insel, die wir in weiter Ferne vor uns sahen. Man sei dort auf kleine Tempel gestossen, wisse aber nicht genau, welches Volk da gewohnt habe. Die Insel ist bloss etwa zwei Kilometer lang und einen Kilometer breit, ein kleiner Berg im Titicacasee. Erst vor etwa dreissig Jahren wären dort viele Menschen angekommen, die jetzt ständig da leben.

Mir wurde es plötzlich ganz komisch und irgendetwas bedrückte mich sehr, obwohl ich nichts Besonderes sehen konnte. Ich sass ganz ruhig auf meinem Sessel, hatte aber das Gefühl, ich bekäme keine Luft mehr und mein Herz begann zu rasen. Was war denn da bloss los? Ich kramte mein Pendel hervor und fragte meine Engel um Auskunft. *„Sind in diesem See viele Wasserleichen, die als Seelen gebunden sind?" „Ja." „Sind auf der Insel* Taquile *auch viele gebundene Seelen, die warten?" „Ja." „War diese Insel ein Ort der Ausgestossenen und Verdammten?" „Ja." „Befindet sich auf der Insel ein Tempel, der eine besondere oder bessere Schwingung hat?" „Nein, Nein." „Wurden auf dieser Insel auch Menschen den Pseudogöttern geopfert?" „Ja, Ja." „Ist es diese Energie der Wut und des Hasses, aber auch der Hilf- und Hoffnungslosigkeit, die ich nun spüre?" „Ja - Ja." „Sind dies mehrere tausend Seelen?" „Ja."*

Nun wusste ich, was mich erwartete, deshalb bat ich meine lieben Engel und natürlich Erzengel Michael sofort um Hilfe. Dazu begab ich mich auf das offene Schiffsdeck hinter dem Kabinenaufbau. Ich hockte mich auf eine Rolle Schiffstau und redete nun laut mit den verlorenen Seelen, die in der Materie des Wassers gefangen waren. Ab und zu sah ich schemenhaft bleiche Gesichter aus den sanften Wellen ums Boot auftauchen.
Dann wurde es mir leichter und ich fühlte mich allmählich besser. Ich bat meine Engel, mir nochmals zu helfen, wenn wir am Ufer anlegten. Wir fuhren nun direkt auf die Insel zu. Vor und auch hinter uns befanden sich noch eine Hand voll Boote, die das gleiche Ziel ansteuerten. Rund um die Insel waren Mauern für Terrassen gezogen. Ein Hang bestand nur aus Terrassen. Man konnte erkennen, dass die ganze Anlage nach einem genauen System erstellt worden war. Dazu gehörte ein ausgeklügeltes altes Wasserleitungssystem, das diese Kulturterrassen gleichmässig mit Sodwasser versorgte. Wie die Menschen aber das viele Wasser auf den Hügel dieser trockenen Insel schafften, wusste niemand so recht.

Jetzt leben etwa dreitausend Menschen auf Taquile und es ist ein relativ neues Dorf entstanden, in dem fast jedes zweite Haus ein Restaurant oder eine Bodega ist. Bei vielen neueren Häusern wurde auf dem Flachdach eine Terrasse für die Gäste eingerichtet. Darauf standen jeweils ein paar Tische und Bänke. Auch unsere Gruppe erklomm so eine Sonnenterrasse über eine halsbrecherische neue Betontreppe ausserhalb des Hauses. Das hatte sich aber gelohnt, denn diese Rundsicht über die Insel, das Dörflein und über das türkis bis dunkelblau schimmernde Wasser des Titicacasees war fantastisch. Man konnte meinen, man sei auf einer Insel in der Ägäis oder in Kroatien an der Adria, nur befanden wir uns auf dieser Insel fast viertausend Meter über dem Meer.
Während die anderen die Schönheit der Natur und das Glitzern des Wassers weiter bestaunten, sah ich zwischen und hinter den Häusern sowie in den Gassen unzählige irdisch Gebundene her-

umstehen und -sitzen. Bis es etwas zu essen gab, dauerte es sicher noch eine gewisse Zeit, denn die Küche war kleiner, als sie normalerweise bei uns in einem Einfamilienhaus ist. Die ganze Sippe schien für uns zu kochen, im und ums Haus auf einfachsten Holzherden. Ich stahl mich deshalb davon und begab mich in die Nähe der alten Dorfkapelle, denn dort sah ich die meisten Gebundenen herumhängen. Der grosse Dorfplatz war voller Touristen, deshalb verzog ich mich hinter das Kirchlein, wo auch ein alter Friedhof war. Da war es gerammelt voll von alten unglücklichen Seelen, auch auf den bepflanzten Terrassen Dorf abwärts standen unzählbar viele von Leid geplagte Verstorbene. Obwohl es heller Tag war, sah ich sie, viele von ihnen in einfachsten, zerschlissenen Gewändern, teilweise sogar mehr in Lumpen gehüllt.
Ich bat die Engel um Hilfe zur Ablösung und es durfte geschehen. Die Seelen wurden vom Licht aus der geistigen Welt umhüllt und verschwanden relativ schnell aus meinem Gesichtsfeld. Mir wurde wohler ums Herz.

Blick auf den Titicacasee vom Inselberg Taquile

Nun aber schnell zurück. Ich krabbelte wieder aufs Dach, wo alle schon fertig gegessen hatten, aber Claudia, meine Schweizer Begleiterin, hatte meinen Teller bewacht. Die Forelle schmeckte mir, wie auch alles andere, sehr gut, obwohl die Speisen nun kalt waren und der Reiseleiter schon zum Aufbruch drängte. So schnell hatte ich in Peru noch nie eine Forelle 'verdrückt'. Wir schauten nochmals über die Insel und uns wurde gesagt, dass das reine kalte Seewasser von den hohen Bergen mit den grossen Gletschern stamme. Majestätisch schimmerten die weissen Bergspitzen der sechstausendfünfhundert Meter hohen Schneeriesen im blauen Wasser des riesigen Sees. Der Titicacasee hat scheinbar keinen Abfluss, deshalb bleibt die Höhe des Seespiegels Sommer wie Winter gleich.

Wir begaben uns zum Abstieg auf die andere Inselseite steil bergab zur Bucht, wo unser Schiff am Steg wartete. Schon der Aufstieg auf den höchsten Punkt dieser Insel war streng, erst recht dieser steile Abstieg über teilweise kniehohe Treppentritte, kein Tritt gleich hoch wie der andere. Die Inkas können in alten Zeiten die grössten Baumeister der Antike gewesen sein, ihre Nachfahren scheinen jedoch nicht in der Lage gewesen zu sein, eine vernünftige Treppe zu bauen, weder in und schon gar nicht ausserhalb der Häuser. Obwohl die Bewohner dieser Insel ja alles was sie brauchen, auch die Materialien zum Bauen der neuen Häuser, über diese beiden Wege herauftragen müssen. Zudem sind die Menschen hier allgemein kleiner als wir Europäer. Mir tat es weh, mit ansehen zu müssen, wie sie alle so schwer und umständlich schleppten. Nun, ich hatte selber schon genug darauf zu achten, dass ich nicht stolperte und ich musste noch nicht einmal etwas tragen. Schwierig war es für die Touristen, die Kreislaufprobleme oder Raucherlungen hatten, die kriegten bei der kleinsten Treppenanlage grosse Probleme, japsten nach Luft und bekamen blaue Lippen. Dabei waren viele, die oftmals auf halbem Weg liegen blieben, noch sehr jung. Zwei ältere Damen aus den USA gingen vor uns her.

Beide schienen Knie- und Hüftoperationen hinter sich zu haben, jedenfalls konnten sie nicht weitergehen oder getrauten sich nicht mehr. Der Abstieg war nicht nur steil, der Weg war gleichzeitig auch eng, und wie kann man jemanden stützen oder sogar tragen, wenn der Weg nicht viel breiter ist, als die zwei Frauen aus dem Land der McDonald's- und Burger King-Kultur selbst? Viele verloren nach einer gewissen Zeit Geduld und Nerven und schimpften lauthals in allen Sprachen, niemand schien die Aussicht noch geniessen zu können. Nach einer halben Stunde etwa löste sich der Menschen-Stau auf und wir konnten endlich normal weiter wandern. Die beiden 'Fettzäpfchen' lagen nun beidseits des Weges auf einer Gartenmauer und jammerten vor sich hin. Einige boten sich an zu helfen, wurden jedoch barsch abgewiesen. Wir erreichten unser Boot und als alle von unserer Gruppe wieder da waren stiessen wir vom Ufer ab.
Im kleinen Hafen waren zwei Marineboote vertäut und die Mannschaften überboten sich mit Mutproben. Sie schwammen im eiskalten Wasser, das nur etwa drei bis fünf Grad hatte, eine kleine Runde im Hafenbecken. Dies bekam indes nicht jedem Soldaten, denn die meisten schrieen schon nach einer kurzen Schwimmstrecke um Hilfe und mussten herausgefischt werden. Ich fand dieses ungesunde Treiben dumm.
Gemütlich tuckerten wir zurück auf die offene See und dann durch das grosse Schilfmeer auf Puno zu. Es wurde schnell dunkel, während wir mit dem Taxi zum Hotel gebracht wurden. Ich hatte Glück, denn das Hotel bot mir ein anderes Zimmer an, das direkt auf die belebte Strasse hinausging und viele Fenster hatte. Nun, ich hatte doch lieber frische Luft und Lärm als ein Kellerverlies.
Nach dem Nachtessen im selben eigenartigen Restaurant froren Claudia und ich entsetzlich und wir suchten bald wieder unser Hotel auf. In der Hotelhalle servierte man uns noch warmen Tee. Wir waren beide hundemüde und ich verabschiedete mich von Claudia, die am nächsten Tag ihre Reise nach Bolivien antreten würde und deshalb noch früher aufzustehen hatte als ich.

Ich freute mich schon aufs Bett und den guten Schlaf, aber es kam ganz anders: In dem Moment als ich die Nachttischlampe ausschaltete, begann auf der anderen Strassenseite eine Musikband zu spielen, so laut, wie ich es noch nie zuvor gehört hatte. Die lumpigen Fensterscheiben klirrten bei jedem Akkord und der tiefe Basston schien mein Bett im Takt hüpfen zu lassen. Ich suchte meine Ohrenstöpsel, aber auch das half nichts, denn ich vibrierte richtiggehend wie nasser Beton, wenn er verdichtet wird. Draussen war nichts zu sehen, der Lärm musste also von der hinteren Seite des Haus hervorkommen, das auf der anderen Strassenseite stand. Auf eine so schmerzvolle Art die aktuellen Schlager und Schnulzen eines Landes kennenzulernen, war nicht sehr angenehm. Einzelne Stücke waren internationaler Art und ich kannte sie. Um Punkt viertel vor drei Uhr war der Musikspuk vorbei und es war plötzlich so ruhig, dass ich meinte, zu Hause zu sein.
Erst als der Wecker um sechs Uhr ratterte, merkte ich, dass es schon morgen war. Also stellte ich mich schnell unter die Dusche, die nur kaltes Titicacaseewasser hergab, packte meine Sachen zusammen und ging frühstücken.

Das bestellte Taxi kam zwar etwas spät, aber es kam wenigstens und brachte mich zum Busterminal am Rande der Stadt. Ich war verunsichert, denn ich war an einem anderen Ort in der Stadt angekommen, aber der Taxifahrer versicherte mir, dass dies die richtige Einsteigestelle sei. Er begleitete mich sogar in die grosse Eingangshalle, dort sollte ich ein Eintrittsticket oder eine Gebühr bezahlen, damit ich überhaupt von hier abreisen dürfte. Schön, dass er mir das so gut erklärte, denn ich wäre dort total aufgeschmissen gewesen.
Nun stand ich also nach viermaligem Billettzeigen auf einem dieser Busperrons. Ich war gespannt darauf, was für ein Bus wohl vorfahren würde, denn laut Astrid könnte es ja auch bloss ein Viehtransporter sein, da die Rückfahrt nach Cuzco genau zehn Mal weniger kostete als die Hinfahrt, zudem war dieses Ticket als

Nonstop-Fahrt deklariert. Aber ich traute meinen Augen nicht, als ein Mercedes-Bus vorfuhr, der nicht älter als ein paar Monate war. Innen war alles superklasse, man konnte die Sitze fast bis zur Liegeposition herunterklappen und die Beine gut ausstrecken. Der Fahrer war ein echter Schnellfahrer, er versuchte jedem Schlagloch auszuweichen, fuhr aber dafür in zwei andere. So wurden wir über weite Strecken stark durchgeschüttelt.
Alle zwei Stunden gab es auf einem Parkplatz einen Kurzstopp, bei denen wir nicht aussteigen durften, dafür aber der Fahrer ausgewechselt wurde. Woher der Neue jeweils kam, war mir absolut nicht klar. Nach sechs Stunden Fahrt gelangten wir dann wieder auf den Pass. Dort konnten wir uns zehn Minuten die Füsse vertreten, während uns die wartenden Marktfahrer erfolgreich versuchten etwas anzudrehen. Ich kaufte Lamafell-Sitzkissen, obwohl ich zwar nicht wusste, für was oder für wen, aber sie sollten mir die Erinnerung an diese Reise wachhalten.
Dann hiess es wieder einsteigen. Jetzt sah und erkannte ich, wo die anderen Busfahrer jeweils herkamen, denn der eine, der nun fuhr, liess den vorherigen Fahrer ins Gepäckabteil unter dem Bus einsteigen. Dieses hatte keine Fenster und war auch zu kurz, dass man sich darin hätte strecken können. Der Chauffeur legte sich auf ein Fell und zog eine Wolldecke über sich. Die hochklappbare Türe wurde zugeschlagen und der arme Kerl war eingeschlossen. Ich fragte mich, ob dieser Mensch dort drinnen überhaupt Luft kriegte, oder fährt er nach zwei Stunden umso 'vergifteter', weil er zuwenig Sauerstoff tanken konnte? Nun, so etwas kann man wohl nur mit einem gutmütigen Peruaner machen, der keine Gewerkschaft kennt. Wir kamen dennoch gut in Cuzco an.

Mit einem Taxi wurde ich durch den starken Abendverkehr direkt vor mein Hotel gekarrt. In der Hotelhalle erwartete mich bereits die nächste Überraschung: Die Hotelsekretärin Anna wusste, dass ich um diese Zeit zurückkommen würde. Sie hatte deshalb eine Nichte herbestellt, der ich helfen sollte. Diese junge Frau verlor vor fünf

Jahren ihre Mutter, also die Schwester der Hotelangestellten. Seither geisterte diese Frau, die durch einen Autounfall gestorben war, in deren Haus herum. Die junge Frau konnte dort nie mehr richtig schlafen, deshalb renovierte sie das Haus und zog aus. Die neuen Mieter fühlten sich dort jedoch auch nicht wohl und zogen nach kurzer Zeit wieder weg. Dies wiederholte sich mit weiteren Mietern, so fünf oder sechs Mal. Man hatte mehrmals einen Priester geholt, Messen lesen lassen, aber alles half nichts. Die beiden Frauen bettelten mich an, ob ich ihnen nicht helfen könnte, denn sie hatten vom Nachtportier so Verschiedenes über mich erfahren. Allerdings war es mein letzter Abend hier in Cuzco und ich hatte mich mit den anderen Reiseteilnehmern um acht Uhr zu einem Nachtessen verabredet. Dieses wollte ich nicht missen und sagte den beiden bittenden Frauen deshalb hier ein Treffen um zehn Uhr zu.

Nach dem angenehmen Nachtessen musste ich mich sehr beeilen, dass ich zur versprochenen Zeit wieder zurück war. Es war kurz nach 22 Uhr als ich in die Hotelhalle trat. Die beiden Frauen hatten schon lange auf mich gewartet, es wirkte jedenfalls so. Das Taxi, das sie bestellt hatten, wartete bereits. Holpernd und rüttelnd steuerte der Fahrer den Wagen durch die engen Gassen. Die Fahrt schien mir lange, aber das Ziel war ja auch am Stadtrand von Cuzco hinter dem Flugplatz. Die Frauen gaben Anweisung, vor einem einstöckigen Haus anzuhalten, das zwischen zwei anderen Häusern stand. Ich krabbelte ein wenig gerädert vom Hintersitz aus dem Kleinwagen, blöderweise blieb mein linker Fuss an irgendetwas vom Vordersitz hängen und schon lag ich auf der Strasse. Es ist schon ein spezielles Gefühl, wenn zwei Frauen in einem fremden Land dir auf die Beine helfen müssen.

Im Garten standen Bananenbäume und andere Sträucher. Das Haus wirkte von aussen, gegenüber den beiden anderen Bauten links und rechts, wie neu. Anna läutete an der Haustüre und eine junge, schwangere Frau öffnete und bat uns einzutreten. Wir standen nun direkt in der Wohnstube des Häuschens, wo sich

gerade der etwas korpulente Ehemann auf die Beine bemühte. Das junge Ehepaar wohnte noch nicht sehr lange zur Miete in diesem Haus, das nun Dolores gehörte.
Das Parterregeschoss bestand aus dem Wohnraum, der Küche sowie dem Elternzimmer und einem zusätzlichen Schlafraum. Eine Minitreppe neben der Küche führte in das Dachgeschoss, das noch zwei weitere Schlafräume aufwies, die aber nicht benutzt wurden. Wir setzten uns auf die Lederpolstergruppe und ich wollte nun noch einmal die Geschichte von Dolores hören. Sie verstand und redete in gutem Französisch, wogegen Anna, die Hotelsekretärin, nur wenig Englisch sprach.

Also, die Mutter von Dolores erlitt vor zirka fünf Jahren einen Autounfall. Sie hatte aber noch einen Monat im Spital gelebt und verstarb dann an den inneren Verletzungen. Ihr Vater war vor zehn Jahren und ihr Grossvater Antonio wiederum im gleichen Jahr wie ihre Mutter gestorben. Das junge Paar erzählte nun, was es in diesem Haus so alles gesehen und gespürt hatte. Beide hatten noch, bevor sie hierher gezogen waren, nicht an Geister von Verstorbenen geglaubt. Hier aber vernahmen sie fast jede Nacht Geräusche, die ihnen rätselhaft erschienen und auch eine gewisse Angst einflössten. Es öffneten sich Türen von alleine oder gingen vor ihrer Nase zu, dann fielen auch Blumenvasen vom Tisch auf den Boden und etliche Male brannte nachts in der Küche das Licht und die Kaffeemaschine schaltete sich von alleine an. In den oberen Zimmern hatten sich die Betten von ihrem Standort wegbewegt, nachdem sie jemanden gehört hatten, der die Holztreppe hochgetrampelt war. Sie sagten, auch ihre Vormieter hätten das Gleiche erlebt und gehört, bevor diese aus lauter Angst ausgezogen waren. Dolores und ihrem Mann erging es ebenso. Nach dem Tod ihrer Mutter waren sie hier eingezogen, hatten es aber bloss drei Monate ausgehalten. Sie erzählte nun unter Tränen, wie sie hier in ihrem Elternhaus unter diesen seltsamen Vorkommnissen gelitten hatte.

Ich nahm das Pendel aus dem kleinen Rucksack und fragte meine Engel, wer denn hier in diesem Haus gebunden sei: *„Ist die verstorbene Mutter von Dolores hier?" „Ja." „Ist sie dauernd nur in diesem Haus?" „Nein." „Besucht sie auch ihre Schwester Anna in der Stadt?" „Ja." „Ist noch jemand anderer da, vor allem in der Nacht?" „Ja." „Ist Pedro, ihr Vater, noch da?" „Ja." „Ist auch der Grossvater Antonio, der das Haus erbaute, noch da?" „Ja." „Sind noch andere gebundene Seelen in den Nachbarhäusern?" „Ja." „Viele?" „Ja." „Kommen die auch in dieses Haus?" „Nein."*
Ich übersetzte dies den vier Anwesenden. Anna und Dolores weinten und sagten öfters: *„Oh Dios mio."* Als sie sich beruhigt hatten, erklärte ich ihnen, dass ich eine Seele hinter mir im kleinen Korridor stehen spüre würde. Ich drehte mich um und sah gerade noch ein Gesicht eines alten Mannes hinter der Mauerecke verschwinden. Ich sprach zu Anna und Dolores: *„Kommen Sie, wir schauen einmal im Schlafzimmer nach."* Wir standen also auf und gingen um die Ecke zur Treppe hin. Ich sah zwar niemanden, merkte jedoch, dass sich jemand ins Zimmer verzogen hatte. Ich öffnete die Türe und sah an der Aussenwand, gerade mir gegenüber, einen alten Mann stehen, der mich erstaunt ansah. Ich schob Dolores, die dicht neben mir stand, vor mir ins Zimmer zu ihrem Grossvater hin. Ich wollte auch Anna an der Hand fassen und zu ihrem Vater hinführen, da schrie Dolores vor lauter Entsetzen laut auf und brach schluchzend zusammen. Ihr Grossvater hatte sie liebevoll in die Arme genommen und küsste sie sanft auf die Wangen. Sie hatte diese Umarmung sowie die Berührung mit seinem bartstoppeligen Gesicht voll spüren können, was bei ihr Panik auslöste.
Wir nahmen Dolores vom Boden auf, schleppten sie ins Wohnzimmer und setzten sie wieder aufs Sofa. Anna setzte sich zu ihr, um sie zu beruhigen, stattdessen bekamen aber beide hysterische Schreikrämpfe. Es gab in diesem Moment nicht viel anderes zu tun, als abzuwarten, bis sich die beiden Frauen wieder beruhigt hatten. Das war dann bald auch der Fall; etwa nach zehn Minuten war es fast so, als hätte man bei einem lauten Radio den Stecker

herausgezogen, denn beide waren gleichzeitig ruhig. Dolores fragte mich nun: *„Wer war denn dieser Geist, der mich umarmt und abküsst hatte?“ „Ja, ich nehme an, es war Ihr Grossvater Antonio, denn er war relativ klein und mager, hatte graues, krauses Haar und einen dicken Schnurrbart auf der Oberlippe.“ „Oh, ah …“*, nun waren ein paar Minuten Weinen und Schluchzen angesagt, bis es dann wieder augenblicklich verstummte. *„Ist denn noch jemand anderer da?“*, fragte Anna mit verweinten Augen. *„Nein, wie ich im Moment sehe nicht, aber ich werde sie alle rufen und mit ihnen sprechen. Haben Sie keine Angst. Sie werden ihnen gar nichts tun, denn sie brauchen alle unsere Hilfe.“* Dolores und Anna setzten sich nun noch näher zueinander und harrten der Dinge, die da noch kommen sollten. Ich bat die Engel um ihre Hilfe, und darum, als Übersetzer zu fungieren und rief die Verstorbenen. Diese waren auch sehr schnell zur Stelle. Links von mir standen dieser Antonio und daneben seine verstorbene Tochter. Auf der anderen Seite, direkt vor uns, befand sich der Vater Pedro. Ich schätzte ihn auf etwa fünfzig Jahre. Alle drei waren ruhig und wirkten eher überrascht und neugierig auf mich. Sie mussten mich auch sehen können, denn sie schauten nun erwartungsvoll zu mir. Dolores hielt krampfhaft meine Hand. Voller Angst und zitternd fragte sie: *„Wo sind sie, was machen sie?“ „Nun, sie warten und schauen uns ganz ruhig und interessiert an.“ „Oh nein, nein!“*, entfuhr es Dolores und Anna gleichzeitig.

Die gebundenen Seelen hörten meiner Ansprache zu und schauten sich ganz verdutzt an. In ihren Augen lag eine grosse Traurigkeit. Langsam hüllten die Engel diese traurigen Gestalten mit Licht ein und verschwanden dann urplötzlich aus meinem Blickfeld. Sofort fiel der Druck von den beiden Frauen und auch vom jungen Paar ab. Sie griffen sich ans Herz und umarmten sich gegenseitig. Ich war erstaunt, wie sie diese Befreiung oder das Weggehen der drei Seelen genau bemerkt hatten. Sie bedankten sich alle herzlich und waren fast fröhlich. Sie alle hatten nun Fragen über Fragen und hörten sehr interessiert zu, aber die Zeit war nicht stehen geblie-

ben, denn es war schon zwanzig vor eins. Ich wollte zurück ins Hotel. Bald war das Taxi vor der Türe und wir fuhren müde und nachdenklich durch die menschenleere Stadt. Beim Hotel verabschiedete ich mich von den zwei Frauen.
Die Nacht war wieder kurz, aber dafür konnte ich das erste Mal durchschlafen, ohne dass mich unzählige Seelen besuchten. Leider war der Morgen viel zu schnell da und der Wecker läutete laut und lange bis ich ihn abschaltete.

Die Rückreise in die Schweiz verlief sehr gut, aber sie schien endlos und ewig. Vom Frühstück weg waren es ganze zweiunddreissig Stunden bis ich wieder zuhause in meiner Böschi stand. Mein Rücken und vor allem mein Hintern, taten mir vom langen Sitzen weh.

Schon am anderen Tag erhielt ich eine E-Mail von Anna und Dolores. Sie meldeten, dass das junge Paar nun eine Familie sei, das Kind sei da. Sie könnten ruhig schlafen und hätten im Haus keine Ängste mehr. Dies freute mich für sie und für die drei Seelen.
All meine Erlebnisse in Peru werden mir immer unauslöschlich im Gedächtnis verbleiben.

14.2 Peru-Reise (Juni - Juli 2010)

14.2.1 Schule in Limatambo

Mit Schweizer Spendengeldern errichteten Victor und Astrid eine Schule in einer fernab gelegenen Bergregion der Anden, um den Ärmsten der Armen des Landes, den Indios, Perus eigentlichen Ureinwohnern, die von den Machthabern völlig unterdrückt und als wertlos angesehen werden, eine Chance zu geben. Inzwischen leben und lernen dort unter der Woche weit über hundert Kinder, deren Schulabschluss staatlich anerkannt wird. Wären die Spendengelder nicht rückläufig, so wäre die Schule schon längst für dreihundert Schulplätze ausgebaut. Das Gründerpaar hatte mich schon 2008 gebeten, zu ihrer Schule in Limatambo zu kommen. Nur zu gerne nahm ich nun ein zweites Mal die lange Anreise auf mich. Sie hatten inzwischen ein grosses Landstück gekauft, um dort Avocados und Mangobäume zu pflanzen. Diese könnten gut auf den Speisezettel der Schule gebraucht werden und der Überschuss könnte auf dem Markt verkauft werden.
Doch auf diesem Grundstück gab es derart eigenartige Vorkommnisse, dass sich einige Landarbeiter nicht mehr hin trauten. Nun hoffte Victor darauf, dass ich dort etwas lösen könne. Die Plantage ist wichtig für sie, denn die Schule braucht dringend eine Einnahmequelle, da die Spendengelder nach der Wirtschaftsflaute und -krise spärlicher fliessen.
Ebenso fragte mich eine Ärztin, Frau Dr. Irmtraud Hertlein, die Leiterin eines Spitals in Lima um Rat. Sie hatte meinen ersten Buchband in Deutschland in ihre Hände gekriegt und war von den Ablöseritualen begeistert. Sie fragte nach, ob ich diese schon in Spanisch hätte, was ich leider verneinen musste. So liess sie diese kurzerhand in Peru professionell übersetzen. Daraufhin wendete sie die Ablösegebete bei ihren belasteten und besetzten Patienten an. Sie war scheinbar sehr sensibel und spürte gut, wenn etwas Feinstoffliches an den leidenden Menschen hing.

Als ich drei Wochen vor dem Abflug nach München musste, vereinbarte ich mit ihr einen Termin in Kaufbeuren im Allgäu. Sie war mit ihrem Mann für zwei Wochen zu ihren Eltern gekommen um mit Helfern die Container zu beladen. Während eines Jahres hatten die Eltern, Freunde und Bekannte Hilfsgüter für das Spital und den Kindergarten gesammelt. Dort können sie alles gebrauchen: gebrauchte Kleider, Decken, Medikamente und auch Lebensmittel. Schon am Telefon fiel mir ihre feine, sympathische Stimme auf und ihr Aussehen bestätigte das nur noch. Sie ist hochgewachsen, blond und sehr schlank. Mit grosser Freude empfingen sie und ihr Mann mich. Auch die Eltern freuten sich an meinem Besuch. Der Vater war als Jugendlicher im Wehrdienst und kam beim Russlandfeldzug in Gefangenschaft. Fünf Jahre überstand er die Torturen in einem Gefängnis in Sibirien. Der grösste Teil seiner Kameraden überlebte das Hungerleiden nicht. Er war aber „dank seines positiven Denkens und dem Glauben an die Errettung" am Leben geblieben. Viele unglaubliche, traurige Vorfälle und Erlebnisse hatten sich unauslöschlich in sein Gedächtnis eingeprägt. Dabei war er gar nicht verbittert und trug auch keinen Hass in sich gegen die russischen Peiniger. Er sagte: *„Dieses Hilfswerk, das meine Tochter in Peru führt, unterstütze ich seit meiner Pensionierung mit voller Kraft, denn ich weiss, was hungern und leiden heisst. Ich bin jeden Tag unterwegs, um Hilfsgüter zu sammeln. Ich danke Gott alle Tage, dass ich als Betagter gesund bin, und für andere etwas Gutes tun kann."* Die Ärztin hatte viele Fragen und es wurde ein interessanter Nachmittag. Wir vereinbarten, dass ich sie in Lima besuchen würde.

Vier Tage vor dem Abflug erhielt ich obendrein eine E-Mail von einer besorgten Mutter, die eine Tochter in Lima hat. Sie war krank und litt an rätselhaften Symptomen. Am Telefon bat sie mich, in Lima mit ihrer Tochter ein Treffen zu vereinbaren, *„wenn Sie doch schon dort sind, dies könnte ja auf dem Flughafen sein..."* Die Tochter rief mich dann sofort auch an und ich konnte nicht „nein" sagen. Da ich sie auf Distanz auspendelte, wusste ich, dass sie mit Astralabfallenergie belastet war. Jetzt hatte ich ein voll bepacktes Programm für meine zweite, leider nur vierzehntägige, Perureise.

Der Hinflug mit Victor war bei Tageslicht. Die Zwischenlandung über dem Urwald und den Bergen auf Panama-City, war abenteuerlich, denn es gab über diesem Feuchtgebiet tief hängende Wolken und am Boden noch eine Nebeldecke. Ein Gräuel für Piloten, trotzdem schafften sie eine gute Landung.
Der Flug am Rande des südamerikanischen Kontinentes bot nicht viel. Wir flogen über den Pazifik. Die Uferregion war, soweit man sah, unter Nebelwolken versteckt. Das Meer ist hier meist wild und auch im Sommer kalt. Dies rührt vom Humboldtstrom her, der vom südlichen Eismeer kaltes Wasser zum Äquator führt. Beim Flug über die Anden war der Himmel dann blau und wir hatten klare Sicht auf die scheinbar nie enden wollenden schneebedeckten Berge, das war grossartig.
Die zweite Landung verlief bestens. Da wir nachts in Lima angekommen waren, bezogen wir ein Hotel in der Nähe des Flughafens. Das Klima im Juli war der Jahreszeit (Winter) angemessen: ungemütlich und kalt. Mann klebte richtig wegen des Nieselregens, der trotzdem nicht ausreichte, um der Natur genügend Wasser für die Pflanzen zu geben. Einen starken und länger anhaltenden Regen kennen die Menschen hier nicht. Aufgrund der dauernden Versalzung durch den Wind und Nebel ist hier am Meerrand eine Wüste entstanden.
Am nächsten Morgen flogen wir weiter nach Cuzco, wo uns Virginia, die Schwester von Victor und René, der Abwart von der Schule, abholten. Die Fahrt nach Limatambo, das etwa achtzig Kilometer von Cuzco weg liegt, war abenteuerlich. Im Geländewagen fühlte ich mich zwar relativ sicher und René fuhr auch sehr anständig, aber die anderen hatten scheinbar ihren Führerschein 'im Urwald' gemacht. Das traf sicher zu, denn wir befanden uns eigentlich schon in der Nähe. Weil die zu überwindende Höhe von über dreitausend-

sechshundert Meter über dem Meer den Motoren alles abverlangt, gab es 'Elefantenrennen'. Es wurde vorgefahren, aber gleichzeitig und von rechts und links, mit Gegenverkehr! Das Kreuzen zu viert war wie Russisches Roulette, denn auf beiden Seiten der Strasse gab es einen tiefen Wassergraben. Für unterirdische Luxuskanalisation, wie in Europa, steht hier kein Geld zur Verfügung. Wenn diese Überholmanöver stattfinden, passieren manchmal Unfälle. Hie und da liegen Blechwracks am Strassenrand. Die wenigsten Autos sind neueren Datums. Die meisten werden als Occassion aus Asien importiert und dienen hier den Menschen noch lange, bis diese zu einem Oldtimer werden.

Ungemütlich war es, wenn wir ausweichen mussten und unsere rechtsseitigen Räder neben dem Asphalt auf dem Rand der Betonrinne ratterten. Zum Glück kam das Fahrzeug immer wieder sicher auf die Asphaltstrasse. Auf dieser Strasse wurde in letzter Zeit viel gearbeitet und renoviert. Die Fahrbahn ist nun im besten Zustand. Die Baumethoden sind ganz anders als bei uns, zum Beispiel werden am Abend keine Warnsignale aufgestellt, denn diese würden gestohlen werden. So kippt man vor Baustellen einfach viel Kies auf die Strasse, das beruhigt den Verkehr. Dumm ist nur, dass der Kies die gleiche Farbe hat wie der Asphalt. Im Dunklen sieht man so einen Geröllhaufen deshalb nur im allerletzten Moment. Mit Glück kann man im Schleuderkurs drumherumfahren. Wer Pech hat, beerdigt sein Auto und womöglich sich selber auf der Strasse. Auch die Kühe und Kälber, die frei herumlaufen, sind nachts nicht gut zu sehen. Da braucht es besondere Schutzengel, damit nicht bei jeder Nachtfahrt etwas passiert. Aus diesen Gründen ist der Überlandverkehr nachts Gott sei Dank spärlich. Am Tag sieht man die vielen Esel und Pferde an den Strassenrändern grasen. Die sind angebunden, jedoch reicht der Strick bis Mitte der Fahrbahn und solche Tiere können stur sein: Sie strecken dir einfach den Hintern entgegen, sie scheinen nichts von einer Gefahr zu wissen oder von Artgenossen, die überfahren wurden.

Zum Glück kamen wir heil im Limatambo-Tal an und wurden direkt zur Schule gefahren. Wie gross war die Freude bei den Kindern, als sie Victor, den 'Vater' der Schule, wiedersahen. Aber auch mich begrüssten sie überaus herzlich. Viele erkannte ich wieder, aber vor zwei Jahren waren sie noch einen Kopf 'kürzer'. Wir hatten ein schönes Zimmer mit zwei Betten. Das Balkonfenster gab den Blick frei auf den Bach, der vor kurzem zum reissenden Fluss geworden war und alles in seiner Nähe mitgerissen hatte. Die Umgebung von Limatambo gleicht stark dem Tessin und sie haben 'sommerliche' Temperaturen in der Winterszeit trotz der Höhe von zweitausendsechshundert Meter über dem Meer.
Seit meinem letzten Besuch war an der Schule kräftig angebaut worden. In der unteren Etage des neu gemachten Anbaus war nun die Küche und in der oberen die Bibliothek. Sie war noch nicht eröffnet, am Samstag sollte Einweihung sein.

Nach dem Frühstück mit über einhundert Schulkindern, fuhren wir mit dem Geländewagen auf die Hochalp zu den Eltern von Victor. Wir fuhren über den Holperpfad durch Weiden zur Alpbehausung. Die Wiedersehensfreude von diesen betagten Menschen mit ihrem Sohn, der nun auf einem anderen Erdteil wohnt, war riesig. Wir wurden grossartig bewirtet. Als Hauptgericht nach dem Salat gab es Huhn und Mais. Wir sassen auf einem kleinen Vorplatz unter Sträuchern, die uns ein wenig Schatten spendeten. Um uns tummelten sich Hühner mit Kücken und Hunde mit ihren mageren Jungen. Diese wollten unbedingt in unserer Nähe unter dem Tisch sein. Zusätzlich waren da noch Katzen, die vor Hunger miauten und bettelten. Ihre Felle sahen 'lebend' aus, ich ahnte schon, wie sich die Flöhe und Läuse auf uns freuten, auf jeden Fall begann es mich von da an überall zu jucken. Von diesem Essplatz hatten wir die schönste Aussicht über das Tal auf die hügelige Alpumgebung. Leider war es Winter und alles war gelb und dürr, aber diese leuchtende Farbe mit dem blauen Himmel und den Bergriesen mit dem ewigen Eis gegenüber wirkten unbeschreiblich.

Diese Anden-Riesen erreichen eine Höhe von siebentausend-zweihundert Meter über dem Meeresspiegel.

Wir genossen den Nachmittag mit Geplauder. Die Eltern hatten ein junges Pärchen eingestellt, das ihnen auf dem Hof und im Garten half. Sie besitzen zehn Kühe mit Kälbern. Der Käse, den sie uns aufstellten, sah aus wie Parmesan und schmeckte mir. Ich begab mich in die Küche, wo die Frauen plauderten. Virginia, die Tochter, war mit uns hochgefahren und hatte beim Kochen mitgeholfen. Der Raum verdient nach unserer Vorstellung den Namen einer Küche nicht. Die Wände der Hütte waren aus Lehmziegeln und das Dach eine einfache Holzkonstruktion, die mit Blech bedeckt war. Der Boden bestand aus gestampfter roter Erde und lag zwei Tritte tiefer als der Sitzplatz. Für den Rauch aus den zwei Feuerstellen gab es oben genügend Zwischenräume, damit er abzog. Der Waschtrog war draussen neben der Eingangstür. Innen sah ich an den Wänden Bretter als Tablare und Vorratsabstellflächen. Da gab es keinen Tisch, Bänke oder Stühle, nichts. Eine Kargheit, die fast nicht zu

übertreffen ist. An zwei Orten lagen farbige Tücher auf dem Boden, auf denen die Frauen sassen und Gemüse für das Abendessen rüsteten. Ab und zu erdreistete sich ein scheues, halb verhungertes Meerschweinchen etwas von den Rüstabfällen zu erhaschen. Mit Fusstritten wurden die armen weggescheucht, 'Hochanden-Pelz-Fussball', und quietschend verschwanden die kleinen Tierchen. Sie waren sozusagen der Fleischvorrat. Am frühen Abend rüttelten wir wieder ins Tal, das schon im Schatten lag.

Anderen Morgens ging es mit dem Allradfahrzeug das Tal hinunter zur neu erstandenen Hazienda Camonaya, von der Hauptstrasse bogen wir auf eine in Mitleidenschaft gezogene Brücke. Der Zufahrtsweg ging steil nach oben. Nicht nur der ganze Talkessel war überschwemmt worden, auch dieser Weg, der nun ein Bachbett war. Wir holperten hinauf. Erstaunlich was so ein Allradwagen meistert. Wir kamen an einer steil abfallenden Felswand vorbei, in der Salzkristalle im Gestein glitzerten und funkelten, je nach Lichteinfall. Erst weiter oben sah ich ein offenes, weiss leuchtendes Abbaugebiet, in dem man schon seit Urzeiten Salz 'erntet'. Der Abbauschnutt lag weit verstreut auf der Fläche, auf der sich schön bearbeitete Äcker ausbreiteten. Oberhalb dieser Abbaufläche grenzt die Strasse an den wild wachsenden Urwald. Er ist hier, in diesem trockenen Berggebiet, mehr ein stacheliges Gestrüpp, die Bäume sehen den Akazienbäumen ähnlich, diese haben lange Stacheln wie Kakteen. Ein gemütlicher Waldspaziergang ist hier logischerweise nicht möglich.

Victor bat mich, am Salzbergwerk unterhalb des neuen Schulbesitzes zu spüren, ob dort nicht etwa gebundene Seelen zu erlösen seien. Er bezog sich auf Stimmen und Schreie, die seit je her von Arbeitern gehört worden waren, über Generationen. Also stellten wir das Auto ab und liefen ein paar Meter hinunter. Links und rechts sah ich bereits die Äcker mit jungen Avocadobäumchen, für die in der Schweiz gesammelt worden war. Auf einer Abgrenzungs-

mauer befand sich ein Zulaufkanal für die ordentliche Bewässerung der grossen Anbaufläche. Hier war es sehr trocken, der Boden staubte nur schon beim normalen Gehen.
Zur Grube führte ein Feldweg und bald standen wir vor einem Lagerplatz mit einer Wellblechüberdachung. Darunter waren Salzsteine und Ausbruchmaterial vom Salzbergwerk gelagert. Daneben stand eine windige Baracke mit Schilfrohrwänden, aus der eine junge Frau trat. Sie hielt einen Säugling in ihren Armen und ein etwa zweijähriges Kind hing an ihrem Rockzipfel. Ihr Gesicht und ihre Arme waren übersät mit Mückenstichen und offenen, kleinen Wunden. Sie fragte, was wir hier wollten. Victor gab sich als der Besitzer vom Hof zu erkennen und sagte, er wolle einmal schauen kommen, was sie so aus dem Boden hervorholen würden. Er fragte, wo ihr Mann sei und sie deutete mit der Hand in den hinteren Winkel des Bergbauausbruchs.
Vor uns war eine grosse Grube, in der Steine bis zur Felswand hin umherlagen. Man konnte gut sehen, wo auf einer Breite von etwa vierzig Metern in der letzten Zeit herumgewühlt worden war. Der Abbauschutt war auf ein bis zwei Hektaren Acker verteilt. So gingen wir auf einem schmalen Weg durch die Steinwüste und fanden den Mann an der Felswand in einer Vertiefung Steine abpickelnd vor. Hier wurden von der Felswand grössere Brocken mit Dynamit herausgesprengt, die er nun in tragbare Stücke zerschlug. Die Gesteinsschichten waren von unterschiedlicher Farbe, nur eine davon war Steinsalz. Der Mann sah sehr mager, ungesund und abgekämpft aus. Es schien ihm nicht angenehm zu sein, als Victor ihn befragte. Währenddessen schlenderte ich durch die Geröllhalde nach oben. Ich konnte die Stimmen der Kinder nicht mehr hören, obwohl ich ihnen sehr nahe war. Etwa fünfzig Meter von den beiden Männern entfernt setzte ich mich auf einen Geröllhaufen und rief den Erzengel Michael an. Es ging gar nicht lange, da sah ich, obwohl es helllichter Tag war, sechs Kinder vor mir stehen. Sie trugen sackartige, zerlumpte Kleidchen und sahen sehr verweint aus. Ganz ruhig kamen sie näher zu mir hinter den Geröllkegel, dort

war es schattig und ich konnte sie noch besser sehen und sie mich auch. Sie waren erstaunt über mein Aussehen, die weissen Haare, die blauen Augen. Eines zeigte mit dem Finger auf mich und fragte etwas, doch ich konnte es nicht verstehen. Das Kleinste war etwa vier Jahre alt und das Grösste vielleicht acht bis neun, bevor es gestorben war. Ich konnte keine Verletzungen an ihnen feststellen, so waren sie wohl verhungert oder verdurstet.
Man weiss heute, dass die Inkas Menschenopfer dargebracht hatten, um die Mutter Erde gütig zu stimmen. Sie erhofften sich dafür mehr Ertrag aus ihrem Schoss, den Salzminen. Eines der Kinder zeigte mir eine Vertiefung vor der Felswand und erklärte etwas. Ich nehme an, dass es dort vergraben wurde, lebendig, und starb. In diesem Moment wurde mir bewusst, dass diese Riten über Jahrtausende vollzogen wurden und ich mochte mir gar nicht vorstellen, wie viele wundervolle junge Menschen dabei draufgegangen waren. Doch es stand mir nicht zu, ein Volk zu verurteilen, auch wenn es mich nun richtig schauderte. Ich bat Erzengel Michael als Übersetzer hinzu und sprach die Kinder an. Sie fühlten meine Liebe und kamen ganz nahe an mich heran. Jetzt sah ich von unten an der Wand entlang noch zwei verletzte Männer herantorkeln. Sie schienen als Grubenarbeiter erdrückt worden zu sein. Die Kinder winkten ihnen zu. Sie sahen gar nicht gut aus. Der eine hatte alle Gliedmassen gebrochen und verdreht. Die Bruchstellen waren offen und ich sah seine Knochen. Der andere hatte einen zerdrückten, offenen Schädel. Sie sahen mich aus ihren Totenaugen an. Ich sprach nun das Ablösegebet und bald regten sie sich, die toten Geister. Als sie ein zartes Auralicht bekamen, waren sie auf einmal nicht mehr zu sehen. Ich hörte nun, wie die Kinder ein Lied sangen, doch sehen konnte ich sie nicht mehr. Eines kicherte, ein anderes lachte laut. Leichten Herzens ging ich zurück zur armseligen Behausung der Familie.
Dort stiessen die beiden Männer hinzu. Der Arbeiter erklärte Victor und mir die verschiedenen Steinsalzqualitäten. Er arbeitet im Akkord, das heisst, er bekam pro Tonne Salzstein einen abgemachten

Betrag. Die Firma hat ihren Sitz in Lima und bekommt vom Staat ein Schürfrecht. Der Staat kann überall, ohne je einen Grundbesitzer zu fragen, solche Abbaulizenzen verteilen. Dann kommen einfach Fremde aufs Land und buddeln alles um.
Wie die Firmen zu diesen Bewilligungen kommen, weiss niemand. Auch Victor war mit seinem Anwalt nicht in der Lage, die Wege und Kanäle dieser Abbaufirma ausfindig zu machen. Kein Staatsbeamter wollte oder konnte etwas darüber wissen und getraute sich auch nicht, etwas darüber zu sagen. Es ist wahrlich nicht einfach für diese Menschen in ihrem eigenen Land zu leben. Dem ehrlichen Menschen wird das Fell über die Ohren gezogen, wie bei einem Lama oder Schaf.
Wir gingen zurück zum Anbaugebiet der Schule während aufgescheuchte Papageien kreischend über unsere Köpfe flogen. Das Tor mussten wir zum Öffnen vorsichtig anheben, ansonsten wäre es in Einzelteilen auseinandergefallen. Der Acker dahinter war mit Furchen und Rinnen versehen, zwischen diesen steckten in gleichen Abständen die noch sehr kleinen Avocadobäumchen. Die brauchten Wasser, das alle drei Tage durch die Wassergräben auf das riesige Anbaugebiet geleitet wird. Viele Orangen-, Zitronen- und Mandarinenbäume standen in voller Blüte und waren zugleich übervoll von Früchten. Auch unter den Bäumen lagen die Früchte wie ein leuchtender Teppich. Jedoch waren diese von den Vögeln angefressen worden. Neben dem klapprigen Einfahrtstor befand sich ein Schilfdach, darunter arbeiteten während der heissen Mittagssonne die Landarbeiter und der Gärtner. Eine uralte Feldsteinmauer war überwuchert von Kalebassengewächs und gelben Früchten. Diese sahen aus wie kleine Kürbisse und wuchsen hier wild wie Unkraut. Die getrockneten Hülsen werden als Rasseln gebraucht oder mit aufwändig gearbeiteten Bildern in Ritz-Technik verziert und als Schmuckstücke auf dem Markt verkauft. Der grösste Feind für die jungen Bäume sind hier die wilden Tiere, wie Rehe, kleine Hirsche und auch Nagetiere, Rassen, die es bei uns nicht gibt. Sie kommen nachts aus dem Urwald und fressen

die Jungtriebe ab. Doch jetzt am Nachmittag wurden die grossen Bäume von unzähligen Kolibris besucht, die Nektar saugten. Nur von nahem konnte ich die kleinen flatternden Vögel von Schmetterlingen unterscheiden. Die grün schillernden Kolibris sind in dieser Gegend besonders klein. Sie flattern so schnell, dass die Flügel nicht mehr sichtbar sind. Das schien sie anzustrengen, denn nach fünf Minuten sassen sie dann ebenso lange auf einem Ast, ganz starr und für die Raubvögel unsichtbar. Trotz Winterszeit war es heiss wie bei uns im Sommer. Alles wäre so schön gewesen, wenn nur diese verflixten Mücken nicht wären. Es schwirrte und surrte den ganzen Tag um mich, als wäre ich ein Zuckerstock. Die Schutzmittel wirkten bescheiden, schon am ersten Abend hatte ich ganz geschwollene Arme und Hände, übersät von Stichen.
Diese Hazienda gehörte einem Grossgrundbesitzer, der lange Zeit Zuckerrohr angepflanzt hatte. Daraus wird Rum gebrannt, der dann in aller Welt verkauft wird. Dieser Mann liess ein Bewässerungssystem für die Farm bauen. Das Wasser kommt aus einem Seitental und fliesst ein paar Kilometer den Talhang entlang. Dieser Hauptzuleitungskanal ist, wie die Gräben auf dem Hof, meisterhaft erstellt und ausgemauert. Ebenso sind die alten Leitungskanäle, die von den Inkas und deren Vorfahren erbaut wurden, noch überall zu finden. Nach Tausenden von Jahren und nach vielen Erdbeben sind diese nun trocken. An der höchsten Stelle des Grundstücks befindet sich ein Speicherbecken, von dort aus wird der Wasserzulauf mit einem Schieber reguliert. Beim Eingang zum Wohnhaus ist ein kleiner Turm, der ein Wasserrad aus verrostetem Eisen behütet. Das Wasser und das Gefälle trieb damals das grosse Schaufelrad an, an dem ein Generator die Kraft übertrug. Denn das Zuckerrohr musste maschinell zerquetscht werden um den Zuckersaft zu gewinnen. Dann wurde dieser in grossen Bottichen mehrfach gekocht, was wiederum Unmengen von Holz brauchte. Hinter der Hofmauer lag ein Garten für die Wachhunde, jetzt aber hielten sich darin nur Hühner und ein paar Hasen auf. Hier erst kamen wir durch einen Gang in den Innenhof, der beidseitig von

eingeschossigen Gebäuden umgeben ist. Die offene Seite ist der Garten, oder das was davon noch übrig geblieben ist. Grosse Bäume mit verschiedenen Früchten gaben Schatten. Alles sah alt und sehr verbraucht aus. Es waren zwei Landarbeiterinnen da, die in einem Raum feuerten und kochten. Sie luden Victor und mich zum Mittagessen ein. Ich konnte gar nicht glauben, dass aus diesem Dreckloch etwas zum Essen geliefert würde. Sie hingegen holten sofort den einzigen auf dem Hof befindlichen Tisch und unterlegten die ungleich langen Beine mit Steinen und kleinen Holzscheiter und brachten auch noch vier Stühle. Victor und ich streiften noch ein wenig durch die verlassenen Häuser. Ich konnte entdecken, dass die Menschen, die früher hier gelebt hatten, sehr wohl einen gehobenen Wohnstandard hatten. Jedoch wurden diese Häuser seit etwa dreissig Jahren nicht bewohnt und gepflegt.

Nun wurden wir an den Tisch gerufen. Es gab Gemüsesuppe und gekochtes Huhn mit verschiedenem Mais. Sehr fein. Der Vorarbeiter und ein anderer assen mit uns. Victor befragte sie, was so auf dem Hof lief und noch an Arbeit anstehen würde. Er wollte auch noch einmal genau von ihnen wissen, warum die Landarbeiter aus Angst davon gelaufen seien und nachts hier nicht mehr schlafen wollten. Jesus, wie er hiess, berichtete, dass alle über ihre Ängste schwiegen, aber sich nicht mehr getrauten alleine hier zu sein. Wenn schon auf dem Feld, dann in Gruppen. Der jüngere sagte, sie hörten oft Schreie in der Nacht. Schon sein Vater, der vor dreissig Jahren hier gearbeitet hatte, hatte sie gehört. Sie hätten schon damals diese Schreie mit einem Kassettenrecorder aufgenommen, damit es auch andere anhören konnten. Neben den Lauten von Erwachsenen seien vorwiegend Kinderstimmen zu hören. Die Arbeiter hier hätten diese auch jetzt wieder auf den Äckern gehört. Wegen diesem Problem und noch anderen Ungereimtheiten war ich eigentlich hergekommen, nun konnte ich die Männer beruhigen und ihnen versichern, dass es keine Schreie mehr geben würde, da ich die leidenden Seelen am Vormittag erlöst hätte.

Ich hatte aber schon bei den Arbeitern selbst, alles junge Männer, starke eigene Besetzungen gesehen. Bei dem einen zum Beispiel, der wie ein peruanischer Apollo aussah, denn er hatte seltsamerweise schwarze Locken auf dem Haupt. Mit den Händen fuchtelte er während der Arbeit immer um seinen Kopf. Es war wirklich nicht schön, es mit ansehen zu müssen, seine Plaggeister waren im Nacken und um seinen Kopf angehängt. Victor und ich beschlossen die nächste Nacht im grossen Tippizelt zu schlafen, das die Arbeiter mit einem kleinen Lastwagen her gekarrt hatten. Neben den sieben bis acht Meter langen Stangen, der blauen Blache, gab es auch zwei zerlegten Betten und Matratzen und jede Menge von Schilfmatten. Diese wurden, nachdem das Zelt aufgestellt war, über das Gras auf den Boden gelegt.
Am Abend konnten wir unsere Betten im gemütlichen Zelt beziehen. Es wurde schnell dunkel und ein klarer Nachthimmel gab die Sterne in aller Pracht preis. Wir lagen da vor dem Zelt auf einer Matte und schauten in die Tiefe des Firmamentes. Ich erkannte das grosse und kleine Kreuz des Südens, das schönste aber war, die Mücken waren weg.
Nun kam der junge mit den Locken angelaufen und fragte Victor ob wir ihm helfen könnten. Wir nahmen die neue LED-Tischlampe aus dem Zelt und begaben uns zum Innenhof. Die mit Batterie betriebene Lampe stellte er auf den wackeligen Holztisch in der Mitte des Hofes. Wir waren an diesem Abend nur zu dritt auf dem Grundstück. In der so genannten Küche sah ich noch ein Flackern vom Herdfeuer, sonst war alles um uns sehr dunkel. Die Lampe erhellte geradeso die Tischplatte. Es war uns, als sässen wir inmitten der Schwärze der Nacht, denn der Boden mit den dunkelbraunen Steinen gab absolut keinen Kontrast. Der junge Mann konnte nicht ruhig auf dem Stuhl sitzen, er war wie ein Zappelphilipp. Victor erklärte ihm, dass er besetzt sei und ich ihm nun diese negativen Energien wegnehmen würde. Er nickte nur, ich wusste aber, dass da noch etliche, gebundene Seelen auf dem Hof lebten. Ich trat hinter den Mann, legte ihm meine Hände auf die

Schultern und begann mit dem Ablösegebet. Gleichzeitig bat ich Erzengel Michael, die gefangenen Seelen in den Häusern nun zu uns in den Hof zu bringen. Während ich die Astralwesen und deren negative Energien ablöste, sah ich, wie drei alte Seelenwesen in unsere Nähe traten. Dahinter, in einem noch grösseren Abstand, bemerkte ich unzählige Totengesichter, die sich nicht in unsere Nähe getrauten.

Nachdem ich den Mann befreit hatte, rief ich diese drei Seelen, zwei Männer und eine alte Frau sowie etliche andere, die ich sehen konnte. Laut forderte ich sie auf, mir und den Engeln zuzuhören. Als ich von diesen wieder erst deren Astraldreck weggeschickt hatte, wurde augenblicklich alles heller um uns. Victor und dem jungen Mann fiel es sofort auf, denn wir konnten plötzlich die Bodenstruktur sehen und die umliegenden Fassaden wahrnehmen. Auch die Pflanzen und Bäume im Garten wurden nun sichtbar und klar erkennbar. Das war sonderbar, aber es zeigte, wie die geistigen Umnachtungen an diesen Verstorbenen wirken und sich auch darstellen. Der junge Mann gähnte und auch für uns wurde es Zeit ins Zelt zu gehen.

Bald schliefen wir ein, doch später erwachte ich wieder. Ich hörte die verschiedensten Stimmen und Geräusche von den wilden Tieren des Waldes. Die beiden Hunde rannten wie wild aus dem Hof die Strasse hoch, dann wieder hinunter und bellten diese Eindringlinge an. Zudem fror ich mehr als ein Eskimo, die Nacht war richtig kalt und die Feuchtigkeit kam noch dazu. Ich kroch aus der niederen Öffnung des Zeltes und wurde von beiden pechschwarzen Hunden im Gesicht abgeleckt. Oh, erschrak ich da, denn die Hunde waren praktisch nicht sichtbar, ich war absolut nicht vorbereitet und ihr Speichel roch urtümlich herb.

Ich hatte eine kleine Taschenlampe dabei, es war dunkel wie in einer Kuh, der Himmel war nun bewölkt. Der Schein der Dynamolampe half mir, die Strasse zu finden. Ich wollte ein paar Schritte gehen um warm zu werden. Die Hunde folgten mir auf Schritt und Tritt, sie taten so, als seien wir alte Bekannte. Nach etwa zehn Minuten wurde mir wärmer, doch nun drückten meine Blase und mehr. Da es hier keine entsprechende Lokalität gab, beschloss ich auf einem Grasplatz in der Nähe vom Weg mein Geschäft zu erledigen, denn das ungewohnte Essen drängte nun vehement nach draussen. Dabei musste ich aufpassen, dass ich nicht von den Hunden von allen Seiten abgeschleckt wurde. Schnell zurück ins Tippi. Bei den niedrigen Temperaturen und den ungewohnten Geräuschen war es schwer für mich, zu tiefer Ruhe zu finden.

Am nächsten Tag gingen wir zu den gepflanzten Bäumen und der Bewässerungsanlage, um zu schauen, ob diese dicht und funktionsfähig war. Wir orientierten uns in den alten Gebäuden, was da alles so gelagert und verstaut war. Im grösseren Wohnhaus hatte dazumal der Patron mit seiner Familie ganz gut gewohnt im Gegensatz zu den Arbeiter-Behausungen hatte er gekachelte Böden und Wände, ein Sitz-WC mit Spülung, sogar eine Badewanne. Am 'Belag' erkannte man, dass vermutlich schon über dreissig Jahren lang niemand mehr darauf gesessen hatte sowie der letzte auch vergessen hatte zu spülen.
Um diese ehemaligen Besitzer und ihre Tätigkeiten rankten die Vermutungen, er und seine Angehörigen wurden vertrieben oder sogar von einer Mörderbande ermordet. Niemand wusste Genaueres über diese Familie. Die Nachkommen hatten kein Interesse auf dieser Farm zu leben und verkauften sie.
Es war wieder drückend heiss, die Mücken waren begeistert von mir. Zwischen den blühenden Bäumen flogen ganze Schwärme von grünen, kreischenden Papageien herum. Die Kolibris flatterten wild, aber lautlos in den Bäumen zwischen den Blüten hin und her.

Gegen Abend wurden wir abgeholt und kehrten nach Limatambo zum Schulhaus zurück. Dort wussten scheinbar viele von unserer Rückkehr. Viele einheimische Frauen mit ihren Kindern warteten schon auf Victor, den sie liebten und verehrten. Sie bedankten sich bei ihm, dass ihr Kind in die Schule gehen durfte und freuten sich

auf die Versammlung, die anderntags in der Schule stattfinden sollte. Andere kamen mit ihren leidenden und kranken Kindern und fragten mich um Hilfe. Die meisten dieser Kleinen litten an Fieber und Infektionen, aber auch an Parasiten, Würmern usw. Ich hatte natürlich keine Medikamente dabei, aber dafür mein Quickzapp-Gerät. Meistens genügte bei den Kindern eine einmalige Behandlung mit drei verschiedenen Frequenzen jeweils fünf Minuten lang, aber ich wollte die Kinder am nächsten Morgen nochmals damit behandeln. Sehr viele, Mütter und deren Kinder, waren stark besetzt. Ich befreite sie gleich Gruppenweise. Sie mussten Zusammenstehen und die Hände im Kreis aufeinander legen. Ich fasste diesen 'Hände-Kebab' oben und unten und sprach mein Ablösegebet. Fast alle spürten eine grosse Wärme und auch, dass sie frei wurden von den negativen Energien. Sie bedankten sich aufs unterwürfigste und schämten sich, dass sie mir nichts schenken konnten.
Am späten Abend kamen alle Lehrerinnen und fragten mir Löcher in den Bauch. Es wurde eine kurze Nacht. Schon am Morgen um sechs Uhr rannten die Schulkinder auf den Holztrassen herum, so wurde auch ich wach. Das Schulhaus mit den darüber liegenden Schlafräumen ist einfach gebaut. Die Deckenbalken sind aus einheimischem Hartholz ebenso der einschichtige Täferboden. Rannte ein oder mehrere Kinder am Zimmer vorbei, hatte ich im Halbschlaf das Gefühl, die Buschtrommler seien unter meinem Bett.

Heute war ein wichtiger Tag für die Schule. Am Nachmittag war eine Versammlung für die Eltern angesagt, danach die Einweihung der neuen Küche und der darüber liegenden Bibliothek. Die Kinder waren aufgeregt und bastelten fleissig Papiergirlanden. Nach dem Frühstück warteten Mütter mit ihren Kleinkindern und baten mich um Hilfe. Der Abwart René und seine liebe Frau Maria organisierten die Reihenfolge der Visiten. Wir Europäer könnten von diesen Menschen viel lernen in Sachen Geduld üben. Alle warteten in stoischer Ruhe bis sie an die Reihe kamen. Wenn wir es heute nicht schaffen, so sind sie am nächsten Tag sehr früh wieder da und warten dann wieder. Diese Frauen wirkten so abgeschunden, ihr Leben hatte nur aus Arbeit bestanden. Ich schätzte die meisten um Jahre älter ein als sie eigentlich waren. Die Haut war vertrocknet und runzelig wie gegerbtes Leder. Es lachte niemand von den Erwachsenen, es schien, als hätten sie es verlernt. Wenn mir Victor dann noch übersetzte, was diese Frauen und ihre Kinder schon alles erlebt und durchlitten hatten, so begriff ich, dass sie das Lachen verlernt hatten oder keinen Anlass dazu mehr fanden.

Nach dem Mittagessen bei Virginia mussten wir uns beeilen zurück zur Elternversammlung in der Schule zu kommen. Ich war dazu eingeladen. Auf der kleinen Theaterbühne sass nun Victor mit seinen Mitgliedern vom Stiftungsrat, mit den Lehrern. Victor erklärte den anwesenden Müttern in seiner Muttersprache 'Quechua', was so alles geschafft wurde in diesem Jahr und was noch kommen sollte. Die anwesenden Frauen waren von weit her zu Fuss gekommen. Die meisten trugen einen weiten, knielangen, schwarzen Rock und so einen farbigen Pullover, aber diesen schienen sie nicht selber gestrickt zu haben. Was speziell war, sie trugen alle einen braun-beigen, spitzen Hut mit einer nach aufwärts gebogenen Krempe. Das Hutband war bei allen schwarz. Sie hörten ruhig und aufmerksam zu. Am Schluss hatten sie viele Fragen, was für ihre Orientierung sehr wichtig war. Ich wusste, dass ja die allermeisten nicht lesen und schreiben können. Ihnen nützte deshalb auch kein Informationsblatt. Diese Menschen sind einfach, jedoch mit einer hohen Intelligenz und mit einem stärkeren ausgeprägten Gedächtnis.

Nach der Versammlung war der offizielle Teil der Einweihungsfeier für den neuen Anbau. Dazu waren die Vertreter der Gemeinde gekommen. Im Freien oberhalb des neuen Gebäudes setzten sich die Behördenmitglieder in einem Halbrund inmitten der vielen aufgeregten Kinder auf die vorhandenen Stühle und Bänke.

Ich bekam den Platz neben Victor und dem Gemeindepräsidenten Jesus Vargas. Dieser dynamische Politiker setzt sich voll für seine Gemeinde und dreizehn Weilerdörfer ein, die hoch oben in den Bergen sind. Er stellte viele Leute ein um Wege und Strassen in die entlegendsten Täler zu unterhalten und auszubauen. Auch existiert praktisch vor jedem Haus eine Grube, welche ausgemauert wurde und als kleine Kläranlage dient. Es sah zwar oft aus, als hätten diese einfachen Behausungen gar kein fliessendes Wasser, geschweige denn ein WC im Haus. Aber was noch nicht ist, kann ja noch werden. Er war ein ruhiger, gelassen wirkender Mann. Man sagt ihm nach, dass er der 'am besten weinende' Gemeindevorsteher in den Anden sei. Er reiste oft nach Lima, in die Hauptstadt, um Geld für seine Vorhaben in den Tälern zu erbitten. Sicher kein einfaches Unterfangen, er aber scheint zäh zu sein. Ich wünsche ihm viel Kraft und Gottes Segen, um in seiner Aufgabe stark zu bleiben. Wie ich vernahm, möchte man ihm grössere Aufgaben in überregionalen Bereichen aufbürden. Er fragte, was ich dazu meinte. Ich befragte meine Engel und bekam die Antwort, dass er noch vier oder fünf Jahre für seine Gemeinde da sein solle, um die verschiedenen Projekte zu Ende zu führen. Nachher schien er wichtiger für grössere Aufgaben in der Regierung zu werden. Er bedankte sich und lud uns ein, am nächsten Tag das neue Gemeindehaus mit ihm zusammen anzuschauen.
Jetzt hielten die Leute der Baukommission eine kurze Ansprache, danach der Gemeindepräsident. Victor bedankte sich für die Unterstützung durch die Gemeinde, denn die finanzielle Lage der Schule hätte diesen Anbau nicht erlaubt. Bevor die Türe zur Bibliothek nun endlich offiziell für die Leute geöffnet wurde, wurde eine Flasche Wein mit einem Hammer zerschlagen und die Türe benetzt. Victor musste als Präsident der Schule als Erster durch diese Tür gehen. Die Kinder jubelten und klatschten in die Hände. Die am Rand um die Kinder stehenden Mütter und vereinzelten Väter lächelten nun auch und ihre weissen Zähne blitzten aus ihren dunklen, ernsten Gesichtern.

Der zweite Teil der Einweihungsfeier war die Eröffnung der darunter gebauten Schulküche. Über der Türe hing wieder eine mit Blumen geschmückte Weissweinflasche und nun bekam ich die Aufgabe als Ehrengast diese Tür zu öffnen. Mir wurde der verrostete Hammer in die Hand gedrückt und alle Kinder und deren Eltern schauten mir zu, wie dieser grauhaarige Europäer nun diese Tür öffnete.
Victor bot sich an, für mich zu übersetzten und so sagte ich: „*Ich begrüsse euch, ihr Kinder und Eltern dieser schönen Gegend. Auch begrüsse ich euch, ihr Gemeindevorsteher und freue mich mit euch, den Kindern dieser Schule diese Küche übergeben zu dürfen. Sie wird das neue Herz der Schule sein, denn wenn den Kindern etwas Gutes vorgesetzt wird, bekommen sie Freude am Essen und auch am Aufenthalt in dieser schönen Schule. Ich wünsche euch, ihr lieben Kinder, dass ihr hier viel Gutes für Leib und Seele erhaltet. Und oben in der Bibliothek sollt ihr viel Wissen für euren Geist erfahren. So möge dieses Gebäude euch dienen, damit ihr mehr Stärke und Weisheit bekommt als irgendwo sonst. Ich danke euch und freue mich mit euch über diesen schönen Tag.*" Die Flasche barst beim ersten Schlag und der Wein duschte auch mich.
Alle stürmten nun in die Küche, die uns weiss gekachelt anstrahlte. Neben dem Eingang sowie hinten beim Ausgang war je ein Raum für die Vorräte eingebaut. Eine Doppeltüre führte direkt in den grossen Essraum, wo vorher die Versammlung statt gefunden hatte. Hinter dem Ausgang unter dem Aussenterrain war ein ungedeckter Raum geschaffen worden für die Frauen, die sich gewöhnt waren auf dem Boden sitzend Gemüse zu rüsten. Nun waren die Ehrengäste eingeladen zu einem Essen im Grossen Raum. Die Eltern und Kinder assen draussen im Schulhof und bekamen das gleiche Essen wie wir. Die Küche war jetzt vorübergehend im gegenüber liegende Untergeschoss des Oberstufenschulhauses installiert. Aber was heisst da 'Küche', eigentlich war nichts da. Gewaschen wurde draussen beim Brunnentrog aus Beton. Auf

dem Boden sassen fünf Frauen, die Gemüse rüsteten, zwischen ihnen die Säcke mit Mais, Kartoffeln und Reis, der aber importiert wurde. Ich war jedes Mal erstaunt wie gut und schmackhaft das Essen war. Heute gab es Reis-Mais-Gemüse mit Huhn und für jeden eine Flasche Bier. Wein ist selten in einem Restaurant zu finden, da eine Flasche im Laden mehr kostet, als ein Mensch hier in der Woche verdient. Es war ein schöner Tag und am Abend wies mich René, der Abwart, scheu darauf hin, dass in der Küche und draussen noch Leute seien, die nach mir fragten.
Es waren Frauen mit ihren Kindern, die sie viele Kilometer weit getragen hatten, weil sie so schwach waren. Sie selber hatten nicht direkt mit der Schule zu tun, viel mehr waren sie Schwester oder Verwandte derer, die das grosse Glück hatten, einen Schulplatz für ihr Kind zu ergattern. Die waren wieder schwer belastet von negativen Geistwesen und die meisten glaubten, dass böse Nachbarn sie oder ihr Kind verwünscht oder verflucht hätten, damit es ihnen schlecht ginge. Oder nahmen an, Schamanen hätten die bösen Energien auf sie gehetzt, gegen Bezahlung. Doch mit der Hilfe der Engel konnte ich diese Energien wegputzen.

Am nächsten Morgen standen wieder etliche andere an und wollten Hilfe. Die Frauen von gestern zeigten Freude, weil ihre Kinder kein Fieber mehr hätten und ruhig geschlafen hätten. Dann waren wir verabredet beim Gemeindepräsidenten. Wir konnten zu Fuss hin gehen. Im Gegensatz zu den naturfarbenen ein- und zweigeschossigen Bürgerhäusern von Limatambo waren die Häuser um den Platz im Ortszentrum grünlich hell und einige blau, dies gab dem Platz etwas Lebendiges. Sie begrenzten in ihrer Mitte einen kleinen, eingezäunten Park mit riesigen, gesunden Fächerpalmen. Das neue Rathaus war weiss verputzt und passte wunderbar zu den umliegenden Gebäuden. Im Sockel und an den Fenstern konnte man die Architektur der alten Inka nachvollziehen. Innen war es ein moderner Zweckbau mit Büros und Sitzungszimmern. Wir wurden ins obere Präsidialzimmer gebeten.

Jesus Vargas begrüsste uns herzlich. Mit Freude zeigte er uns das schöne Inka-Gemäuer, das in seinem Büroraum wie ein Sockel auf die halbe Wandhöhe gezogen worden war. Die kleinen Aussparungen oder Nischen waren wie die Inka-Türen seitlich schräg mit Anzug und einem Sturzstein versehen. In jeder Maueröffnung standen kleine Figürchen. Die Steine waren aus beigem Granit und wild in der Form. Doch solch eine präzise Verarbeitung sieht man in Europa selten. Die Fugen waren so genau gearbeitet und ohne Mörtel. Kaum eine Stelle, wo wir ein Messer zwischen die Steine hätten schieben können. Ich fragte ihn, was denn diese Mauer pro Quadratmeter kosten würde und er konnte es mir ganz genau sagen, da er sie auf seine Wünsche und Anweisungen hin erbauen liess. Bei uns würde eine rohe Kellermauer aus Betonsteinen, von Akkordmaurern hingeknallt, gleichviel kosten wie dieses Kunstwerk. Es war nett mit ihm zu plaudern, doch wir machten es kurz. Victor und ich wollten noch nach Cuzco fahren, denn er musste dort auf irgend ein Amt wegen des neuen Grundstücks. Wir verabschiedeten uns und gingen zurück durch steile Gassen und Strässchen. Es war der blauste Himmel und die vollste Sonne am Himmel obwohl es hier Winter war. Beim Verabschieden im Schulhaus kamen die Lehrer mit allen Kindern auf den Schulinnenhof. Die Kinder sangen ein Lied und viele hatten Tränen in den Augen. Die Mädchen wollten mich umarmen oder gedrückt werden. Die Buben waren etwas zurückhaltender, denn sie streckten nur die Hand hin. Das Taxi wartete und hupte ungeduldig. Ich war, wie schon letztes Jahr traurig, weil mir Abschied von Menschen mit reinem Herz, wie diesen Kindern, weh tut. Zum Trost war es ein herrlicher Tag.
Wir fuhren aus dem Tal aufwärts zur etwa dreissig Kilometer entfernter Passhöhe. Der Rundblick aus jeder sich verändernden Perspektive war fantastisch. Diese immer weissen Bergriesen, über denen der Wind den Schneestaub in die höchsten Gefilde riss, erschien auch mir, als an Berge gewohnter Schweizer, erhaben und majestätisch. Am Talende sahen wir eine riesige Wunde am Berghang. Dort hatte es wegen der Regengüsse im März einen

Bergrutsch gegeben, der den Bergbach staute und zu einem See anschwellen liess. Plötzlich brach dieser Schuttkegel durch, eine richtige Flutwelle wälzte sich zu Tal und überschwemmte alles, was ihr links und rechts im Wege stand.
Wir erreichten Cuzco und suchten uns mit einem Taxi, das wir am Stadtrand bestiegen, ein Hotelzimmer. Es war an diesem Tag gar nicht leicht, alles war besetzt. Beim fünften Anlauf fanden wir eines in einer Seitengasse. Wir schleppten unsere Koffer nach oben und ich wunderte mich über Victors schweres Gepäck. Er hatte noch zwei Bremsscheiben vom Lastwagen seines Bruders bei sich. Er musste nun zum Notar und auf die Verwaltung.
Ich zog mich warm an und begab mich auf den Hauptplatz der Stadt 'Plaza de Armas' und schaute dem Treiben zu. Nicht nur die wunderschön angelegten Blumenrabatten waren hier bunt. Bis jetzt hatte ich keine freie Minute gefunden um über meine Erlebnisse zu schreiben. Nun spekulierte ich auf eine 'Schreibstunde', aber es kam ganz anders als ich mir gedacht hatte:
Kaum hatte ich eine Parkbank im Innern des grünen Parkvierecks gefunden, da kamen schon die verschiedensten Händler und Trachtenfrauen. Von Handschuhen, Inkakappen bis hin zu Bettsocken hätte ich kaufen können, doch ich hatte keinen Bedarf. Bald kam eine ältere Frau mit einem Rucksack zu mir und fragte mich, ob ich ihr ein Gemälde abkaufen würde, sie hätte einige dabei. Sie trug einen Stoffhut, daher konnte ich nur mit Mühe ihr Gesicht sehen. Hinzu kam, dass sie sich von mir wegdrehte, wenn sie sprach. Sie kam bei mir nicht gut an und ich musste ihr mitteilen, dass ich keine Bilder bräuchte, denn ich hatte die von der letzten Reise heimgebrachten gar noch nicht ausgepackt. Aber sie liess nicht locker und wollte mir auch noch Schmuckbroschen verkaufen. Sie sagte mir, dass das Handeln und Verkaufen auf diesem Platz eigentlich verboten sei und die Polizei ihr fünf Gemälde abgenommen hätte, die Arbeit von sechs Wochen. Sie hätte kein Geld, diese Bilder bei der Polizei auszulösen, da allein die Busse schon den Wert der fünf Bilder überstieg. Sie klagte, dass sie und ihre Kinder nichts mehr

zu Essen hätten und dass sie Angst hätte, ihre beiden Kinder müssten verhungern. Sie hätte bei den starken Regengüssen ihr Haus verloren, das mit einer Schlammlawine zusammen mit drei weiteren den Hang hinabgerutscht war. Seither lebe sie mit ihren Kindern unter einer Plastikfolie.

Mich erbarmte diese Frau, denn ich hatte das Gefühl, das, was sie erzählte, musste stimmen. Also kaufte ich halt doch eine Brosche und einen Anhänger und fragte sie, ob sie einen Kaffee und einen Kuchen haben wollte. Da blitzten ihre Augen vor Freude und sie sagte zu. Wir gingen zusammen die paar Meter zu einem der Cafés am Platz. Sie setzte ihren blauen Hut ab und da sah ich eine lange Narbe über ihrer Nase. Zähne fehlten ihr auch. Als ich sie betrachtete, meinte sie: *„Das bekam ich alles von meinem Mann. Die Nase schlug er mir mit einem Stuhl ein, die Zähne mit den Fäusten und diese Wunde hinter dem Ohr ist von seinem Messer, die musste mit vierundzwanzig Stichen genäht werden. Er war grausam, vor allem an den Wochenenden, wenn er besoffen war. Unzählige Male habe ich Gott gebeten, ihn von mir weg zu nehmen. Seit einem Jahr ist er mit einer Freundin weg. Oh, gracias Dios mio!“* Sie war die erste Frau, die mir begegnete, die froh war, dass der Mann wegen einer Freundin ausgezogen war. Sie war so verbittert und sah älter aus, als sie war. Ich schätzte sie auf fünfundfünfzig. Sie bemerkte meine Gedanken. *„Ich habe die Hölle hinter mir und stecke immer noch drin, dabei bin ich erst siebenunddreissig Jahre alt.“*

Sie fragte, ob sie statt eines Kuchens ein Sandwich bestellen durfte, da sie so Hunger habe. Die Ärmste ass gierig, schien jedoch danach nicht satt zu sein. *„Wollen Sie noch eines?“ „Ja gerne, doch ich packe es ein für meine Kinder.“* Ich ging an die Bar und bestellte noch mal drei Schinkenbrötchen, zwei davon eingepackt. Als die Serviertochter die Brote brachte, freute sich die Mutter wie ein Kind unter dem Christbaum und bedankte sich überschwänglich.

Sie fragte nach meinem Hotel und ich erklärte, wo es war. Sie kannte den Hoteldiener dort. Wir gingen zurück auf den Platz, denn sie wollte weiter versuchen ihre Kunstwerke zu verkaufen. Als wir die Strasse überquert hatten verabschiedete sie sich von mir, doch meine Seele forderte mich auf: „*Frage wo sie wohnt und gehe mit ihr dorthin.*" Das machte ich sofort, doch sie erschrak, als ich sie bat, dass sie mich zu ihren Kindern bringen möge. „*Gerne, aber ich habe doch nichts, es ist doch nur Chaos, nichts mehr da.*" Widerwillig sagte sie zu und ich rief ein Taxi. Wir fuhren aus der Stadt hinaus und am Flugplatz vorbei. Sie dirigierte den jungen Fahrer die engen Gassen hinauf, die bald die Form eines Bachbettes annahmen. Haufen weggespülten Gutes lagen auf der Strasse und was anderen ins Haus gespült wurde, warfen sie kurzerhand wieder hinaus auf den Weg. Niemand schien dies zu kümmern, dabei lag das Unglück schon vier Monate zurück. Der Taxidriver fluchte in mindestens zwei Sprachen, aber die Heiligen, die er da rief, schienen ihm nicht zu helfen. Ein paar Mal fuhr er sich an einer steilen Stelle fest, musste dann zurückrollen, um mit Anlauf diese Kies- und Dreckhaufen zu überfahren. Nach drei Anläufen steckte er richtig fest und bat uns auszusteigen und zu schieben. Aufwärts konnten wir nichts bewegen, rückwärts brachten wir den alten Nissan wieder frei. Er fuhr ein Stück abwärts und fuhr mit aller Kraft und alleine Vollgas nach oben an uns vorbei. Etwa achtzig Meter weiter oben wartete er wieder auf uns. Wir liefen ihm nach und mir quoll fast das Herz aus dem Leib. Die Luft war dünn und mein Herzschlag raste. Wir klemmten uns wieder in die rote Kiste und holpernd gings langsam weiter aufwärts. Die Frau schrie dem Fahrer etwas zu und er stoppte sofort. Ich gab ihm die paar Soles und er dankte, sie aber liess ihn noch warten. Wir gingen durch eine enge Quergasse. Als wir auf die nächste Strasse kamen, da sah ich auf der gegenüberliegenden Seite eine grosse Baulücke. Die Strasse fiel steil abwärts und war nicht mehr passierbar. In den Baulücken weiter unten waren etliche Gebäude in sich zusammen gefallen und zum Teil auf das Strässchen gerutscht. Wir mussten noch etwa achtzig Meter abwärts, dann machte sie Halt vor einem Schutthaufen. „*Hier*", sagte sie, „*wohne ich mit meinen Kindern.*"

Ich schaute sie an und sah Tränen in ihren Augen. *„Mein Haus, stand hier."* An der Gartenmauer oder dem Nachbarhaus lehnte so etwas wie ein Zelt aus verschiedenen Lagen Folien zusammengeflickt. *„Luca und Sofie, kommt heraus."* Da kamen zwei kleine Kinder sofort unter dem Plastik hervor und sprangen auf die Mutter zu. Sie schauten mich mit grossen Augen an, denn sie hatten wohl noch selten oder nie einen grossen, weisshaarigen Europäer mit blauen Augen gesehen. Sie gaben mir scheu die Hand und sprangen sofort wieder zurück ins Zelt. Ich lief ihnen ohne zu fragen nach. Die Mutter versuchte mich zurück zu halten, aber ich zog sie mit. Die Kinder hatten einen Spalt vom Plastik offen gelassen und ich sah hinein. Auf dem Boden hatten sie Teppichreste ausgelegt und an den Rändern stapelten sich ein paar Wolldecken und Kissen. Auch Plastikeimer mit Wasser standen herum, aber etwas Essbares sah ich nicht. Auch auf dem Nachbargrundstück sah ich Behelfsbehausungen oder Zelte stehen. Hier war wirklich der Boden zu Pudding geworden. *„Wir sollten gehen, das Taxi wartet."* Sie gab jedem Kind ein Sandwich vom Café und wir gingen. Die Nachbarn hockten vor ihren Behausungen und keiner schien zufrieden oder glücklich zu sein. Wie könnten sie auch, solche Umstände haben wir in Europa nicht einmal in den Tierställen. Allerdings können wir hier keinen Vergleich anstellen, die Lebensbedingungen sind einfach anders. So lebten wir Schweizer vor etwa eintausend Jahren, für uns kaum mehr Vorstellbar.
Das rote Holpertaxi wartete tatsächlich in der Gasse auf uns und hatte schon gewendet. Der Fahrer erklärte, dass er noch zwei Personen mitnehmen wolle. Wir zwängten uns in den kleinen Japaner und das Paar drängte nach. Die zwei waren nicht das Problem, die vier Plastiksäcke, die sie mitschleppten, schon. Sie zerrten und rissen an den Säcken die noch draussen standen und nach vielem hin und her gaben sie mir und der Frau ohne zu fragen je einen schweren Kartoffelsack auf die Knie und zogen die leichteren Plastiktüten rein. Als alle Türen zu waren, rollte der Fahrer abwärts ohne den Motor anzulassen, um Benzin zu sparen. Trotz der Holperei

war ich froh, hatte ich nur den Kartoffelsack auf mir statt der Frau oder den Mann. Der Sack roch frischer. Nach endlos scheinender Fahrt kamen wir wieder in die Nähe des Hauptplatzes wo wir aus dem Auto kraxelten. Ich teilte der Frau mit, dass ich am nächsten Tag um acht zum Flughafen fahren würde. Ich gab ihr meinen Briefumschlag, worin ich meine Reserve Schweizerfranken hatte. Es sollte reichen, dass sie mit den Kindern ein Jahr lang eine gute Behausung begleichen konnte. Sie drückte mir die Hand und verabschiedete sich. *„Ich komme morgen zu Ihnen und bringe ein Geschenk mit."* Ich meinte, dass sie nur zu sich und den Kindern schauen solle. Sie steuerte die Gasse hinunter und hielt Ausschau nach weiteren Touristen, denen sie etwas verkaufen wollte. Zurück am Hauptplatz setzte ich mich auf eine andere Bank am oberen Ende des Platzes.

Es war schon dunkel geworden und die Lichter gaben Stimmung im Park. Es verging keine Viertelstunde, da kam eine junge Frau mit ihrem fünfjährigen Töchterlein und bat mich um Hilfe, respektive wollte sie auch Schmuck verkaufen. Sie war nicht zum abwimmeln und schlussendlich kaufte ich eine Brosche ab. Sie gab mir noch ein paar Ohrringe für meine Kinder und bedankte sich sehr. Sie sagte, sie bräuchte dringend Geld für den Sohn ihrer Cousine, der sehr krank sei. Sie packte alles zusammen und fragte mich direkt: *„Ich weiss, Sie sind Heiler, können Sie dem Kind meiner Cousine helfen? Bitte kommen Sie mit zu ihrem Kind. Ich habe nun Geld für das Taxi, bitte, bitte." „Warum wissen Sie denn, dass ich ein Heiler bin?"*, fragte ich erstaunt. *„Meine innere Stimme sagte mir, gehe heute Abend auf den grossen Platz und du findest den, der das Kind heilt." „Ja, so ist es. Ich komme mit, gehen wir."* Sie war ganz aus dem Häuschen vor Freude, winkte einem Taxi und wir stiegen schnell ein. Wieder fuhr ich quer durch die Stadt in die gleiche Richtung zum Flugplatz, bogen aber früher ab und quälten das Auto den Hügel hinauf in ein Aussenquartier. Es wurde auch hier immer wilder und unebener. Der Fahrer fragte ein paar Mal, ob er noch richtig sei. Bald waren wir am Fusse eines Hügels angelangt, auf den es nur über Treppen hochging. Auch eine Strassenlampe fehlte weit und breit, nur das Licht der Grossstadt unten gab uns eine Chance nicht in ein Loch zu fallen. Nach einem für mich anstrengenden Aufstieg schienen wir angekommen zu sein. Die junge Frau klopfte an eine Tür und rief etwas. Bald kam eine Frau mit zwei kleinen Kindern an den Händen. Eines der Kleinen hatte eine schwach leuchtende Taschenlampe, mit der es herumfuchtelte. Die Mutter freute sich über meinen Besuch, denn die junge Frau hatte fast während der ganzen Fahrt mit ihrem Handy telefoniert. Wir stolperten durch ihren Innenhof und den Garten. Ich kam mir vor wie beim Blindekuh spielen als Kind. Die Frauen kannten den Garten mit seinen Stolperschwellen in- und auswendig und gaben mir dauernd Anweisungen, dass ich nicht hinfiel. Ich hatte meine Dynamolampe an Indio-Kinder verschenkt, ohne dass ich ahnte, wie gut ich sie selbst noch brauchen würde. Nun sah ich eine Türöffnung, aus der ein ganz schwaches Licht fiel. Ich trat in ein kleines Gebäude oder Gartenhäuschen aus braunroten Lehmziegeln. Auf einer Feuerstelle brannte ein kleines Feuer. An der Wand war eine Bank aus Steinen vor der ein kleiner Tisch stand. Ich fragte, ob das ein Gartenhaus sei? Nein, das sei die Küche für zwei Familien, die ihrer Schwester da drüben und die vom Bruder da hinten. Wir setzten uns neben den Jungen der schon in der Ecke der Steinbank sass. Er begrüsste mich freundlich. Er trug eine Schuluniform, das heisst einen Pullover mit Beschriftung, eine kurze blaue Hose und Kniesocken mit weissen Bündchen. Auch trug er Schuhe, alle anderen waren Barfuss oder hatten nur Sandalen ohne Jahrgang und Markenzeichen. Die Mutter erzählte nun, was das Kind schon durchgemacht hätte. Die junge Cousine übersetzte mir dies in Englisch. So verstand ich, dass der Bub, der um die zwölf Jahre alt war, vor sechs Jahren einen offenen Beinbruch erlitten hatte. Seitdem hatte er sechs Spitalaufenthalte und nur Komplikationen. Nun hätten die Ärzte angekündigt, sie wollten, sobald sie das Geld aufbrächten, das Bein amputieren! Die ganze Verwandtschaft hätte

immer wieder Geld gegeben um ihn ins Spital zu bringen. Nur hätten sie jetzt nichts mehr und das Kind sei verloren. Auch brauche er wieder eine neue Schulkleidung und könne nicht in ein Schullager gehen, weil ihnen das Geld fehle. Ich sah, wie die junge Frau der Mutter ihr von mir erhaltenes Geld in die Hand drückte und sagte, es sei ihre Tageseinnahme.
Das Bein vom Buben sah nicht gut aus. Der ganze Oberschenkel hatte eine dicke Blutkruste unter der das Blutwasser heraus tropfte mit Eiter. Ich erkannte im Schein der Taschenlampe, dass die umliegende Haut und der Unterschenkel fast blau waren. Das Kind hatte Fieber. Ich packte mein QuickZap-Gerät aus. Der handliche, batteriebetriebene 'Zapper' dezimiert mit verschiedenen Schwingungsfrequenzen (Reizstromtherapie) Bakterien und Viren. Ich legte ihn ans Bein, dort wo die Haut noch heil war. Zudem sah ich eine dunkle Wolke in der Aura vom Buben und an seinem Bein ein grässliches Etwas, wie ein gemästetes gegrilltes Meerschwein. Während das Gerät 'zappte', machte ich ein Ablösegebet. Ich spürte sehr gut als es wegging, denn das Kind japste nach Luft, wurde aber sofort wieder ruhig. Dann bat ich die Heilengel um Hilfe für sein lädiertes Bein. Wir sahen nun, dass ihm die Behandlung gut tat, denn seine weissen Zähne blitzten bei diesem schwachen Licht, weil er nun lachte und sich freute. Er nahm meine beiden Hände, drückte und küsste sie. Die Mutter entschuldigte sich, weil sie mir kein Geschenk geben konnte und es war ihr peinlich. Sie sagte, dass sie ihr Kind noch nie lachen sah und dass dieser Abend für sie Weihnachten sei. Wir standen auf und verliessen das kleine Küchenhäuschen. Wir versuchten sturzfrei durch den Garten zu kommen. Sie verabschiedete sich und begleitete uns bis ans Ende der Quartiertreppe. Dort stand zu meiner Verwunderung schon wieder ein Taxi bereit, das uns auf den Hauptplatz fuhr. Die junge Frau war wie mir schien ein Organisationstalent und sie erzählte von ihrer Schulausbildung, die sie abgeschlossen hätte, aber keine Chance für eine Anstellung bekam. Zudem hatte sie noch ein Kind von einem Mann, der verschwand noch bevor sie selbst zwanzig

Jahre alt gewesen war. Sie lebe jetzt mit einem Mann zusammen, der viel trinkt. Sie zeigte den Daumen an die Lippen, verdrehte die Augen und bewegte den Kopf wie ein Besoffener. Sie wollte meine Postanschrift und E-Mail-Adresse. Ich gab sie ihr und sie schrieb alles mit einem Kugelschreiber auf ihren Oberarm. Der Taxifahrer wusste wo mein Hotel war und brachte mich hin. Ich gab der jungen Frau noch etwas Geld für ihre Cousine und den Buben. Sie bedankte sich und war ganz verdattert über das Geld.

Victor war schon lange zurück ins Hotel gekommen und fragte sich, wo ich bloss stecken würde. Ich erzählte ihm meine Erlebnisse und wir tranken zusammen einen heissen Mate de Coca Tee, dieser steht den Hotelgästen in jeder Empfangshalle zur Verfügung. Ich kann ihn gut vertragen, er schmeckt leicht bitter und verdünnt ein wenig das Blut. So ist diese Höhe leichter zu ertragen. Die Einheimischen kauen diese Blätter und überstehen so die Strapazen in noch grösseren Höhen viel besser. Wir schliefen gut und ruhig. Doch es wurde wieder bitterkalt in diesem Zimmer ohne Heizung. Nach kurzem Schlottern wurde es mir dann doch noch warm.
Am Morgen scheute ich den Moment des Aufstehens und des Duschens im kalten Bad. Denn schon oft gab es, wenn ich schon fast blau in der Dusche stand auch nur kaltes Wasser. So war es auch an diesem Morgen. Die Kälte drang in mich und ich war so frisch, dass alle Haare am Körper zu Berge standen. Ich war schnell fertig mit der Morgentoilette und dem Packen meines Koffers. Victor war schon vor mir hinunter gegangen, er musste nicht packen, er blieb noch eine Nacht. Als ich beim Ausgang den Koffer abstellte, sah ich Victor in der Hotelhalle vis-à-vis einer Frau sitzen. Ich ging zu ihnen hin und erkannte zu meinem Erstaunen Frau Clara Luz. Sie stand auf und begrüsste mich und dankte für das Geld, das sie aber noch nicht gewechselt hätte. Sie übergab mir eine Plastiktüte und ich sah darin ein grosses gelbes Tuch aus Lamawolle. Ich schämte mich, von ihr etwas anzunehmen, aber sie bestand darauf. Auch wollte sie meinen Geburtstag wissen und meine E-Mail-

Adresse. Nach dem Frühstück, musste ich mich beeilen, denn das Taxi wartete unten an der Strasse und fuhr mich zum Flugplatz. Zuhause erwartete mich schon ein Mail von ihr worin sie fassungslos beschrieb, dass sie erst in der Wechselstube entdeckte, wieviel Geld im Umschlag gewesen war. Sie bedankte sich dafür, dass sie nun in der Lage war, über Monate einen Wohnraum für sich und ihre Kinder zu mieten.

14.2.2 Besuch bei einer Schweizerin in Lima

Das Prozedere nervte, diese Kontrollen rauben Zeit und produzieren Verspätungen. Mir scheint es eine Show zu sein, um Sicherheit vorzugaukeln, denn hinter den Kontrollstellen kann man wieder jede Menge von Alkoholika kaufen und ins Handgepäck stecken. Jeder, der eine Flasche Whisky oder Rum mit in das Flugzeug nimmt, könnte diese ja leicht abfackeln. Es brennt wie Benzin und ist explosiv. Ich kam gut in Lima an, aber ich bereute ein wenig, dass ich überhaupt zugesagt hatte und dadurch meine Freunde in Limatambo so abrupt verlassen musste. Wie erwartet war der Anflug schon im Nebel. Ich fand ein Taxi, das mich an die angegebene Adresse bringen konnte. Zum halben Tarif hätte mich einer aus Cuzco eine Woche gefahren. Aber ich wurde gewarnt, „ja kein Taxi ausserhalb des Flughafenareals benutzen“, denn, sobald ein Tourist auch noch einen Koffer dabei hätte, würde er entführt und ausgeraubt. Ich konnte das nicht so recht glauben, später lernte ich jedoch Touristen kennen, denen genau dieses Unheil zugestossen war.
Ich traf die Frau, mit der ich abgemacht hatte, bei ihrem Haus im Stadtteil Miraflores. Dieser ist ein Stadtteil, der europäische Qualitäten aufweist im Vergleich zu den grossen Aussenbezirken um den Flugplatz und auch im Norden der Stadt. In Lima leben nicht nur die offiziell gerechneten sieben Millionen Menschen, sondern mit den von den Hochanden angereisten Invasoren acht bis neun

Millionen. Die Stadt ist riesig und nicht einfach zu verstehen. Die Dame war Schweizerin und um die fünfzig. Sie wurde in Peru von einem Schweizerpaar geboren und lebte hier bis zum dreizehnten Lebensjahr. Danach zogen die Eltern zurück, so machte sie ihre Ausbildung in der Schweiz. Vor fünfzehn Jahren erhielt sie ein Stellenangebot von einer Schweizer Firma in Lima und kehrte zurück nach Peru in ihre Geburtsstadt. Sie lebte nun hier in einem Reihenhaus mit ihrer Haushälterin und ein paar Hunden und Katzen zusammen. Sie hatte eine anspruchsvolle Arbeit in einer führenden Position etwa eine halbe Stunde von ihrem Wohnhaus entfernt. Ihre Mutter, die in Zürich wohnt, rief mich vier Tage vor meiner Abreise nach Peru an. Sie hatte mein Buch gelesen und erkannt, dass ihre Tochter an etwas litt, was ich in meinen Büchern beschrieb, wobei Ärzte nicht helfen konnten. Kurzfristig sagte ich der Mutter zu, als sie mich bat, etwas für ihre Tochter zu tun. So eine Gelegenheit gäbe es nicht gerade wieder für sie, wenn ich schon in Lima sei. Ich könnte dort auch schlafen und wohnen.
Jetzt war ich da in ihrem Haus und fror wie ein Schlosshund. Die feuchte Luft durchdrang meine drei Pullover, der Elektroheizstrahler erwärmte gerade so meine Hosenbeine. Die Köchin brachte feine Speisen auf den Tisch. Sie war ein Kind ihres Landes und hatte ein breites, rundes Gesicht, ihr Wesen war ruhig und angenehm. Im Haus war einfach alles aus dunklem Tropenholz: Boden, Wände, Decke sowie die eingebauten Möbel an allen Wänden entlang. Es fehlte an Licht, denn die beiden Deckenlampen im Salon waren gedimmt im Schummerbereich. Die Frau und die Haushälterin waren von negativem Astralwesenabfall belastet. Ich befreite sie beide und sie fühlten sich auch sofort leichter.

Am nächsten Morgen hatte sie eine befreundete Schweizerin eingeladen, die mich den ganzen Tag in Lima herum führen sollte. Die Frau des Hauses fuhr zur Arbeit und meine Stadtführerin wartete vor dem Haus. Ich war bereit und wir fuhren los. Sie war auch so um die Fünfzig mit einer starken Persönlichkeit. Sie lebte schon über dreissig Jahre hier mit ihrem Schweizermann und es gefiel ihr. Sie bat mich in ihren Jeep einzusteigen, der auch schon ein paar Jährchen Strassen gesehen hatte. Ich fühlte mich in diesem starken Fahrzeug sicher, erst recht, als ich dann ihren Fahrstil erlebte. Verkehrsregeln schien es in Lima nicht zu geben, eher: derjenige hat Recht, der fährt, wo und wie auch immer. Nachdem sie sich waghalsig in eine Kolonne gezwängt hatte, meinte sie: *„Wissen Sie, wenn Sie hier gemäss den Verkehrsregeln fahren würden, so würden Sie an der Strassenkreuzung zu einem Schweizer Landjäger verdorren."* Ja, da hatte sie Recht, so würde es uns ergehen. Geräuchert wären wir auch noch von den Abgasen. Sie bot mir an, in der Stadt das Inkamuseum zu besuchen und am Nachmittag an eine Ausgrabungsstätte zu fahren.

Wir erreichten das Museum relativ schnell, nur das Suchen nach einem Parkplatz brauchte lang. Ich denke, aus diesem Grund besucht fast niemand dieses Museum. Am Eingang und an der Kasse hingen gelangweilte Wächter herum. Allein der Vorhof mit der Rampe als Aufgang war schon einen Besuch wert. An den Mauern zum Nachbarsgrundstück und auch sonst an jeder Stelle und Ecke wucherten blühende Bougavilliapflanzen in allen Farben. Vor dem Haupteingang standen in Reih und Glied dutzende von Töpfen mit Sträuchern, alles blühte. Der Himmel wollte sich öffnen, denn die Sonne drückte durch die Nebelschwaden. Es war ein Museum für Keramik und Inkakunst. Die Räume waren angefüllt mit allerhand von Geschirren und Töpfen in fantasievollsten Formen und Ausführungen, teilweise so perfekt verarbeitet, als kämen sie aus einer Fabrik aus der jetzigen Zeit. Diese Krüge und Vasen mit Tierköpfen und Verzierungen zeigten das alte Können der Inkas. Auch die Gebrauchsgegenstände aus purem Gold waren sehenswert. Sie zeugen von der Macht einiger Herrscher und religiöser Führer. Diese dachten: *„Ich bin, also nehme ich mir alles nur Erdenkliche, bevor es die anderen stehlen."* Sie hatten vermutlich schon die gleiche Gesinnung wie die heutigen

Banker und Topmanager. Aber auch sie sind zu Staub geworden, nur das Gold erinnert an ihre Macht in alten Zeiten.

Anschliessend fuhren wir quer durch die Stadt in Richtung Süden zur Hauptstrasse an der Küste entlang. Kaum war die eigentliche Hauptstadt hinter uns, waren nur noch Elendsviertel zu sehen. Die Bauern und Besitzer von Grundstücken mit Bäumen versuchten krampfhaft und meist vergeblich ihren Grund zu schützen, indem sie Zäune und Mauern errichteten und die Erde nass hielten. Wenn aber über Nacht fünf oder zehn Familien einfallen, so ist es um das Eigentum des Bauern geschehen. Diese bauen sofort Baracken oder ein Zeltlager auf und manifestieren so ihren Besitzanspruch auf dieses Land. Links und rechts der Autobahn sah ich auf trokkenen Hügeln solche Hüttendörfer.
Nun entdeckte ich die grosse Ruinenstadt im Süden. Kurz nach der Ausfahrt gab es einen typischen Friedhof der neuen Zeit mit vielen Plastikblumen. Als wir langsam vorbei fuhren, sah ich auf der Strasse und beim Eingang hunderte von gebundenen Seelen. Es drückte mir aufs Herz, so bat ich meine Engel dort Licht auszusenden und den Verirrten zu helfen.
Wir fuhren durch das Tor der antiken Stadt bis vor das Kassenhaus und lösten das Eintrittsbillett. Bei Sonnenschein assen wir ein Sandwich und tranken einen Tee im Garten. Die Anlage der Ausgrabungsstätte war so gross, dass wir auf Strassen von Ort zu Ort fahren durften. Kurz nach dem Eingang war schon die erste Grossruine und man sagt, hier sei ein Frauenhaus gewesen. Meine Begleiterin spürte hier immer eine unglaubliche Trauer und Bedrückung, "obwohl es doch ein Frauenhaus sei." Aber schon von weitem sah ich hunderte von Seelen ums Gebäude herum stehen und sitzen. Ich sprach sie laut an und begann das Ablösegebet. Sie erwachten, standen auf und kamen näher. Verwundert schauten sie mich an und als ich das Gebet und die Ansprache beendet hatte, fielen sie auf ihre Knie und küssten den Boden. Danach lösten sie sich alle in Licht auf.

Wir fuhren weiter innerhalb der Anlage und kamen an eine lange Mauer am Hügel. Sie hatte Öffnungen wie kleine Türen und dahinter war jeweils eine Nische im Fels. Zwischen den Öffnungen waren sogar noch Farbreste. Eine gleiche Mauer gab es darüber. Auf einer Tafel war angeschrieben, dass dies ein Bestattungsplatz der Vorinkazeit war. Die Menschen wurden damals mumifiziert und in eine solche Nische gesetzt. In jeder Nische hatten etwa vier Tote platz. Aber ich sah in einzelne hinein und bemerkte unzählige Köpfe darin. Nach der Bestattung wurden die Öffnungen zugemauert. Wie lange die getrockneten Mumien darin blieben, weiss ich nicht, ich nehme an, dass sie nach einer gewissen Zeit entfernt wurden. Wie würden sonst so viele Seelen plötzlich hinein gelangt sein, wenn nicht andere dazu gekommen wären? Auch hier sprach ich ein Ablösegebet und sie schienen es zu hören.
Wir fuhren weiter auf eine Anhöhe, von wo wir die Ebene und die Hügel dahinter überschauen konnten. In der Ebene stand damals ein Dorf oder es war ein Quartier dieser Grossstadt? Dazwischen sah ich viele Seelen. Wir fuhren weiter zum obersten Parkplatz unter dem Tempelberg. Wir stiegen auf dem steilen Fussweg rechts herum auf den Tempel, der auf der Seite zum Meer hin eine lange Säulenhalle aufwies. Von da aus hatte man freie Aussicht aufs Meer und die Abendsonne. In der noch intakten Mauer zum Berg hin waren Sitzbänke und Nischen eingelassen. Aber von den Säulen zum Meer hin waren nur noch Stumpen vorhanden. Wir stiegen nochmals in die Höhe, weiter oben befand sich das Aussichtsplateau mit einzelnen Ruinenresten. Die Rundsicht von hier oben ergab eine Ahnung, wie gross die Stadt überhaupt einmal gewesen war. Es war noch sehr wenig ausgegraben, weil Geld fehlt. In der Ferne sah ich einzelne Stellen wo gebuddelt wurde. Ich bemerkte, dass hier sehr viele Gebundene waren und nicht merkten, dass sie gestorben waren. Dieser grosse Ausgrabungspark hatte zuhauf Aufsichtspersonal. Als wir die Aussicht genossen hatten, setzte ich mich auf die Treppe und wollte dort die Seelen ansprechen die noch überall herum hockten. Dies passte den Wärtern nicht, sie

kamen herbei gestürmt und befahlen uns aufzustehen. Sie hatten wohl Angst, die Steintritte würden wir mehr abnützen beim Sitzen als beim drüber Laufen. Wir standen auf und ich sprach die Seelen stehend an. Sie kamen näher und näher. Nun schauten mich etwa hundert aus toten Augen an. Es schien ihnen damals auch nicht gerade gut gegangen zu sein, denn alle sahen leidend und zerlumpt aus. Drei allerdings schienen Würdenträger oder wichtige Persönlichkeiten gewesen zu sein. Diese drängten nach vorne und drückten andere rücksichtslos auf die Seite. Die drei trugen dunkelrote schmucke Röcke mit vielen einzelnen Goldplättchen aufgenäht. Und eigenartige Hüte oder Kappen, an denen grosse Goldplatten hingen. Bei einem hing so ein halbmondförmiges Goldblech vor dem Mund und unter dem Kinn. Sie machten eine gebieterische Miene, verschränkten die Arme und drückten mich fast von meinem Standort weg. Solche arrogante Typen liebte ich noch nie, sie ekelten mich an. Ich trat drei Schritte zurück und drehte ihnen den Rücken zu. Nun sprach ich die vielen Seelen sehr laut an, so dass die Wärter wieder in die Nähe kamen um zu schauen, was dieser Tourist denn zu vermelden hätte. Sie drehten aber sofort um, sie dachten wohl, ich sei geistesgestört oder betrunken. Die vielen Seelen schauten mich dafür zunehmend wach werdend an, neugierig waren sie wie Kinder. Nach einer kurzen Zeit umhüllte sie eine schwache Aura, die ich sehen konnte, da die Sonne für einen Moment nicht mehr schien. Langsam verschwanden sie fast gleichzeitig. Der Druck war weg und meine Begleiterin griff sich an die Brust: *„Jetzt geht es mir bedeutend besser. Jedes Mal, wenn ich hierher kam, fühlte ich diesen Druck auf meinem Herzen und wusste nie warum. Trotzdem zog es mich immer wieder hier hin."* Wir gingen zurück zum Jeep, die Sonne trat wieder hinter den Wolken hervor und alles um uns herum wirkte nun freundlicher als vorher. Als wir wegfuhren läutete ihr Handy. Sie vermittelte: *„Ihre Gastgeberin ruft gerade an und fragt, ob Sie heute bereit wären, am Abend einen Vortrag für etwa vierzig geladenen Gäste zu halten?"*

Also fuhren wir zurück nach Lima. Ich konnte noch duschen und dann ging`s ab zu einem Restaurant. Der Besitzer und sein Vater waren in Lima aufgewachsen, seine Frau lernte er vor zwanzig Jahren in der Schweiz kennen. Es war speziell, hier in dieser fremden Weltstadt die gleichen Menüs auf der Speisekarte zu finden wie zu Hause. Nur tönt es auf Spanisch anders und es war wiederum ein Rätselraten, was da aufgetischt würde. Das Wirtspaar war sehr nett und bei den Gästen sehr beliebt. Ich hielt einen Vortrag über mein erstes Buch und Frau Cora und Vera übersetzten auf Spanisch. Die meisten Gäste waren auch ehemalige Schweizer, die in der zweiten oder dritten Generation hier lebten. Einige der Frauen waren Tierärztinnen und Freundinnen von Vera, die passionierte Tierschützerin ist. Es wurde spät denn viele hatten Fragen, weil alles, was ich ihnen erzählte so neu für sie war.

Am nächsten Morgen gab's ein kräftiges Frühstück. Cora hatte diesen Tag frei genommen und wollte mit mir ans Meer fahren. Ich hatte diese Nacht relativ gut geschlafen abgesehen von den unerwarteten Besuchen der beiden Katzen, die mit mir das Zimmer teilten. Durch das offene Fenster hatten sie freien Zugang. Mitten in der Nacht sprangen sie ohne Vorankündigung vom Fenstersims auf mich und waren nicht mehr so leicht wegzujagen. Sie krallten sich sozusagen auf meiner Bettdecke fest.

Nun fuhren wir ruhig auf Nebenstrassen und hatten beim schimmernden Morgenlicht eine schöne Fahrt. An einem Badestrand setzten wir uns auf die mitgebrachten Klappstühle und nahmen ein kleines Picknick zu uns und genossen die Wärme. Vor allem Cora genoss die Sonne, weil sie schon Monate nichts mehr von ihr gesehen hatte. Sie zeigte mir auf einem Gelände vom Polizeifriedhof den Tierpark, den ihre Tierschutzvereinigung dort erstellen durfte. Es hatte viele exotische Tiere aus dem Urwald, welche die Polizei den illegalen Händlern abgenommen hatte. Im oberen Teil des weitläufigen Geländes war ein gepflegter Urnenfriedhof angelegt, auf

dem die Polizisten und deren Familien die letzte Ruhe bekamen. Hunderte von gebundenen Seelen waren da. Wir liefen über den Parkplatz und ich machte auf der Seite mein Ablösegebet. Denn in der Mitte war gerade ein Beisetzungsritual im Gange, bei dem viele Leute anwesend waren und jede Menge von Blumen mitgebracht hatten. Überhaupt war dies eine sehr farbige, bunte Ruhestätte. Es wimmelte von Kunststoffblumen, die pflegeleicht sind in dieser trockenen Region.
Wir fuhren nach Hause. Nach dem Nachtessen ging ich bald schlafen mit, oder zu meinen Katzen. Am Morgen wollte ich zum Spital und Kinderheim von Julio und Irmtraud fahren. Wir hatten noch jemanden gesucht, der in diese Richtung fahren würde, aber niemanden gefunden.

14.2.3 Spital Santa Rosa de Lima

Heute Morgen schien sich das Fahr-Thema schon zum Guten verändert zu haben. Cora vermeldete voller Freude, sie hätte nochmals frei genommen. Ein Ehepaar, das ich am Vortragabend getroffen hatte, würde auch gerne mit mir in den Norden fahren. Die Frau war eine ehemalige Schweizerin, die in Chile aufwuchs und er ein Schweizer, der in der zweiten Generation in Peru lebte. Er hatte in der Schweiz die Matura gemacht und sich zum Elektroingenieur ausbilden lassen. Ihre Nachbarin kam mit ihren beiden Buben ebenfalls mit.
Mit dem Familienvan fuhren wir durch die Stadt, dann auf der Autobahn nach Norden. Eine knappe Stunde lang fuhren wir dem Hügel mit den Armenbaracken entlang. Dann bogen wir ab und fuhren durch ein Quartier links den Hügel hinauf. Auf dem höchsten Punkt angelangt sahen wir aufs Meer und die romantische Bucht hinunter. Links und rechts schien die Gemeinde Bauparzellen zu erschliessen, denn die Seitensträsschen führten ins Nichts. Unten ist eine kleine Siedlung entstanden, der Beginn eines neuen Dorfes.

Es gab einige neuere schöne Häuser und ein neues, grosses Schulhaus. Wir fuhren an den Strand, weil wir die angegebene Strasse nicht fanden. Aber da war alles eingezäunt und abgesperrt. Das Terrain schien einem Privatmann zu gehören, der nur gegen Entgelt jemanden ans Meer lässt. Diese Seite vom Hügel scheint wirklich die Sonnenseite zu sein, im Gegensatz zu den Ärmsten der Armen auf der oberen Seite. Die haben vermutlich nie die Gelegenheit ans Meer zu kommen.
Wir fanden das Kinderheim und Spital im zweiten Anlauf. Wir wurden von Frau Irmtraud herzlich empfangen und alle in ihre Wohnküche eingeladen. Bald entschlossen meine 'Taxileute' wieder zurück zu fahren, sie freuten sich an diesem freien Tag, an dem auch noch die Sonne schien.
Frau Irmtraud hatte bei zwei Familien festgestellt, dass es dort spukte und mein Kommen angekündigt. An diesem Nachmittag schafften wir es beide Häuser und Familien zu besuchen. Es gab an beiden Orten gebundene Seelen. Beim Haus, das im Dorf unten war, war es ziemlich happig, denn es waren viele sehr alte Seelen. Die Besitzer glaubten, oder nahmen an, dass auf ihrem Grundstück ein Schatz oder viel Gold vergraben sei. Sie bestellten vor ein paar Jahren einen Bagger und buddelten ums Haus alles um. Da sie ein auf Sand gebautes Haus gekauft hatten, gab es grosse Risse und Schäden am Haus. Sie fanden Skelette und einzelne Schädel sowie antike Geschirrreste, aber kein Gold. Aus Frust und weil der guten Garten nun eine Grube war, bauten sie einen grossen Swimmingpool. Aber von da an war es mit dem Schlafen vorbei. Vor allem bei der Frau und einem der Söhne kamen die Seelen nachts und wollten scheinbar Hilfe.
Nach dem Nachtessen läutete es an der Tür und ein Freund der Familie kam ohne Voranmeldung vorbei. Er war ein Berufsmilitär und erzählte von seinen furchtbaren Erlebnissen im Urwald. Er hatte dort Geister gesehen, die unbeschreiblich gross waren. Bei diesem Einsatz im Dschungel hatte er zwei Drittel seiner Einheit verloren ohne dass ein Schuss gefallen sei. Er war sich sicher, dass diese

Monster seine Soldaten verstümmelten oder gefressen hatten. Nach seiner Rückkehr brauchte er von seinem Psychiater Hilfe. Er fragte mich, ob ich die Engel fragen könnte, ob er spinne oder ob diese Monster real gewesen seien. Leider waren sie real, aber als Geistwesen. Ich erklärte ihm, dass es an verschiedenen Stellen der Erde solche stark negativen Energien gäbe, die die Menschen abschrecken oder von einem Gebiet fern halten wollen. Es können auch schwarzmagisch ergänzte Monster sein, die zudem noch Dämonische Energien in sich trugen. Seit diesem Horroreinsatz glaubte er fester an Gott und seine Engel. In dieser Notlage hätte er gelernt zu beten, weil er keine Minute mehr seines Lebens sicher gewesen sei. Aber er war auch von Astralwesenenergien besetzt, von denen ich ihn befreite.
Wenig später kam noch eine Frau, die ein Leiden hatte, das sich medizinisch nicht erklären liess. Auch sie war von einer pechschwarzen Wolke umhüllt und von zwölf Gruppen von Abfallenergien kontrolliert. Nach den Ablösungen war es schon wieder Mitternacht und wir gingen zu Bett.

Nach dem Morgenessen zeigte mir Irmtraud ihre Klinik, die auf dem Grundstück ihres Hauses steht. Ein Arzt, der am Tag hier arbeitet, hat jede Menge zu tun und Patienten im Überfluss. Die Patienten kommen ausschliesslich aus den Armenquartieren jenseits des Hügels und keiner hat einen Batzen um für die Behandlung zu bezahlen. Die Klinik wurde gestiftet und aus Spendengeldern bezahlt. Irmtraud fuhr mit mir über den Hügel ins Quartier, wo der Kindergarten und ein Kleinkinderhort von ihnen und dem Spenderverein betrieben werden. Der Kindergarten stand mitten in einem Armenquartier. Im, von aussen unscheinbaren, Gebäude sind vier Schulräume untergebracht. Fünf Angestellte unterrichten die Kinder, welche zwei Jahre hier sind. Ich war erstaunt über die grosse Disziplin in den Schulräumen und dass diese Kleinen lesen und rechnen müssen, noch bevor sie in die Schule gehen. Dies seien die Anforderungen an die Kinder, sonst würden sie von der Gemeinde

oder Staatsschulen nicht angenommen. Am Wochenende käme Julio, ihr Mann, reinigt das Gebäude und bewacht es mit einem seiner Hunde. Wenn er dies nicht tun würde, sei am Montag alles weg. Der Verein hätte kein Geld für einen Abwart, es sähe im Moment düster aus. Irmtraud war beim Erstellen des Gebäudes persönlich dabei und sammelte Baumaterialien mit ihrem Auto zusammen, um Kosten zu sparen.
Sie hatte noch einen weiteren Termin mit mir bei einem Mann vereinbart, in dessen Betrieb sonderbare Dinge passierten. Wir fuhren etwa eine halbe Stunde in Richtung Lima und bogen in ein Gewerbegebiet ab. Hinter dem grossen Metallhoftor und den hohen Mauern war seine Firma die er mit seinen fünf Geschwistern betrieb. Sie verkauften LKW's und schwere Baumaschinen aller Art. Hier in diesen Werkstätten werden sie gewartet und repariert. Der Mann machte mit mir einen Rundgang durch seine Lagerräume und offenen Reparaturhallen, als ich dies vorschlug. Sie hatten in den letzten Jahren eine Häufung von Kunden, die nicht bezahlten oder nur noch reklamierten. Es nahm für die Geschwister bedrohliche Ausmasse an, weil sie durch die vielen und grossen Fehlbeträge illiquid wurden.
In den verwinkelten, dunklen Büros sah ich Wolken von negativen Astralenergien. Ich erklärte allen, um was es sich hier handeln würde und bat um ein paar Kerzen. Diese wurden bald besorgt und angezündet. Die Brüder zeigten mir in ihren Büros Stellen, wo die Mauern und der Plattenboden komische Flecken hatten und ein Saft austrat. Sie hätten den Plattenboden vor zwei Jahren neu machen lassen. Darunter war jedoch alles trocken und sauber gewesen. Ein für alle unerklärliches Phänomen. Fast alle Saftflecken waren genau dort, wo sich die schwarzen Wolken befanden. Ich machte zusammen mit ihnen in jedem Raum eine Ablösung. Irmtraud übersetzte meine Worte, alle machten in einem gemeinsamen Schlussgebet mit. Der Chef der Firma lud mich und Irmtraud zu einem Mittagessen in ein Restaurant ein. Sein Sohn, der auch schon im Betrieb arbeitet, kam mit. Wir assen sehr gut und viel.

Als ich sah, was er danach hinblätterte, hatte ich ein schlechtes Gewissen. Es war für uns Europäer ein Druchschnitts-Restaurant, aber die Preise waren hoch wie in der Schweiz. Die allermeisten Menschen dieser Gegend werden wohl dieses Lokal nie von innen sehen.

Wir fuhren zurück zu Irmtrauds Haus, denn es hatten sich noch ein paar Leute angemeldet, die Hilfe brauchten. Von der Küche aus sah ich in die Bucht hinunter übers Meer, nur den Strand konnte ich nicht einsehen. Auf dem Grundstück unter ihnen hatte eine Organisation vor ein paar Jahren das Land von ihrem alten Nachbarn übernommen, respektive gestohlen. Der alte Mann wurde einige Male aufgesucht und bedrängt, ihnen das Land zu geben, sie würden dann für ihn beten, nur so käme er in den Himmel. Kurz darauf begannen die Leute mit dem Bauen. Zwei grosse Lagerhallen, eine kleine Kirche und ein Hotel-Wohnhaus. Alles ist von einer hohen Mauer eingezäunt. Aber von hier oben hat jeder eine gute Einsicht auf das Grundstück und auch auf die Laderampen der Lager.
Irmtraud erzählte, sie hätte zwei Patienten gehabt, einer mit Beckenbruch, der andere mit Hüftknochenfraktur, für die sie Rollstühle benötigt hätte. Sie sah seit längerer Zeit etliche solcher Rollstühle vor dem Lagerhaus stehen. Also gingen sie und ihr Mann Julio hinunter und fragten, ob sie für ihre Patienten der Klinik zwei Rollstühle zum Mieten bekämen. Nein, hiess es dort ganz barsch. Die Güter im Lagerhaus seien alles Spenden aus Europa, vor allem aus Spanien. Sie sollen auf den Märkten verkauft, statt an Arme verschenkt werden. Sie waren sehr überrascht von dieser Abweisung und fragten mich, ob ich diese Pius XII-Bruderschaft kennen würde? Ihnen käme sie wie eine Sekte vor, denn vor dem Gelände oder wenn ein Empfang bevorstand, laufen sie schwarz angezogen herum, aber hinter der öffentlichen Kulisse in Badehose und Bikinis, ja sogar oben ohne. Wenn so ein Kongress oder ein Treffen der Höchsten dieser Sekte stattfand, fuhren die besten und dicksten

Karossen Südamerikas vor. Es wimmelte dann vor solchen roten und violetten Käppchen. Der Strand werde dann für diesen hohen Besuch der Kirche reserviert und für andere Bürger gesperrt. Aber nach diesem Treffen könne man kaum mehr am Strand gehen, denn es wimmle nur so von Gummi-Verhüterlis. Andererseits sind danach unzählige junge Frauen der Region schwanger und fragen um eine Abtreibung. Diese Pius Bruderschaft scheint der Abschaum und die Ausgeburt der Höllenhunde zu repräsentieren.
Leider hat die katholische Kirche in Südamerika keine Spuren des Ruhms hinterlassen. Sie kamen nach der Invasion durch die Spanier sofort zu grosser Macht und füllten bald den Platz der grausamen Priesterschaft der Inkas aus. Die Einheimischen meinten ja zuerst, die weissen seien Halbgötter. Aber es ging vermutlich sehr schnell, da merkten sie sehr wohl, dass sie mehr denn halbe Teufel waren. Nur kannten sie von früher her das Unterwürfigkeitsgefühl. Die Kirche musste sich gar nicht anstrengen mit Botschaften, du bist nichts vor Gott, nur ein armer Sünder. Du bist mit einer Erbsünde geboren. Die Weiber sind immer schuld und Sünderinnen, da sie Verführerinnen sind. Das sitzt noch tief in diesen Indios drin und sie glauben das noch immer. So ist die Methode unserer Kirche aufgebaut, an allen Wochenenden den Gläubigen von der Hölle und dem Fegefeuer zu erzählen. Auch dass sie alle verloren sind und Gott sie verstossen hätte, aber wenn sie schön alle Tage Opfer darbrächten, würde man es schon richten. So läuft das Geschäft mit der Angst auch noch heute. Wie viele alte Leute bei uns geben all ihr Erspartes an die Kirche oder eines ihrer Hilfswerke, aber niemand schaut genau hin, was die dort überhaupt machen. Es ist den Leuten nicht geholfen, wenn sie dort eine Wellblechhütte als Kirche bekommen und gezwungen werden dorthin zu gehen um zu beten. Vor allem ist es ärgerlich, wenn die Spendengelder, die fast für eine Kathedrale gereicht hätten, irgendwo in den Bistümern oder Kirchenämtern der Drittweltländer verschwinden. Wenn Sie genau hinschauen, sehen Sie auch dort die dicksten Bischöfe und Regionalvorsteher am Wirken. Sicher gibt es auch gute Menschen,

die an der Basis arbeiten und ihr Bestes geben. Aber leider ist der Wurzelstock in Rom schon faul und so können ja auch in den Aststrukturen nur Maden leben. Dieses unehrliche Verhalten ärgert mich und viele andere auch, nur die sagen halt nichts. Ich nehme an, wenn wir den Aussagen unseres Herrn Jesus vertrauen, so wird dieser Miststock bald zerfallen, denn in der kommenden Zeit werden die Menschen das Wirken derer klar erkennen, dann werden die Maden und Parasiten schnell nichts mehr zu Fressen haben oder bekommen.

Es kamen noch ein paar Personen die Hilfe brauchten und alle waren voll besetzt. Irmtraud hatte das auch bemerkt und bei ihnen schon eine Ablösung vorgenommen. Sie hat eine gute Intuition und ein feines Gespür und nimmt die Leiden anderer wahr. Als sie mein erstes Buch in die Hände bekam, liess sie sofort alle Gebete und Ablöserituale ins Spanische übersetzen. Sie nahm wahr, dass wenn sie Ablösungen gemacht hatte, es den Leuten sofort besser ging. Zudem haben sie kein Geld für Medikamente, doch die wirken ja bekanntlich nicht für die Seele. Wir hatten bis spät in die Nacht viele Leidende und machten Ablösungen am Fliessband.

Kaum waren wir im Bett, da läutete es an der Haustüre. Eine Frau war hier mit einem Kind ihrer Cousine und bat um Hilfe für das Kind. Irmtraud weckte mich und bat mich den kleinen anzuschauen. Sie warteten in der Wohnstube. Die Frau stammte aus dem Hochgebirge aus einem Ort etwa sechzig Kilometer weit weg. Der Bub war fünf Jahre alt und hatte starkes Fieber. Die Frau trug ihn jetzt schon drei Tage mit sich herum. Die ganze Familie sammelte ihr Geld und gab es ihr, damit sie in ein Spital mit dem kleinen gehen konnte. Dort haben sie das Kind untersucht, das Geld abgenommen, und ihr gesagt, man könne dem Kind nicht mehr helfen. Sie aber gab nicht auf und kam per Autostop nach Lima in ein anderes grosses Spital, sie musste da ein Tag und eine Nacht warten und betteln, dass ein Arzt das kranke Kind einmal anschauen würde.

Nach dem kurzen Untersuch sagte auch dieser Arzt, das Kind sei nicht mehr zu retten. Sie fuhr nun wieder mit Autostop zurück. Auf der Strecke vernahm sie, dass es hier eine Klinik gab. Sie lief dann fünf Stunden zu Fuss bis hierher, weil sie keiner mit ins Auto nehmen wollte, da es Nacht war. Nun lagen sie da auf dem Sofa, das Kind schlief und die Frau hatte Mühe wach zu bleiben. Das Kind hatte neben dem After ein grosses Geschwür, das aussah wie eine blaue Zwetschge. Es schien bösartig zu sein. Ich pendelte aus, ob ich helfen durfte und ob es heilbar sei. Ich bekam zweimal ein *„Ja"*. Zudem bemerkte ich, dass seit seiner Geburt verschiedene, negative Wesen an ihm hingen. Zuerst machte ich eine Ablösung, legte dann bei ihm den 'Zapper' an und begann nun mit der heilerischer Arbeit. Mit der Geisthand versuchte ich das Geschwür zu dematerialisieren. Das Kind schlief ruhig und auch die junge Frau sagte nichts mehr. Irmtraud stellte ihr etwas zu trinken und zu essen hin. Dann gingen wir das zweite Mal ins Bett.

Schon am frühen Morgen sei die junge Frau aufgestanden und weggegangen. Das Kind hatte kein Fieber mehr. Später vernahm ich von Irmtraud per E-Mail, dass die junge Frau zurück gekehrt sei um ihr zu melden, dass das Kind nun gesund sei. Das hat auch mich gefreut.

Kurz nach dem Mittagessen waren die Freunde aus Lima wieder da und holten mich ab. Ich vernahm von ihnen, dass an diesem Abend ein Fortsetzungsvortrag angesagt sei, denn es hätten sich noch mehr Leute als beim ersten Abend angemeldet. Es gab viel Verkehr an diesem Abend und wir hatten auch einige Staus. Ganz knapp kamen wir vor dem angekündigten Zeitpunkt an. Ich vertiefte die praktische Anwendung meiner Gebete. Die Leute waren auch an diesem Abend sehr interessiert und stellten viele Fragen. Es wurde wieder Mitternacht, als wir in das Haus von Cora zurückkehrten.

Am nächsten Tag war mein Abflug gegen ein Uhr mittags. Nach dem Frühstück kamen aber noch der Vater und die Tochter der Hausangestellten vorbei. Sie bräuchten Hilfe und sie fühlten sich schon seit sehr langer Zeit elend. Beide hatten Astralwesen und Abfallenergien an sich. Ich machte eine Ablösung an beiden und dies schien ihnen gut zu tun. Aber nun stand bereits der gelbe Toyota von Heidy, die auch Tierärztin war, vor der Türe. Sie bot sich an, mich zum Flughafen zu begleiten. Es freute mich, dass auch Cora mit kam. Alles klappte gut und der Abflug war pünktlich.
Der Flug dauerte ewig und alles begann zu schmerzen von dieser langen Sitzerei. Nach dem Sonnenaufgang über Amsterdam, sah ich wieder dieses herrliche Grün unseres Kontinents. Es war ein Vergnügen von dort nach Zürich zu fliegen.

Ich habe mir vorgenommen für diese beiden Hilfswerke zu sammeln, denn ich sah, wie jeder Franken oder Euro dort gut eingesetzt wird und nichts verschwindet. Ich danke für die Unterstützung. Hinweise sind auf meiner Homepage zu finden (siehe Impressum).

Dämonen 15

Solange es Menschen gibt, existiert auch der Teufel oder das Dämonische auf der Erde. Wir leben in der Polarität und zusätzlich noch in einem feststofflichen Körper, der aus unzählbaren Naturgeistwesen besteht, die gerichtet sind. Deshalb können Sie nur das sein, was diese Naturgeistwesen sind. Sie sind wiederum als grosse Gruppe mit einem Führer für ein Organ zuständig. Könnten wir das sehen, es wäre grossartig, ein perfektes Zusammenwirken, das die 'Fähigkeiten' von Maschinen endlos übersteigt. Und nicht nur bei Menschen, ich meine die Körper aller irdischen Organismen, Tiere, Pflanzen und Gestein. Eine Maschine hingegen läuft, wie sie eben vom Konstrukteur erdacht und angefertigt wurde – nicht mehr. Wir Lebewesen hingegen können wachsen, uns verändern, uns heilen und vor allem kreativ etwas erschaffen. Viele Atheisten, aber auch streng Gläubige, und jene Wissenschaftler, die an der Evolutionstheorie festhalten, täuschen sich. Zwar gibt es Spuren und Hinweise, die so etwas wie eine Ahnenreihe beweisen sollen, das sind aber nur Ergebnisse, die aus der begrenzten Sichtweise des Menschen enstanden sind. Vieles wird klarer, wenn Sie das Kapitel 18 'Von der Entstehung der Erde' lesen.

Die Verfechter der Darwinschen Lehre, welche weltweit in den Schulen gelehrt wird, sind überzeugt, allein die Natur steuere die Veränderung der Körper und Formen bei Pflanzen, Tieren und Menschen, also die Entwicklung. Doch der denkende Mensch fragt sich seit Jahrtausenden, was war zuerst da, das Huhn oder das Ei? Mit der darwinistischen Entwicklungstheorie kann es darauf keine befriedigende Antwort geben. Ich bin überzeugt, dass sich Leben nicht aus dem Nichts und aus sich selbst heraus erschafft. Stellen Sie sich nur das vor: Um uns wimmelt es nur so von noch ungerichteten Naturgeistern, die wir an uns heranziehen, ausrichten und so für uns manifestieren lassen können, wie wir es wollen…

Auch die Natur selbst kommt nicht aus dem Nichts. Ihr Ursprung und die Steuerung entsteht aus der Quelle allen Seins, der Schöpfer erschafft aus seiner Liebe. Die gerichtete Materie hängt von seinem Willen und Wollen ab. Sie kann sich selber nicht verändern.

So wie es das göttliche Licht gibt, ist auch die Dunkelheit zugelassen. Sie ist weder gut noch böse, wie die Nacht oder der Keller ohne Licht. Dunkelheit ist nur die Abwesenheit von Licht, also ein physikalischer Zustand, den wir unter Umständen verändern können. Knipsen wir das Licht an oder erwarten wir das Ende der Nacht… So eine Nacht gibt es auch in uns, also geistig. Dies hat mit unserer Dualität zu tun. Wie könnte das Helle, das in uns erleuchtet, sich erkennen ohne die Dunkelheit? Auch in der Aura der Menschen erkenne ich die verschiedensten Abstufungen und Formen vom Dunklen in uns. Da sind graue bis schwarze Wolken, oder Scheiben und Kugeln. Oft sehe ich auch grässliche Fratzen oder Körperteile von tierähnlichen Wesen sowie Echsen und Drachenwesen. Solche Anblicke haben für mich absolut nichts Erfreuliches oder Schönes. Vielleicht kennen Sie solche Bilder aus sehr alten Kirchenbüchern? Entweder war der Maler hellsichtig oder es konnte ihm jemand detailgetreu übermitteln, was er gesehen hat.

Zum besseren Verständnis komme ich zurück zum Begriff:
Das Dämonische, Böse ist, genauso wie das göttlich Reine, in unser Herz eingepflanzt. Durch unseren freien Willen haben wir den Zugang zu beiden.
Der 'Teufel' hingegen ist personell und normalerweise ausserhalb von uns, wie auch ein Engel ausserhalb von uns ist. Nur dass der Erstgenannte eine Existenz ohne Licht ist, Unlicht eben. Er oder sie ist so was von verschlagen, falsch und hinterlistig lauernd auf jeden kleinsten Fehler, den ein Mensch macht. Der Teufel ist der grösste Meister der Verführung und Täuschung, doch er ist vor allem der beste Lehrer und Prüfer unserer Liebesfähigkeit und Standfestigkeit unseres Gottes – Liebesglauben.

'Satan' wird von Jesus die 'gerichtete Materie' genannt. Jesus wurde vielfach darüber befragt von seinen Jüngern, von römischen Gelehrten usw. (Johannesevangelium, Bd. 1-10, Lorber-Verlag). Aber auch die Machtgier, die Glanzsucht (zum Beispiel sportliche Ehrsucht), der Geldwucherer und das Raubrittertum der Banken nannte Jesus den 'Satan der Erde', und er prophezeite: *„Darunter werden viele Völker vergehen."* Wer die Geschichte kennt, kann das genau ersehen und vielleicht besser verstehen.

Warum aber ist diese Materie der Satan, da sie doch ebenso von Gott erschaffen wurde und darin wieder unzählige Naturgeister leben und wirken? Vor den grossen Schätzen der Erde hatte Jesus keine Achtung. Er nannte Gold, Silber und Edelsteine 'Erddreck'. Doch der Mensch giert danach seit Urzeiten. Ganze Völker wurden aufgrund von Goldrausch und Diamantenfieber überfallen, Ureinwohner vertrieben oder ermordet wegen der Habsucht von Machthabern oder gewisser Geschäftskreise, die sich wohlweislich gerne im Hintergrund bedeckt halten. Die gleiche Rücksichtslosigkeit geht auch heute noch über die Weltbühne, oft ist Geld oder Öl das, wonach viele streben. Hierzu gibt es etliche Beispiele, wie dieses: Bis Ende des Jahres 2007 verursachten die USA im Iran über eine halbe Million Tote unter der Zivilbevölkerung. Einzelne Beobachter vor Ort berichteten sogar von noch weit grösseren Zahlen. Dieser Krieg wurde unter falschem Vorwand vom Zaun gebrochen, von einer scheinbaren Demokratie und im Namen Gottes. Heute wissen wir, dass es eine teuflische Lüge war. Es ging allein um das Erdöl, um die Sicherstellung dieser Quellen für die Grundversorgung der USA.

Unzählige Bücher sind angefüllt von grauenhaften Leidensgeschichten über vertriebene oder beinahe völlig ausgerottete Völker. Alle Kolonialmächte dieser Welt bereicherten sich in den Ländern, die sie überfielen und ausbeuteten. Denken Sie nur an die Regierung der rohstoffarmen Insel Britannien, die über längere Zeit das grösste und reichste Imperium darstellte, oder das seinerzeit sehr

verarmte Spanien und das benachbarte Portugal. Nachdem die Mauren die Iberische Halbinsel verlassen hatten, herrschte das Chaos auch unter den herrschsüchtigen Fürsten und Pseudo-Adligen. Nachdem sie Teile von Amerika entdeckt hatten, beuteten sie diese systematisch aus, ohne Rücksicht auf die Einheimischen. So kehrten Schiffe voll beladen mit Gold und Silber zurück. Zu Hause angekommen, wurde dieser Reichtum unter dem Herrscherhaus und der Kirche verteilt.
Ohne die massgebliche Zustimmung und übergrosse Gier der Kirche nach Edelmetallen, hätten die Machtausübenden die Ureinwohner im fernen Indien (Amerika) nicht so sehr quälen können. Die Kirche Roms behauptete noch bis vor zirka hundertvierzig Jahren, dass die Ureinwohner keine Seele hätten und deshalb den Tieren gleichzustellen seien. Ein dramatischer Irrtum dieser, dem Goldrausch verfallenen, dämonisierten Menschen und zugleich eine, die Gegenwart und Zukunft belastende, Hypothek.

So versteht man, dass am von Jesus so benannten 'Erdendreck' das Blut, die Verzweiflung und die Hassenergie der Ausgebeuteten hängen. Wie viele Kirchen Europas sind voll von gestohlenem Goldprunk? Die Schätze, die sich die weltlichen Herrscher geholt hatten, sind inzwischen über Generationen im Volk verteilt. Doch die ursprüngliche Karma-Elementalenergie ist immer noch daran gebunden. Wehe, wenn diese sich eines Tages zusammenballt und entlädt…

In England und Frankreich zeigen sich die Fehler ihrer Kolonialvergangenheit anders: Unzählige Farbige aus ihren Untertanenländern besitzen nun einen Pass vom Peinigerland und sie kommen in Massen und vermehren sich. Es wird die Zeit kommen, dass keine ursprünglichen, weissen Kolonialherren mehr vorhanden sein werden. Wegen des Gesetzes vom Ausgleich sind sie dann inkarniert in farbige und früher von ihnen selbst verachtete, 'minderwertige' Menschen. Das Geistige Schöpferrad arbeitet langsam und bedächtig, aber sehr weise... Nun, dies war ein Abstecher in die Welt der Materie und derer, die danach gieren.

Der Mensch lebt in und mit der Materie und braucht sie auch, beispielsweise als Nahrung, Kleidung, Haus usw. Kurz, alles ist scheinbar feste Materie. Die Frage ist: Wie benütze ich diese? Bin ich ein gieriger Jäger, ein nimmersatter Unzufriedener? Oder bin ich ein missgünstiger, ja wegen des mir fehlenden Reichtums, hassender Mensch geworden? Verachte ich andere wegen ihres grossen Besitzes? Bin ich bereit zu stehlen oder sogar dafür zu töten? Wenn jemand von uns einem anderen seinen Reichtum oder sein Salär missgönnt, gönnt er sich selber auch nichts. Sagt einer: *„Ich habe nichts und dieser hat alles"*, so manifestiert er mit seinem Glauben diese Realität noch fester. Dabei erschafft er auch noch starke, bindende Elementale (zum Beispiel von Armut), die nicht mehr von alleine weggehen. Jesus, unser grösster und weisester Meister hat sicher Recht, wenn er sagt: *„Der Satan ist die Materie."* Sie kann beinahe jeden Menschen, ja ganze Völker in Form von Gier und Neid dämonisieren. Dann stellt sich die Frage: Wie kann ich mich wieder davon lösen, vor allem am Ende eines Lebens? Die Antwort darauf ist: Das geht nur bewusst. Wir müssen alles, was wir besitzen, gezielt und mit Freude loslassen. Die Materie hat uns gedient und wir haben sie benützt. Wir müssen uns von ihr trennen und bewusst verabschieden. Sogar unseren feststofflichen Körper müssen wir am Schluss mit aller Kraft und Bestimmtheit von uns weisen. Der Körper ist nicht 'Ich', er ist und war nur Werkzeug, Gefäss oder Gefährt. Ich darf und muss ihn bewusst abstreifen, wie ein zerschlissenes Übergewand nach getaner Arbeit. Es käme uns ja auch nicht in den Sinn, mit den Arbeitsklamotten zu einer Einladung oder erst recht nicht zu einer Gala zu gehen. Viele Menschen denken sich, das ist einfach oder denen passiert das sicher nicht. Doch meiner Ansicht nach fällt es fast allen schwer, sich von der Materie zu trennen. Ich sehe das täglich bei irdisch gebundenen Seelen, hier und überall auf der Erde. Sie alle sind an die Materie gebunden und wissen nicht warum. Der Mensch scheint von Natur aus besitzergreifend zu sein, so als ob dies an den Genen seines materiellen Körpers hinge. Er will und muss immer dies oder jenes haben. Das können wir schon bei den Allerkleinsten beobachten, wie sie sich um ein Spielzeug streiten und es nicht mehr hergeben wollen. Auch Erwachsene tun das und legen sich dafür richtig ins Zeug. Einzelne verdienen damit sogar Millionen und die anderen bewundern sie. Doch oft sind die Fans bald neidisch auf die Erfolgreichen und irgendwann kommt dann Hass auf. Dies ist der immer wieder funktionierende Mechanismus. Damit hat der Teufel sein Ziel erreicht. Die teuflische Energie macht reiche Beute durch ihre Saat unter den Menschen und das auch noch mit eigentlich Nichts und ohne grosse Anstrengung. Auslöser kann schon ein Ball, der mit Luft gefüllt ist, sein. Dies ist nur ein Beispiel, doch Ähnliches erfasst sicher hunderte von Millionen Menschen weltweit.

Mit Musik kann man uns Menschen ebenfalls 'hörig' oder gefügig machen. Die darin enthaltenen Schwingungen gehen, so denkt man, buchstäblich unter die Haut, aber eigentlich dringen sie noch viel tiefer ein, nämlich in die Seele. Sie wird nicht nur berührt, sondern meistens mehr belastet. Die viel gerühmte klassische Musik zum Beispiel geht uns oft ans Gemüt. Viele Menschen sind überzeugt, sie sei ein hoher Kulturschatz. In Wirklichkeit aber ist es mehr ein Umrühren im Seelenschmerz des Komponisten. Natürlich berühren uns solche Klänge, umso mehr, da wir diese Seelenzustände kennen und lange, viel zu lange, durchschritten haben. Nur Musik, die uns aufstellt und heilt, ist uns dienlich. Nicht aber die ewig alte Leier, die uns wieder herunterzieht und uns erneut quält, also Frequenzen, die uns suggerieren: du kannst da nicht ausbrechen, du bleibst da drin. Das ist in meinen Augen teuflisch und es ist oftmals schwer, dieses Dunkle, Alte, raffiniert Inszenierte zu durchblicken. Wir feiern in den höchsten Tönen eine alte, unfrei machende Kultur.

Junge Menschen haben es nicht leicht, sich in der Welt der Idole zurecht zu finden. Viele sind instabil und nur durch den Verstand geführt. Doch dieser hat mit der Seele und ihrem inneren Licht nichts zu tun. Deshalb lassen sie sich von Trends wie der Mode oder Musik leiten, einhüllen und verleiten. Sie hören noch zu wenig auf ihre eigenen Bedürfnisse ihres höchsten Ichs. Dadurch hat die dunkle Seite leichtes Spiel mit ihnen. Neugierig, vielleicht auch naiv, laufen sie ihr ins offene Messer.
In lauter, nervtötender Musik liegt ein grosses, zerstörerisches Potenzial. Viele lassen sich vom Bum-Bum zudröhnen, bis sie fast gar nichts mehr hören. Gut, das ist ihr Problem, so ein Tinnitus oder eine Hörstörung. Das Schlimme ist, dass sie auf eine Art süchtig werden und ihre eigene, innere Stimme nicht mehr ertragen können. Sie laufen vor der Stille um sie davon. Andererseits machen aggressive Musikschwingungen auch Angst. Dann wiederum benötigen sie Alkohol oder härtere Drogen, um die Beeinflussung zu ertragen.
Äusserlich geben sich manch miese Musiker als das, was sie wirklich sind. Sie schlüpfen in die Rolle von Monstern, Dämonen, Teufeln oder Vampiren. Natürlich fühlen sich die verführten Zuhörer angezogen, denn sie wissen nicht, wie sehr ihnen geschadet wird. Wenn sie dann irgendwie in diesem ihrem realen Albtraum erwachen, sind sie vielfach schon körperlich geschwächt, süchtig oder geistig umnachtet.

Ich habe in den letzten Jahren unzählige junge Menschen erlebt, die von nieder schwingenden Energien so übel zugerichtet wurden, dass sie sehr schwer daraus zu befreien waren. Doch nur durch ihre Befreiung konnten sie ihren Lebensweg wieder eigenständig begehen.

15.1 Krämpfe von niedersten Energien und Musik vom anderen Stern

Ein Mann rief mich spätabends an. Seine Stimme klang aufgeregt und ich spürt seine grosse Angst. Er hatte von mir über Umwege gehört und meinte, seiner Frau und Mutter von drei Söhnen, ginge es von Tag zu Tag schlechter. Sie litt unter krampfartigen Bauchschmerzen. Sie war zu verschiedenen Ärzten gegangen, doch keiner konnte etwas finden. Kaum war sie zuhause, überfiel es sie buchstäblich, dann wand sie sich vor Schmerzen. Zwei Mal war er mit ihr schon nachts in die Notaufnahme gefahren und jedes Mal konnten die Mediziner nichts finden. Die beiden glaubten schon an eine Verschwörung der Ärzte, doch komisch sei es allemal, dass die Schmerzen vor allem nachts auftraten. Tagsüber war die Frau dann so zerschlagen, dass sie nicht mehr arbeiten konnte, sie war bei einem Handwerker im Büro teilzeitbeschäftigt. Ihr Leidenszustand bestand nun ein halbes Jahr und die Nerven der ganzen Familie lagen blank.
Erst jetzt erfuhr er, dass seine Frau im Endstadium Krebs hatte und dies wollte ihnen keiner mitteilen. Eigentlich wollte der Mann von mir nur wissen ob, oder sich bestätigen lassen, dass seine Frau tatsächlich todkrank sei. Also befragte ich meine Engel. Ich bekam die Antwort, dass sie keineswegs krank, sondern von einer Seele besetzt sei. Doch während des Pendelns schauderte es mich, ganz kalt wurde es mir… Nun wusste ich, dass dahinter noch etwas Böses, Teuflisches steckte. Ich sagte dem Mann am Telefon:

„Leider hängt an Ihrer Frau eine noch nicht erlöste Seele, die verschiedenes auf dem Kerbholz hat. Man sollte sie davon befreien." „Was erzählen Sie mir da? So einen Blödsinn habe ich noch nie gehört! Wir gehen in eine Bibelgruppe, deshalb weiss ich, dass es so etwas gar nicht gibt. Verzapfen Sie solche Märchen doch wem anderen!" Paff, und er hatte den Hörer aufgehängt.

Eine Stunde später, es war schon nach Mitternacht und ich lag gerade erst im Bett, läutete wieder das Telefon im Erdgeschoss. Es wollte nicht aufhören, also rappelte ich mich auf und schlurfte die Treppe hinunter. Kaum hatte ich den Hörer in der Hand, verstummte das Gerät. *„Ja toll…“*, ich setzte mich auf den Stuhl und wartete etwa fünf Minuten lang. Es blieb still, also ging ich wieder zurück ins Bett. Kaum war ich fünf Tritte hochgestiegen, läutete es wieder. Ich nahm den Hörer ab und man staune, war doch der Mann aus der Bibelgruppe dran: *„Bitte entschuldigen Sie vielmals wegen vorhin“*, schrie er, *„aber meine Frau und ich sind fix und fertig. Jetzt hat sie wieder solch einen heftigen Anfall, es schüttelt sie richtig. Können Sie helfen? Bitte tun Sie was, ich habe Angst, dass sie stirbt!“* Seine Stimme war so laut, dass ich den Hörer von mir streckte und er immer noch sehr deutlich zu verstehen war. *„Was soll ich denn machen, wenn Ihnen die Bibel verbietet zu glauben, dass es noch etwas anderes zwischen Himmel und Erde gibt?“*, fragte ich ihn etwas amüsiert. *„Ach, tun Sie doch einfach, was meiner Frau hilft, ich lass mich gern überzeugen.“ „Also gut, rufen Sie mich morgen über Mittag an, bis dahin werden wir sehen, was in diesem Fall zu machen ist. Ich wünsch Ihnen eine gute Nacht, auf Wiederhören.“* Ich machte mit meinen lieben Engeln eine Schnellablösung der Astralwesen und der dunklen Energien. Hoffentlich half ihr das über die Nacht…
Am nächsten Tag, kurz vor ein Uhr, rief dieser Mann wieder an. Er wirkte schon eine Spur freundlicher: *„Sie, als ich gestern Nacht ins Schlafzimmer zurückkam, fand ich meine Frau schlafend. Es war völlig überraschend. Haben Sie etwas aus der Ferne gemacht?“ „Ja, ich habe für Ihre Frau gebetet, doch um alles abzulösen, müsste ich zu Ihnen kommen.“* Wir vereinbarten für den übernächsten Tag einen Besuch.

An jenem Tag hatte ich in ihrer Gegend noch eine andere Familie zu besuchen. Die Eltern hatten Probleme mit der Tochter. Als ich das Zimmer der Siebzehnjährigen betrat, schlug es mich fast rück-

wärts wieder hinaus auf den Gang. Es war eine so böse, harte Energie darin versammelt, dass es mir beinahe unmöglich war, es überhaupt zu betreten. An den Wänden hingen unzählige Poster von so genannten Musikern, Lärm machende, arge, dämonische Verführer. Das Mädchen beobachtete mich mit teuflischen Augen. Sie war gross, mager und blass. Sie wirkte sehr verschlossen, gar nicht richtig wach. Ihre dunklen Augen blickten mich aus tiefen Hölen an. Wie mechanisch antwortete sie auf meine Fragen mit *„Ja“* und *„Nein“*, völlig ohne Gefühl oder Emotion, ganze Sätze schien sie gar nicht mehr zusammenstellen zu können.
Ihre Eltern waren in grosser Sorge, sie vermuteten, ihre Tochter würde insgeheim Drogen nehmen. Sowohl der Hausarzt als auch der Psychologe vermuteten so etwas wie eine menstruale Störung in ihrer weiblichen Entwicklung, denn dem Verhalten nach glich sie derer zufolge einer Elfjährigen. Den ganzen Tag habe sie Kopfhörer auf und liess sich von diesem Lärmmüll zudröhnen. Auf die Mutter wirkte die Tochter abwesend, so als sei sie auf einem anderen Stern. Ich schlug der Mutter vor, jetzt sofort eine Ablösung zu machen. So bat ich sie, im Wohnzimmer mehrere Kerzen bereitzustellen. Der jüngeren Tochter raunte ich zu, sie solle in der Zwischenzeit alle Poster von den Wänden entfernen und diese vorsichtig hinten im Garten verbrennen.
Die Mutter begleitete die Tochter ins Wohnzimmer und ich startete meine Arbeit zur Ablösung der gebundenen Seelen und Astralwesen. Der Teeny sass mir gegenüber und schien einfach nur zu dösen. In ihrer Aura begannen sich schwarze Kugeln und kleine Wolken immer wilder zu drehen. Plötzlich stand sie auf, schrie etwas Unverständliches und fiel wieder zurück auf den Stuhl. Ich legte meine Hände auf ihre Schultern. Nun ging es darum, das Dämonische aus ihr herauszulösen. Ich rief die Teufel an, die in ihr steckten. Daraufhin zappelte das Mädchen, schüttelte und krümmte sich unnatürlich nach allen Seiten. Ich hielt sie dabei fest so gut es ging. Mit einem Fusstritt stiess sie den Esstisch mit solch enormer Kraft von sich weg, dass er mit allem, was darauf stand, samt den darum

stehenden Stühlen auf die Mutter fiel. Jetzt konnte die junge Frau zappeln so viel sie wollte, vor ihr stand nichts mehr. Aber bald wurde sie ruhig und begann normal zu atmen. Sie drehte den Kopf zu mir und schaute mich mit grossen, fragenden Augen an. Die Mutter hatte sich inzwischen vom Tisch befreit und aufgerappelt. Erstaunt blickte sie ihre Tochter an, die nun ganz wach und ruhig wirkte. *„Tut dir etwas weh?“*, fragte ich Sarah. *„Geht`s dir gut?“* *„Was war denn mit mir los? Mami, was hast du denn gemacht?“* *„Ja, ja, immer die Mami“*, erwiderte sie, *„ist ja schon gut Sarah. Es war vorhin ziemlich schlimm mit dir. Hast du das denn nicht bemerkt?“ „Nein Mami, ich war wie in einer schwarzen Grube. Dort hatte es keinen Ausgang. Was war das? Ich hatte dauernd Angst.“ „Weisst du, Sarah“*, half ich weiter, *„du warst für kurze Zeit in der Hölle gefangen. Nun ist es vorbei, pass auf dich auf. Danke Gott dafür, dass er dich daraus befreit hat. Suche das Licht in dir und meide die Dunkelheit, die sich verführerisch durch so miese, böse Musik zeigt. Bete jeden Tag um den Schutz durch die Engel. Du bekommst von mir ein paar Gebete, die können dich stärken.“*

Die Zeit drängte wegen des nächsten Termins im Dorf. So verliess ich eine Familie, die mir in vielen Telefonaten auch noch nach Jahren dafür dankte, dass ich Sarah den Dämonen entrissen hatte. Sie hatten nun ein neues Kind, eine neue Tochter mit einem freien Leben.

So um sieben Uhr abends traf ich bei jener Familie ein, wo mich der Mann, den ich nur von Mitternacht-Telefonaten her kannte, schon gespannt erwartete. Er und seine Frau waren so um die fünfzig und führten einen kleinen Handwerksbetrieb. Die Tochter und der Sohn waren auch da, obwohl beide schon ein paar Jahre nicht mehr im Haus der Eltern lebten. Sie spitzten die Ohren und warteten ebenfalls neugierig auf das, was da wohl kommen würde. Sie waren sozusagen die stillen Beobachter und Zeugen. Seit es ihrer Mutter so schlecht ging, waren sie fast allabendlich zugegen.

Ich wurde in die grosse Essküche geführt, wo die Ehefrau und Mutter am Tisch sass und vor sich hinstarrte. Wir setzten uns alle um den Tisch und der Vater begann zu erzählen, dass hier ehemals das Haus ihrer Eltern war. Vor gut zwanzig Jahren, als die Eltern gestorben waren, rissen sie das kleine, alte Haus nieder und bauten das jetzige an gleicher Stelle. Es war viel heller und geräumiger und eine Etage höher als das ehemalige.
Ich fragte, wann das Problem der Frau eigentlich begonnen hatte. Der Mann verzog das Gesicht zu einer vielsagenden Grimasse, schaute seine Frau an und sagte: *„Was meinst du, Martha, wann hat es angefangen, dein Problem?“* Auch sie verzog ihr Gesicht und hob fragend die Schultern. *„Ich glaube“*, flüsterte die Frau ohne mich anzuschauen, *„das war schon vor vielen Jahren, als ich so einen Anfall bekam. Aber ich meinte halt, ich sei überarbeitet und es seien nur die Nerven. Im letzten halben Jahr dann wurde es immer schlimmer. Wenn es am Abend beginnt zu dunkeln, dann überkommt es mich. Es wir stündlich ärger, bis ich gegen Morgen hin in eine Art Ohnmacht falle.“* Sie sprach dies in einem gleich bleibenden und emotionslosen Tonfall. *„Hatten Sie ein gutes Verhältnis zu ihren Eltern?“*, fragte ich sie daraufhin. Sie verzog keine Miene und lange Zeit war es still. *„Sie und ich, wir verstanden uns gut mit den Schwiegereltern“*, antwortete ihr Mann, *„damals wohnten wir auch noch nicht hier. Nachdem wir fertig gebaut hatten und eingezogen waren, gab es leider einen Streit mit einem der Brüder meiner Frau. Er war plötzlich neidisch und meinte, er sei zu kurz gekommen.“*
In mir stieg das bestimmte, ungute Gefühl hoch, dass die seligen Eltern noch um die Tochter herum waren. So nahm ich den Tensor hervor und befragte meine lieben Geistigen Helfer. Sie bestätigten mir, dass beide noch nicht loslassen konnten und auch im Jenseits von Astralwesen belastet waren. Die Frau, also ihre Tochter, hatte ebenfalls eine Unmenge von Astralwesen an sich gezogen, dahinter verbarg sich raffiniert eine teuflische Energie.

Ich erklärte der Familie mit einfachen Worten, wie und warum so etwas möglich sei, und, wie man da helfen konnte. Dazu erzählte ich ihnen eine bereits erlebte Geschichte.
Dann bat ich den Vater und auch die Tochter ein paar Kerzen bereitzustellen. Die Mutter forderte ich höflich auf, den Platz mit mir zu tauschen, denn bis dahin sass sie auf der kurzen Seite der Eckbank und ich auf einem Stuhl neben ihr. Als sie sich wieder gesetzt hatte, begann ich mit dem Ablösegebet. Ich bat Jesus Christus um seine Liebe und Erzengel Michael um Unterstützung. Sogleich rief ich die verstorbenen Eltern sowie die Grosseltern und alle weitere Vorfahren, welche in dem ehemaligen Haus gelebt hatten. Immer mehr Verstorbene sah ich in die Küche kommen. Es war ein grosser Raum, auf einer Seite offen und mit dem Wohnraum verbunden. Bald gab es um uns herum ein richtiges Gedränge. Sie standen fast Kopf an Kopf und starrten mit ihren leeren Totenaugen auf mich. Ich unterbrach kurz meine Ansprache an die Toten und erklärte den Lebenden (Zuhörern): *„Es sind hier sicher an die zwanzig Verstorbene versammelt, die alle etwas mit dem Grundstück oder dem alten Haus zu tun hatten. Keine Angst, die gehen jetzt dann schon weg."* Und tatsächlich, nachdem ich die Engel gebeten hatte, diese Verstorbenen in Licht einzuhüllen und fortzuziehen, da lösten sie sich langsam auf.
Jetzt aber wurde die Frau unruhig. Sie begann auf ihrem Stuhl umherzurutschen, sich in die Haare zu greifen und dabei ihr Gesicht zu Fratzen zu ziehen. Sie stiess eigenartige, gurgelnde Laute aus. Der Blick ihres Mannes, der neben ihr sass, wurde immer erstaunter. Die erwachsenen Kinder hatten sich ihr gegenüber platziert.
Der ganze Raum begann zu vibrieren und in den Hängeschränken oberhalb der Spüle klirrten Gläser, Tassen und Teller. Die Frau selbst schien auf einer Betonrüttelmaschine zu sitzen. Ihr ganzer Körper hatte ein so grosses Schütteln, dass ihre Unterarme, die auf der Tischplatte lagen, bis zu zwanzig Zentimeter in die Höhe geworfen wurden und wieder aufschlugen. Ihr Mann wollte ihre Hände auf den Tisch drücken, da wurden seine Hände in gleicher

Weise geschüttelt, synchron sozusagen. Das Verrückte war, dass auch noch der Tisch zu hüpfen begann. Ich betete ununterbrochen und rief die Ablöseformel für Teufel und Dämonen. Wie in anderen Fällen, konnte ich auch hier nicht erkennen, ob es sich um einen oder mehrere Gestalten oder Wesen aus der Dunkelheit handelte. So hüllte ich in meiner Vorstellung erst einen einzelnen, dann mehrere gleichzeitig ins Göttliche Liebeslicht ein. Plötzlich, beinahe schlagartig endete das Lärmen und Gerüttel. Einzig die beiden grossen Kerzen wurden mit Wucht noch Richtung Türe geschleudert, wo sie in viele Stücke zerbrachen. Nun war totale Ruhe. Das war auch eigenartig, irgendwie gespenstisch. Keiner traute dem Frieden. Alle sassen sie verkrampft da. Ich begann mich zu entspannen, mich zu räkeln und zu strecken. Erst jetzt löste sich die Spannung der Familienmitglieder. Vor allem die Mutter machte wiederum Gesichtsübungen, diesmal, um ihre Anspannung zu lösen. Mit verschiedenen Kaubewegungen bewegte sie den Unterkiefer. Dann streckte sie die Arme in die Luft und wippte mit dem Oberkörper hin und her. Die Tochter meinte ein wenig neckisch: *„Na, bist du nun wieder unsere Vorturnerin wie im Sportstudio?"*
„Das würde ich später gerne wieder machen, jetzt aber fühle ich, wie ich freier werde, körperlich und auch geistig. Ich hatte schon ewig so einen Druck auf dem Kopf gespürt, der ähnlich einer Migräne war, nur ohne Schmerz. Und es war alles grau und schwarz um mich. Was habe ich denn falsch gemacht, dass mich diese bösen Energien so gefangen hielten?"

Es herrschte ein betretenes Schweigen und ihre fragenden Blicke fielen auf mich. *„Nun, das kann ich Ihnen nicht genau sagen. Als ich die gebundenen Seelen ihrer Vorfahren rief, waren plötzlich über zwanzig in der Küche, dass die nicht gehen konnten, hat ja auch irgendeinen Grund. Jedenfalls konnte sich hier die dämonische Energie gut einnisten zwischen ihren vielen Schäfchen. Ob diese Lämmer waren oder schwarze Schafe, das können Sie sich vielleicht selber ausmalen. Doch ich bin sicher, ich konnte und*

durfte etwas lösen, die Zeit schien reif dafür zu sein. Schützen Sie sich mit Gebeten vor dem Bösen, das überall ist, aber vor allem in der materiellen Gier, der Habsucht und der Machtgier. Am stärksten ist es in der Missgunst und im Hass verborgen. Haben Sie keine Angst vor dem Bösen, das würde Sie schwächen. Glauben Sie unbeirrt an das Göttliche Licht in Ihnen und an dessen Liebeskraft. So werden Sie nie mehr von Teufeln besessen sein."
Der Mann meldete sich zu Wort: „*Es tut mir leid, dass ich Sie beim ersten Telefonat beleidigt habe und Ihnen unterstellte, Sie machen etwas Falsches, da es nicht in der Bibel steht. Ich empfand es zunächst so und es war neu, so fremd für mich. Wir sind sonst sehr gläubig, doch im Nachhinein fällt mir auf, dass meine Frau nie mehr mit mir betete oder selber ein Buch in die Hand nahm. Ist sie nun eine Ungläubige geworden?*" „*Das kann ich nicht beurteilen, nur Gott. Aber wenn man belastet oder sogar vom Bösesten besessen wurde, kann man gar nicht mehr beten. Das Sehnen nach Gott und seiner Liebe ist unterbrochen, vielfach sogar ins Umgekehrte verdreht, sodass man sich selbst und Gott verachtet. Dann hat der Teufel gesiegt und sein Werk vollbracht.*"
„*Ja genau so war es bei mir*", sagte die Mutter nun. „*Ich hasste mich und meinen Körper und an ein Gebet oder an Gott konnte ich gar nicht mehr denken, sonst bekam ich sofort einen Anfall. Ich war ferngesteuert wie ein Roboter und glaubte nicht mal mehr, dass ich am Leben bleiben würde. Ich war buchstäblich wie in einer schwarzen Wolke gefangen.*"

Der Mann hakte nach, an der Stelle wo er zuvor die Bemerkung wegen dem Telefonat gemacht hatte: „*Glauben Sie denn an die Bibel?*" Noch bevor ich antworten konnte, sagte der Sohn mit lauter Stimme: „*Aber Vater, du bist schon ein Sturer, Unverbesserlicher. Wie kannst du so etwas fragen? Hast du jetzt nicht mehr als den Beweis, dass dieser Mann nicht nur an die Bibel glaubt, sondern er in dieser Wahrheit ist und lebt?*" Der Sohn hatte schon einen

weiteren Horizont als der Vater und konnte die Wahrheit gut spüren. *„Sehen Sie"*, fügte ich hinzu, *„ob jemand an die Bibel glaubt, darauf kommt es gar nicht so an. Wichtig ist, ob jemand das Göttliche Licht in sich sucht, findet und aus seiner Liebe heraus den anderen Suchenden weiterschenkt. Was nützt Ihnen ein Buch oder eine ganze Bibliothek mit aller Weisheit der Menschen, wenn Sie annehmen, darin sei die Wahrheit, sich aber davon nicht angesprochen fühlen?"* Ich fuhr fort: *„Meinen Sie, es wäre möglich, ein eigenes Kind oder jemand anderen davon zu überzeugen, einen Text zu lernen und an seinen Inhalt zu glauben, an den Sie selbst nicht vollkommen glauben? Weise Sprüche überdauern lange Zeit, aber nur ein Text, den die reine Liebe erschaffen hat, überdauert Zeit und Raum."*
Nun hatte er es wohl begriffen. Tränen traten ihm in die Augen und er bedankte sich sehr für alles. Es wurde nun für alle ein schöner Abend und ich fuhr sehr müde aber glücklich nach Hause.

15.2 Hoffnungslose Teufelsaustreibung

Ein junger Mann, der schon vor etlichen Jahren von Seelen und Astralwesen besetzt war, rief wieder an. Er fühlte sich sehr schlecht und getraute sich nicht mehr aus dem Haus. Es sei, als trage er einen schweren Stein auf seinem Rücken und nachts auf der Brust. Er habe dauernd Todesangst, und wenn er in den Spiegel schaue, grause es vor ihm selber.

Ich pendelte am Telefon und bekam heraus, dass er noch stark von eigenen, also selbst erschaffenen, Elementalen belastet war, die ihn enorm einschränkten. Bei meinen Worten begehrte er laut auf, dass sein Zustand keinesfalls nur an seinen eigenen Gedankenmustern liegen könne. Er hätte seit einem Jahr eine junge Katze und die getraute sich urplötzlich nicht mehr in seine Nähe. Vor zwei Wochen sei sie sogar wegen ihm so sehr in Panik geraten, dass

sie vor lauter Angst übers Balkongeländer in die Tiefe sprang und sich dabei tödlich verletzte. Bekannte brachten sie zum Tierarzt, und der konnte sie nur noch einschläfern. Er sagte, dass man bei ihm in der Zwischenzeit Exorzismus hat machen müssen, aber nicht nur ein Mal, sondern drei Mal kurz hintereinander, weil das Teuflische einfach nicht weggehen wollte. Alles misslinge ihm und er fühle sich wie ein Gefangener im eigenen Körper. Niemand könne ihm mehr helfen, alle würden ihn meiden wie die Pest. Und tatsächlich, nach langem Zögern gaben mir die Engel an, er sei vom Teufel besessen. Oh, was hab ich mir da wieder angezogen, dachte ich mir. Er bettelte und beschwor mich, ich solle ihm doch helfen.
Es war einen Tag vor der Abreise nach Süden, wo ich eine Woche schreiben wollte. Natürlich fühlte ich seine Not und ich weiss, wie man leidet, wenn diese Höllengeister auf oder in einem wüten. Also verabredeten wir uns auf den Nachmittag bei ihm zuhause. Meine Partnerin bot sich an mich zu begleiten. Sie war bei so etwas schon dabei gewesen und hoffte, auch diesmal wieder etwas zu lernen.

Er lebte allein in einer grossen, modernen Wohnung mit Blick auf den Zürichsee. Wir läuteten und uns wurde sofort elektrisch die Türe geöffnet. Der Hauseingang war so etwas von fantasielos, dass mir plötzlich mein unaufgeräumtes Gartenhüsli gemütlich erschien. Als wir die rohe, nackte Betontreppe heraufkamen, öffnete er die Wohnungstür und trat hinaus in den Flur. Oh weh, was war das für ein grosser schwarzer Klumpen von negativer Geistenergie, der da an ihm hing. Er selber war brandmager und schaute uns aus tiefen, eingefallenen Augenhöhlen an. Er trug einen gestreiften Hausanzug mit kleinen Blümchen. Wir durften nicht hinein, ohne dass wir die Schuhe ausgezogen hatten, obwohl der ganze Boden anthrazitfarben gekachelt war. Als ich mich nach dem Schuheausziehen aus dem Bücken wieder aufrichtete, bemerkte ich, dass seine Aura heller und das Schwarze irgendwohin verschwunden war. Trotzdem war er sehr unruhig, richtig nervös und bot uns an

einem Tisch mit vier Stühlen Platz zu nehmen. Wir setzten uns mit dem Rücken zur Wand unter ein dunkles Bild und er uns gegenüber. Im Moment schien er gar nicht mehr besetzt zu sein, denn er plauderte über dies und das, leicht und frei.
Am Telefon hatte sich das ganz anders angehört, da konnte er nur stockend sprechen. Nun erzählte er uns die Geschichte mit der Katze. Er beschrieb, wie das Tier plötzlich vor seiner Erscheinung grosse Augen bekam, gleichzeitig spürte er, wie von ihm ein schwarzer Nebel ausging und wie eine Sauce an ihm herab auf den Boden floss. Jedes Mal maunzte die Katze wie am Spiess und floh so weit sie nur konnte, auch ihm selbst machte diese Beobachtung Angst.
Während seiner detaillierten Schilderung begann es mich überall am Körper zu jucken und zu kneifen. Ein eindeutiger Hinweis darauf, dass das Teuflische versuchte, mich anzugreifen. Antonie sah um mich herum schwarze Schatten schweben und hüpfen. Nun spürte ich an verschiedenen Stellen meines Körpers einen stechenden Schmerz und auch einen starken Druck. Es wurde höchste Zeit, das Göttliche Licht und alle meine lieben Engel zum Schutz anzufordern, dann begann ich mit dem Gebet um das Teuflische wegzulösen. Erst als ich zum Ende und dem Einhüllen mit Liebeslicht kam, fielen alle Belästigungen von mir ab. Ich war sehr froh darüber und fragte den Mann, ob er davon etwas gespürt hatte. *„Nein, überhaupt nicht, aber ich spürte schon nichts mehr davon, als Sie meine Wohnung betraten. So frei wie jetzt, war ich in den letzten zwei Monaten nicht. Das ist grossartig, hoffentlich bleibt es auch so." „Beten Sie, bitten Sie um den Göttlichen Schutz und um die Freiheit ihrer Seele." „Sie haben gut Reden. Jedes Mal, wenn ich beten will, dreht sich alles und ich werde wie erdrückt, so dass ich es wieder unterlassen muss, weil ich es sonst nicht aushalten würde. Ich versuche es aber."*

Wir verabschiedeten uns erleichtert, doch der Segen hielt nicht lange. Der junge Mann konnte seine Freiheit gar nicht fassen. Er beschäftigte sich intensiv mit der Erinnerung, wie es gewesen war als es ihm schlecht ging. Kurz darauf war er wieder befallen.

15.3 Geglückte Teufelsaustreibung

Eine Mutter rief um Hilfe, weil ihre erwachsene Tochter von einem Monat auf den anderen nicht mehr selbstständig leben konnte. Die sonst so selbstbewusste junge Frau, traute sich nicht mehr aus ihrer Wohnung und somit auch nicht mehr zur Arbeit. Sie arbeitete mehrere Jahre in einem Geldinstitut hinter der Kulisse in der Administration. Auf die Frage, warum sie denn Angstzustände habe, konnte sie selbst nichts Genaues sagen, nur dass sie nachts sexuell belästigt und dauernd bedrängt werde. Es käme ihr vor als seien Insekten in ihrer Vagina, die ein- und aus gingen.
Sie lebte allein in einer kleinen Wohnung in einer Grossstadt im Ausland. Sie suchte Rat bei einem Arzt, der sie umgehend zu einem Psychologen verwies. Doch dessen ganze Schulweisheit gipfelte darin, sie nicht ernst zu nehmen und ihr ein Beruhigungsmittel zu verschreiben. Artig nahm die junge Frau die Chemikalie, jedoch ohne jeden Erfolg. Ihre Ängste wurden nicht geringer, noch dazu bekam sie davon einen juckenden Hautausschlag, der am ganzen Körper nässelnde Wunden produzierte. Wenn sie in den Spiegel schaute, sah sie nicht mehr sich selbst, sondern jemanden anderes, die aussah, als hätte sie die Beulenpest. Ihr Gemütszustand verschlechterte sich von Tag zu Tag und sie beschloss, so nicht mehr weiterzuleben. Natürlich drohte der Arzt, sie in eine Nervenklinik einweisen zu lassen. Das war zuviel für die, sonst so lebensfrohe, Frau. Sie schluckte eine ganze Hand voll Tabletten. Danach muss sie im Delirium auf den Balkon gegangen sein und sich hinab gestürzt haben. Nachbarn hörten den Aufprall. Sie war auf einen geparkten Kombibus gefallen, den sie zwar demolierte, der jedoch hatte ihren Aufprall abgefedert. Schwer verletzt wurde sie noch in derselben Nacht im Spital 'zusammengeflickt' und rund um die

Uhr überwacht. Sie erzählte später ihrer Mutter, dass sie dort im Krankenhaus, und sogar auf der Intensivstation, immer wieder das Gefühl hätte, missbraucht zu werden, genau wie zuhause in ihrer Wohnung. Mutter und Tochter hatten schon lange Angst vor dem Tag der Entlassung, denn keine wusste, was zuhause wieder auf die Tochter zukommen würde. Doch beiden war klar, dass sie auf keinen Fall in die Psychiatrie gehen würde.
Während der sieben Wochen Spitalaufenthalt, versuchte die Mutter alles, um nur irgendjemanden zu finden, der ihrer Tochter helfe könne. Sie organisierte Heiler und Heilerinnen sowie verschiedene Medien, von denen sie in Zeitungen lass. Ihr wurde jede Menge Geld aus der Tasche gezogen und sie verlor das Vertrauen in die Menschen. Mit Theologen und Priestern ging es ihr auch nicht besser. Dann hatte sie um sieben Ecken über mich zu hören bekommen und rief mich an.

Sie war hartnäckig und versuchte es so lange, bis sie mich endlich erreichte, es war mitten in der Nacht. Unser erstes Gespräch war gegen 23 Uhr, ich war gerade mal zwei Minuten durch die Tür.
In ihrer Stimme hörte ich die grosse Verzweiflung und Angst um ihre Tochter. Sie beschwor mich, ihr zu helfen und sie glaubte, ich sei ihre letzte Hoffnung. Natürlich nahm ich wahr, dass da dringend Hilfe geboten war und schon als sie sprach, pendelte ich aus. Mich schauderte, als ich bemerkte, dass die von einer ungeheuren Anzahl von Astralwesen befallene Tochter auch noch von starken Dämonen benutzt wurde. Vor dieser Aufgabe schreckte ich einen Moment zurück und fragte mein göttliches Höchstbewusstsein: *„Habe ich das nötig?“ „Nein.“ „Kann ich überhaupt helfen?“ „Ja–Nein.“ „Muss ich da helfen?“ „Nein–Ja, Ja!“* Es war eine Entscheidung des Herzens, wieder solch eine, bei der ich schon während meiner Zusage ahnte, wie viel Energie und Kraft es mich kosten würde. Zudem hatte ich gar keine Freude auf solch verschlagene Dämonen und Teufel.
Die Mutter hatte aber noch eine weitere Sorge: *„Ich kann Sie nicht bezahlen und hoffe, Sie können trotzdem helfen. Dürfte ich*

die Rechnung denn auch später begleichen?" „Diese Arbeit könnte ich gar nicht berechnen und wäre ich nur auf Geld aus, so verlöre ich augenblicklich jede Gabe zu helfen. Machen Sie sich darüber keine Gedanken. Doch ich habe im Augenblick keine Zeit zu Ihnen zu reisen. Haben Sie eine andere Idee?" „Ja, wir könnten auch zu Ihnen in die Schweiz fahren. Würden Sie uns denn in einem Hotel in Ihrer Nähe besuchen kommen?"

Schon am nächsten Morgen vor acht hatte sie ein Hotelzimmer gebucht und wir verabredeten uns auf den übernächsten Morgen um zehn Uhr. Ich sagte daraufhin ein paar Termine ab, damit ich diesen Tag für Mutter und Tochter frei bekam.

Auf der Fahrt dorthin war es mir gar nicht wohl. Ohne, dass sie mich kannten, waren sie an die tausend Kilometer zu mir gefahren. Sie hatten anscheinend ein unbegrenztes Vertrauen zu mir. Doch, konnte ich die Tochter überhaupt aus dieser Situation herausbringen? Alle Kapazitäten in ihrer Nähe konnten nichts ausrichten und ausgerechnet auf mich, der ohne Doktortitel oder sonstige akademische Auszeichnungen ist, warteten sie nun. *„Ach, weg mit euch, ihr trüben Gedanken, verschwindet und kommt mir heute nicht mehr in die Quere!"*
Woher kamen nun solche schwächende Angstgefühle? Nur aus dem Verstand, denn dieser bekommt richtig Schiss, wenn es um etwas geht, das er nicht erfassen und nicht verstehen kann. Also redete ich mir Mut zu, denn schliesslich wusste ich, wer ich bin und auch zum Teil, wer ich in Vorleben war. Diese Herausforderung war wieder eine Prüfung meines Gottvertrauens. Das plagt mich jedes Mal, vor allem, wenn ich es mit den Mächten der Finsternis zu tun bekomme. Vor so etwas beschleichen mich immer die gleichen Zweifel und auch Ideen umzukehren, was ich bei normalen Aufträgen nie verspüre. Nach einstündiger Fahrt traf ich ziemlich pünktlich bei ihnen ein. Beinahe aufgelöst, erwartete mich die Mutter in der Hotelhalle. Sie stellte mir ihren fünfundzwanzigjährigen Sohn

vor, von dem ich bis dahin noch nichts gehört hatte. Er befand sich im Medizinstudium und war einen Kopf grösser als ich. Er musterte mich mehrmals hintereinander von oben bis unten, meine Schlichtheit schien ihm zu missfallen. Er stellte mir Fragen, die gleich mit lateinischen Ausdrücken gespickt waren und die ich natürlich nicht verstand. Er wollte mich klein machen, doch ich sagte ruhig zu ihm: *„Wenn Sie schon alles wissen, warum sind Sie dann mitgekommen oder haben ihrer Schwester nicht schon zuhause geholfen?"* Komischerweise trat er noch einen Schritt näher an mich heran, so nahe, dass ich seine Hemdkragenspitze vor meinen Augen hatte. Es war mir unangenehm und irgendwie wäre ich gerne explodiert, doch seine Mutter fuhr ihn mit energischer Stimme an. Hoppla, dachte ich, diese so traurig dreinblickende Frau hat`s in sich. Sie stiess ihren Sohn bestimmend von mir weg. Kommen Sie, Herr Styger, wir gehen ins Zimmer meiner Tochter. Sie hatte eine schlimme Nacht hinter sich und wir mit ihr. Entschuldigen Sie meinen Sohn aber wir sind alle mit den Nerven am Ende. Mein Mann ist auch mitgekommen, er wacht oben.

Wir fuhren mit dem Lift in die dritte Etage und gingen einen langen Gang entlang. Der junge Mann folgte uns mit Abstand. Ohne anzuklopfen öffnete die Mutter die Tür, der Vater sprang auf und kam gleich auf mich zu. Er war so gross wie sein Sohn mit einem harten Gesicht, das nun von Sorgenfalten durchzogen war. Die Eltern waren so Mitte fünfzig. Die Tochter lag auf dem Bett. Sie war ebenfalls gross und auch sehr schlank, sie wirkte sogar sehr mager mit ihrem aschfahlen Gesicht. Ihre Augen starrten mir aus schwarzen, eingefallenen Höhlen entgegen, wie ich es schon bei Sterbenden gesehen hatte. Ihre Lippen waren trocken und rissig, sie wirkten staubverklebt. Nun streckte sie mir schwach die knochige Hand entgegen und ich hielt sie einen Moment lang fest. Sie fühlte sich beinahe an wie die knochige, kalte Hand eines Skelettes und erst ihre Aura, oder was von ihr übrig war. Oh je, es war eine üble, fast schwarze Brühe, eklig für mich und zum Davonlaufen.

Die Mutter schob mir einen Stuhl ans Bett. Der Bruder war leise ins Zimmer geschlichen und stand nun an der Wand, aber noch nahe der Tür. Seine Schwester schaute mich an und versuchte sogar ein gequältes Lächeln aufzusetzen. Ich fragte sie: *„Verstehen Sie mich mit meinem Deutsch?“ „Ja, sehr gut“*, hauchte sie. *„Ich sehe sie und weiss deshalb, dass Sie dunkle Astralwesen um sich haben, die Sie sehr belasten und einschränken. Dahinter versteckt sich oft noch eine viel bösere Macht, die nichts Gutes mit Ihnen vorhat. Ich versuche, Sie mit meinen Engeln davon zu befreien. Haben Sie keine Angst.“*
Die Mutter bat ich um Kerzen. *„Die würden uns die Arbeit erleichtern.“ „Oh, die hab ich im ganzen Stress vergessen einzupacken. Rob, bitte geh` an die Rezeption und hol` welche und bring auch Zündhölzer mit.“* Der junge Mann ging sofort und holte sehr schnell das Gewünschte. Er stellte drei weisse Kerzen auf die Kommode am Fussende des Bettes und zündete sie umständlich an. Jetzt sah ich, wie seine Hände stark zitterten und Schweissperlen über seine Stirn rannen. Der Vater sass auf dem Bettrand vis à vis von mir, die Mutter stand hinter mir.

Es war ein dunkler, verhangener Regentag. Durchs Fenster drang leise der Verkehrslärm. Ich atmete tief ein und sagte zur halbsitzenden Tochter: *„Schauen Sie dort ins Licht der Kerzen. Stellen Sie sich vor, Sie seien im Licht oder in Ihrem Körper ist alles aus Licht.“* Ich begann mit dem Ablösegebet für Astralwesen und redete lange und intensiv auf sie ein. Ich bemerkte wie sich in ihrer Aura etwas regte. Die schwarzen Flecken bewegten sich mehr und mehr, dann hüpften sie richtiggehend umher. Als ich die Engel dann bat, die Astralwesen ins Licht zu hüllen und sie wegzuziehen, konnte ich dies auch genauso sehen. Plötzlich gab es in der jungen Frau einen kräftigen Ruck und sie sass gerade im Bett, fiel aber wieder zurück in ihr Kissen. In ihrer Aura sah ich nichts mehr, überhaupt sah ich ihre Aura nicht, was kein gutes Zeichen ist. Während ich noch die Szene beobachtete, spürte ich auf einmal

über meinem ganzen Körper eine Gänsehaut aufziehen, wie Schauer, von denen einer stärker als der andere ist. Ich stand auf und schüttelte mich wie ein nasser Hund. Dann nahm ich Berührungen wahr, eiskalte Krallen hakten sich in mein Fleisch. Es schmerzte sehr und brachte mich aus der Ruhe. Für diese Sorte Geister habe ich allerdings kein gepflegtes Vokabular übrig und stiess hervor: *„Ihr blöden Drecksäcke, könnt ihr nichts anderes mehr, als diese arme Frau quälen? Ihr böser Abschaum verschwindet von hier!"* Die Tochter röchelte laut und ihre Gesichtsfarbe wechselte ins Grün. Das war kein schöner Anblick, vor allem, da aus dem Mund noch Schaum quoll, der wie blaue Tinte aussah. Die junge Frau rappelte sich auf ins Sitzen, drehte den Kopf nach links und rechts. Die Augen quollen fast heraus. Mal knurrte sie, dann wieder zischte sie wie eine Schlange. Es war wahrlich ein beängstigender Ausdruck eines Menschen, jedes normalen Verhaltens spottend.
Mein Körper begann stark zu schmerzen. Ich fühlte mich umklammert, doch ich musste unbeirrt weitermachen, sonst würde alles ausser Kontrolle geraten und noch viel schlimmer werden. Ich holte tief Luft und versuchte mich so gut es ging auf meinem Stuhl zu strecken. In den Gesichtern der Eltern und des Bruders sah ich das blanke Entsetzen und schiere Verzweiflung. Mit fester, lauter Stimme sprach ich:

(Gebet bei Dämonenbefall)
Ich rufe dich, du grosser Geist der Dunkelheit und Bosheit. Du bist das Unlicht aber auch ein grosser Lehrer und Prüfer der Menschen. Du bist von Gott zugelassen und hast deine Aufgabe. Ich erkenne das an. Doch als Fürsprecher dieser jungen Frau vertrete ich hier und jetzt das Licht ihrer Seele. Ich stehe ein für die Freiheit ihrer Seele, die voll Licht und Liebe ist. Ich entreisse sie dir und befreie sie, lass sie los! Auch du entstammtest ursprünglich dem Licht, hast dich jedoch einst davon abgewandt und losgesagt.

Eines Tages wirst du es wieder ertragen können, es sogar suchen und wieder zu ihm zurückkehren. Nur mit Licht kann ich dich von deinem Tun abbringen. Ich hülle dich und dein Herz mit dem Göttlichen Liebeslicht ein!
Nun visualisierte ich das Unlicht als schwarzes Wesen und liess ein starkes, rotes Licht auf dessen Herz brennen. Ich stellte mir um seinen Leib herum eine rosarote Liebesaura vor.
Lass sie nun frei und gehe weg! So sei es im Namen von Jesus Christus und im Namen von unserem Vater-Mutter-Gott, der Urquelle der Liebe und allen Lebens. Amen!
Ich danke Dir Gott für Deine Liebe zu uns allen und vor allem für die Befreiung dieser Deiner Tochter aus den Klauen des Bösen. Hülle sie ein in Dein Schutzlicht, das sie immer begleiten soll. Ich liebe Dich. Amen.

Ich musste mich sehr anstrengen das Gebet unbeirrt weiterzusprechen, obwohl mit der Frau alles drunter und drüber ging. Sie hatte sich an den Kopf gegriffen und sich die Haare büschelweise und unter lautem Gebrüll ausgerissen. Dann fuhr sie sich, mit zu Krallen geformten Händen, übers Gesicht, den Hals und die Brust. An mehreren Stellen quoll gleichzeitig Blut aus der sehr weissen Haut. Sie sass zwar im Bett, doch eigentlich hüpfte sie als sässe sie auf einem Trampolin, ein wirklich grausiges Erlebnis.

Als mein Gebet mit dem letzten Amen beendet war, schien es, als hätte man irgendwo den Stecker herausgezogen. Alles war plötzlich still. Die Frau lag auf dem Kissen und atmete ruhig. Ihr Gesicht war entspannt, beinahe, als würde sie schlafen. *„Wir lassen sie nun eine Weile ausruhen und gehen nach unten ins Restaurant“*, sagte ich in diese Stille hinein. Wie auf Knopfdruck löste sich die Spannung der anderen. Sie nickten mir zu und wir standen auf. Noch einmal hielt ich die Hand der Tochter, sie war nun ganz warm. Sanft strich ich ihr über den verklebten, nassen Kopf und wusste, es war jetzt gut, sie war frei.

Rob wollte bei seiner Schwester bleiben und nahm meinen Platz ein. Wortlos gingen wir ins Erdgeschoss. Das Restaurant war bis auf wenige Gäste noch leer, so konnten wir ungestört in einer Ecke Platz nehmen. Ich brauchte etwas, um das Ganze zu 'verdauen' und orderte einen bitteren Cynar mit Soda. Das Ehepaar bestellte Tee. Als die Gläser vor uns standen, erhob ich meines und prostete ihnen leise zu. Der Mann räusperte sich, hustete ein wenig und sagte dann: *„Wenn ich gewusst hätte, dass es so was immer noch gibt, wäre ich dafür nicht in die Schweiz gefahren."* Seine Frau blickte ihn von der Seite an und schüttelte den Kopf.

„Wie meinen Sie das?", fragte ich ihn. *„Oh, ich weiss auch nicht"*, meinte er verlegen, *„ich bin noch ganz verwirrt. Bisher dachte ich immer, so was gibt's nur in Hollywood-Filmen oder so. Nie hätt' ich gedacht, dass es das in Wirklichkeit gäbe, und keinesfalls in meiner eigenen Familie, schon gar nicht bei meiner Tochter." „Es tut mir leid, dass es bei Ihrer Tochter war. Es hätte aber auch Rob oder Sie selber treffen können. Wäre das besser gewesen?"* Er schien in dem Moment überfordert zu sein. Seine Frau räusperte sich und sagte freundlich zu mir: *„Ich weiss nicht, wie ich Ihnen danken soll. Gut, dass Sie nicht verraten haben, was uns erwarten sollte, vielleicht wären wir sonst, aus lauter Angst um unsere Tochter, gar nicht gekommen. Ich hoffe so sehr, dass es ihr nun besser geht. Dieser schlimme Anblick hat mir fast das Herz zerrissen." „Ja, auch ich benötige jedes Mal wieder eine grosse Portion Selbstüberwindung, um so etwas zu machen. Ausserdem weiss ich im Voraus selbst nicht genau, was in solchen Situationen ablaufen wird. Es hätte auch ruhiger oder noch viel länger und schlimmer gehen können. Was hätte ich da am Telefon sagen können?"* Dann wandte ich mich an den Vater: *„So, Sie wären dann nicht gekommen? Wissen Sie, ob ihre Tochter zuhause heute noch leben würde?"* Die Mutter riss die Augen auf und tadelte ihren Mann: *„Was erzähltest du da für einen Käse? Wer gibt uns die Garantie, dass sie daheim noch wohlauf wäre? Vergiss bitte nicht,*

Herr Styger hatte schon beim ersten Telefongespräch erkannt, an was sie leidet. Ich hab' die ganze Stadt auf den Kopf gestellt, so viele Kapazitäten gefragt, keiner konnte sagen, was sie hat. Das sind schöne Spezialisten, da hätte unsere Tochter ja zehn Mal krepieren können!" Sie war nun fuchsteufelswild und sehr erregt aus lauter Frust und Wut über das Erlebte daheim. Der Vater blickte stur in's leere Teeglas.

Ich sah Rob kommen. Sein Gesicht war nun offen, ja, er lächelte. Doch die Eltern nahmen ihn erst wahr, als er bei ihnen stand. Beide sprangen wie von Wespen gestochen von ihren Stühlen auf. Sie waren immer noch voll Angst um die Tochter: *„Was ist, geht es ihr schlecht?"*, fragten beide unisono. Rob setzte ein spitzbübisches Lächeln auf und setzte sich langsam neben mich. Dann sagte er zu seinen Eltern, denen der Schreck noch sichtlich in den Knochen sass: *„Macht nicht so ein verstörtes Gesicht und setzt euch wieder hin. Es geht ihr gut, sogar sehr gut. Sie wird gleich selber zu uns runterkommen."* Ihre Gesichter entspannten sich und sie setzten sich wieder. *„Sie hat bloss ein paar Minuten so getan als ob sie schlafe"*, erzählte Rob an mich gewandt, *„dann schlug sie die Augen auf und sagte, ihr gehe es so, als wäre sie aus einem bösen Traum erwacht, einem Albtraum, den sie niemand anderem gönnen wolle. Sie wusste nicht wirklich, was da ablief und ich musste es ihr erzählen. Meine Schwester wird gleich kommen, denn sie will sich bei Ihnen bedanken. Aber zuerst möchte ich mich bei Ihnen in aller Form für mein arrogantes Benehmen entschuldigen. Ich habe nun erkannt, wie wenig ich noch weiss. Ich bewundere Ihre Kraft und Ihren Mut, die Sie in dieser Situation gezeigt haben. Ich, und ich glaube auch meine Eltern, starben fast vor Angst vor dieser unheimlichen Macht des Bösen. Das war eine schlimme Lektion für uns alle."* Der junge Mann schwieg nun und ein paar Tränen liefen ihm übers Gesicht. Die Eltern umarmten sich und weinten laut.

Wie aus dem Nichts stand die Tochter plötzlich neben uns. Ihr Gesicht wirkte entspannt und sehr freundlich. Sie trug einen hellen Hosenanzug und eine rote Bluse – ich hatte sie kaum wiedererkannt, sie sah toll aus. Sie lächelte mich an und streckte mir beide Hände entgegen, dann zog sie mich zu sich und schlang ihre Arme um meinen Hals. Mit einem Seufzer sank sie neben mir auf den Stuhl und blickte liebevoll ihre Eltern an. Der Vater hielt seine Anspannung kaum aus und fragte die Stirn runzelnd: *„Ja und, sag etwas, wie geht es dir?"* *„Gut geht's mir. Ich bin aus einem bösen Traum erwacht, in dem ich wie in einem schwarzen Keller eingesperrt war.*

Aber jetzt ist alles gut, ich fühle mich wohl." Sie lehnte sich zurück und streckte und räkelte sich wie eine junge Katze. Die anderen fassten es kaum und schauten sie ungläubig an. *„Aber Kind, was ist denn das?"*, sagte die Mutter laut und ein wenig erregt. *„Bis vor einer halben Stunde schien es uns, als würdest du sterben. Was machst du bloss für Sachen? Versteh' mich richtig, ich bin glücklich, dass es dir gut geht, aber was mit dir passiert ist, können wir nicht verstehen."* Sie wandte sich an mich: *„Können Sie uns erklären, was passiert ist? Warum ihr und nicht jemand anderem?" „Ja, das weiss wohl niemand so recht, und ihre Tochter vielleicht am allerwenigsten, aber wie ich Ihnen schon gesagt habe, war an ihr jede Menge von Astralwesen. Das sind finstere Seelenanteile von Menschen, die gestorben sind. Dahinter, gut versteckt, waren Dämonen. Die versuchten mit aller Gewalt die Seele Ihrer Tochter an sich zu reissen, was ihnen auch bis heute gelungen war. Wäre sie daran gestorben, hätte sie es auf der anderen Seite wohl sehr lange sehr schlecht gehabt. Solche Teufel haben keine Freude, wenn sich eine gute Seele aufs Licht zu bewegt. Sie möchten sie davon abbringen. Nun, das kann man als Belästigung oder als Qual ansehen oder eben auch als Reifeprüfung. Sicher ist jeder froh, wenn er sich aus diesen Klauen befreien kann. Ich gebe Ihnen nun Schutzgebete. Wenn Sie sich bedrängt oder von einer unangenehmen, unsichtbaren Macht eingeengt fühlen, rufen Sie* *sofort Ihre Schutzengel herbei oder Jesus oder unseren Schöpfer-Vater-Mutter-Gott.“* Die Tochter schaute mich mit ihren, nun leuchtenden, Augen an und sagte: *„Das mache ich sehr gerne. Ich betete früher viel, doch plötzlich ging es nicht mehr. Wenn ich mein Gebetbuch nehmen wollte, drehte sich mir plötzlich alles. Innerlich begann ich dann die schlimmsten Schimpfwörter gegen Gott auszustossen, ich hasste ihn plötzlich, und alles, was ich zuvor mochte, begann ich auf einmal zu verachten, am Schluss sogar mich selber. Ich hatte absolut keine Kontrolle mehr über mich und mein Leben. Ich konnte aber nicht darüber reden. Es war mir nicht möglich gewesen, das meinen Eltern zu erklären. Es machte in mir einfach zu und ich hatte Angst, ersticken zu müssen. Ich glaube, ich werde niemals jemandem von meinen Erfahrungen erzählen können, weil man mich dann reif für die Klapsmühle halten könnte.“ „Nun, das bleibt Ihnen ja frei, ob Sie jemandem etwas erzählen oder nicht. Wichtig aber ist, dass Sie erkennen, dass es auch das Böseste auf der Welt gibt und sich davor hüten. Wenden Sie sich jetzt dafür umso mehr der Göttlichen Liebe zu und bedanken Sie sich bei unserem Schöpfer für Ihre Befreiung aus der Dunkelheit. Verbreiten Sie nun durch Ihr Sein das Licht und die Liebe Gottes.“*

Nun konnte ich mich verabschieden. Dankbar für die gelungene Teufelsaustreibung fuhr ich zurück in mein Büro.
Nach ein paar Monaten erhielt ich eine Postkarte aus Ibiza, auf der stand, dass es ihr sehr gut ginge und sie den Urlaub geniessen würden, beide Geschwister hatten unterschrieben.

15.4 Dämonische Energien wegen Verwünschungen; Besetzte Seelen – Teilaspekte

Gerade in den letzten Jahren sind unzählige Menschen mit ihren vielen Sorgen und Nöten zu mir gekommen. Der Ansturm am Telefon ist so gross geworden, dass es mir nicht mehr möglich ist, bei jedem Einzelnen im Haus oder in der Wohnung vorbeizugehen. Wenn sich die Anrufe auf über vierhundert pro Tag anhäufen, ist es fast nicht mehr auszuhalten. Erst recht an Spitzentagen, an denen locker bis zu sechshundert Anfragen oder Hilfegesuche auf allen Leitungen eintreffen. Deshalb nehme ich im Therapieraum am Nachmittag und abends jede Stunde einen Patienten, eine Patientin an, wobei allerdings etliche auch ihre Verwandten und Bekannten mitbringen. Sie denken wohl, dass wenn sie mich drei Monate lang nicht erreichen konnten, können sie die Gelegenheit beim Schopf packen und gleich den Rest der Familie mitbringen. Bei Personen aus dem Ausland sind die 'Einzelsitzungen' besonders voll, was mich zeitlich jeweils in grosse Verlegenheit bringt. Es sind ja alles Menschen mit Problemen, die sie oft Jahrzehnte mit sich herumgetragen haben und die ihnen niemand lösen konnte. Es gibt Tage, da habe ich Leute aus der ganzen Welt bei mir. Ein Tag war ganz speziell: Am Morgen war ein indischer Geschäftsmann aus den USA da, dann zwei Frauen aus Afghanistan, nach dem Mittagessen ein Mann aus Nordwestkanada und später eine Frau aus Brasilien. Am Abend besuchten mich eine Familie aus Graz und später noch ein Schweizer Geschäftsmann, der mit seinem arabischen Kollegen aus Dubai seinen Weg zu mir fand.
Sie alle hatten Probleme seelischer Art, die eben nicht vor Landesgrenzen haltmachen. Leider fehlt mir oft die Zeit, mit diesen Menschen noch persönliche Gespräche zu führen. Bei Einzelnen erinnere ich mich an alles, was wir besprochen haben. Bei vielen aber bin ich froh, dass ich den Seelenmüll und Dreck von Belastungen aller Art nicht auch noch mit mir herumtragen muss.

15.4.1 Die Frau aus Paris

Ihr Mann bat mich durch seine Sekretärin in mehreren Schreiben um eine Kontaktaufnahme. Ich hatte seine Briefe jedoch lange nicht beantwortet, weil sie mir zu unpersönlich waren. Erst, als er selber ein paar Zeilen schrieb und auf seine leidende Frau hinwies, reagierte ich. Wir vereinbarten zusammen mit seiner Frau einen Termin.

Das Paar kam mir sehr nobel, aber auch sehr eingeschüchtert vor. Sie war ein bekanntes Model in Paris, er ein Geschäftsmann aus Basel. Sie sprach nur Französisch, das ich zum Teil auch verstehe und spreche, aber die Begriffe und speziellen Ausdrücke waren mir nicht geläufig. So übersetzte er alles für sie: Sie lebten schon fünf Jahre zusammen. Sie war um die vierzig und er etwas darüber. Ihr Problem war sexueller Art, konkret gesagt, sie waren seit sie zusammen lebten, erst sechs Mal intim miteinander gewesen und jedes Mal danach litt sie wie ein Tier. Sie erzählte, dass sie nun mit ihm den fünften und liebsten Mann gefunden hätte, dieses Körperleiden aber schon seit dem ersten Körperkontakt mit einem Mann gehabt hatte. Damals war sie zwanzig Jahre alt gewesen. Ihr Freund hatte sie entjungfert und sie war danach etwa vier Monate lang krank gewesen. Die Ärzte tippten auf eine seltene Infektionskrankheit, später dann auf eine Immunschwäche, ja sogar auf AIDS.
Drei oder vier Jahre später fand sie ihren ersten Mann. Aber auch bei ihm trat nach dem ersten Kontakt mit seinen Körpersäften diese Krankheit wieder auf. Die Frau war nach der Hochzeitsnacht nicht nur körperlich, sondern auch seelisch krank. Sie suchte unzählige Ärzte auf der ganzen Welt auf und fragte um Rat. Nach etwa fünf bis sechs Monaten verschwanden die Phantomschmerzen fast von heute auf morgen.
Ich fragte die Frau, wie sich die Leiden bei ihr denn ausgedrückt hätten und sie erklärte mir, dass diese fast immer gleich abgelaufen seien. Nach dem Geschlechtsakt verspürte sie so nach einer

Stunde ein Brennen in der Vagina, dann nach drei Stunden wurde der ganze Unterleib äusserlich rot und bekam Blasen, die später zu Eiterbeulen unterschiedlicher Grösse auswuchsen und zwei Monate lang so blieben. Innerlich hatte sie starke Spannungsschmerzen, wie bei der schlimmsten Menstruation. Durch die Einnahme von Antibiotika verschlimmerte sich der Zustand meistens noch. Sie bekam dann noch Pusteln im Gesicht und am Hals und auch ihr Mund war ganz voll davon. So war es jedes Mal.
Sie hatte auch drei Selbstmordversuche hinter sich, die zum Glück immer glimpflich verliefen. Ihre Aufträge musste sie oft absagen, weil sie wie eine Aussätzige aussah. Es war klar, dass ihr erster Mann dann nach drei Jahren genug von ihr hatte. Er hatte zwar eine Frau, aber er dachte, dass sie wegen ihm leiden musste und fühlte sich schuldig. Die vier nächsten Männer hatten es da nicht besser mit ihr.
Dann weinte die nette und sehr schöne Frau herzzerreissend und ihr Mann legte seinen Arm um sie und versuchte sie zu trösten, aber auch ihm drückte es das Wasser aus den Augen.

Ich pendelte sie aus und erhielt die Angabe, dass sie Astralwesen und deren Abfall mit sich herumtrug. Auch viel Karma und Elementale hatte sie auf ihrem Lebensweg mit dabei. Das war genug Ballast, um unglücklich zu werden. Ich erklärte ihr, wie diese alten Muster entstanden waren und wie sie diese wieder los werden könne ('Gebete für die Seele' Kap. 7 und 21). Sie schien dies zu verstehen und war froh, dass überhaupt etwas zu finden war, das einen Hinweis auf ihr Leiden gab.
Ich löste diese etlichen Astralwesen sowie deren Dreck von ihr ab. Es schien fast so, als hätte ich einen Hauptschalter umgelegt. Sie sprang auf und fühlte sich so frei und verändert, wie sie noch nie war. Sie hüpfte und lachte und riss sich die Jacke vom Leib, rannte wie ein Kind einmal um die Liege und umarmte ihren Mann und dann mich. Ich vergass dummerweise nachher nochmals auszupendeln, ob alles weg sei, was sie so geplagt hatte. Aber sie war

aufgedreht wie ein glücklicher Teenager und ich sah in ihrer Aura nichts mehr von der Dunkelheit. Leider liess ich mich davon täuschen…

Die Beiden verabschiedeten sich und waren, wie man so sagt, 'richtig happy'. Leider erhielt ich dann vier Tage später einen Telefonanruf von ihm. Seiner Frau ginge es wieder ganz schlecht, was denn passiert sei? Ich pendelte am Telefon seine Frau aus und wurde leider nicht schlau aus der Sache. Ich gab ihnen die Möglichkeit, anderntags nochmals zu mir zu kommen. Die Frau sah nun extrem leidend aus. Sie war fast nicht mehr zu erkennen und ihre Aura erschien mir wolkig hellgrau. Sie setzte sich ächzend auf den Stuhl links von mir.

Ich pendelte sie aus und bekam aber als Antwort, dass ihre ehemaligen belastenden Astralwesen und deren Abfall weg waren. Was plagte sie dann so grausam?

„Waren es nur ihre karmischen Leidensmuster aus früheren Leben?“ Hier bekam ich ein *„Nein.“ „War es schwarze Magie von lebenden Menschen?“ „Nein.“ „Waren es Verfluchungen oder Verwünschungen gegen ihren Körper?“ „Ja, Ja.“ „Hatte sie sich selber verflucht?“ „Ja, Ja.“ „Hatte sie eventuell früher in einem Orden gedient, wo sie ihren Körper verfluchte?“ „Ja.“ „Hatte sie speziell ihre Lust oder ihr Begehren nach sexueller Erfüllung verwünscht oder verflucht?“ „Ja.“ „Machte sie dies in mehreren Leben auf die gleiche Art und Weise?“ „Ja.“ „Hatte sie damals mit dem Teufel einen Pakt geschlossen?“ „Ja, Ja.“ „Hatte sie etwa gesagt, sobald der Körper eine Erregung oder Lust verspüre, solle ihn der Teufel holen?“ „Ja, Ja.“*

Ich hatte diese Fragen laut ausgesprochen und ihr Mann übersetzte dies für sie. Sie schwankte und stotterte nur noch *„mon Dieu, mon Dieu, non“* (mein Gott, nein).

„Ja, leider ist es so. Dies scheint der Grund zu sein, warum Sie so leiden. Aber ich frage meine Engel noch etwas.“ „Hatte sie diese Probleme mit ihrem Körper auch schon in vorangegangenen Leben?“ „Ja.“ „Hatte sie da auch die gleichen Probleme?“ „Ja.“

„Wie viele Leben zuvor erschuf sie sich dieses Problem mit diesem Teufel?“ Ich zählte ab und bekam, dass sie sich vor sechs Leben diese böseste Energie angeeignet hatte.
„Schauen Sie, es geht jetzt darum, dass Sie diesen grausamen und furchtbaren Vertrag aufkündigen und lösen. „Er“ wird nicht so ohne weiteres loslassen wollen, denn was dieser einmal in seine Krallen kriegt, lässt er nicht so leicht wieder los. Vor allem das freiwillige Angebot und die Aussage, „du sollst mich holen, wenn ich dieses oder jenes mache oder tue.“ Dies ist natürlich 'birnenweich' und total unüberlegt. Aber es funktioniert absolut und sofort und hat auf ihn eine ganz andere Wirkung, als wenn er von sich aus einen Unschuldigen überfallen hätte. Wir müssen jetzt diesen Teilaspekt ihres Körperbewusstseins rufen, wecken und den Auftrag an diesen Teufel lösen. Es ist besser, sie legen sich auf diese Liege. Sie müssen keine Angst haben, liebe Frau. Schlimmer als das, was sie schon haben, kann es nicht werden.“
Ängstlich stieg die Frau auf die Therapieliege. Ihr Mann sagte ganz bedrückt: *„Wir haben uns einen Abend später, nachdem wir hier waren, geliebt und vereinigt. Sie hatte leider gar keine Lust gespürt, aber fühlte sich rundum so sehr wohl, wie schon lange nicht mehr. Kaum war ich in sie eingedrungen, schrie sie vor Schmerz, hatte furchtbare Zuckungen und verdrehte Augen und Arme, so dass es mir ganz anders wurde und meine Lust augenblicklich verging. Ich fühle mich nun so schlecht, weil ich sie sozusagen verführt habe. Beging ich da eine Sünde?“ „Nein, nein, Sie haben nichts Falsches gemacht. Sie wollten ihr eine körperliche Freude bereiten und sie war ja damit einverstanden. Bitte übersetzen Sie ihrer lieben Frau jetzt wörtlich, was ich vorspreche. Sie müssen nun ihren Körper erregen, so können wir den Peiniger rufen. Greifen Sie ihrer Frau in den Schoss und streicheln Sie ihren Liebestempel. Küssen Sie oder streicheln Sie ihre Frau, damit sie erregt wird. Ich werde diesen Jemanden anrufen.“* Er befolgte meinen Rat, küsste sie zärtlich am Hals und auf den Mund. Ich begann mit der Ansprache an ihren Körper und Geist:

Ich rufe dich, du Geist vom Körper von Eve. Gleichzeitig rufe ich alle Schichten des Unterbewusstseins von ihr, aber vor allem euch, ihr leidenden Geister von ihrem Körper vom Hier und Jetzt. Ihr seid in vergangenen Leben von den Befehlen oder Verfluchungen, die Eve in der damaligen Zeit gemacht hatte, jetzt betroffen und sie damit auch. Vor allem ihr Geister von ihrem weiblichen Lustempfinden sowie alle Organe, die Sinnesreizungen empfangen und aussenden.
Ich rufe euch an, löscht jetzt diese Befehle und Verfluchungen gegen euch. Ihr seid frei. Erinnert euch, wie ihr am Anfang gewesen seid, rein und frei und ohne Zwänge.
In diesem Moment ging ein gewaltiger Ruck durch ihren Körper und ihre Arme und Beine flogen in die Luft und fuchtelten wild herum. Der Körper zuckte und hüpfte förmlich auf der Liege. Ihr Rücken verkrümmte sich vor- und rückwärts. Man hatte den Eindruck, das Schwein wolle sie brechen oder zurechtbiegen. Ich sprach laut weiter:
Ich rufe dich, du Teufel und unreinster, dunkler Geist. Du bist in einem Teilaspekt von ihrem Leib eingedrungen und aus dem will ich dich nun weghaben. Dummerweise hatte sie dich damals eingeladen, weil sie leidend war. Du hast sie nun schon mehrere Leben lang verfolgt und gequält. Nun ist Schluss damit. Sie kündigt hier ihren damaligen Auftrag. Eve, sprechen Sie mir nach: Ich Eve will dich, du böser, unreiner Geist nicht mehr in mir. Du hast meine damalige Schwäche schamlos ausgenutzt und hast mich wie eine Gefangene gequält.
Ich rufe Dich geliebter Gott, mein Vater/meine Mutter vom reinsten Liebeslicht. Vergib mir meine unüberlegten Worte und Sätze von damals. Lieber Heiland Jesus Christus bitte befreie mich von diesem unreinen bösen Geist. Ich will Dein Liebeslicht in mir wieder spüren und ausleben. Oh, Allliebe, ich bin frei und rein. Geliebte Engel der Freude, Liebe und der Wahrheit helft mir auf meinem Lebensweg. Danke, geliebter Jesus, ich liebe Dich. Amen.

Das Verrenken des Körpers und der Glieder hörte augenblicklich auf. Die Frau hatte jedes Wort in sehr gutem Deutsch nachgesprochen. Jetzt schien sie ganz kurz in eine Ohnmacht gefallen zu sein. Ihr Mann hatte entsetzlich grosse Augen gemacht, während ich gebetet hatte. Er war sehr erstaunt darüber, wie seine Frau nun mit akzentfreiem Deutsch alles nachsprechen konnte. Er tropfte richtig aus dem Gesicht und den Haaren und sein Hemd war klitschnass vom Schweiss. *„War das etwas Entsetzliches, diese negative Energie, die bei Eve so wirkte. Ist so etwas normal und häufig?“ „Ja, das ist etwas, das ich absolut nicht schätze. Aber schauen Sie doch um sich, in der Gesellschaft häuft sich diese zunehmende Negativität. Sie erschafft solche Teufel, die sich an empfindliche Menschen hängen. Jetzt scheint ihre Frau zu erwachen.“ „Oh, cherie, bin ich nun frei?“* Er schaute mich fragend an und ich nickte ihm zu. Ich nahm das Pendel und fragte meine Engel, ob alles weggeputzt sei und bekam ein *„Ja“*. Sie verlangte nach Wasser und ich reichte ihr ein Glas. Dann sass sie auf, schüttelte ihre Löwenmähne und sagte: *„Ich sah einen schwarzen, dicken Wurm aus meinem Bauch kriechen, was war das denn Furchtbares?“ „Das war derjenige“*, gab ich zur Antwort, *„den Sie einmal bestellt hatten. Jeder, der mit dem Teufel einen Pakt schliesst, muss dieses Wesen als Wurm oder als Schlange um, oder in sich tragen und bringt es selber meistens nie mehr weg. Machen Sie doch bitte am Abend und am Morgen die entsprechenden Gebete aus meinem Buch und Sie werden alles viel leichter haben.“ „Ja, das werde ich machen“*, erwiderte sie erleichtert, *„aber sagen Sie, warum halfen mir meine vielen Gebete über die Jahre meines Leidens nicht?“ „Eve, das kommt daher, weil Sie es selber so bestellt hatten. Es geht immer um die eigene Verantwortung im Leben. Schauen Sie, unser lieber Schöpfer hat Ihnen und uns einen vollkommen gesunden und heilen Körper gegeben. Leider haben Sie in Ihrem religiösen Wahn und dem körperverachtenden Verhalten den gesunden Körper gehasst und dummerweise dem Teufel geschenkt, oder übergeben. Man muss sehr gut aufpassen,*

was man denkt und redet. Mich würde jetzt aber noch sehr interessieren, weshalb Sie so gut Deutsch sprechen und verstehen?“
„Meine Mutter war Deutsche“, erklärte sie. *„Wir haben aber zuhause immer Französisch gesprochen. Als ich meinen Mann kennenlernte, sprachen wir auch Französisch. Ich schämte mich für mein schlechtes Deutsch, weil ich es nicht gut lesen kann. Ich danke Ihnen von ganzem Herzen für Ihre wertvolle Hilfe. Ich fühle mich jetzt auch körperlich heil. Ich hoffe es hält nun an.“*
Sie sprang vom Bett, mir direkt an den Hals und küsste mich voller ehrlicher Begeisterung ab. Beide bedankten sich mehrmals und wir verliessen zusammen den Therapieraum.
Sie sandten mir mehrmals SMS mit der Meldung, dass es Eve sehr gut ginge. Sie fühle sich das erste Mal als ganze und glückliche Frau.

15.4.2 Die gepeinigten Schwestern

Nach einem Vortrag steckte mir eine Frau einen Bittbrief einer ihrer Freundinnen zu. Erst nach drei Tagen hatte ich Zeit, diesen anzuschauen. Darin bat mich eine Frau um Hilfe, weil sie nicht mehr ein noch aus wusste. Ich rief sie an und vereinbarte mit ihr einen Termin in meinem Therapiestübchen in Baar.

Es erschien eine nette, sehr scheue, etwa vierzigjährige Frau. Ich sah an ihr einige Wolken von Astralenergien und ähnlichem Dreck. Nach der Befreiung derselben spürte sie eine starke Erleichterung. Durch Auspendeln fand ich jedoch heraus, dass sie auch noch unter niederen Erdenergien litt. Obwohl es Sommer war, trug sie eine hochgeschlossene Bluse mit langen Ärmeln. Sie bestätigte, dass sie einen starken Druck auf dem Oberkörper verspüre, auch schmerzte sie ihre Haut, wenn sie sich im Freien sonnte.
Ich bat sie, die oberen Knöpfe ihrer Bluse zu öffnen, damit ich ihren Rücken anschauen konnte. Ich sah auf ihren Schulterblättern nie-

dere Erdmaterie und empfahl ihr, diese mit gesegnetem Öl selber abzulösen und ihren Freund zu bitten, ihren Rücken damit abzureiben. *„Ich habe keinen Freund oder Partner“*, klärte sie mich auf, *„die laufen mir alle davon. Ich habe ein Problem mit der Sexualität. Können sie mich bitte von diesem lästigen Jucken und den Hautreizungen befreien?“* Ich pendelte aus, dass sie diese niedere Erdenergie schon seit dem zehnten Erdenjahr mit sich trug. Sie war auf dem Lande aufgewachsen und da scheint es, nach meiner Erfahrung, mehr Befallene zu geben als in einer Stadt.
„Ja, ich habe hier noch gesegnetes Öl. Wenn Sie sich nicht genieren, von mir den Rücken eingerieben zu bekommen, so bringen wir das schon ganz weg.“ Sie zog sich hinter die Spanische Wand zurück und rief mir, als sie entkleidet war. Der ganze Rücken, das Gesäss und die Oberschenkel waren damit bedeckt. Sie schmierte sich das Öl auf den Kopf und ich nahm mir ihren Rücken vor. *„Es kann sein, dass an einzelnen Stellen, wo sich die Erdenergien stark festgesetzt haben, leichte Rötungen auftreten. Ich gebe Ihnen von diesem Öl noch etwas mit nach Hause, im Fall, dass es Sie morgen oder übermorgen noch an einigen Orten juckt.“* Sie zog sich wieder an. *„Das ist für mich heute ein ganz spezieller Tag. Mit so vielen Befreiungen hatte ich gar nicht gerechnet. Zum Glück habe ich vorher nicht gewusst, was mich hier erwarten würde.“* Sie lachte scherzhaft und spitzbübisch. *„Es tut mir leid, wenn es für Sie unangenehm war, aber selber hätten Sie dieses Zeug wohl nicht weggebracht, weil es schon dreissig Jahre an Ihrem Körper hing.“ „Nein, entschuldigen Sie, ich wollte mich so nur auf eine dumme Art bedanken, denn ich fühle mich nun so wohl in meinem Körper, wie noch nie zuvor. Ich danke Ihnen für Ihre Arbeit. Wären Sie so gut, mich in meiner Wohnung zu besuchen? Ich kann dort sehr schlecht schlafen und auch die Wohnung meiner Mutter hätte ich gerne auf Störfelder untersuchen lassen. Ihr geht es seit Langem sehr schlecht, sie leidet an Verschiedenem.“* Wir vereinbarten einen Besuchstermin.

Nach etwa einem Monat besuchte ich sie dann in ihrer Wohnung am Rande eines Dorfes. Die Frau, welche mir öffnete, kannte ich nicht. Ich fragte mich schon, ob ich an einem falschen Ort gelandet sei. Das muss sie mir angesehen haben, denn sie bat mich herein und sagte: *„Nein, Sie sind hier schon richtig, meine Schwester kommt sofort."* Als die Frau, die ich in Baar kennengelernt hatte, ins Esszimmer eintrat, musste ich wohl ganz blöd geschaut haben. Sie war praktisch das Ebenbild ihrer Schwester, sah aber nur wie verwandelt aus. In Baar hatte sie schwarz und grau getragen und jetzt kam sie in den buntesten Sommerfarben daher. Sie sah um zehn Jahre jünger aus. Sie merkte wohl, was ich gerade dachte und drehte sich neckisch im Kreis, trat aus dem Zimmer und kam wie ein Mannequin wackelnd wieder herein. Sie machte sich lustig über mich. Ich muss zugeben, sie gefiel mir zwei Mal besser, als noch vor einem Monat im Trauerflor. Die beiden Schwestern kicherten und lachten, ich wusste nicht so recht, warum.
Die Frau, die mir geöffnet hatte, sagte: *„Ich danke Ihnen für das, was Sie für meine Schwester getan haben. Sie ist für mich wie ein neuer, freier Mensch, den ich noch nie so heil gesehen habe. Mir und den anderen Geschwistern ist es ein Rätsel, was mit ihr passiert ist. Ich hätte nun gerne von Ihnen selber erfahren, was da in Ihrem Therapieraum abgelöst wurde." „Ja, das kann Ihnen die Schwester schon selber erzählen. Es gibt viel, das die Menschen überhaupt nicht wissen und trotzdem sehr daran leiden."* Beide sassen mir nun gegenüber und die eine schenkte mir einen Fruchtsaft ein. *„Wenn Sie ihr nur auch helfen könnten, damit sie nicht solche körperlichen Schmerzen und vor allem mehr Glück bei den Männern hätte!"*
„Am besten, ich messe ihren Schlafplatz aus", schlug ich vor. Wir standen auf und ich nahm meine Messgeräte aus den Koffern. Die Wohnung war hell und freundlich eingerichtet. Die Frau lebte scheinbar alleine. Es beeindruckte beide, als ich die hohen Stromfelder an den Lampen, der Wand und dem Metallbett mass. Nach dem Ausschalten der Sicherung war alles weg. So einfach war's,

nur wissen muss man's. Wir setzten uns an den Esszimmertisch und ich packte meinen Tensor aus. Nun läutete es an der Haustüre. Es war der Mann der Schwester, um sie abzuholen. Sie verabschiedete sich und weg war sie. *„Sie ist ein kleiner Wirbelwind, aber immer gut zu mir. Ich schätzte sie besonders, als sie mir beistand, als es mir so schlecht ging. Ich habe Ihnen das ja geschrieben."*

Im Moment wusste ich gar nicht, von was sie redete. Also fragte ich sie: *„Sie haben mir geschrieben, Sie hätten Probleme mit Ihrem Partner und Ihrer Sexualität?" „Ja, wenn es nur um meinen Partner ginge, wäre es ja zum Aushalten. Das Hauptproblem aber bin ich selber. Ich habe es fertig gebracht, dass mir jeder Freund und Mann nach einer gewissen Zeit wieder davongelaufen ist. Der letzte hat sich eine Woche bevor ich zu Ihnen kam, verabschiedet. Er meinte, ich spinne und sei sehr krank. Dieses Gefühl habe ich selbst auch und das schon seit gut zwanzig Jahren."* Sie begann zu weinen und konnte sich fast nicht mehr beruhigen. *„Wissen Sie, ich bin ein Kind einer Grossfamilie und es kann schon sein, dass ich von Natur aus verklemmt bin, aber wenn ich mit meinem Partner ins Bett ging, war ich danach zwei Monate krank. Der ganze Körper war äusserlich und innerlich entzündet. Jedes Mal brauchte ich Antibiotika, das aber nie nützte. Deshalb hatte ich natürlich immer Angst vor dem nächsten Mal. Ich hatte jedoch das Verlangen nach meinem Partner, aber jedes Mal, wenn wir uns dann näher kamen war ich am anderen Tag krank. Schon der Gedanke daran, wie es sein könnte, machte mich physisch krank. Ich war oft beim Hausarzt. Als ich ihm mein Problem erzählte, wie jetzt Ihnen, empfahl er mir, einen Psychiater aufzusuchen. Das machte ich dann auch. Und wie es zu erwarten war, wollte mich dieser Weisskittel direkt in eine geschlossene Klinik einweisen. Zum Glück konnte ich mich dem Vorhaben entziehen, weil ich ja für niemanden gefährlich war. Da half mir dann mein Hausarzt wieder aus der Patsche. Ich hatte vor drei oder vier Jahren plötzlich begriffen, dass meine Wunschgedanken sowie* *die Ausübung einer Liebesbeziehung mich sofort leidend machen. Ansonsten bin ich aber gesund, habe einen guten Job und muss halt wohl oder übel alleine bleiben in meinem Leben." „Das muss nicht so sein, ich frage meine Engel um Rat."*

Sie hatte ganz Ähnliches erlebt, wie die Französin in der vorherigen Geschichte. In mehreren Vorleben war sie einige Male Nonne gewesen oder ins Kloster geschickt worden. Auch hatte sie Verwünschungen und Verfluchungen gegen sich und die Lebensumstände ausgesprochen und zudem dem Teufel ihren Leib versprochen. *„Das kann ich mir ganz gut vorstellen, dass es so etwas gewesen sein könnte"*, bestätigte sie. *„Auch in unserer Verwandtschaft sind zwei Cousinen ins Kloster ‚eingeliefert' worden und ich weiss von denen, dass sie todunglücklich sind, so wie ich auch." „Es zeigt mir an"*, sagte ich zu ihr, *„dass Sie nun von diesen niederen Erdenergien befreit sind. Fühlen Sie sich auch besser und leichter?" „Oh ja, viel, viel besser. Es ist mir dieser Druck vom Körper genommen worden. Allerdings habe ich mich am anderen Tag gut im Spiegel inspiziert. Ich sah viele rote Flecken vorne und hinten, auch juckte es mich an etlichen Stellen, wo ich nichts sehen konnte. So ölte ich mich noch zweimal ein und jetzt ist alles weg." „Sehen Sie, das ist der Unterschied. Wenn ich jemandem die letzte Ölung gebe, so erholt er sich, sieht zehn Jahre jünger aus und ist glücklicher als vorher."* Ich lachte und sie auch. *„Oh, Sie Schmeichler, nur weil ich heute einen farbigen Sommerrock mit Schlitz anhabe, sehe ich doch noch nicht zehn Jahre jünger aus. Aber was können wir nun an meinem Hauptleiden verändern?" „Wir müssten genau dort ansetzen, wo es entstanden ist, nämlich, wie Sie sagten, bei den Gedanken an Freude, Sinnlichkeit oder Lust. Dann ist das Böse sofort zur Stelle und meldet sich. Also müssten Sie nun genau an das denken, was Sie die letzten Male sofort krank gemacht hatte." „Wir setzen uns am besten aufs Sofa"*, sagte sie, *„dort hatte ich oft, wenn ich alleine war, diese Gedanken. Nur jetzt habe ich ja keinen Freund mehr, an wen soll*

ich denn jetzt bloss denken?" „Ja, das ist mir klar, aber denken Sie trotzdem an Ihren letzten Freund und an das, was Sie damals auch gerne von ihm gewollt hätten." „Gut, ich versuche es."
Ich sass neben ihr und legte meine rechte Hand auf ihre Schulter und die linke auf ihren Solarplexus. Ich betete leise, bat die Engel, dass sie das Unding einkreisten und zwangen, mir zuzuhören. Sie sass ganz ruhig, kerzengerade und steif da. Plötzlich drang ein kehliger Laut aus ihrem Mund, sie beugte sich abrupt nach vorne und sofort schlug ihr Kopf voll zurück, so dass er hart auf der Rückwand aufschlug. 'Pong', machte es kurz und sie fiel vornüber auf den Glastisch. Dieser kippte nun und sie glitt auf den Teppichboden. Sie blutete leicht an der Stirn. Ich holte einen Waschlappen aus dem Bad, tränkte ihn mit kaltem Wasser und legte ihn ihr auf die Stirn. Sie kam bald zu sich, rappelte sich auf und setzte sich wieder neben mich aufs Sofa. Mit halbwachem Blick schaute sie mich an und sagte: *„Sie, was war jetzt das? Ich wurde stark geschüttelt und dann weiss ich von nichts mehr." „Ja, das Böse wollte Sie warnen und Ihnen gleichzeitig Angst einjagen." „Mir ist schwindlig, ich lege mich besser ins Bett. Bitte begleiten Sie mich. Ich habe ganz schwabbelige Beine."* Wir standen auf und ich stützte sie, bis wir vor dem Bett standen. Sie legte sich mitsamt dem Gewand darauf und ich holte nochmals einen kalten Umschlag, den ich ihr auf den Kopf legte. Ich sass am Bettrand und wusste im Moment nicht so richtig, was ich tun sollte. So redete ich mit ihren Körpergeistern, aber auch mit ihrer Seele. Sie lag da und bewegte sich keinen Millimeter, war aber wach.
„Können Sie vielleicht nochmals diesen Gedanken wiederholen, den Sie vorher auf dem Sofa hatten oder sich streicheln und liebkosen, das lockt ihn hervor." „Ja, ich versuche es, aber bitte halten Sie mich fest, nicht, dass mich dieses böse Wesen an die Decke schleudert." Ich setzte mich auf den anderen Bettplatz, hielt sie am Nacken und legte die rechte Hand auf den Bauch. Sie schwitzte, ihre Augen waren geschlossen. Aber ich spürte, wie ihr Herz raste und klopfte.

Ich sprach laut zu ihrem Körper und dieses Unlicht an. Da, jetzt fuhr etwas durch ihren Körper. Es war wie ein Tsunami. Sie stöhnte und der Körper wurde kurz und heftig in die Höhe geworfen, dann war wieder Ruhe. Ich wusste aber, dass das zu leicht gewesen war, wahrscheinlich nur eine Täuschung. Ich holte das Pendel und setzte mich wieder aufs Bett, lehnte aber den Rücken an die Wand, an der ein farbiges Stofftuch hing. Sie lag so ruhig da, dass man meinen konnte, sie schlafe. Nach einer Weile stupste ich sie leicht an. Jetzt schien sie doch zu schlafen. Was soll ich denn jetzt bloss tun, sie einfach so schlafen lassen bei halbfertiger Arbeit? Soll ich diesen bösen Geist ein anderes Mal bekämpfen oder würde dieser jetzt noch giftiger und gefährlicher werden? Ich wollte mich gerade ganz langsam aus dem Bett davonschleichen, da öffnete sie die Augen und sagte: *„Ich danke Ihnen für ihre Arbeit, gehen Sie nur nach Hause, es ist sicher schon spät."* In dem Moment hatte sie ein ganz starkes Zucken am ganzen Körper. Ihre Hände verdrehten sich unnatürlich und ihre Beine hüpften wie wild in der Luft herum, was aber nicht gleichzeitig geschah. Ich kniete mich neben sie und hielt ihre Zappelbeine fest. Sie röchelte laut. Auch der Unterkörper zuckte und rüttelte. Ich wäre froh gewesen, ihre Schwester oder jemand anderer wäre hier gewesen, um mich zu unterstützen. Aber was soll's, mit diesem blöden Drecksack würde ich schon noch fertig. So ging es etwa eine halbe Stunde, dann kehrte eine Ruhe ein, fast schon wieder komisch.

Sie hatte Durst und bat mich um ein Glas Wasser, dass ich für sie aus der Küche holte und für mich gleich eines mit. Zuvor hatte sie schon zwei volle Gläser mit einem Zug ausgetrunken. Sie setzte sich auf und trank. Ich holte nochmals ein Glas voll und stellte dies auf das Nachttischchen. Dann hockte ich mich wieder auf das Bett und lehnte mich an die Wand. Ich hatte nun grosse Mühe, mich wach zu halten. Da fasste sie meine linke Hand und hielt sie fest. Sie war im Moment sehr ruhig und ich wurde es auch.

Ich muss wohl eingeschlafen sein, denn als ich die Augen aufschlug, lag ich auf dem Rücken. Das Licht brannte nicht mehr und ich versuchte, mich zu orientieren. Ich spürte, dass sie ihren Kopf auf meine Schulter gelegt hatte und ihr Arm umfasste meinen Oberkörper. Es war gar nicht so unangenehm. Sie schlief tief und fest, mein linker Arm war um sie gelegt.
Was für ein Pech, da liegt so eine schöne Frau in meinem Arm und ich blöder Kerl schlaf` dabei ein und merke nichts davon. Soll ich sie jetzt wecken oder nicht, ich bin ja selber hundemüde? Also schlafen wir am besten weiter, mir passiert bei ihr ja sowieso nichts. Dies waren meine Gedanken, bevor ich wieder weiter 'Holz sägte'.

Irgendwann wurde es hell, es war Samstag. Sie räkelte sich an mir, streichelte mir mit der Hand über den Pullover und gab mir einen langen Morgenkuss. Sie war nun ganz wach und schreckte plötzlich auf. Sie hatte mich mit ihrem Exfreund verwechselt. Sofort entschuldigte sie sich für den Kuss, es war ihr sehr peinlich. Sie hatte nun einen hellblauen Pyjama an und kniete neben mir auf dem Bett. Sie rieb verwundert die Augen und war überrascht, dass ich noch da war: *„Ich muss irgendwann einmal aufgestanden sein und mich umgezogen haben, aber davon weiss ich nichts mehr. Ich habe auch gemeint, Sie seien nach draussen geschlichen und nach Hause gegangen. Das ist jetzt eine Überraschung, aber eine schöne." „Ja, ich muss irgendwann einmal eingeschlafen sein." „Es ist acht Uhr morgens, die Kirchturmglocke bimmelt was das Zeug hält. Ich mache uns ein Frühstück, Sie nehmen doch sicher auch einen Kaffee, oder?" „Oh ja gerne, heute sogar zwei, aber Sie, es ist mir gar nicht so unangenehm bei Ihnen, wie sie vielleicht meinen." „Sicher? ist das wahr, was Sie da sagen? Ich fühlte mich in dieser Nacht ganz ruhig und sicher, so dass ich im Schlaf das Licht gelöscht und mich umgezogen habe. Sehen Sie, meine Tageskleider liegen dort drüben auf dem Stuhl. Ist schon sonderbar, das alles."* Sie beugte sich vor und fasste zärtlich meinen Kopf und küsste mich. Dann lächelte sie und sprang aus dem Bett.

Soll ich da etwa mit dem Schicksal hadern? Ich schloss die Augen und dankte Gott für das Geschenk mitten im Sommer.
Ich stand auf, war ja noch angezogen, und sie bat mich an den Tisch zum Frühstück. Es läutete an der Haustüre und ihre Schwester, die ich gestern schon kennengelernt hatte, stand vor mir. Sie setzte sich an den Tisch und fragte mich mit einem spöttischen Lächeln im Gesicht: *„Haben Sie meine Schwester in dieser Nacht geheilt und befreit von ihrem sexuellen Notstand?“* Was sollte ich jetzt bloss sagen? *„Man kann nicht alles in zwei Stunden heilen, was man in vielen vorangegangenen Leben falsch gemacht hat. Vor allem, wenn man noch Verwünschungen und Verfluchungen gegen sich ausgesprochen oder sogar einen Pakt mit dem Teufel ausgemacht hat. Aber jetzt in diesem Leben, oder vielleicht schon in mehreren Leben davor, hat man dann die Resultate oder die Leiden davon.“* Erschrocken schaute sie mich an und sagte: *„Oh, da muss ich aber selber auch aufpassen, denn ich sage oft, ohne mir etwas dabei zu denken, für dies und jenes, der Teufel soll mich doch holen.“ „So fängt das Problem ja meistens an, wenn wir etwas gedankenlos dahinsagen. Aber die Dunkelheit freut's und sie ist sehr schnell da. Nur, so schnell hat man sie dann nicht wieder los. Aber ich bin froh, wenn Sie Ihrer Schwester nun helfen, das Böse abzulösen.“*

Ursula hatte bis jetzt geschwiegen, sagte aber: *„Ja, ich bin froh, Anna, wenn du da bist, denn gestern war es so heftig, dass ich fast bewusstlos wurde. Leider ist es noch nicht weg.“ „Ich würde vorschlagen, Sie legen sich nochmals auf das Bett und wir setzen uns links und rechts von Ihnen.“* Sie zog ihren Trainingsanzug aus und legte sich mit dem hellblauen Schlafanzug auf das Bett. *„Ursula, bitte denken Sie an schöne, reizvolle oder lustvolle Momente und Sie, Anna, streicheln und erregen Ihre Schwester, so als ob Sie Ihr Mann oder Liebhaber wären.“* Ich setzte mich links von ihr auf die Bettkante und legte meine linke Hand auf ihren Solarplexus und die rechte auf ihre Schulter. *„Ja, ich mache jetzt das, was bei*

mir mein Mann machen sollte", sagte ihre Schwester Anna, *„aber er hat scheinbar nie Zeit für ein schönes Vorspiel, dieser blöde Egoist. Wie oft habe ich den schon verwünscht und ins Pfefferland geschickt. Aber da muss ich jetzt wohl auch meine Gedanken kontrollieren, nicht wahr?"*
Ich betete und rief gleichzeitig ihre Körpergeister. Ursula atmete ruhig und gleichmässig. Doch plötzlich fing ihr Körper wieder an zu zucken. Ein kehliger Schrei nach dem anderen drang aus ihrem Mund. Es hörte sich an wie bei einer schweren, schmerzhaften Geburt. Sie fasste verzweifelt nach allem, was sie in ihrem Delirium ergreifen konnte. Sich selber krallte sie mit aller Kraft ihre linke Hand tief in den nackten Bauch. Der Anblick, wie die Finger tief ins Bauchgewebe gedrückt wurden, tat weh. Mit der Rechten griff sie blind nach Annas Haaren und dann an ihre Bluse, die sie mit einem Ruck in Fetzen zerriss. Sie flog wieder und wieder ruckartig in die Höhe, dabei schrie sie so laut, dass es in unseren Ohren weh tat. Anna schaute mich voller Entsetzen an. Laut sprach ich das Unlicht an:

„Höre, du blöder und böser Drecksack, lass nun endlich Ursula los. Sie kündigt alle Einladungen und Bestellungen bei dir. Ich, als ihr Vertreter, will, dass du nun loslässt und verschwindest, dorthin, wo du hergekommen bist. Du selber bist das Gegenteil von Licht. Ich hülle dich in rosarotes Liebeslicht und will, dass du augenblicklich verschwindest. Sofort!"

Ich sah nun, wie sich um Anna urplötzlich eine riesige schwarze Gestalt aufbäumte. Ursula verzog ihr Gesicht zu einer Fratze, griff sich in die Haare und mit der anderen Hand an den Rest ihrer Unterwäsche und riss sich alles weg. Dann begann sie zu jaulen, wie ein Hund der sich verletzt hatte. Ich bat unseren Herrn Jesus Christus um sein Herzliebeslicht und sendete dies genau an die Stelle, wo beim Ungetüm etwa das Herz hätte sein müssen. Ursula beruhigte sich und hielt die Augen geschlossen. Anna warf sich auf den Rücken und zuckte und verdrehte ihre Arme, wie zuvor

Ursula, und ihre Schreie waren fürchterlich. Ich schrie dieses Unlicht an und gab ihm Befehle. Aber es schien sich nicht darum zu scheren und tobte mit aller Gewalt in der Schwester. Ich liess nicht locker hüllte den bösen Geist im Körper von Anna mit inniger Liebe ein. Immer wieder rief ich Gott um sein göttliches Liebeslicht an, mit dem ich das pechschwarze Unwesen einhüllte, immer wieder und wieder. Dann, auf einmal, wurde es ruhig, als wenn man den Stecker aus einem verrückt spielenden Elektrogerät gezogen hätte. Ich dankte Gott und Jesus für ihre Hilfe und Liebe.

Die beiden Frauen atmeten nun tief und gleichmässig und lagen noch gut zehn Minuten so da, ohne sich zu bewegen. Ursula schlug die Augen auf und fragte: *„Ist das Böse nun weg?"* Ich nickte, jasagend und war selber froh, dass diese Zirkusvorstellung vorbei war. Sie fasste mich mit beiden Händen um meinen Hals und zog mich zu ihr hin. Sie weinte und schluchzte, was das Zeug hielt und war fast nicht mehr zu beruhigen. Jetzt erwachte Anna, schaute um sich und drehte sich zur Schwester hin, umarmte sie und begann ebenfalls herzzerreissend zu weinen. Es schüttelte die beiden nun durch und durch, aber es war ein befreiendes Weinen.
Als beide ruhiger wurden, stand ich auf und ging ins Esszimmer. Etwa nach fünf Minuten kamen die Schwestern und setzten sich zu mir an den Tisch. Ich fragte meine Engel, ob Ursula und auch ihre Schwester nun frei seien? Zweimal nacheinander bekam ich ein *„Ja"* und ich teilte ihnen dies mit. Mit einem erleichterten Seufzen nahmen sie es zur Kenntnis.

„Sie, was war denn das, was mich da überfallen hat?", fragte Anna nun. *„Ich hatte ein Gefühl von Trauer und Schmerzen und gleichzeitig wähnte ich mich in einem Bad von schwarzem Teer. Es fühlte sich schwer und klebrig an und zog mich sofort hinein, so dass ich glaubte, mich unmöglich je wieder daraus befreien zu können. Dies war das schlimmste Gefühl, das ich in meinem Leben je erlebte."*

„Sie haben ja gesehen, wie es sich gewehrt hatte, als es aus Ihrer Schwester austrat. Nun, dieses Unlicht hat natürlich auch gesehen, dass Sie selber nicht ganz lichtvoll sind. So packte es die Gelegenheit sofort und überfiel Sie. Es hat in Ihnen ganz ähnlich gewütet, wie bei Ursula. Vielleicht war es auch nur eine Warnung oder Lektion für Sie." „Oh, noch viel mehr als nur das, jetzt sehe ich auch, wie stark, beherrschend und böse diese Teufel sind. Dummerweise behauptet sogar die Kirche, dass es keinen Teufel gibt. Aber mir können diese Schwarzen nichts mehr vormachen. Ich nehme an, dass dort genau das Zentrum des Bösen lebt und wirkt, sich aber raffiniert tarnt."
„Was meinen Sie nun zu mir und meiner Sexualität?", wollte Ursula wissen. *„Ist da jetzt alles normal wie bei jeder anderen Frau? Darf ich mich auf eine neue Beziehung freuen oder muss ich in diesem Leben auf eine körperliche Liebeserfüllung verzichten?" „Nein, das glaube ich nicht. Aber Sie sollten jetzt alle die selbst erschaffenen Elementale, die daraus resultierten, anschauen und auflösen. Sie müssen sich vorstellen, dass bei jeder liebevollen Erfüllung, die Sie sich gewünscht oder ausgelebt haben, die Angst und auch sofort die Gewissheit da waren, dass es nicht geht und Sie nachher zwei Monate krank sind. Diese Gedanken, die Sie sehr gut kennen, schreiben Sie nun auf und lösen Sie, indem Sie Ihre Engel um Hilfe bitten, auf. Diese Gedankenmuster haben Sie selber erschaffen und die wirken so lange, wie Sie an sie glauben."*

Ich verliess zwei glückliche Frauen, die mir hernach noch oft ihr gutes Befinden mitgeteilt haben.

Belzebubs Höllenhunde 16

Die Anfrage einer Mutter von vier Kindern, von denen die zwei kleineren nachts nicht schlafen konnten und die beiden grösseren schon ausser Haus waren, bewog mich, zu dieser Familie zu fahren.

Der Beschreibung nach war es nicht einfach den Weiler oder diese Häusergruppe zu finden. Es war zudem Herbst und um sechs Uhr abends schon dunkel. Ich gab die Adresse in mein schwarzes Flimmerkästchen ein, das an der Windschutzscheibe meines Wagens klebt. Die nette Frauenstimme forderte mich auf, in Reiden von der Autobahn zu fahren und dann nach rechts abzubiegen. Nach gut einem Kilometer Fahrt hatte es sich das Gerät anders überlegt und bat mich, beim nächsten Kreisel die vierte Ausfahrt zu nehmen. Das hiess, wieder zurückfahren. Der Kreisel war mit einer grossen goldenen Kugel, die die Sonne symbolisieren sollte, geschmückt und das Hotel gegenüber trug den Namen 'zur Sonne'. So fuhr ich zurück, wieder über die Autobahnbrücke. Dort erinnerte sich mein schwarzes Kästchen, wohin es mich eigentlich bringen sollte. *„Bitte wenden"*, sagte die 'Tante' und wiederholte sich noch ein paar Mal. Das war zuviel. Nach einem langen, ereignisreichen Tag reagierte ich genervt, wendete ergeben und fuhr wieder zurück. Nach dem Überqueren der Autostrasse erblickte ich auf der linken Seite eine Bushaltestelle, an welcher, wie ich vorhin schon bemerkt hatte, ein dunkler VW mit eingeschalteten Lichtern geparkt war. Bei meiner dritten Vorbeifahrt sah ich, dass die Fahrertüre offen stand, aber niemand im Wagen sass. Dies war mir vorher nicht aufgefallen. Ich fuhr vorbei und schaute auf den kleinen Bildschirm, um herauszufinden, wohin mich das GPS wohl führen wollte. Leider hatte ich es versäumt, zuhause in den Routenplaner zu schauen, so wusste ich nicht, wo der gesuchte Ort genau zu finden war.
Kaum war diese Bushaltestelle im Blickwinkel des Seitenspiegels nicht mehr zu sehen, meldete sich in mir eine innere Stimme:

„Wende und fahr zu dieser Bushaltestelle!“ Gleichzeitig meldete sich auch das Gerät: *„Bitte wenden.“* Gut, also wendete ich bei der nächsten Gelegenheit zum x-ten Mal. Ich fuhr abermals bei der Busnische vorbei und stellte meinen Wagen hinter den führerlosen VW-Golf. Ich liess den Motor laufen und stieg aus. Auch der Motor des VW-Golfs war eingeschaltet, aber niemand sass im Wagen. Durch das Scheinwerferlicht konnte ich gut erkennen, dass die Fahrertüre offen stand und am Briefkasten, der an der Haltestelle angebracht war, anstand. Ich begab mich zur Fahrertüre und sah nun die Bescherung. Die Fahrerin hing kopfüber, verklemmt zwischen der Türe und der Schwelle ihres Wagens. Ihr Kopf berührte die Bordsteinkante und schien fuchsrot. Sie atmete schwer, sah mich und wollte mir etwas sagen. Ich verstand sie jedoch nicht und lief ums Auto herum zur Beifahrertüre. Diese liess sich öffnen und ich kniete auf den Sitz, um den Sicherheitsgurt zu lösen, was jedoch nicht hinzukriegen war, da der Gurt klemmte, weil er zu fest gespannt war. Die Frau war kein Leichtgewicht, sondern ein autofüllendes Etwas. Vom Nebensitz aus sah ich nur ihren Hintern, der mehr oder weniger in der Luft hing. Ihre beiden behäbigen Beine klemmten unter dem Steuerrad fest. Der Gang war ausgekuppelt und das Radio lief in voller Lautstärke. Während ich mühevoll am Gurtschloss riss, spielte das Radio *„Don't worry, be happy“*. War dies nun für sie oder für mich gemeint? Ich versuchte, sie an einem Arm ins Auto zu ziehen, da verlor ich das Gleichgewicht und fiel auf sie. Gut, es war kein harter Fall, doch nun musste eine andere Strategie her. Von der Beifahrerseite aus konnte ich nichts ausrichten, sie war zu sehr eingeklemmt.

Ich versuchte, das Auto ein wenig zurückzuschieben, damit die Fahrertüre nicht mehr am Briefkasten anstand. Also stellte ich mich mit dem Gesäss vor das Auto und schob, was das Zeug hielt. Mein lädierter Fuss knackste, er schmerzte dann den ganzen Abend und auch noch am nächsten Tag. Das Fahrzeug bewegte sich nur langsam und sobald ich aufhörte zu stossen, rollte es wieder vorwärts, noch bevor ich die Handbremse anziehen konnte. Von der Frau, die wie ein nasser Sack aus dem Auto hing, war keine Hilfe zu erwarten. Vielmehr befürchtete ich, dass ich sie sogar verletzen könnte. Also musste ich etwas finden, das ich unter die vorderen Räder stellen konnte, aber was? Auf dem Rücksitz des Wagens befand sich eine Grosspackung mit Konservendosen. Ich entnahm sechs Dosen, die mit Plastik zusammengehalten waren, dem grossen Einkaufskarton und legte sie vor den Wagen. Nun schob ich wieder, bis mir fast die 'Krampfadern' im Gesicht platzten und stellte die Büchsen schnell unter das Vorderrad. Es klappte, das Auto stand still. Sie können sich das nicht vorstellen? – Ich im Nachhinein auch nicht mehr. Nun versuchte ich die Frau aus dem Wagen zu ziehen, was aber, verflixt noch mal, nicht möglich war. Ein paar Wellen in der Orangenhaut schienen sie im Auto festzuhalten. Also lief ich wieder ums Auto herum, kletterte abermals auf den Beifahrersitz und schob aus Leibeskräften an ihrem Gesäss. Es ging und ging nicht. Jetzt konnte ich nur noch versuchen, sie von aussen in den Wagen hineinzuschieben. Da sie absolut nicht mithalf, war es schwierig sie zu fassen. Sie glitt mir durch die Finger, wie weiche Butter. Dann versuchte ich erfolgreich, ihren Kopf und die Schultern auf meine Knie zu kriegen, stand schnell auf und schupste die Frau ins Wageninnere.

Nun sass sie da, mit hochrotem Kopf, langte nach dem Türgriff, zog die Türe zu, legte den Gang ein, schaute mich an und murmelte etwas. Dann fuhr sie los, zuerst rückwärts, stoppte, wechselte den Gang und weg war sie! Ich war baff, kein Danke, kein Lächeln, nichts.

Auf dem schwach von den Strassenlaternen beleuchteten Boden entdeckte ich etwas, das hell leuchtete. Ich bückte mich danach und sah vier helle Stücke auf dem schwarzen Asphalt liegen. Eines davon berührte ich und musste feststellen, dass es ein Stück ihres Gebisses war. Ich las alle Teile auf und legte sie auf den Briefkasten. Jetzt erst merkte ich, dass ich bei dieser Schwerstarbeit klitschnass geworden war. Mit einem Feuchtigkeitstüchlein reinigte ich

meine Hände und mit einem Zweiten mein Gesicht. Als ich eben dabei war abzufahren, bemerkte ich, wie der Golf aus der Dunkelheit noch einmal auf mich zu kam, rasant neben mir wendete und beinahe mein Fahrzeug streifte. Wohlwissend, was die Frau suchte, stieg ich aus und ging zum Briefkasten. Sie stiess die Türe auf und wollte aussteigen. Ich stand aber schon neben ihr und fragte: *„Suchen Sie Ihre Beissgeräte?“ „Wuschel, grummel, waschel...“ „Alles klar, sie liegen auf dem Briefkasten. Ich wünsche Ihnen noch einen schönen Abend.“*
Eigentlich war ich fix und fertig, ich fuhr wieder zum Sonnenkreisel und um diesen herum in Richtung Zofingen, doch siehe da, nun führte mich das GPS-Gerät schnurstracks vor die Haustüre der gesuchten Familie, die schon lange auf mich wartete.

Es war ein altes Haus, an dem ein kleiner Stall angebaut war. Alles war verwinkelt und x-mal umgebaut worden. Um ins Zimmer des Sohnes zu gelangen, musste man durchs Bad gehen und in dasjenige der Tochter via Waschküche. Die Eltern schliefen auf dem ehemaligen Estrich, den man neu ausgebaut hatte. Nur hatte man den Platz für die Treppe dabei vergessen. Hierzu war eine Leiter mit runden Sprossen an der einen Küchenwand angeschraubt, ein sehr unbequemer Zugang für ein Elternzimmer, wie ich fand. Neben vielen Stromleitungen, die aus den Wänden abstrahlten, sah ich auch noch einige irdisch gebundene Seelen herumhängen.
Wir setzten uns an den grossen Küchentisch und die Mutter stellte mir das Mädchen und ihren Bruder vor, die nie schlafen konnten. Auch einige Bekannte waren zugegen. Man hatte sie eingeladen, weil sie sich für die Hausuntersuchung interessierten.
Zuerst pendelte ich das Mädchen aus und fragte es so nebenbei: *„Siehst du nachts oft Menschen herumgehen?“* Es rutschte verlegen auf der Küchenbank hin und her und schaute auf seine Hände, die es auf den Tisch gelegt hatte. Es war blass und hatte grosse dunkle Schatten unter den tiefliegenden Augen. *„Ja“*, würgte es heraus, *„es sind viele.“ „Kommen die jede Nacht zu*

dir?" hakte ich nach. *„Ja, sie sind immer da und am Abend sitzen auch drei in der Stube und zwei in der Küche. Im Stall drüben sind auch noch zwei, oft aber auch vier, die dort herumhuschen. Sie machen mir Angst, aber nur ich kann sie sehen."*
„Ich werde nun auspendeln, warum ihr nicht gut schlafen könnt", sagte ich zu den beiden Kindern. Das Mädchen war nicht besetzt, wurde aber nachts geplagt. Nun pendelte ich ihren kleineren Bruder aus. Er war belastet von niederen Astralwesenenergien. Ich fragte die Engel, wie viele Seelen denn im Hause wären und bekam die Zahl „acht." Drei seien noch im Stall und eine auf dem Anwesen. Ich bat die Engel, sie möchten die Seelen ins Haus führen und mir dabei helfen, mit ihnen zu reden.
Unterdessen reichte mir die Mutter eine Schale mit drei Kerzen, die sie anzündete. Zuerst sprach ich ein Ablösegebet für die Astralwesenenergien des Jungen. Wir beide spürten es sehr gut, als diese Wesen ihn verliessen. Laut und mit einem Lachen im Gesicht sagte er: *„Mami, es hat mich gezwickt und gefroren, als die Wesen weggingen. Herr Styger, wohin gehen denn diese Wesen, wenn sie nicht mehr bei mir sein dürfen?" „Das ist eine gute Frage, die aber relativ einfach zu beantworten ist. Wohin geht der Dreck, den ich am Besen habe und zum Fenster hinausschmeisse wohl?"* Der Bub sagte spitzbübisch: *„Er geht zum anderen Dreck nach draussen, oder?" „Genau, so ist es, Dreck zieht immer wieder Dreck an und so wird es immer sein. Wir müssen uns aber wehren und uns vor ihm schützen lernen, denn wir gehen ja auch nicht im Sommerhemd durch einen Schneesturm, oder?"* Alle am Tisch stimmten mir zu. Die Mutter schenkte uns heissen Tee aus Kräutern vom Garten ein. Der schmeckte etwas eigenartig und der Junge schob seine Tasse ruckartig von sich weg. *„Was ist, Hansi, du hast doch die Kräuter für diesen Tee selber gesammelt"*, sagte die Mutter. Alle rochen nun am Sud, aber niemandem wollte er so recht schmecken. So wurden die Tassen ausgewechselt, neuer Tee aufgebrüht und der mundete dann allen besser.

Nun bemerkte ich, dass zwei Seelen zur Wohnungseingangstüre hereinkamen. *„Es scheint, dass die Seelen sich besser nähern können, wenn wir nach draussen in den Stall gehen"*, sagte ich. Wir standen auf, die Frau und ihr Mann sowie die Kinder wollten mitgehen. Unterhalb der Holztreppe im Eingangsbereich standen schon zwei alte Frauen. Wir gingen durch sie hindurch, nur das Mädchen zögerte und hatte Angst. Ich nahm sie bei der Hand und zog sie vom zweiten Treppentritt herab. Vermutlich hatte sie sich noch nie getraut, durch eine gebundene Seele hindurchzugehen, weil sie diese ja sah. Wir begaben uns unter dem grossen Vordach des Wagenschopfes nach rechts zum Stallteil. In diesem Raum, der für etwa zehn Kühe Platz bot, hatten in den letzten zwanzig Jahren keine Tiere mehr gestanden, man lagerte Brennholz und Gartengeräte darin. Auf dem Brennholzstapel hockte ein alter Mann. Im hinteren Teil erblickte ich eine massige Frau mit roten Wangen und einer farbigen Arbeitsschürze. An den Füssen trug sie klobige Holzschuhe ohne Lederriemen. Sie stützte sich auf eine hölzerne Heugabel und starrte vor sich hin. Ich fragte das Mädchen: *„Was siehst du?" „Da vorne hockt ein alter Mann und da hinten steht die dicke Frau. Aber manchmal ist auch noch ein anderer Mann hier."* Ich bat die Engel, die noch fehlenden Seelen herzubringen. Die Kerzen, die wir am Boden aufgestellt und angezündet hatten, begannen zu flackern und wir sahen, wie eine Seele zur hinteren Stalltüre hereinkam. Es war ein Mann, der relativ jung gestorben war. Ich rief nun alle Seelen an, weckte sie und machte das Ablösegebet. Sie lösten sich schnell.

„Das Licht um die drei war so schön, doch nun sind sie verschwunden", sagte daraufhin das Mädchen. Ich lächelte das hellsichtige Kind an: *„Ja, sie sind ins Licht gegangen"*, und sprach laut: *„Ich bitte dich, lieber Erzengel Michael, hole alle Seelen herbei, die ins Haus gehören. Wir gehen jetzt ins Haus zurück."*
Im Eingang, neben der Treppe, hielten sich die zwei Seelen auf, die wir schon vorhin gesehen hatten. Oben vor der Wohnungs-

eingangstüre war ein Mann und im Flur standen noch fünf weitere Seelen Spalier. Das Mädchen fasste schnell meine Hand. Ich drückte sie und zog das Kind hinter mir her. Wir setzten uns alle wieder um den Küchentisch herum. Dieses Mal aber platzierte ich mich ans Tischende, damit ich den langen Gang beobachten konnte. Die Mutter zündete noch einige Kerzen an und stellte sie auf den Tisch. Das Mädchen meinet nun zur Mutter und dem Paar das bei uns war: *„Da draussen stehen fünf und unten an der Treppe drei Seelen. Herr Styger macht sicher wieder das Ablösegebet und befreit sie."* *„So ist es, kommt herein ihr alten, schlafenden Seelen und hört mir gut zu. Lieber Erzengel Michael hilf mir bitte, dass sie erwachen und ich mit ihnen sprechen kann."* Nun schlurften alle in einer Art Schlafwandel herein. Sie standen neben der Türe und zwei direkt neben mir am Tisch. Das Mädchen rutschte noch näher zu mir heran und fasste nach meiner Hand.

Ich sprach die Seelen laut an, sie erwachten und schauten mich an. Sie schienen mein Ablösegebet zu verstehen und wurden munterer. Bald verschwanden sie aus der Wohnküche. Das Mädchen sagte: *„Mami, Papi, jetzt sind sie weg. Spürt ihr, wie es nicht mehr so stinkt in unserer Küche?"* *„Ja, Herr Styger, das war für mich ein echtes Problem, dieser plötzlich auftretende Gestank nach Kühen, Moder und Stall"*, klärte die Mutter mich auf. *„Wir kamen nie dahinter, warum es so roch, denn im Keller unter dem Haus waren nie Tiere und im Stall drüben haben sie sicher auch gemerkt, dass nichts mehr stinkt."*

Nun klingelte es an der Haustüre unten. Jemand stampfte die Holztreppe hoch und der kleine Bub eilte zur Hausflurtüre hin, schaute kurz nach und kehrte sofort wieder zu seinem Stuhl zurück. *„Es ist ja nur die Vrony"*, bemerkte er etwas abschätzig. Nun kam sie ins Bild respektive in den Türrahmen, den sie fast vollständig ausfüllte. Ich stutzte, denn es war die Frau, die ich aus ihrer misslichen Lage im Auto befreit hatte! Sie trug jetzt eine helle Wildlederjacke und ihr Kopf war immer noch rot. Sie stand in der Tür, schaute kurz in die Runde und murmelte zur Frau des Hauses, die neben mir sass, einige unverständliche Worte. Diese stand auf und erwiderte: *„Du, Vrony, hast du ein Problem, ich kann dich nicht verstehen?"* *„Wischel, wuschel, wuschel…"*, tönte es wieder. Alle schauten sich an und die Kinder begannen zu lachen. Niemand verstand, was die Frau sagen wollte. Ich stand auf und trat vor sie hin. *„Wir haben uns vorhin beim Briefkasten an der Bushaltestelle getroffen. Erkennen Sie mich?"* Sie schüttelte den Kopf, aber ihr Gesicht wurde noch röter. „Ich habe Ihr Gebiss auf den Briefkasten in ein Taschentuch gelegt. Sie sollten es dort abholen, aber es ist leider kaputt. „Esch isch usch Ungarn, esch isch usch Ungarn." Wir alle schauten uns an und die Mutter hakte nach: „Ist es aus Ungarn?" Sie nickte ganz heftig und ihre „Würste" am Hals traten über den Kragen ihrer Jacke. Ich meinte, sie sei aus Ungarn und fragte sie: *„Ah, Sie sind aus Ungarn?"* *„Nei, nei"*, schnaubte sie und stampfte mit dem einen Fuss. Ihre Augen blitzten mich böse an. *„Oh, entschuldigen Sie das Missverständnis. Ich habe Sie eben unten beim Briefkasten schon nicht verstanden."* Ich drehte mich um und setzte mich wieder auf den Stuhl. Eigentlich war es mir ja egal, welche Nationalität sie hatte, wenn ich nur nichts mehr mit ihr zu tun haben musste. Die Hausfrau begleitete sie nach draussen und die Kinder rätselten, was Vrony denn bloss hätte. Als die Mutter zurückkam, fragte sie mich, was denn vorhin am Briefkasten geschehen sei? Ich erzählte, was sich zugetragen hatte. Alle schauten sich an, die Kinder kicherten und plötzlich mussten wir uns alle den Bauch halten vor Lachen.

Ich stand auf, denn es war schon spät geworden und verabschiedete mich. Auch die Bekannten, die zu Besuch waren, brachen auf. Als ich gerade ins Auto einstieg, hörte ich einen lauten Schrei. Das Paar hatte das Auto direkt neben meinem geparkt und ich sah grosses Entsetzen im Gesicht der jungen Frau. *„Oh, was ist das für ein entsetzliches Wesen oder Ding in unserem Auto?! Kommt, schaut selber hinein"*, forderte sie uns auf und wich zwei Schritte von ihrem Peugeot zurück. Der Mann bemerkte scheinbar nichts, hatte aber wohl seine Frau noch nie so in Panik erlebt. Das Gastgeberpaar, das noch auf der Hauszugangstreppe stand, kam herbeigelaufen. Auch sie schauten von aussen durch die Fenster des Wagens, sahen aber nichts. Die junge Frau hielt sich an ihrem Mann fest und zitterte. Er öffnete die Autotüre und machte eine Geste, wie ein Hotelportier, dabei verbeugte er sich vor ihr und lächelte maliziös. In diesem Moment wurde die Autotüre zugeschlagen und er sozusagen mitgerissen, dabei schlug sein Kopf an der Dachkante auf. Das schien nicht nur weh getan zu haben, sondern löste nun auch bei ihm eine gewaltige Angst aus. Entsetzt sprang er drei Schritte zurück und starrte auf die Türe. Im schwachen Licht der Haustürlaterne sah ich, wie von seiner rechten Schläfe Blut auf seinen Hemdkragen tropfte. Ich trat an das Auto heran und ging langsam drum herum, konnte aber zunächst auch nichts sehen. Nur die Scheiben begannen von innen langsam anzulaufen. Als ich die Fahrertüre langsam öffnete sah ich, dass sich etwas bewegte, konnte aber nicht genau erkennen, was es war, denn die Sitzüberzüge waren schwarz und das Wesen auch. Ich sagte zu den Beiden: *„Da drinnen sind einer oder mehrere Höllenhunde. Haben Sie ein paar Kerzen, wir müssen sie vertreiben.“* Die Frau rannte ins Haus, als wäre sie eine Rennläuferin. Schon bald brachte sie die gewünschten Kerzen und zündete diese an. Jeder von uns trug nun eine Kerze in der Hand. Zwei stellte ich auf einem grünen Teller vorne auf den Lufteinlassgrill. Es war windstill und die Kerzen brannten ruhig. Vorsichtig öffnete ich die Beifahrertüre und stellte eine runde, grosse Kerze, die in einem bierglasähnlichen Glas stand, auf das Sitzpolster. Dann schloss ich wieder langsam die Türe, klack, sie war zu. Nun deutete ich den beiden an, sie sollten nahe ans Auto herankommen, damit wir uns drum herum verteilen konnten. Ich hob einen Teller mit drei kleinen Kerzen vom Boden auf und ging wieder ans Auto heran. Die Kerze auf dem Sitz brannte im Moment ganz ruhig, wie unsere auch. Da fragte der Autobesitzer: *„Ja, und jetzt, sollen wir so bis zum Morgen warten. Was soll das ganze Theater hier eigentlich?“* Ich begann ein Ablösegebet zu sprechen und alle bemerkten, dass sich das Auto leicht zu wiegen begann. Sie traten einen Schritt zurück und ein starker Luftzug löschte unsere Kerzen aus. Gleichzeitig erlosch auch die Kerze auf dem Sitz. Alle sahen sich verunsichert an und die Angst war ihnen in die Gesichter geschrieben. Langsam öffnete ich die Beifahrertüre und alle sahen die Kerze mit dem Glasbecher auf der Fussmatte liegen. *„In dieses Auto steige ich heute Nacht nicht mehr ein"*, sagte die junge Frau mit bedrückter Stimme. Die Männer, die auch Arbeitskollegen waren, schauten sich an und schnell wurde beschlossen, einen Autotausch vorzunehmen. So stiegen die jungen Leute ins Auto des Gastpaares und fuhren weg. Die Gastgeber bedankten sich nochmals und ohne grosse Worte stieg auch ich wieder in mein Auto und fuhr heimwärts.

17 Geschichte einer jungen Frau mit Implantaten von Ausserirdischen

Eine Mutter aus dem Ausland, nahm wieder Kontakt zu mir auf. Ich hatte sie schon vor sieben Monaten kennengelernt. Damals war die Tochter aufs Schwerste von unzähligen irdisch gebundenen Seelen und Astralwesen besetzt. Ich hatte sie gut befreien und auch das Haus, in dem sie wohnten, relativ leicht reinigen können. Nun rief Sie erneut an und erzählte, Ihrer Tochter ginge es ganz schlecht und sie habe grosse Angst um sie. In den letzten fünf Wochen habe sich ihr Zustand von Tag zu Tag verschlechtert und sie war nicht imstande, selber mit mir zu telefonieren. Ihr Hausarzt habe sie von Kopf bis Fuss untersucht, aber nichts gefunden. Er fühle sich deshalb ausser Stande, ihr zu helfen.
Sie wohnten inmitten eines Dorfes, welches schon im ersten und noch mehr im zweiten Weltkrieg vollständig zerstört worden war. Dass an so einem Ort noch unzählige Seelen herumgeistern und unter ihrer irdischen Gebundenheit leiden, ist sicher jedem klar, an solchen Plätzen ist die gesamte Urgeist- und Naturordnung gestört und es ist dort sehr schwierig für sensible Menschen vernünftig zu leben. Sie werden von allen Seiten bedrängt und attackiert. Allerdings sind die meisten Menschen, die an solch einem Ort leben 'wieder-inkarniert', um ihre alte, unerledigte Schuld zu tilgen. Aber auch, um ihre aufgeladenen Elementale neu aufleben zu lassen und dann zu erlösen. Nur durch reinen Zufall passiert nichts.

Ich pendelte also für sie am Telefon die verschiedensten Fragen aus: *„Ist die Tochter wieder besetzt von Seelen?" „Nein." „Sind Astralwesen an ihr?" „Ja." „Ist das eine Gruppe?" „Nein." „Viele?" „Ja." „Kann sie diese selber wegbeten?" „Nein."*
Bis jetzt hatte sie im letzten halben Jahr sofort gespürt, wenn sich in ihrer Nähe ungebetene Gäste aufhielten. Sie konnte nun buchstäblich unterscheiden, ob es gebundene Seelen waren oder

Seelenfragmente, also Astralwesen. Diesmal jedoch liess mich ihre Mutter wissen, dass sie solch eine Energie, die nun an ihr dran war, noch nie gespürt hatte. Es werde ihr eisig kalt und sie könne dann ihren Körper nicht mehr fühlen. Schlimmer noch, sie hätte das Gefühl, in ihr sei nichts mehr menschlich, sondern ihre Knochen seien Metallgestänge. Ihre Gelenke seien Scharniere und die Füsse blosse Metallplatten und sie könne deshalb nicht mehr normal gehen, nur noch herumstaksen. Ihr ganzer Körper sei völlig steif und kalt.
Ich befragte meine Engel weiter: *„Ist ihr altes Urbewusstsein oder Zellgedächtnis geprägt oder verletzt worden von extraterrestrischen Wesen?" „Ja." „Ist das, was sie beschreibt und durchlebt eine blosse, alte Erinnerung?" „Nein." „Ist es ein altes Erlebnis, aber noch immer aktiv?" „Ja." „Kann ich ihr helfen, als wenn ich sie von irdisch gebundenen Seelen befreie?" „Nein." „Finden wir andere Möglichkeiten, andere Lösungswege?" „Ja."*
„Sie sehen, wir haben es da mit etwas ganz anderem zu tun. Es ist etwas aktiv, was auch mir nicht bekannt ist und ich muss gemeinsam mit ihrer Tochter nach neuen Lösungen suchen. Derzeit kann ich allerdings nicht zu Ihnen reisen, denn ich mache gerade einen Dachaufbau. Wäre es denn möglich, dass ihr beide zu mir kommt?"

Ja, sie kamen zu uns und logierten vierzehn Tage in einer Ferienwohnung, die aussehalb der Saison leicht zu finden war. Gleich am zweiten Tag trafen wir uns, Mutter und Tochter kamen zu uns ins Haus und ich sah Kirstin an, dass etwas mit ihrer Aura nicht stimmte und dass sie kaum gehen konnte.
Als ich sie im Vorjahr besucht hatte, machten wir eine kleine Wanderung, da war nichts auffällig gewesen und schon gar nicht nach ihrer Befreiung von den gebundenen Seelen, zu diesem Zwecke ich gekommen war. Aber jetzt sah es wirklich so aus, als trage sie unter ihren Hosen zwei Beinschienen oder gar Prothesen. Sie tapste unsicher umher und stolperte dauernd. *„Sie sehen"*, sagte sie, *„ich habe keine Kontrolle über meinen Körper. An den*

Füssen habe ich das Gefühl, dass sich dort statt meiner Fussballen Beton- oder Eisklötze befinden. Über die ganze Woche hatte ich mehrere Visionen und Träume an die ich mich noch erinnere: Ich sah mich von aussen und trug eine Blechkappe oder einen Helm, von dem eine grosse Anzahl von Kabeln und Drähten ausging. Wie bei einem Röntgenapparat sah ich mich von innen und konnte beobachten, wie in beide Beine und Arme anstatt der Knochen Metallstäbe eingeführt wurden. Auch die Gelenke waren aus blankem Stahl. Ich sah mich in einem grossen Raum mit kaltem Licht auf einem Sessel sitzen, der aber nicht gemütlich war. Es war mehr ein elektrischer Stuhl, den wir als Hinrichtungsstuhl aus den USA kennen. Dann sass da noch so ein Wesen an einer Art Steuerpult. Ich sah es nur von hinten. Es trug ebensolch eine Blechkappe wie ich und war mit diesen unzähligen Steuergeräten verbunden, der ganze Saal war voll von Steuergeräten. Sie leuchteten, blinkten und lärmten. Jedes Mal, wenn dieses Wesen auf einen Schalter drückte, musste ich mich bewegen, ansonsten war ich bewegungsunfähig. Diese Bilder machen mir fürchterliche Panik, von Schlafen keine Spur und sie kommen nun jede Nacht. Sie müssen verstehen, wenn ich dann im Wachzustand so steif werde und mich und meine Bewegungen nicht mehr kontrollieren kann, dann gibt es ja keinen Unterschied mehr zwischen Traum und Wirklichkeit. Dabei habe ich grausame Schmerzen und parallel die Panikattacken. Die Ärzte haben mir Schmerz- und Beruhigungsmittel verabreicht, aber geholfen hat nichts, nein, es wird von Tag zu Tag schlimmer. Was soll ich noch tun? Beten hat nichts gewirkt, im Gegenteil, die Schmerzen wurden zum Teil sofort stärker, so dass ich zusammenbrach. Bitte, helfen Sie mir, ich werde sonst noch wahnsinnig. Dagegen waren die vielen Seelen, die mich jahrelang belagerten und quälten, direkt noch menschlich. Das aber ist grausam, gefühllos und kalt. Ich fühle mich als Maschine."

Nach ihrer Beschreibung wusste ich nicht so recht, was zu tun war. Um dieser bedauernswerten, jungen Frau zu helfen, sagte ich

tröstend zu ihr: *„Machen wir erstmal gemeinsam eine Ablösung, um die, wieder um Sie herumschwebenden, Astralwesen wegzubringen. Vielleicht sehen wir nachher klarer, was zu tun ist."*
Wir baten unsere Engel zu uns und beteten gemeinsam für die Ablösung der umherhüpfenden Astralwesen. Sie wurden wie lebendig, doch bald schien es, als würden sie durch das Licht weggezogen werden. Die junge Frau wurde ruhiger.
Ich begann nun die Engel zu befragen, was ich denn gegen diese extraterrestrischen Energien tun könne: *„Ist Kirstin momentan von diesen ausserirdischen Bewusstseinsformen besetzt?" „Nein." „Wird sie von denen bis heute und auch gerade jetzt manipuliert?" „Ja." „Ist in diesem Manipuliertwerden für sie noch ein altes Muster oder Programm aktiv?" „Ja." „Sollen wir zuerst dieses Programm löschen wie ein Elemental?" „Ja!" „Also, Kirstin, wir versuchen Ihre schmerzvollen Elementale zu löschen, sind Sie damit einverstanden?" „Oh ja, ich spreche Ihre Worte nach und verinnerliche sie."*

Ich bitte Dich Vater-Mutter-Gott-Urquelle und Dich Jesus Christus Sananda sowie euch geliebte Engel um Hilfe für meine Heilung und Vervollkommnung.
Ich möchte, dass alle meine schmerzhaften Erlebnisse aus Vorzeiten, aus dem Wissen meiner Zellen und meinem Körpergedächtnis gelöscht werden. Vor allem jene, durch die ich von Kreaturen von fremden Planeten und Kulturen manipuliert und missbraucht wurde. Ich will, dass alle diese Verbindungen und Beeinflussungen abgetrennt werden. Ich bestehe darauf, dass weitere Informationen und Manipulationen zurückgeschickt werden. Ich bin für diese Kreaturen nicht mehr auffindbar.

Ich bin geschützt vom göttlichen Licht in mir. Ich nehme das Recht auf meine freie und unversehrte Seele in Anspruch und bin frei.
Ich sende diesen Peinigern weder böse Gedanken noch negative Gefühle. Mein Schöpfer, bitte verstärke meine Liebe

und hilf mir, diese Wesen neutral damit einzuhüllen. Ich stelle mir diese grau-schwarzen Wesen nun vor, eingehüllt in strahlendes, rosarotes Liebeslicht. Ich bin frei, ich bleibe frei! Vielen Dank Dir Gott und allen Deinen Engeln. Amen.

Noch lange hielt Kirstin die Augen geschlossen. Sie wiegte den Kopf leicht hin und her, dann öffnete sie ihre schönen, nun strahlenden Augen und lächelte. Sie sagte: *„Ich habe sie wieder gesehen, diese kalten Wesen, die mich gefühllos anschauen. Erst, als ich sie ins rosarote Liebeslicht einhüllte, bemerkte ich eine Regung in ihrem Ausdruck. Da hatte ich den Eindruck, sie seien erschrocken."*
Kirstin ging es anscheinend besser und Mutter und Tochter verliessen uns.

Am nächsten Tag besuchten sie uns wieder. Der Tochter schien es erneut schlecht zu gehen, sie stolperte und schaute ganz bedenklich. Ihr Blick war starr, fast eisig und sie klagte über starke Schmerzen in den Beinen und Armen, aber noch mehr im Kopf. Im Traum hatte sie sich wieder gesehen mit dem Blechhelm und den Metallstangen im ganzen Körper.
Ich war ratlos und versuchte sie zu verstehen, was nicht leicht war, absolutes Neuland für mich. Da bekam ich einen Einfall: Könnte ich nicht versuchen, diese Metallstangen und den Metallhelm aus dem Körper herauszuziehen? Ich befragte meine Engel und sie bejahten. So machte ich ein Gebet und bat darum, das, was sie so plagte, sehen zu können. Plötzlich sah ich sie, die Wesen in diesem Raum mit den elektronischen Geräten und den vielen Verbindungsdrähten zu Kirstins Helm! Sie schienen zu schlafen, die Gesichter waren aschfahl, ihre Augen starrten ins Leere.
Ich stellte mich hinter Kirstin, so hatte ich sie physisch vor mir. Mit meinen Geist-Astralhänden fasste ich links und rechts an ihren Kopf und zog den Helm vorsichtig ab. Als ich ihn mit all den Kabeln weghob, bat ich die Engel, sie sollten ihn zurück verwandeln in Urmaterie in diesem Raum, aber auch im Hier und Jetzt. Der Helm

verschwand urplötzlich aus meinen geistigen Händen. Ganz langsam kam Kirstin wie aus einem tiefen Schlaf zu sich und begann sich zu strecken und zu dehnen. Nun hatte sie einen ganz anderen Blick und meinte: *„Ich habe dabei wie in einen Spiegel geschaut und zugesehen, wie Sie den Helm hochgehoben, weggedreht und zum Verschwinden gebracht haben. Es fühlte sich an als ob ein Teil von meinem Gehirn weggerissen wurde. Jetzt aber spüre ich, dass mein Kopf und meine Gedanken freier sind."*

Wir hatten danach noch einen gemütlichen Abend zusammen.

Zwei Tage lang fühlte sie sich ganz normal und frei. Doch nachts sah und spürte sie auch wieder ihre Metallgestänge und Scharniere im Körper. Wir verabredeten uns erneut auf den Abend. Dieses Mal machten wir wieder ein Gebet und begaben uns in den meditativen Zustand. Da sah ich sie, diese Gestänge und Gelenksscharniere. Ich versuchte sie herauszuziehen wie drei Tage zuvor den Helm. Doch dies war gar nicht leicht, der Körper gab sie nicht her, diese Implantate schienen richtig mit dem Gewebe verwachsen. Mit dem Dematerialisieren ging´s noch am besten, doch die Strukturen und Formen blieben darin wie verwurzelt.
In diesem grazilen, feingliedrigen Körper der Dreissigjährigen gab es unzählige Teile und Stücke aus feinstofflichem Metall. Ich konnte mir nicht vorstellen, für was die wohl gut wären. Das Eigenartige bei diesem Dematerialisierungsvorgang war, dass das geistige Material sich nicht in Luft auflöste, sondern regelrecht von meinen Händen tropfte! Es war für mich völlig kurios, sowas hatte ich noch nie gesehen. Bei Kirstin veränderte sich ihre Steifheit zwar, trotzdem nahm sie die Metallteile in sich wahr, sie fühlte sich nach wie vor schrecklich unwohl und unbeweglich.
Wir beschlossen, dass sie bei meiner Partnerin am nächsten Tag eine Sitzung mit tibetanischen Klangschalen versuchen sollte. Ich wusste, dass Antonie die Begabung hat, in ihrer Therapie, mit Gebeten und den sanften Klängen der unterschiedlichsten, hand-

gearbeiteten Klanginstrumente, Wesen, die nicht zu einem Menschen gehören, herauszulösen. Astralwesen und belastende Seelen müssen sich gerade bei diesen feinen Frequenzen aus dem Energiefeld des Betroffenen entfernen.
Zuerst meditiert Antonie und reinigt den Raum. Sie bittet die hohen Geistführer des zu Behandelnden und ihre eigenen Engel um Unterstützung und sie bittet unseren Heiland um seine Liebe und göttliche Führung. Dann werden die, mit etwas Wasser gefüllten, Schalen um und auf den Körper des zu Behandelnden gestellt und sanft gerieben oder angeschlagen. Tief in seinem Inneren gerät der Körper mit seinen Organen, mit allen Zellen in Schwingung, sie gehen sozusagen in Resonanz. Die Engel überwachen und leiten diesen Vorgang. Je höher die reine Licht- und Liebesschwingung ist, desto sicherer ist ein Erfolg beim Hilfesuchenden.
Die Meisten schildern nach einer Klangbehandlung, sie hätten Farben, Formen und Bilder wahrgenommen, wie noch nie. Manche berichten sogar, dass sie sich selbst in einer früheren Inkarnation gesehen hätten. Jeder wundert sich über die tiefe Entspannung und freut sich über ein völlig neues Körpergefühl.

Kirstin wurde also den ganzen darauffolgenden Nachmittag mit Klangschalen behandelt. Sie konnte sich, wie sie selber sagte, entspannen. Doch Antonie kam frustriert nach Hause: *„Katastrophe, das war verrückt! Die Schalen und das Wasser reagierten völlig anders als je bei anderen. Es schepperte als hätte ich die Klangschalen auf Wellblech gestellt, unerträglich anzuhören! Das gab's noch nie. Was ist bloss los mit Kirstin?“*
Wir grübelten lange darüber nach, was wir für sie noch tun konnten. Wir dachten da an eine wunderbare Freundin, ebenso eine Therapeutin. Sie hatte bei mir das Pendeln gelernt und Antonie hatte sie ermuntert, sich mit ihrer Lichtbahnenheilung selbstständig zu machen. Sie war innert kurzer Zeit über das hinaus gewachsen, was sie in der Ausbildung gelernt hatte. Obendrein ist sie speziell hellfühlend und hochbegabt dafür, leidenden Menschen

zu helfen. Wenn sie mit jemandem telefoniert, der ihre Hilfe braucht, so hat sie an derselben Stelle im Körper den gleichen Schmerz wie der Hilfesuchende. Das wurde für sie selber auch zu einem Problem, aber um etwas erkennen zu können, wohl die beste Methode, die es gibt. Hätten doch nur Ärzte diese Gabe, es würden die meisten Menschen in kürzester Zeit gesund werden. Aber welcher Mediziner möchte bei jedem Patientenbesuch starke Schmerzen erleiden?

Also machten wir einem Termin mit Kirstin und unserer lieben Romy aus. Diese berichtete uns anschliessend, dass sie ganz sonderbare, nie gekannte Gefühle während der Behandlung verspürt hatte und dass sie die Energien in Kirstins Körper in keinster Weise zum Fliessen gebracht hatte. Sie war frustriert und nicht weniger enttäuscht als Antonie. Deshalb schlug sie vor, Kirstin bei noch einer weiteren Therapeutin vorstellig werden zu lassen. Diese andere junge Frau sei begabt, verloren gegangene Seelenanteile wieder zusammen zu führen. Sie arrangierte ein Treffen für Kirstin innerhalb von vierundzwanzig Stunden.

Bei Andrea fühlte sich Kirstin völlig ernstgenommen und sehr geborgen, so vereinbarte sie in zwei Tagen gleich nochmal ein Treffen. Danach erzählte uns Kirstin aufgeregt: „Natürlich habe ich ihr von all dem erzählt, was ihr schon unternommen habt und von den Implantaten. Aber davon hatte sie noch nie was gehört. Sie versuchte, wie beim ersten Mal, mit Hilfe der Engel, meine verloren gegangenen Seelenteile zu sammeln. Dann nahm sie etwas in ihrem Behandlungszimmer wahr, von dem sie selber überrascht wurde: Wie aus dem Nichts standen plötzlich sieben Wesen in fluidaler Gestalt neben ihr. Ich selbst war in Entspannung, hatte die Wesen anfänglich auch bemerkt, bin aber gleich darauf in einen tiefen Schlaf gefallen und erst wieder erwacht, als Andrea mich weckte. Sie schilderte mir, was diese sieben Wesen gesagt und getan haben: Sie stellten sich ihr als Helfer vor und seien von den Plejaden.

Andrea sah zu wie diese Plejadier bei mir so etwas wie eine Operation vornahmen. Sie sah sogar Operationsbesteck, aber so eines, wie wir es auf Erden nicht kennen. Kleine Laserpistolen, Lichtscheren und Lichtkleber. Die fluidalen Ärzte standen dicht gedrängt um mich herum und arbeiteten alle gleichzeitig.
Sie selber stellte sich etwas entfernt auf und betrachtete die Szene nur mit übergrossem Staunen. Doch auch ich habe, da meine Seele währenddessen aus dem Körper trat, alles von aussen genau betrachten können. Diese Plejadier wussten genau, wie ich zu diesem Metallgestänge gekommen war: in einem schon lange zurückliegenden Leben und sie konnten es mir nehmen. Es war wie ein Traum, den ich in den Tag hinüberretten konnte. Auf jeden Fall fühlt sich alles in meinem Körper locker an, es geht mir besser denn je."

Die restlichen Ferientage bei uns in der Schweiz konnte sie geniessen; sie konnte schlafen, hatte Kontrolle über ihren Körper und konnte sich ein wenig erholen.

Zwei Wochen nach ihrer Heimkehr erlebte sie Folgendes und rief deswegen an: Sie hatte mitten in der Nacht ein komisches, kaltes Licht in ihrem Zimmer bemerkt und wieder war da eine eisige Kälte gewesen.
Ich pendelte am Telefon aus, was das war, wusste es aber instinktiv schon selber. Es war tatsächlich extraterrestrischer Besuch, maschinenartige, ferngesteuerte Wesen, die absolut keine menschliche Regung zeigten.
Also machten wir zusammen am Telefon eine Ablösung. Ich stärkte ihr Bewusstsein und ihren Willen sich zu schützen, für sich einzustehen und sich zu wehren. Sie war beruhigt und ich hörte eine Zeit lang nichts mehr von ihr.

In der Zwischenzeit begann ihr Körper wieder steif zu werden und an allen Ecken und Enden zu schmerzen. Kirstin suchte ihren Hausarzt auf, da sie jetzt schlichtweg befürchtete, sie hätte MS oder

sonst eine schlimme Krankheit. Der jedoch fand Gott sei Dank nichts, doch diese Steifheit und ihre Schmerzen nahmen zu. Sie meldete sich daraufhin erneut bei uns und es war wieder so eine Belastung durch Ausserirdische! Ein Angriff auf ihren Körper im Unterbewusstsein. Wieder war sie am Boden zerstört und ohne Hoffnung auf ein normales Leben, mit gerade mal zweiunddreissig Jahren.
Mich und meine Lebenspartnerin bedrückte ihre Mutlosigkeit sehr. Wir beschlossen deshalb eine starke Meditation zu viert, jeder bei sich zu Hause, abends um halb neun, Kirstin mit ihrer Mutter und wir auch bei uns. Ich bot alles an göttlichen Helfern auf, was mir in den Sinn kam. Es war richtig feierlich. Mit Bestimmtheit jagte ich diese fremden Bewusstheitsformen weg und wirklich, sie rief anderentags an: Es ging ihr besser.

Die ganze Sache mit Kirstin, die sich zunehmend zu einem 'Dauerbrenner-Fall' entwickelte, führte mich ständig an meine Grenzen. In diesem Neuland erkannte ich, dass darin nichts nach menschlichem Ermessen funktionierte. Das Hineindenken in diese spezielle Gruppe Ausserirdischer ist schier unmöglich, weil sie ohne Emotionen und Gefühle, wie wir sie hier auf Erden kennen, agieren. Warum nun ausgerechnet Kirstin so etwas erleiden muss, wird vielleicht noch lange ein Rätsel bleiben. Bei unseren Seelenreisen durch Zeit und Raum besteht sicher unzählige Male die Möglichkeit, so etwas wie einen 'Boxenstopp' einzulegen. Die Seele ist von Natur aus neugierig und will Erfahrungen sammeln.

Der Mensch ist ein wundersames Wesen, das seine Nase gerne überall hineinstecken will und muss...

Konzentrationslager 2.2.2011 18

Schon Jahre lang war ich von unterschiedlichen Personen gebeten worden, nach Dachau zu gehen, um am ehemaligen Konzentrationslager Seelen abzulösen. Es war immer in meinem Hinterkopf, mehr noch, es lag mir auf dem Magen. Wenn ich nur an der Stadt vorbeifahren musste, spürte ich den gewaltigen Leidensdruck. Doch nur zu gerne habe ich mich gedrückt vor dieser schweren Aufgabe.

Ein Anruf im Dezember 2010 brachte dann doch den Stein ins Rollen. Eine Frau hatte Fragen zu ihrem Vorleben und war dabei sehr aufgeregt. Wir vereinbarten einen Termin. Sie war eine junge Mutter und hiess Sarah. Beim Lesen in einem Buch, worin es um Widerstandskämpfer im Dritten Reich ging, war sie auf zwei Fotos von einem Mann und einer Frau im mittleren Alter gestossen. Sie hatte das sichere Gefühl, sie kenne diese beiden und wollte wissen, ob sie mit ihnen im Vorleben etwas zu tun gehabt hatte. Schon immer hatte sie sich interessiert für jegliche Berichterstattung über den Widerstand gegen Hitler.

Schnell fanden wir heraus, dass sie diese beiden Menschen von den Fotos gekannt und selber auch zu dieser Widerstandsgruppe gehört hatte. Ihre eindrücklichen Träume sagten ihr, dass auch sie ermordet wurde noch bevor der Krieg ausbrach. Sie wusste sogar wo: im Odenwald bei Berlin. Genau wie ich verlor sie ihr Leben durch das Böse-Dämonische. Allerdings hatte meine Seele dabei keinen Schaden erlitten, die der Mörder schon.

Aufgeregt sagte die Frau: „*Ich muss Ihnen von einer Vision erzählen, die ich vor zwanzig Jahren als junges Mädchen an einem Sonntagmorgen hatte: Ich war ein Kind und wohnte mit meiner Familie in einem Quartier am Rande einer Stadt. Die Strasse vor unserem Haus stieg an auf eine Anhöhe. Es war Morgen und bewölkt. Gelangweilt schaute ich zum Fenster hinaus, es war alles ruhig und ich war allein in der Küche. Plötzlich sah ich über der Anhöhe eine hellgelb leuchtende Halbkugel. Ihr Leuchten war so intensiv, dass ich gebannt hinstarrte. Auf einmal erschien darin ein grosses, schwarzes Kreuz, das die Häuser überragte. Unter dem Kreuz zeigte sich nun links und rechts jeweils eine Person. Sie kamen näher, bis vor das Nachbarhaus, sodass ich einen Mann und eine Frau erkennen konnte. Wie aus dem Nichts kommend erschienen um diese beiden hunderte von Menschen in Zivil aber auch in Sträflingskleidung. Das Bild war nicht flach, nein, die Menschen bewegten sich ganz natürlich. Ich kann nicht einschätzen, wie lange diese Schau gedauert hat, langsam jedoch verblasste das Bild und die Menschen waren fort. Ich war verdattert und kaum im Stande gewesen, meinen Eltern dieses Erlebnis mitzuteilen. Sie sagten nur, dass es so etwas nicht gäbe und ich vermutlich geträumt hätte. Es war das einzige Mal in meinem Leben, dass ich etwas Derartiges gesehen habe. Es ist heute noch so präsent in mir wie vor zwanzig Jahren.*

Vor zwei Wochen fiel mir Ihr erstes Buch in die Hände und ich sah auf dem Inneren des Umschlages Ihr Foto. Mir wurde ganz anders, als ich Ihr Gesicht sofort als das des Mannes unter dem Kreuz erkannte. Jetzt weiss ich auch, wer die Frau war, die daneben stand. Ich bin es selbst, doch etwa zehn Jahre älter als jetzt. Natürlich musste ich Sie deswegen anrufen. Vielleicht können Sie nun verstehen, warum ich am Telefon so aufgeregt war. Nach unserem Gespräch hatte ich nur noch Alpträume und meine innere Stimme sagte, ich müsse unbedingt mit Ihnen nach Dachau gehen."

Etwas überrollt antwortete ich: *„Ich weiss nicht, was diese Vision bedeuten soll, ich werde darüber schlafen und um Auskunft bitten."* Wir trennten uns, nachdem ich versprochen hatte, sie anzurufen, sobald ich etwas mehr wusste.

Die nächsten Nächte durchlebte ich mit Träumen, die das Gegenteil von schön waren. Schon der Gedanke an diese braune Brut erschauderte mich. Ich fand heraus, dass meine und ihre Mörder als gebundene Seelen dort in Dachau festhingen. Ingesamt seien noch 160.000 Seelen dort gebunden, jedoch nicht unbedingt die der getöteten Opfer, sondern die der Täter. Wenn ein Mensch sich damals mit dem Gedankengut, der Ideologie Hitlers verband oder identifizierte, so war er schon mit den Tätern eins.

Ende Januar 2011 hatte ich in München ein Tagesseminar und hielt anschliessend noch zwei Tage Audienzen. So konnte ich auf der Heimfahrt diese lange verdrängte Aufgabe angehen. Sarah kam an meinem letzten Münchenabend mit dem Zug aus der Schweiz angereist und buchte ebenfalls ein Zimmer im Hotel. Am Morgen trafen wir uns um gemeinsam zum KZ zu fahren. Voller Aufregung schilderte sie die Begebenheit ihrer Zugfahrt. Der Zug wurde richtiggehend geschüttelt und gerüttelt. Es hatte sich für sie und ihre Mitreisenden angefühlt, als ob der Wagen plötzlich viereckige Räder gehabt hätte. Nach St. Margrethen blieb der Zug mitten auf der Strecke stehen. Der Kondukteur hatte keine Ahnung, weshalb. Mit einem Ersatzbus und grosser Verspätung kam sie abends in München an und hatte das ungute Gefühl, dass sie eine Energie davon abhalten wolle, mit mir nach Dachau zum Seelen-Ablösen zu kommen.

Wir fuhren auf der Dachauerstrasse raus aus der Stadt München. Nachdem ich die ganze Nacht eigenartig geträumt hatte, fühlte ich mich bedrückt. Sarah erging es ebenso. Etwa fünfzehn Kilometer vor der Kleinstadt Dachau fühlte sich mein Herz an, als wäre es in einen Schraubenzwinger geklemmt. Mir wurde immer banger und am liebsten wäre ich umgedreht und ab nach Hause. Doch schon kam die Vorortstafel und ich fuhr auf der ausgewiesenen Strasse zum KZ-Mahnmal. Der Besucherparkplatz wirkte noch leer, obwohl schon etwa zehn Reisebusse dastanden. Beim Aussteigen umfing uns die kalte Wintermorgenluft, da erst bemerkte ich, wie sehr ich schwitzte und ich mich richtig schlecht fühlte. Schon sah ich eine schwarze Wolke über den Bäumen in meine Richtung schweben: Astralwesen-Abfall in einer unsagbaren Menge und Dichte, wie ich

ihn noch nie gesehen hatte. Mir blieb beinahe die Luft weg, so bat ich schnell unseren Schöpfer um Beistand und Jesus Christus um sein Göttliches Liebeslicht, das diese negative Energie-Wolke einhüllen solle.
Bald wurde es mir leichter und wir beide gingen langsam entlang eines Bächleins und über eine Brücke zur Eingangshalle – einem Informationszentrum. Sarah wollte wegen einer Führung oder einer Karte fragen, ich blieb draussen. Entlang des Baches in der Richtung zum Lager-Haupteingang sah ich eine unüberschaubare Menge an Seelen. Sarah und ich gingen nun den Weg zur Endstation der Bahnlinie, wo es auch noch einen Rest von Entladerampen gab. Rechter Hand ging es hier durch das Hauptportal mit Eisengitter zum Gefangenenlager. Der Bau vom Haupttor wurde links und rechts überragt von zwei Wachtürmen, die mit Maschinengewehrstationen versehen waren. Im Eisengittertor war eine kleine Gittertüre eingelassen, über der der Spruch stand: 'Arbeit macht frei'. Pervers, dachte ich bei mir, wo heute jeder weiss, dass, wer damals dieses Tor je durchschritten hatte, diese wahre Endstation niemals mehr verlassen konnte. Hier wurde Sarah von ihrem Gefühl übermannt und musste weinen.

Ich stand schon inmitten unzähliger Seelen, die auch im Wäldchen entlang des Kanals Kopf an Kopf standen. Noch ein wenig tiefer schritt ich hinein in diese 'Menschenmasse' und steckte dann meine mitgebrachten Kerzen in den Schnee. Sie flackerten stark. Eigentlich war es ein Wunder, dass sie überhaupt brannten.
In dieser Masse von irdisch gebundenen Seelen sah ich nur wenige in Sträflingskleidern, dafür umso mehr Zivilisten und vor allem unzählige in SS-Uniformen, sowie Unmengen an Jugendlichen der Hitlerjugend. An allen hingen schwarze Wolken von Astralenergien, doch noch mehr ekelte mich ihre negative Ausstrahlung. Da war nicht eine Leidensenergie, sondern eine zerstörerische Hassenergie. Diese tat mir sogar physisch weh.

Ich lehnte mich an einen dünnen Laubbaum, sonst wäre ich wohl umgekippt. So rief ich diese Massen der Unseeligen an und sprach ein Ablösegebet ums andere. Gleichzeitig musste ich die dämonischen Energien, die mich immer mehr bedrängten, in Göttliches Liebeslicht einhüllen um sie zurückzudrängen.
Etliche Seelen schienen sich aufzulösen, während andere wie ein brauner Brei zu uns herandrängten. Ihre toten Augen versprühten immer noch den Hass oder den Hohn auf's Leben.
Meine innere Stimme forderte mich nun auf: *„Rufe Deine und Sarahs Mörder, die sind hier."* Mir versagte für einen Moment die Stimme. Als ich mich wieder fassen konnte, sagte ich laut: *„Ich weiss, die Mörder von mir und Sarah sind hier, tretet vor. Ich will mit euch reden!"*

Es bewegte sich nichts in der Seelenmasse. Doch plötzlich drückten Uniformierte durch die zuvorderst Stehenden. Ganz nahe vor Sarah und mir standen nun achtzehn Personen, von denen man leicht das Grauen bekam. Neun Soldaten bildeten eine Reihe und davor standen neun Männer in langen schwarzen Mänteln und Stiefeln. Sie blickten uns trotzig und böse an. Drei von ihnen hatten Reitpeitschen, sie schlugen diese ungeduldig und provozierend in die linke Hand. Diese waren die Leiter des Erschiessungskommandos von mir und auch von Sarah gewesen.
„Nun sehe ich euch wieder, ihr Mörder von mir und unzählbar vielen anderen. Ich weiss Gott sei Dank nicht genau, was damals vor neunundsiebzig Jahren mit mir geschah. So fällt es mir leichter, euch zu vergeben. Euer Leiden ist mir ein Gräuel und belastet uns beide immer noch. Ihr seid hier mit euren vielen Sympathisanten selber zu Gefangenen geworden. Ihr seid sozusagen als Teufel mit anderen vielen hier im Vorhof der Hölle gelandet. Wenn ich euch und den vielen anderen Seelen nicht helfe, so bleibt ihr hier bis ans Ende der Zeit gefangen.
Da ihr selber schon zu Lebzeiten von dämonischen Energien eingehüllt und missbraucht wurdet, kann ich euch vergeben und

für euch beten. Wenn ihr dies auch erkennen könnt, kann eure Befreiung funktionieren, ihr werdet selber freier und könnt eure aufgeladene Schuld abtragen.
Seid ihr aber verstockt und uneinsichtig, so kann ich euch an einen Ort wünschen, wo nichts mehr lebt oder wächst und das für tausende von Jahren. Denn euer Mass ist randvoll mit Schandtaten wie bei vielen anderen hier auch. Glaubt ihr mir, dass ich das kann?"
Sie schauten sich gegenseitig an und nickten sich bedeutungsvoll zu.
„So will ich für euch beten, dass ihr frei werdet und diesen Ort verlassen könnt. Sonst verseucht ihr weiterhin die ganze Gegend und auch die Grossstadt München durch eure aktive Präsenz.
Geliebter Gott, erbarme Dich dieser gefallenen Seelen, welche voller Schandtaten sind. Ziehe sie von hier weg, alle. Ich danke Dir von ganzem Herzen dafür. Hilf auch den Opfern, die durch diese Brut gequält und dann getötet wurden."
Tatsächlich wurden die Umrisse der Seelen schwächer. Dafür traten nun pechschwarze Wolken auf und Fratzenwesen, die versuchten einen Ring um mich zu schliessen. Sie blähten sich gross auf und sofort tat mir mein ganzer Körper weh, als würde ich von glühenden Lanzen durchbohrt.
„Lieber Heiland Jesus Christus stehe mir bei und hülle diese Dämonen ein mit Deinem Liebeslicht. Erlöse die Bosheit von ihrer Aufgabe. Befreie diese Gegend von diesem Bösen."
Ich konnte zusehen, wie das pulsierende rote Licht aus meinem Herzen schoss und sich in die pechschwarze Masse verteilte. Das Bild wirkte auf mich wie Lichtwirbel oder -strudel in einer riesigen Badewanne, die mit Jauche gefüllt war. Ein Geräusch wie von einem Vakuum oder einem starken Sog ertönte, dann war das grosse Schwarze weg.

Kaum eine Minute dauerte es, schon drückte die Sonne durch die dunklen Wolken und erhellte die bisher düstere Umgebung. Vor meinen Augen verschwand plötzlich die ganze Menschenseelen-

Masse, die eben noch um mich gestanden hatte, so weit, nicht überblickbar. Ich konnte wieder atmen, der grosse Druck auf meiner Brust war gelöst. So las ich die Kerzen auf und steckte sie ein.

Ohne Worte gingen wir zurück zum Eingang. Dort sagte ich zu Sarah: *„Ich hab's gesehen und habe genug."* Etwas überrascht blickte sie zu mir und meinte: *„Ich habe immer noch einen Druck und irgendwas zieht mich rein ins Lager. Ich muss da hinein. Bitte komm' mit, alleine trau ich mich nicht."* Ich konnte mir nicht vorstellen, was sie da tun musste, doch nun war ich schon mal hier und stimmte zu. Also traten wir durch das grosse Gitter-Eingangstor auf das Areal, woraus für die allermeisten Menschen ein Zurückkehren nicht mehr möglich gewesen war.
Vor uns war der grosse Aufmarsch- oder Aufstellplatz. Rechts davon lag das lange Gebäude der Kommandanten. Im Erdgeschoss war nun eine eindrückliche Ausstellung mit Informationen über den Alltag im Konzentrationslager. Doch damals fanden hier unten die Verhöre statt, hier waren die Folter- und Quälungsräume.
Links vom grossen Platz waren drei Reihen mit langgestreckten Wohnbaracken sichtbar. Früher gab es davon etwa fünfzehn. Nun sah man nur noch die Fundamente, die aussahen wie grosse Gemüsebeet-Umrandungen.
Das ganze Gefängnislager war überall mit einer hohen Mauer oder Stacheldrahtwänden abgegrenzt – damals elektrisch geladen und zusätzlich mit einem breiten Graben versehen. Bei der Überwachung durch Scharfschützen aus 'zig Wachtürmen war eine Flucht jedoch sowieso unmöglich.
Arm in Arm stützten wir uns gegenseitig auf dem Weg zu Krematorium und Friedhof. An den Fundamenten der vielen Gefangenenbaracken entlangzulaufen war äusserst bedrückend. Für uns beide fühlte es sich an, als wäre die Leidensenergie noch präsent.
Links vom Ausgang sahen wir ein Gebäude, das wie ein abstrakter Bunker mit einer langen Rampe in den Untergrund wirkte. Erst bei genauerem Betrachten erkannte ich, dass dieses Betonge-

schwür gar nicht alt war, sondern eine evangelische Kirche darstellen sollte. Da kamen mir die drei rekonstruierten Wohnbaracken noch einladender vor.
Nun gingen wir durch das Stacheldrahttor zum Krematorium. Links davon stand eine nordisch anmutende Holzblock-Kirche, rechts davon mehrere kleinere Mahnmale und Gedenksteine. Hinter ein paar Bäumen verbarg sich das ältere und kleinere Krematorium mit einem Ofen und zwei Brennkammern. Vis-à-vis stand hinter einem kleineren Platz das grössere Krematorium. Dort hineinzugehen war ich nicht in der Lage. Sarah hingegen fühlte sich hingezogen, obwohl es ihr auch sehr schlecht ging. Sie beschwor mich, doch auch mit zu kommen. Erst nach ein paar Minuten war ich bereit und stieg die kleine Treppe hoch, die ins Leichenverbrennungshaus führte.
Drinnen waren mehrere Öfen nebeneinander. Neben jedem stand eine metallene Schubkarre mit seitlicher Absperrung, auf die sie damals mehrere Verhungerte oder Getötete legten und ins Feuer schoben. Hinter dem Gebäude ragte ein hoher, gemauerter Kamin in den Himmel, der dort wieder grau war. Dieser Kamin muss laut den Aussagen von Überlebenden damals Tag und Nacht Rauch und furchtbaren Gestank gespuckt haben.

Eine deutsche Führerin schilderte einer Gruppe von Jugendlichen im Detail, was hier alles passiert war. Diese aber lachten und grölten und machten ihre makaberen Spässe dabei. Ich spürte, dass da wieder eine gefühllose Faulbrut ihren Einstand gab. Einfühlungsvermögen war diesen Jugendlichen nicht möglich, sie nahmen die alten Erinnerungen nicht als grausame Geschehnisse wahr. Ich hatte bald das Gefühl, sie seien die neu inkarnierten Gefängniswärter oder das Wachtpersonal von damals.

Wir gingen nach links durch die Gaskammer. Dort waren an der Decke Pseudo-Duschköpfe angebracht, die nur Attrappe waren. Die Gefangenen, die noch selber laufen konnten, wurden von der

anderen Seite her in den Entkleidungsraum geführt und danach in den Vergasungsraum. Der wurde luftdicht verschlossen und Gruppe um Gruppe wurde mit Blausäuregas umgebracht.
Auf Bildtafeln sahen wir Fotos, auf denen vor dem Krematorium mehrere Dutzend verhungerte Tote auf dem Boden lagen, bereit zum Verbrennen. Wir gingen in den Vorraum und plötzlich sagte Sarah laut: *„Toni, an mir hängt ein junger Mann. Er umfasst meinen Leib und legt seinen Kopf auf meine Schulter. Was ist das, was soll das?“* Ich begleitete Sarah, die weit aufgerissene Augen hatte, nach draussen. Eigenartiger Weise konnte ich die Seele kaum erkennen, ich sah auch im Tageslicht nur einen schwachen Schatten an ihr. Wir gingen hinter das Gebäude und dann in das kleine Wäldchen, weil dort keine Leute waren. Sie lehnte sich an einen Baum, während ich den Tensor hervor nahm und unsere Engel um Auskunft bat. *„Ist diese Seele ein Gefangener von diesem KZ und ist er hier umgebracht worden?“ „Ja“ „Kennt dieser Mann Sarah aus dem letzten Leben?“ „Ja!“*
Sarah warf ein: *„Es ist ein ganz junger Mann mit kurzen blonden Haaren. Ich höre sein Weinen, nein er schluchzt sogar. Was soll ich tun? Ich sehe ihn und spüre und höre ihn ganz deutlich. Noch nie habe ich eine verstorbene Seele gesehen und jetzt das, was soll ich machen?“* Sie tönte verzweifelt, sie spürte seine grenzenlose Traurigkeit und Hoffnungslosigkeit. Ich fragte weiter: *„Ist dieser junge Mann mit ihr verwandt gewesen?“ „Ja“ „War er ihr Bruder?“ „Nein“ „War er ihr Cousin?“ „Ja-Ja“ „Hat er sie hierher gerufen?“ „Ja!“* Ich versuchte es mit einer Ablösung:
„Ich spreche dich nun an, junger Mann. Erwache und höre zu. Du bist damals hier in diesem Konzentrationslager von diesen Monstern ermordet worden. Doch werde wach, es liegt etwa fünfundsiebzig Jahre zurück. Höre, es ist das Jahr 2011 und wir kommen aus der Schweiz um Dir nun zu helfen. Hast du das verstanden? Nicke, wenn es so ist. Ich mache jetzt mit dir das Ablösegebet.“ Er nickte und hörte aufmerksam zu, hielt sich aber immer noch fest an Sarah. Als ich mit dem Gebet fertig war, dauerte es

nur einige Sekunden und ich sah ihn nicht mehr. Sarah sagte ganz gerührt: „Jetzt sehe und spüre ich ihn nicht mehr."

Nahe des heutigen Wäldchens waren früher Hinrichtungen und Erschiessungen vorgenommen worden. Doch das wussten wir in diesem Moment noch nicht. Plötzlich rief Sarah ganz aufgeregt: *„Toni, da knien welche und andere liegen schon am Boden. Jetzt sehe ich, wie einem um den anderen von einem Uniformierten mit einer Pistole in den Nacken geschossen wird. Siehst Du das auch, komm hierher...“* Sie ging ein paar Schritte auf einen kleinen Erdwall zu. Abrupt hielt sie inne. *„Du, ich kann nicht zu dir kommen, sonst müsste ich über die vielen Toten steigen.“* So sprach ich im Wäldchen ein Ablösegebet.

Danach sahen wir ganz in der Nähe eine Tafel mit dem Hinweis auf diesen Erschiessungsplatz. Stumm schritten wir durch das Mini-Grün zurück ins Lager. Auf dem Mittelweg, der zu den Baracken führte, spürte ich unter mir wie die Erde bebte und vibrierte. Ich bleib stehen um zu fühlen, was das war. Die ganze Natur hier – damit meine ich die Erd- und Naturgeister – schien verstört und verletzt worden zu sein. Durch das unsagbare Leiden der Menschen und ihre Angst, aber vor allem durch den dämonischen Sadismus war die Natur entweiht worden. Ich sprach die Erd- und Naturgeister an und betete für sie. Laut bat ich den Schöpfer des Lebens und der Liebe mit seinem Licht um Heilung für diesen Ort.

Sarah wollte unbedingt in eine der Baracken hineinschauen. Da standen dreistöckige Holzpritschen in grossen Gruppen eng aneinander. Auf einer Infotafel sahen wir Fotos und Augenzeugenberichte mit Namen und Datum. Damals schienen Matratzen mit Strohfüllung auf den Holzbrettern gewesen zu sein. Die Stoffe der Deckenbezüge zeigten karierte Muster. Die 'Hausordnung' war mehrfach im Raum aufgehängt, Sadismus pur. Wenn ein Strohhalm auf dem Boden lag gab es Strafen für alle im Zimmer. Wenn eine Linie einer Matratze schräg zum Bettbrett verlief, gab es eine Strafe für den einzelnen. Diese waren sehr hart: zwölf Stunden oder

Tag und Nacht auf dem Aufmarschplatz gerade stehen ohne sich zu bewegen, egal ob es regnete oder schneite. Wohlverstanden, nur im Unterhemd und der dünnen Strafgefangenenhose. Wenn sich jemand bewegte, so wurde er einen Tag lang an eine Holzpfosten gehängt. Für viele war es schon ein Wunder, wenn sie den einen Tag überlebten. Die meisten hatten dann eine Erkältung oder Lungenentzündung und starben daran.

Wir gingen noch durch das Museum, wo Sarah nach Spuren aus der Vergangenheit suchte. Lange hielt ich es in diesem Gruselkabinett nicht aus und verliess das Gebäude des unnützen Leidens. Mitsamt dem Aufmarschplatz war es sozusagen die Leidensarena und gleichzeitig Lustorgie-Zentrale der Dämonen. Ich wartete in der Cafeteria bei einem Tee auf Sarah, die es ziemlich lange im Museum aushielt.
Etwa eine Stunde später verliessen wir Dachau in Richtung Schweiz. Nie zuvor hatte ich solch einen Ort des Grauens besucht. Hier wurden viele unbescholtene Bürger aus ganz Deutschland, die sich nicht für die braune Gesinnung gewinnen liessen, eingesammelt und mit System zerstört. Sei es durch die unmenschliche, harte Arbeit bei fast keinem Essen oder durch Quälungen mit der Absicht, sie zu töten. Nachschub kam praktisch tagtäglich, das sieht man auf den Lagerlisten. Wenn das Lager voll war, leerte man ein, zwei Baracken, vergaste die Insassen, damit es wieder Platz gab. Auf der Heimfahrt durchs Allgäu kam mir das Erlebte wie nicht wirklich vor. Ich wollte es kaum glauben, es nicht innerlich fassen, dass es so etwas in Europa je geschehen konnte. Noch zwei, drei Tage hatte ich das Gefühl, neben den 'Schuhen zu stehen'. So viel Leiden an einem Ort hatte ich einfach noch nie in meinem Leben gesehen.
Ich weiss nicht, was da in den anderen Vernichtungslagern noch an unsagbaren Leidensenergien vorhanden sind. Aber die Deutschen Menschen wären gut beraten, wenn sie die Orte der Schmach und Schande selber reinigen und heilen würden.

19 Von der Entstehung der Erde

Der Ursprung unserer Erde interessierte mich schon mein ganzes Leben lang. Als Bub schon wusste ich, und später lernten wir das in der Schule, dass der Mensch erst in 'letzter Minute' auf den Planeten trat, insofern man annähme, er sei schon eine Woche alt. In der Neuzeit gab es unzählige Erkenntnisse und Entdeckungen über den 'Frühmenschen', Funde, Ausgrabungen, die das zuvor Angenommene widerlegen oder anderen Zeitdimensionen zuordnen. Ich spürte als junger Mensch, dass das Wort 'Wissenschaft' gar nicht dort hinpasste. Jeder der Archeologen und Paläontologen verstand seine Entdeckung anders als die vielen anderen. Unter ihnen herrscht Unklarheit bei ihren Entdeckungen bzw. Erkenntnissen bis heute. Viele stützen sich auf vorgegebene Annahmen, die auf den Universitäten gelehrt werden. Dadurch sind sie keine eigentlichen Sucher und Forscher mehr, sondern nur mehr Vertreter einer Lehrmeinung. Sie sind dadurch nicht frei, neue Gedanken zu kreieren, die aus den 'unmöglichen' Artefakten neue, wahre Erkenntnisse herausschälen. Schon viele Forscher haben zum Beispiel Fussabdrücke oder auch technische Bestandteile gefunden, wo eigentlich gar nichts sein sollte. Aber wie es schon von jeher die vorherrschende Meinung war: „Was nicht sein soll, das gibt es nicht." Dieser Spruch gilt auch für die Geistige Welt und deren Wirken.

Eines Abends stiess ich auf eine Wissenschaftssendung im Fernsehen. Es handelte sich um Ausgrabungen im Niltal. Einer dieser 'Ausgräber' war der Meinung, dass es ihm nun so schiene, dass das Niltal der Nabel der Menschheit sei. Es hatte praktisch nirgendwo anders eine so hoch entwickelte Kultur wie dort gegeben. Die Landwirtschaft und deren Organisation, sei bis auf viertausend Jahre vor Christus nachweisbar.
Eine Woche darauf, sah ich auf einem diesmal englischen TV-Kanal, wie Ausgrabungen in Syrien und Libanon belegen, wie die Menschen

dort früher Landwirtschaft betrieben haben. Es wurden mehrere alte Dörfer gezeigt, in denen bei fast jedem Haus ein grosser Getreidespeicher stand. Anhand der dortigen Funde schätzte man diese Dörfer auf über zwanzigtausend Jahre. In noch tieferen Grabungsschichten kamen wieder Dörfer zum Vorschein, bei denen man ein Alter von über dreissigtausend Jahren annahm. Und während dieses Buch in Reinschrift geschrieben wurde, gab es eine wissenschaftliche Sendung, in der Ur- und so genannte Vormenschen von der Wissenschaft auf mehrere Millionen Jahre alt datiert werden.

Da ich selber schon mehrere Sichtungen von vielen Astralwesen aus der Eiszeit, auch der Neandertalerzeit und der Urzeit erlebt habe, muss ich über solche Berichte, bei denen es sich um ein 'paar Jahrtausende' dreht, nur lachen. Das Gleiche erlebe ich auch bei Berichten über die Entstehung der Erde und unseres Sonnensystems. Es kursieren die verschiedensten Versionen über deren Entstehung. Sie alle basieren leider auf der Annahme, dass alles durch Zufall, den Urknall oder durch die vorhandene Materie entstanden sei.

Nach so einer Sendung, in der es um das Alter der Erde und die Theorie des grossen Meteoriteneinschlages ging, bat ich meine Geistführer, mir den wahren Ablauf der Erdgeschichte zu zeigen.

Daraufhin wurde ich in der Nacht geweckt. Es rief mich eine sanfte Stimme und ich spürte, dass mich jemand auch noch an der Schulter berührte. Ich war bereit, ihre Botschaft zu empfangen. Ein kompletter Film lief vor meinen Augen in ungeahnter Deutlichkeit ab:

Ich sah, wie sich der Erdrohling aus einer Gaswolke löste, respektive dieser glühende Staub senkte sich auf den Boden des rohen Steinplaneten. Das Sonnensystem um die Erde hatte noch nicht

die gleiche Form und den Mond gab es noch nicht. Die Erde war in ihrem Inneren noch heisser als heute. Dann sah ich, wie das Wasser auf die Erde gebracht wurde. Nämlich in Form von Eis. Es näherte sich dem Planeten ein gigantischer Komet aus Eis. Sie kollidierten miteinander. Nicht so, wie wir das aus Science Fiction-Filmen her kennen. Nein, die Erde zog diesen Kometen an und er klebte längere Zeit an ihr bis er zersprang. Nun lag das Eis in grossen Massen auf der Erdoberfläche, wo es schnell schmolz. Einerseits kühlte dies die Erde ab, zusätzlich wurde sie vollkommen überflutet. Der Wasserdampf stieg weit in die Höhe auf. Es gab noch keine Atmosphäre. Das Wasser löste aus dem Oberflächengestein Mineralien heraus und es wurde zu einer Säure. Diese wiederum löste viele Gesteinsschichten heraus und verwandelte diese in Schlamm und Bodensedimente. Nur vereinzelt schauten einige Bergspitzen aus dem Urmeer. Diese Konsolidierungszeit war die längste **Zeitepoche** und die **erste** für unsere Erde.
Als dann das Wasser abgekühlt war und der Säurewert immer tiefer wurde, sah ich, wie hohe Geistwesen den Meeresgrund mit Algen impften. Auch auf den vielen Inseln wurden Flechten und Algen verteilt. Nachdem sie sich an die Säure gewöhnt hatten, wuchsen diese ganz langsam. Daraufhin wurden unzählige Eier für urtümliche Wassertiere hergebracht und auf der Erde verteilt sowie jede Menge Samen für niedere Pflanzen und Sträucher. Diese glichen nach einer Weile eher Pilzen, als den uns bekannten Sträuchern.
Dazwischen wurden immer wieder Gas-Feuerstürme sichtbar, die aus der Erde herausbrachen. Auch die vulkanische Tätigkeit war enorm. Es schien zeitweise, dass die ganze Erde bebte und fast auseinanderbarst. Dadurch senkte sich vielerorts der Boden ab und es traten grössere Landflächen aus dem Wasser. Somit begann die **zweite Epoche**.

Wiederum wurden Sämereien diesmal von grossen Bäumen sowie Eier von pflanzenfressenden Ungetümern hergebracht. Je mehr die

Vegetation gedieh, um so mehr Pflanzenfresser entwickelten sich. Sie hatten riesige Ausmasse, doch sie wurden konstant durch die steigende Anzahl von Feinden dezimiert. Es gab richtige Drachen, die sowohl im Wasser wie auch zum Teil in der Luft lebten. Aber auch diese Epoche war zeitlich begrenzt. Die riesigen Länder gingen unter, das heisst starke Erderschütterungen veränderten die Erdoberfläche derart, dass gerade was oben gewesen war nun ganz tief unten im Wasser lag. Dadurch wurde noch viel mehr Landfläche geschaffen, auf der schon Schlick, also fruchtbarer Grund, lag. So begann die **dritte Epoche** der Erde.

Bis dahin gab es noch keine Jahreszeiten, wie wir sie heute kennen. Das Klima auf der Erde war subtropisch. Tier- und Pflanzenarten wurden alle noch grösser und reichhaltiger. Alle Erdteile wurden mit üppigen und riesigen Baumbeständen überdeckt. Auch das war eine sehr lang andauernde Entwicklungsepoche unseres Planeten, die so genannte Blütezeit, wie bei einem Baum.
Diese dritte Vegetation sowie alles tierische Leben versank ebenso wie die ersten zwei. Allerdings nicht so tief wie die ersten vormals. Nach langer Setzungszeit und wilden Veränderungen auf der Erdoberfläche kamen wieder andere grosse Erdteile aus dem Wasser. Die vierte Vorbildungsperiode kam nun zum Vorschein.

Auf den grossen Landflächen entstand wieder eine reichhaltige Vegetation. Die Sonne schien nun vermehrt und es bildete sich die Atmosphäre. Bäume, welche nun mittels Photosynthese Sauerstoff produzierten, wuchsen. Viele Insekten und Würmer entwickelten sich. Auch in der Luft wurde es lebendiger, denn die ersten Vögel verbreiteten sich rasch. Die ersten Säugetiere und Warmblüter wurden auf die Erde gebracht, es waren allerdings noch kleinere Tiere. Auch diese Entwicklungsperiode dauerte eine lange Zeit. Dazwischen waren an verschiedensten Stellen neue Länder aus dem Wasser aufgetaucht, dafür andere wieder versunken. Nun passierte etwas völlig Unerwartetes: Die Erde wurde gekippt!

Alles Wasser floss auf einen Schlag zur Sonnenseite der Erdkugel hin und bedeckte sie. (Der jeweilige Pol zeigte dauernd auf die Sonne.) Die der Sonne abgewandte Seite verwaiste sehr schnell und alles Leben dort erlosch. Ich sah beim schnellen Wechsel des gesamten Meerwassers vom Süden nach Norden, wie die riesigen Urwälder oberhalb des Äquators alle weggerissen wurden. Sie blieben als Schwemmholz am Rande des neuen Meeres im Norden liegen, so hoch wie unsere heutigen Berge. Aber auch die Tierkadaver, wie die der Riesenechsen waren wie das Holz auf vielen Teilen der Erde verstreut und unter Schlick begraben.

Das Gleiche passierte dann nach einer geraumen Zeit von etwa einhundertvierzigtausend Jahren erneut! Die Erde kippte wieder zurück. Ich sah, dass der Grund der 'Schattenhemisphäre' unter riesigen Eismassen lag. Doch das Meerwasser füllte wiederum die halbe Erdoberfläche, die nun von der Sonne beschienen war und darunter schmolz das Eis. Der Wechsel der Wassermassen von der Nordhalbkugel zur Südhalbkugel überdeckten schnell wieder die Berge von Holz aber auch die unzähligen Tierleichen.
In den mittleren Zonen der Erde bildeten sich im Zeitraffer wieder tropische Riesenurwälder mit Unmengen von riesigen Tieren. Währenddessen schneite es auf der sonnenabgewandten Erdhalbkugel ununterbrochen. Das Eis wuchs und wuchs kilometerhoch, bis dann die Erde wieder kippte.
Ich erkannte, dass dies nicht nur eine Laune der Natur war, sondern es wurde von einer höheren Macht so geschaffen und bestimmt. Es entstanden in den mittleren Erdschichten der beiden Hemisphären riesige Holzkohlevorkommen. Sie wurden immer mehr verdichtet, dies an Orten, wo zuvor gar kein Urwald gestanden hatte.

Diese 'Wasserwechsel' sind schwer zu beschreiben. Von Weitem sah es jeweils etwa so aus, wie das uns heute bekannte Bild eines Bergstausees, dessen Staumauer geborsten ist und die Fluten einfach alles mit sich reissen. Doch die Dimension eines ganzen

Meeres, das sozusagen die Seite wechselt, ist fast nicht übermittelbar und unvorstellbar. Alles Lebendige wurde einfach überspült und fortgetragen und türmte sich ganz wo anders wieder auf und wurde schnell von Sand und Schlick überdeckt. So sind die grossen Speicher mit Erdöl und Gas im Erdinneren entstanden. Überraschenderweise überlebten aber viele Tiere und Pflanzen in den höheren Erdregionen die unbeschreiblichen Umwälzungen durch die Erdkippung. Diese verbreiteten sich wiederum zügig auf den neu entstandenen mittleren Erdzonen. Das Tropenklima wirkte besser als ein Treibhaus und so wies schon nach dreissig bis fünfzig Jahren nichts mehr auf die Sintflut hin. Aber für Menschen waren die Lebensbedingungen noch nicht geeignet.

Wenn ich in der Vision überhaupt 'Zeit' wahrnahm, so rechnete man mir gigantische Zeiträume vor. Etwa fünfzig bis zweihundert Millionen Jahre für eine einzelne Periode.

Plötzlich nahmen die Erdumwälzungen wieder stark zu und begruben erneut alles unter sich. Von dieser **vierten Zeitepoche** findet man heute allen Ortens Versteinerungen. Sie sitzen nicht sehr tief im Erdgestein.

Eine Zeit lang lag die Erde wieder brach. In den bestehenden Erdteilen stiegen noch grosse Teile Land aus dem Wasser und schlossen sich dem schon vorhandenen an. In dieser **fünften Epoche** fanden extreme Erdverformungen statt. Die höchsten Berge wurden aus der Erdkruste gepresst, andererseits sank der Boden vor allem unter dem Meer stark ab. Mächtige Erdbeben gepaart mit sintflutartigen Regenfällen sprengten die grössten Bergspitzen ab. Die Stein- und Geröllmassen ebneten die extrem tiefen Schluchten ein und bildeten so die grossen, neuen Ebenen dieser Erdenzeit. Die Erde bekam nun einen geregelten Rotationsrhythmus mit der Tag und Nachtgleiche.

In dieser Pedriode beginnen die regelmässigen Flutungen der südlichen Erdhälfte für vierzehntausend Jahre und dann der nördlichen Erdhälfte für vierzehntausend Jahre.

So wurde über etliche Millionen Jahre Unmengen von Erdschlamm über die steinigen Geröllwüsten verteilt. Dieser wird später so gepresst und überdeckt, dass riesige Schichten von Kalk- und Sandstein entstehen. Sie sind wichtig zur Abdeckung vom Erdkern, dadurch wird dieser immer stabiler und ruhiger.
Es brauchte dann nochmal tausend mal tausend Jahre bis der Planet genug Erde über den Steinschichten hatte, so dass wiederum eine reichhaltige Flora und Fauna angesiedelt wurde. Die Erde wurde aufgerichtet, leider konnte ich nicht erkennen 'wie'.

Nun kam der Mensch auf die Erde, das war viele Millionen Jahre vor uns. Es waren noch sehr einfache Menschen und lebten wie die Vögel in den Bäumen, denn am Boden gab es jede Menge tierische Feinde, die Jagd auch auf sie machten, sie waren Nomaden. Es gab nun so etwas wie Jahreszeiten, Sommer- und eine Winterzeit sowie in den höheren Lagen Schnee. So mussten die Menschen den Tierherden folgen. Sie trugen kein Gewand, hatten aber schon Haustiere. Grosse Hirsche, Kühe, Ziegen, Schafe und allerlei Vögel. Sie jagten Mammuts, Elefanten und Nashörner sowie Einhörner. Auch Affen verschmähten sie nicht, etliche wurden auch als Haustiere gehalten.
Mir wurde ganz klar gezeigt, dass die Menschen zusammen mit den Affen auf die Erde kamen. Abstammen jedoch tun sie keinesfalls von ihm! Eher, würde ich sagen, ist es umgekehrt.

Ich sah, dass es verschiedenste Menschenrassen gab, die separat auf die Erde gebracht wurden. Manche sehr klein und zierlich, die allermeisten aber riesengross, mit einem sehr starken Gebiss. Es gab Wesen, die waren fünfzehn bis zwanzig Meter gross. Ich sah aber etliche noch grössere. Sie waren auch alle behaart und hatten ein soziales Verhalten, doch keine eigentliche Sprache. Sie waren den Tieren nur durch ihren höheren Instinkt überlegen und durch ihren Willen.

Gegen Ende der fünften Epoche kamen dann erst das Kamel, der Esel und das Schwein auf die Erde. Diese wurden sofort von den Menschen domestiziert. Nur ein Feuer machen konnten die Voradamiten nicht. Sie blieben in ihrer Entwicklung stehen und es entstand keine fortschrittliche Kultur. Diese fünfte Zeitepoche dauerte mehr denn zehntausend Mal tausend Jahre.

Nach erneuten und wiederholten, grösseren Erdumwälzungen kamen fast alle Menschen und Tiere wie auch die Pflanzen abermals um. Nur in der Südsee überlebten etliche der Kleinmenschen der letzten Zeitepoche (Entwicklungsepoche) auf Inseln und deren Berge. Sie sind bis auf die heutige Zeit wild und menschenscheu geblieben, auch sind sie nicht fähig sich zu entwickeln oder etwas Neues zu lernen.

Zur Zeit des Adam war es auf der Welt wieder das Gegenteil von ruhig. Es begann die sechste Periode der Erde auch mit grossen Überschwemmungen und andererseits wieder mit Feuersbrünsten und Vulkanaktivitäten von verheerenden Ausmassen. Dabei gingen wieder fast alle Lebewesen zu Grunde. Nun bekam der Planet eine Achse und die Umlaufbahn um die Sonne wurde erneut verändert. Es kam in dieser **sechsten Epoche** der Mond hinzu, er wurde durch Kometen vom Erdenkörper abgeschlagen. Dieser hatte zu jener Zeit noch eine völlig andere Form, er wirkte schon damals mit seiner Schwerkraft als Regulator.

Dann kam eine neue Menschenrasse auf die Erde. Diese Menschen variierten stark in der Grösse, je nach Ort, wo sie ausgesetzt wurden. Die Adamiten bildeten überall, wo es ein moderates Klima erlaubte, Stammeszellen, die sich rasch zu starken Völkern aus-

bildeten. Aber auch die Kainiten entwickelten sich relativ schnell und waren immer der negative Gegenpol unter den Menschen. Überall versuchten sie mit Überfällen und Beutezügen die Adamiten zu dezimieren. Dies gelang ihnen nur scheinbar, denn die ersteren wurden vielmehr nur verstreut. Sie bildeten neue Siedlungen, irgendwo weit entfernt, aus denen später wieder Völker wurden.
Sie waren die lernfähigeren, die Adamiten, denn sie betrieben regelrecht Landwirtschaft und hatten feste Gebäude mit Vorratsspeichern. Sie waren friedliebend und gaben untereinander das Wissen weiter. Die Menschen hatten nun überall auf der Erde ihren Platz gefunden. Wenn das Klima, welches noch sehr instabil war, es zuliess, blieben sie an ihren Orten.

Diese Zeiten der Erdentstehung sah sicher auch Moses so. Er schilderte dies seinem Volk als die **sechs Tage** der Erschaffung der Erde bis zur Reinigung oder der Sintflut.

Die Menschen vermehrten sich. Sie waren nicht mehr zufrieden mit dem einfachen Leben auf dem Land. Riesige Städte entstanden. Die Menschen wollten auch einen gewissen Kultus, also gab es genug gewiefte Schamanen und eine Art von Priesterschaft, die riesige Veranstaltungen organisierten. Bei den verblendeten Menschen kam bald der Ruf nach einem Führer oder Regenten auf, auch dies war keine grosse Anstrengung für die Priester. Wenn ein Regent unter ihren Fuchteln das Volk beherrschte, so waren sie sich ihres Platzes und ihrer Aufgabe immer sicher. So bekamen die Völker ihre Beherrscher, Fürsten und Könige.
Doch diese forderten immer mehr ihren Tribut, Sklavenarbeit, Erze und Gold für Schaugepränge. Das Volk staunte und bewunderte die starken Volksbeherrscher und jeder von diesen, zu Tyrannen gewordenen, Monster wollte stärker werden und mit mehr Gold ausgestattet werden als sein Rivale im Nachbarstaat. Sie führten grausame Kriege gegeneinander, denn wo fast alle Menschen

eines Volkes als Sklaven in Minen arbeiten müssen, wird die Landwirtschaft vernachlässigt und das Volk leidet an Hungersnot. Da schon dort in dieser Zeit meistens keine Einsicht über das Versagen im eigenen Land stattfand, suchte man den Grund beim Nachbarvolk.

Ich sah, wie in vielen Gegenden Menschen wie Maulwürfe fast alle Berge durchwühlten in ihrer Gier nach dem Gold und den Edelsteinen. Dies war so während einer langen Zeit. Dann war vermutlich irgendwann das Mass für die geschändeten Naturgeister voll. Nun sah ich, wie wieder einmal fast überall auf der Erde der Boden bebte und durchgeschüttelt wurde. Aus vielen der durchlöcherten Berge schoss Wasser in unglaublichen Mengen durch die Täler in die Ebenen. Es brachen riesige Vulkane an vielen Orten gleichzeitig aus und grössere Feuersbrünste entstanden durch das ausgetretene Gas. Im Mittelmeer und im Nordwesten von Afrika sah ich grosse Inseln, die buchstäblich explodierten und ganz verschwanden. Der Himmel verdunkelte sich. Durch die gestaute Wärme der Gasfeuer und Vulkane stieg die Luftfeuchtigkeit. Es regnete und regnete, bis fast alles unter Wasser stand. Dies war die grosse, uns überlieferte Sintflut. Es entstand auch eine, über Jahre andauernde Dunkelheit. Unter der Kälte erstarrte der grösste Teil der Erde unter Eis. Es wurden fast alle Menschen vernichtet.

Aber auch in der Umlaufbahn um unsere Sonne hatte sich in dieser sechsten Periode eine gravierende Änderung eingestellt. Zwischen dem Mars und dem Jupiter lief noch ein Planet um die Sonne. Er war in der Grösse etwa wie der Jupiter, hatte jedoch vier Monde, so gross etwa wie der unsrige. Dieser Planet hatte reichlich Festland auf seiner Oberfläche und eine Atmosphäre mit Sauerstoff wie die Erde. Er hatte eine viel stärkere Polneigung als die Erde und deshalb eine weit schiefere Bahn als die anderen Planeten um die Sonne.

Die Entwicklung auf diesem Planeten war um vieles weiter als auf der Erde. Die Menschen waren riesenhaft und in der Technik allen anderen (Lebensgemeinschaften) in unserem Sonnensystem weit voraus. Sie erfanden jedoch Waffen und Kernfusion und vergewaltigten sozusagen ihren Planeten. Sie sprengten ihn versehentlich in die Luft. Gewaltige Gesteinsbrocken schwebten verstreut im weiten Raum. Die meisten blieben im Zwischenraum von Mars und Jupiter. Grosse Steinmassen fielen zudem auf Jupiter, Mars, Erde und auch auf die Venus. Viele der Menschenriesen wurden ins All geschleudert oder fielen gleich wie die Steine auf die verschiedensten Himmelskörper, 'tiefgefroren'.

In bestimmten Zeiten durchlief die Erde mit ihrem Trabant gewisse Ebenen, wo sie buchstäblich von grossen und kleinen Materiebrocken bombardiert wurde. Vor allem der Mond bekam fast alles ab. Er wurde richtiggehend zusammengeschlagen und gerundet. Die vier Monde des zerstörten Planeten wurden durch die Wucht und Kraft des berstenden Himmelskörpers zuerst weggestossen. Sie wurden nun plötzlich nicht mehr durch seine grosse Masse angezogen, sondern waren frei. Bald stiessen auch sie zusammen und barsten schliesslich selbst auseinander. Noch nach tausenden von Jahren fallen ab und zu Teile von jenem Ereignis auf die heutige Erde oder auf den Mond.

Ich durfte beobachten, wie sich auf unserem Planeten die Menschen allmählich wieder ausbreiteten und sich die Mosaische Zeit einstellte. Deutlich sah ich, wie hohe Geistwesen die Erde nun beschützten und gut wahrnehmbar begleiteten.

Aussen im Weltraum jedoch, in unserem Sonnensystem, lebte auf einem grossen Planeten eine schwarze Menschenrasse. Auch sie waren technisch den nun lebenden Erdenbewohnern um hunderttausende von Jahren voraus. Auch sie spielten mit dem Feuer und sprengten sich und ihren herrlichen Planeten ins All hinaus.

Genau diese Seelen kamen bald in rauen Mengen auf unseren Planeten und inkarnierten sich auf dem afrikanischen Kontinent. Sie bekamen von leitenden Geistwesen der Erde die Erlaubnis, sich hier anzusiedeln. Sie nahmen sich vor, hier auf der Erde ihre karmische, kollektive Schuld abzuarbeiten und als einfaches, anfangs primitives Volk demutsvoll neu anzufangen. Sie hatten nie vor, sich mit den anderen Menschen zu vermischen, denn in ihrem Stolz und ihrem karmischen Urwissen hatten sie noch zu viele Erinnerungen von ihrer grossartigen Vergangenheit.
Durch ihr freiwilliges, urprimitives Verhalten dienen sie den Menschen nun als Duale in ihrem karmischen Spiel und den daraus entstehenden Entwicklungen, wenn's gut geht.

Auch die asiatischen Menschenrassen stammen als Seelen von einem zerstörten Planeten aus unserem Sonnensystem. Sie waren ebenfalls in ihrer Entwicklung den Erdenmenschen weit überlegen gewesen. Die ersten von ihnen bauten Städte in der Wüste Gobi.

Den Rest der Erdentwicklungs-Geschichte kennen wir aus der Bibel und dem Schulunterricht. Nur sah ich in meiner Vision, dass vieles mehr erraten ist, als durch Fakten belegt. Es wurde mir gezeigt, wie Römer und zuvor viele griechische Forscher riesige Skelette aus der Erde ausgruben. Sie wussten nichts damit anzufangen, das gilt bis heute.

Ich warte nun auf den Tag, an dem man irgendwo im 'Ewigen Eis' so ein Geschöpf entdeckt und den Menschen auch zugänglich macht, denn früher meinte man, sie stammten von dieser Erde aus einer Frühzeit. Vor den Tempeln in Ägypten haben die Menschen diesen Göttern, die scheinbar aus dem Himmel fielen, an mehreren Orten Denkmäler gesetzt. Ich sah, wie die riesigen Menschen an verschiedenen Orten auf der Erde Städte und Kultdenkmäler errichteten. Was den Menschen heute als grossartig erscheint und nicht machbar dünkt, schufen Riesen, so auch die Pyramiden,

Stonehenge und die Menhire. Die Erde verbirgt noch viele Geheimnisse ihrer Entstehung. Das meiste, was man heute der Natur und ihren Launen zuschreibt, ist von langer Hand so gewollt und bewusst erschaffen worden. Es gab weder Zufall noch Urknall. Somit ist auch die Evolutionstheorie nur noch eine Theorie. Viele der gesuchten und von den Wissenschaftlern erhofften Puzzlesteine fehlen ganz, weil es sie nicht gibt.

Ich erwachte aus dieser Vision. Als ich dann richtig wach war, erschrak ich zutiefst vor dem Erlebten, diese gewaltigen Energien: Wassermassen, Luftmassen, Erdbewegungen, Feuer- und Vulkanausbrüche, welche die Erde zu dem machten, was sie heute ist. Diese Eindrücke liessen mich noch Tage danach erschauern.

Nun aber weiss ich es genau. Wir haben einen paradiesischen Planeten geschenkt bekommen und sind im Begriff, den gleichen Fehler zu begehen wie die Bewohner der zwei zerstörten Planeten in unserem Sonnensystem.

Ich hoffe sehr, dass wir Erdbewohner erwachen und die kranken und dämonischen Zauberlehrlinge genau beobachten bei dem, was sie da tun.

Schlussbemerkung:
Die neuesten Funde von Riesenskeletten wurden 2010 im Norden Griechenlands gemacht. Ein Schädel misst etwa ein Meter fünfzig im Radius, die Femuri (Oberschenkelknochen) eine Länge von etwa einhundertsiebzig Zentimetern. Ich hoffe nicht, dass sie von den Anhängern der Evolutionstheorie beiseite geschafft werden, denn mit solchen Funden ist die Evolutionstheorie nicht mehr glaubwürdig.

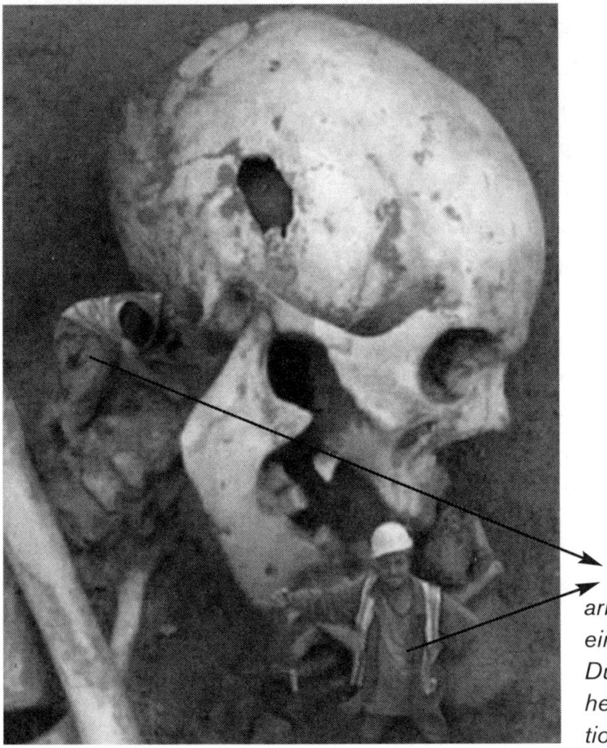

Zwei Männer arbeiten am Skelett eines Giganten. Durch solche Funde hebt sich die Evolutionstheorie auf.

http://www.youtube.com/watch?v=XbvvOae5PAk
Google-Suchbegriff: nephilim skelett

20 Zukunftsaussichten

20.1 In der Technik

Wir fliegen heute schneller als die Vögel. Das war ein Werbespruch zu Beginn der Fliegerei mit Zeppelinen. Es stimmte ja nicht einmal. Aber seit etwa fünfzig Jahren ist es so und weit darüber hinaus, beinahe an der Schallgrenze. Trotzdem kommt mir das Reisen mit den normalen Reiseflugzeugen heute langsam und auch langweilig vor. Mein Flug mit der Concord mit zweifacher Schallgeschwindigkeit war da eine Ausnahme. Immer wieder bekomme ich von der Geistigen Welt Visionen geschenkt, was die neue Zeit in der Fliegerei betrifft. Vieles wurde mir schon gezeigt oder vorgeführt und erklärt, aber ich muss gestehen, ich habe nur das Konzept begriffen. Die Flugzeuge der Zukunft sehen ganz anders aus als die heutigen dünnen Pfeile in der Luft, eher plump. Das kommt vom Antrieb her. Sie sehen aus wie Scheiben oder lang gezogene Steaks (die Vegetarier unter Ihnen mögen mir diesen Vergleich bitte verzeihen). Sie werden praktisch keine Lande- und Startpisten mehr benötigen. Auch sind sie fast lautlos, was schon ein grosser Fortschritt sein wird. Wenn ich nun sage, dass unsere jetzige Fliegerei wie prähistorisch wirkt, gegenüber der von mir gesehenen Zukunft, die mit grossen Schritten naht, so denken Sie vielleicht, dass ich wohl geträumt hätte. Kann sein, denn die Zukunft ist ein offenes Buch, das täglich neu gefüllt wird. Aber ich sah die unglaubliche Geschwindigkeit, welche die neue Technik bringt. Was jetzt die energieaufwendigen Start- und Landeverfahren an Zeit verbrauchen, so ist man in Zukunft schon dort. Die Formen und Grössen der Flugapparate werden wie immer sehr variieren, was natürlich von der Nutzung abhängig sein wird. Der Antrieb, der heute durch Reibung, Sog, Geschwindigkeit und die Antriebskraft der Turbinen geliefert wird, entfällt. Es wird eigentlich mit dem, was wir unter Fliegen verstehen, nichts mehr zu tun haben. Bisher kopierten wir mit den Flugzeugen die Vögel und die bisher be-

kannten Naturgesetze. In der Zukunft werden uns neue Erkenntnisse über die Physik, die auf der Erde wirkt, zu einer neuen Fortbewegungsart führen. Es wird mehr ein durch die Luft 'Flutschen' sein. Sie müssen sich eine nasse, rundovale Seife vorstellen, die von Natur aus ja nicht fliegen kann, doch halten Sie die einmal fest, nicht in der Mitte, sondern an einem Ende, sie wird Ihnen aus den Händen gleiten und 'fliegen', schnell und weit. Die neuen Flugapparate werden nicht aufgrund der vom Sog gehaltenen Luftschichten gleiten, sondern durch die von ihnen selbst erzeugte Magnetwirkung (vorne ansaugend, hinten abstossend). Die Magnetfelder sind auch in der Luft gepolt und leisten damit Widerstand. An den sogenannten Flügelkanten oder Hutkrempen laufen starke gepulste Magnetfelder herum und docken an den 'Luftmagnetfeldern' an: an der Front auf Anziehung und hinten auf Abstossung. Beim Start, der dem Abheben eines Helikopters gleicht, wirbeln die unter dem Rumpf angebrachten Magnetturbinen und die Antimagnetmoleküle auf den Boden. So wird die magnetische Erdanziehung aufgehoben und die Maschine hebt ab. Der Antrieb braucht viel Strom, der mit Spezial-Energieelementen erzeugt wird. Ich konnte erkennen wie die Antriebsgeneratoren funktionieren. Es schien mir so, als nähme man die Energie aus dem Magnetgitternetz der Erde. Jeder Generator hat eine eigene, lange Antenne, die wie eine Fischerrute aussieht. Über die nimmt der Apparat die Grundenergie auf. Im Inneren sind Kristallrohre aufgestellt, die die verschiedenen Frequenzen sammeln und bündeln. Ich stelle mir das ähnlich vor wie in der Chemie. Da gibt es auch die verschiedenen Mineralien und Spurenelemente, natürliche und chemisch erzeugte. Man wird es verstehen, diese zu verbinden, zu einem Ganzen werden zu lassen.
So sah ich fünf Energieschwingungen die durch eine separate Frequenz verbunden wurden. Nur so konnte sich die magnetische Energie potenzieren. Diese Magnetgeneratoren gab es in allen Grössen und Stärken. Sie waren in einem Plastikbehälter mit einer kreuzweisen Gurtung eingebaut. Es gab nur einen Eingang für die

Antenne und einen Steckeranschluss für Kraftenergie. In diesen Flugapparaten sah ich mehrere solcher Energiegeneratoren eingebaut. Sie machen keinen Lärm, sondern surren oder sirren in einer hohen Tonlage. Auch sah ich, dass unsere Häuser durch je einen solchen Energieaggregaten mit Strom versorgt werden. Ich bin sicher, dass schon viele Forscher diese Energieformen kennen und getestet haben, doch die Patente werden von den Reichsten und Einflusshabenden aufgekauft oder zum Verschwinden gebracht. Diese skrupellosen Diebe von geistigem Potenzial der Menschheit sind auch Schuld, dass der Planet derart ausgebeutet und verschmutzt wird. Hätten diese Schakale des Eigennutzes keinen Zugriff auf die Forschung und deren Erkenntnisse gehabt, so wären wir sicher schon hundert Jahren weiter in unserer technischen Entwicklung, aber vermutlich auch nicht weiter im spirituellen Bewusstsein.
Wenn ich mir nur vorstelle dass man heute mit dem Flieger vier Stunden nach Amman braucht, und dann nur noch knapp dreissig Minuten. Oder nach Lima etwa dreizehn Stunden und dann noch etwa eine Stunde, tönt das zwar futuristisch, doch wir werden es erleben können. Wenn nicht jetzt, dann im nächsten Leben.

20.2 In Gesellschaft und Kultur

Auch da wird es in Kürze grössere Veränderungen geben. Nach den Durchsagen aus der Geistigen Welt steht eine Schwingungserhöhung an, vielmehr, wir stecken schon mitten drin. Gleichzeitig wird für die Menschen ein Bewusstseinssprung stattfinden, sodass viele plötzlich hellsichtig werden und mit der Suche nach ihrem eigenen Höheren beginnen. Vielen wird dadurch sofort ihr Weg zu sich einfacher erscheinen oder sie finden ihren Lebensplan sowie ihre Aufgabe. Ob alle damit umgehen können oder wollen, bleibe dahingestellt. Doch auch für denjenigen, dessen Seele diese Chance nicht ergreifen kann, ist der Zug nicht abgefahren – vielleicht

schon für dieses Leben, wenn Sie die neue Energie und Schwingung jetzt nicht aushalten können, die Veränderungen Ihnen zu schnell gehen, so kommen Sie schon wieder auf die Welt mit lauter neuen Chancen.
Es scheint grössere Veränderungen auf dem Erdball zu geben durch die Natur selbst produziert. Jesus wurde darüber gefragt und er sagte kurz und bündig: "In etwa 2000 Jahren nach mir ist auf der Erde vieles im Argen und sie wird sich reinigen müssen. Dies wird sie mit Erdbeben, Feuersbrünsten und Sintfluten tun." Diese Zeit und die damit verbundenen Änderungen scheinen auch im Zellgedächtnis eines jeden Menschen vorhanden zu sein. Viele sagen einfach so daher: ja, es muss sich etwas ändern, denn so kann es nicht mehr weitergehen. Wenn viele so denken und die Veränderung erahnen, so kann mit dem Kollektiv-Bewusstsein alles verändert werden. Aber was bringen diese Veränderungen?
Ich nehme an, dass unser, ausser Kontrolle geratenes, Wirtschaftssystem mit der damit verbundenen Schuldenwirtschaft der Staaten zusammen bricht. Und da der Wert des Geldes immer mehr durch mir unverständliche Devisen, Börsen und Anlagetransaktionen geschädigt wird, so ist es möglich, dass es in nur einer Nacht total den Wert verliert. Ich weiss, dass die Kapitalstrategen davon wissen, denn es wird schon seit einer geraumen Zeit eine Weltwährung vorbereitet. Aber auch diese wird die Probleme nicht lösen können. Doch auch durch das Geldthema werden die Menschen wie von heute auf morgen zu einem neuen Bewusstsein gelangen. Natürlich wird es eine gewisse Zeit brauchen bis die Menschen richtig erwachen und sich umstellen können. Anstelle vom Geld wir das geistige Gesetz vom Geben oder Schenken Einzug halten. Jeder wird feststellen und spüren, dass derjenige dies aus voller Liebe gegenüber dem anderen macht. Nur Menschen, die neidisch, misstrauisch oder ausschliesslich materialistisch denkend sind, die werden es schwer haben. Doch Geben ist seliger denn Nehmen. Nach einer gewissen Zeit wird jeder wieder an seinen Arbeitsplatz zurück kehren um dort etwas Sinnvolles zu kreieren

oder zu bewirken. Sinnlose und Menschen verführende Produkte werden von den gewissenhaften Menschen nicht mehr fabriziert werden, denn ihnen geht die Umweltzerstörung und Energieverschwendung zu weit. Alles wird oder muss auf eine Umweltverträglichkeit geprüft werden. Den Menschen wird eigentlich nichts weggenommen oder ihr Komfort eingeschränkt. Die Veränderungen werden unsere Lebensqualität langfristig eindeutig erhöhen. Schuldenlasten von Hypotheken werden von heute auf morgen gelöscht. Auch Steuerlasten und -schulden werden aufgelöst.

20.3 In Politik und Gesellschaft

Die Politiker, wie wir sie heute kennen, werden und müssen verschwinden, denn sie alle arbeiten für eine Partei, es geht vor allem um Einfluss, Macht und Geld. Ihre Programme und Parolen sind von Firmen und Konzernen vorgegeben, die Geld spenden und ihre Lobbyisten bis ins Bundeshaus schmieren und salben. Auch werden Millionen ausgegeben um den Menschen Angst einzujagen. Siehe Thema Vogelgrippe, Rinderwahnsinn, Schweinegrippe sowie allgemeine Pandemien. Interessanterweise hat immer schon ein Chemiekonzern ein Gegenmittel bereit, das der Staat sofort kauft und versucht uns alle unter Zwang zu impfen. Später merkt man dann, dass alles nur Lüge und aufgebauschte Schaumschlägerei war. Die zuständigen Gesundheitsdirektoren und Minister sollten auf ihre Lauterkeit geprüft werden. Sonst werden die sich weiterhin vor die Karren der Chemiemultis-Mafia spannen lassen und den Menschen Angst einjagen sowie diese mit Impfungen verseuchen lassen. In jeder Impfung werden heute ein oder mehrere Zusatzstoffe eingebaut, welche wiederum eine Krankheit auslösen. Sie werden es schon erahnen, nur diese Chemiekonzerne haben dann die geeigneten Gegenmittel. Diese versuchen das Geschäft noch ein weiteres Mal an den Unwissenden zu machen.

Die Politiker nach der 'Zeitwende' werden durch ihre Ehrlichkeit und Weisheit auffallen und gewählt. Sie haben einen Zugang zur höheren Weisheit und werden dem Menschen dienen. Jetzt arbeitet jeder Politiker für sich, sein Ansehen und Ego sowie den Geldsack. Es werden im Internet politische und diplomatische Schweinereien aufgedeckt, so dass jeder Mensch die Verlogenheit dieser zu teuer bezahlten Leute erkennen kann. Jeder erkennt bald, dass sie so sprechen und anders denken, aber immer nur für sich kassieren. Die 'Huren' der internationalen Diplomatie werden entlarvt. Leider werden die, die etwas zu verbergen haben, mit allen Mitteln versuchen die Gründer dieser Informationsseiten zu stoppen und zu ermorden. Doch das Licht beginnt zu wirken und deckt die Lügen und Unwahrheiten überall auf. Ich rufe alle unehrlichen Politiker und Diplomaten auf: gebt auf und tretet ab, die Zeit der Negativität ist vorbei. Macht den lichtvolleren Menschen Platz oder ihr riskiert ganz demaskiert und blossgestellt zu werden. Ich weiss, dass diese noch schlafenden Seelen der Indigos und Kristallkinder gerufen und erweckt werden, diese leitenden Positionen zu übernehmen. Sie werden wiederum unterstützt von anderen Weisen-Räten, und sie werden in Zukunft immer auch überprüft werden, ob sie der Menschheit wirklich dienen. So glaube ich, dass die Zukunft für uns und unsere Kinder immer besser werden kann. Aber für viele wird der Übergang zu schwierig scheinen und sie werden nicht mitmachen wollen.

20.4 Natur, Lebensmittel, Klima

Der Umgang mit der Natur und den Tieren wird der springende Teil in unserer Zukunft sein. Wenn der Mensch glaubt, er hätte jederzeit von allem genug zur Verfügung, so täuscht er sich, sofern er nicht lernt, die Geisterwelt, welche die Natur steuert, zu lieben. So kann es sein, dass viele an vollen Tellern verhungern werden: die Natur wird ihre Schwingung erhöhen und der Mensch muss ler-

nen, da mitzumachen. Jetzt schon werden fast allen sogenannten Lebensmitteln die Lebensenergie-Schwingungen abgetötet, weil alles verpackt, vakuumiert und anschliessend bestrahlt wird. Bekanntlich kann der Mensch nicht sehr lange nur von toter Materie leben und dabei gesund bleiben.
Doch wir werden lernen, Sachen und Gegenstände zu materialisieren oder über grosse Distanzen zu transportieren (teleportieren) ohne grosse Kraftanstrengungen.
Der Mensch wir noch Vieles lernen können, wir stehen erst am Anfang. Es wird immer deutlicher, dass wir Geister sind, die in einem Körper stecken und nicht umgekehrt.
Das Klima und die Zyklen werden sich verändern. Die Menschen haben grosse Ängste vor einer Klimaerwärmung, doch vor einer Eiszeit spielte das Wetter schon immer verrückt. Die Gegensätze und Temperaturschwankungen werden merkbar stärker. Es scheint also eher eine kleine Eiszeit zu kommen als eine lange Wärmeperiode. Was jetzt aber bei diesen Klimakonferenzen abläuft, ist mehr oder weniger eine Schuld-Verteilung: Ein Staat, der zu viel CO_2 produziert, zahlt anderen, die weniger dicht besiedelte Gebiete aufweisen Geld, damit die zum Beispiel Wald aufforsten. Diese Wälder wurden jedoch vor kurzem von den gleichen Leuten abgeschlagen und vernichtet und jetzt zahlt man denen, dass sie wieder Wald ansetzen. Wer kontrolliert dies und wer kassiert hier mehrmals?
Es ist vieles ausser Kontrolle geraten und niemand hat noch den Überblick. Um die Bürger zu täuschen werden solchen Projekten Namen gegeben, die niemand versteht oder nicht überschauen kann. Leider wirkt da schon wieder eine neue Umweltmafia, die ja nie Gutes im Sinn hat. Sie werden sehen, liebe Leser, ganze Staaten und deren Spezialisten werden hinters Licht geführt.

Geisterreiche auf der Erde

Elementgeister-Reiche
Erd- und Kristallwelten
Feuer- und Lichtgeister
Luft- und Windgeister
Wasser, Quellen, Seen und Meere
Pflanzen über Boden, unter Wasser
Tiere in der Luft, im Boden, im Wasser
im Microbereich, im Macrobereich

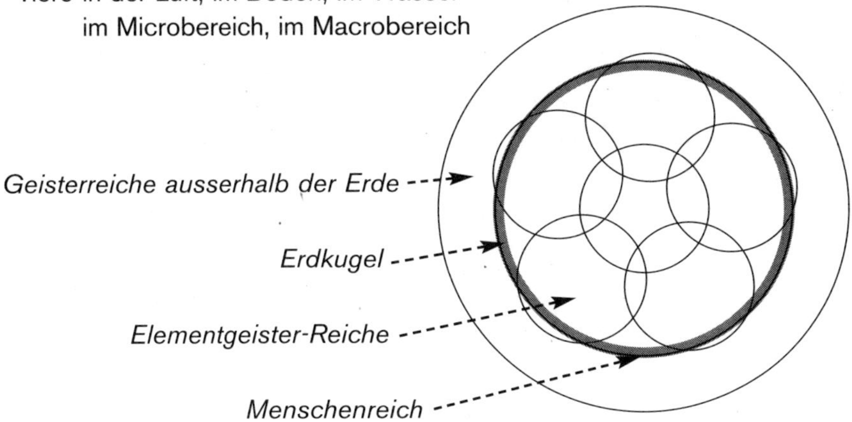

Geisterreiche um das Menschenreich:

Naturgeister
Erdmaterie
Erdgeister
Naturgeister
Gnome
Zwerge

Pflanzengeister
Elfen für die Bäume
Feen für die Blumen

Tierseelen gerichtet
über Boden und Luft
unter Boden
Microbereich und Macrobereich
Wassertiere

Belastende Seelen und Energien
Irdisch gebundene Seelen
Astralwesen verstorbener Menschen
Negativer Abfall von Astralwesen
Dämonische Energien

Teil 2

Erklärungen

Gebete

Rituale

1. Morgendliche Körper-Begrüssung

Den allermeisten Menschen ist nicht bewusst, dass sie negative Befehle gegen sich erteilen und sich konstant selber schwächen. Schon das kleine Kind sieht seine Eltern oder Onkel und Tante leiden, wenn sie krank sind. Erst recht die ältere Generation, die Grosseltern und deren Geschwister. Aber auch andere, fremde, alte Menschen sahen wir als krank und leidend an. Natürlich dachten wir, dies müsse so sein, wenn man alt ist. Logische Schlussfolgerung: ich werde das dann auch haben und auch so sein, wenn ich älter bin. Diese Informationen werden schon beim kleinen Kind gespeichert. Eigentlich spielt es keine grosse Rolle, wie alt man selber ist, wenn wir solche einschränkenden Gedankenmuster abspeichern, denn es ist ja immer die gleiche Seele und wer weiss schon als Zwanzigjähriger, was er im Alter von 5 Jahren an Informationen gespeichert hat? Doch es ist immer in uns, sofern wir diese 'Befehle' nicht rückgängig machen. So erscheinen bei vielen wie aus dem Nichts Krankheiten und Leiden, die von den Ärzten nicht erklärt werden können. Diese Phänomene oder Phantom-Leiden entstehen genau zu der Zeit, da wir uns vorgestellt haben, dass wir krank sein würden. Doch alle diese 'Bestellungen' sollten wir löschen! Es lohnt sich, dies all morgendlich zu tun und uns gleichzeitig mental zu stärken. Natürlich kann ich als Mensch die Zeit meines Ablebens mitbestimmen, indem ich mir bestätige: ich bin gesund bis zur letzten Stund.

Das andere ist die Angst vor dem Dahinsiechen und dem grossen Leiden vor dem Tod. Wenn ich also dauernd Angst davor habe und nichts dagegen tue, so werde ich dies auch durchleben müssen. An schlechten 'Ablebens-Vorlagen' in unserer Verwandtschaft oder Bekanntschaft fehlt es ja nicht. Nicht einmal, wenn jemand zurückkäme, behauptend, es wäre gar nicht schlimm, wären wir bereit ihm zu glauben, so festgefahren haben wir uns. Aber nun Schluss damit.

Wir stellen uns vor den Spiegel und sehen uns dankbar an, wie uns der Schöpfer erschaffen hat. Das bringen unzählige Menschen nicht fertig, auch wenn sie noch so schön gebaut sind. Erst recht nicht jene, die 20 bis 50 Kilo zuviel auf die Waage bringen. Doch es fällt diesen so schwer, weil sie die alten Glaubensmuster in sich tragen: Der Körper ist sündig und schlecht. Sie verachten sich, man hört sogar den Hass gegen sich in ihren Worten. Es sind Erfahrungen aus vielen früheren Leben, wo ihnen ihr Körper mehr Leiden bereitete als Freude. Sie waren unbeschreiblich unglücklich, vielleicht zwangsverheiratet, fühlten sich missbraucht und benutzt. Daraus entsteht eine Abneigung, die bis zur Verachtung geht. Es geht dabei nicht nur um das Aussehen, auch Gefühle und Emotionen werden abgelehnt, sind verpönt.
Beim Anschauen im Spiegel sollten Sie Ihren Körper liebevoll berühren und streicheln. Eventuell hat er das von Ihnen noch nie in einem Leben erhalten.

Morgen-Ritual

Lieber Körper ich schaue Dich an, ich liebe Dich. Du bist grossartig, der Ausdruck des Göttlichen. Ich freue mich als Seele in Dir zu sein.
Ich entschuldige mich für alles, was ich gegen Dich Negatives geredet, gedacht und getan habe in diesem Leben und in allen vorangegangenen Leben. Vergib mir bitte. Dann sind Du und ich frei. Du bist gesund bis zur letzten Stund.
Heute ist ein guter und schöner Tag, es gelingt uns alles leicht und einfach. Lieber Gott, mein Schöpfer, ich danke Dir für meinen schönen und gesunden Körper, ich liebe Dich.

2. Ablösegebet für Astralenergien am eigenen Körper im Freien

Bei vielen Menschen ist der Wille durch die lange Zeit der Verschmutzung und Manipulation ihres Energiekörpers durch diese negativen Energien geschwächt oder sogar gebrochen worden. Oftmals sind sie gar nicht mehr in der Lage ein Gebet abzulesen geschweige denn frei zu sprechen.
Dann hilft nur noch das Aufbäumen und Wegschreien um sich selber Mut zu machen. Diese Energien kennen uns nur zu gut, vor allem unsere Schwächen.

Vorgehen im Freien:

Entfernen Sie sich etwas vom Haus, dorthin wo Sie niemand mehr hören kann. Rufen Sie Jesus Christus um Hilfe und sein rotes Liebeslicht. Versuchen Sie sich sogar vorzustellen wie Sie das pulsierende rote Christuslicht einhüllt und voll umschliesst.
Sprechen Sie laut:

Jesus Christus ich bitte Dich um Hilfe. Bitte hülle mich ein mit Deinem pulsierenden Liebeslicht und befreie mich von diesen peinigenden Energien. (Sie müssen sich diese Energien an ihrem Nacken und Rücken als schwarze Wolke vorstellen.)

Sprechen Sie nun diese sehr laut und energisch an:
Ihr Dreckenergien, ihr habt hier nichts verloren, ich will euch nicht! Verschwindet im Namen von Jesus Christus! Ihr verschwindet jetzt sofort und ich bin frei! Danke Dir Heiland Jesus Christus, ich bin frei. Amen.

3. Auflösen der Hunger-, Armut- und Mangelerfahrung

Viele Menschen, auch in unseren nördlichen Breitengraden, sind in früheren Leben ein- oder mehrmals verhungert. Vom Wissen oder Verstand her ist es ihnen fremd, aber sie drücken dies durch den Körper aus. Er trägt diese dramatischen Informationen in seinem Zellgedächtnis mit sich. Diese Menschen haben das ganze Leben lang Probleme mit ihrem Gewicht und dem, ihnen nicht passenden, Aussehen. Auch haben sie dauernd Angst, es sei zuwenig Essen da oder morgen gäbe es nichts mehr zu Kaufen. Oft haben sie den Kühlschrank hoffnungslos überladen und müssen regelmässig einen grösseren Teil davon wegschmeissen. Sie leiden wegen ihrem Übergewicht und Aussehen, hassen sich sogar oder vielmehr das, was sich im Spiegel zeigt. Die meisten glauben, es seien die Hormone oder einfach die Drüsen, die nicht richtig funktionieren. Um ihren Dauerfrust zu dämpfen belohnen sie sich konstant mit Süssem und anderen Leckereien. Das gibt logischerweise zu viele Kalorien und produziert ihr jetziges Problem. Ganz wenige, zu mager scheinende Menschen, haben das gleiche Problem, denn sie wollen zunehmen, aber schaffen es nicht. Sie werden sogar von vielen bewundert, doch möchten sie selber anders oder fester sein. Sie haben sich am erlebten Hungerleiden fest gehalten. Die festen Menschen sind von ihrem ehemaligen Hungertot noch mit ihrem Überlebenswunsch, der ja ganz normal ist, belastet.
Was denkt ein hungernder Mensch wohl? Ans Essen, an Speck und Bohnen und einen Tisch voll mit Süssspeisen. Wer denkt da wohl noch vor dem Sterben, dass man das Fülle- und Speichermuster löschen sollte, vor allem, wenn man schon einen Monat nichts mehr zwischen den Zähnen hatte? Also wird das Völlemuster gespeichert und in jedem Leben wieder neu gelebt.
Wenn dieses Drama zusätzlich mit Gefühlen und Emotionen durchlebt wurde, wirkt es noch intensiver. Damals litt nicht nur einer an

Hunger, sondern ganze Familien, das Dorf, die Region oder das Land. Wie muss das wohl gewesen sein, wenn du für jemanden aus der Familie, vielleicht für das eigene Kind das Grab geschaufelt hast, so konntest du für dich auch gleich ausheben, denn in ein paar Tagen warst auch du soweit. So etwas muss fürchterlich sein, und es traf viele, und in ein paar Jahren Abstand wieder unzählige andere.

Ablösung von diesem Leidensmuster

Diese Elementalenergien sind jedoch nicht identisch ablösbar oder auflösbar, da der Emotionalkörper zusätzlich betroffen ist, die Erfahrungen gespeichert hat sowie der physische Körper noch Befehle eingelagert hat.
Alleine ist eine Ablösung nicht einfach, weil unser Verstand bockt und sperrt. Er hat Probleme damit, will und kann dies nicht verstehen, er war ja auch nicht dabei in jenem Körper. Zu zweit (mit Ihrem Mann / Frau / Freundin) geht es leichter, weil Sie nachsprechen können und nicht eingeschränkt werden vom Egoverstand. Dies würde auch bei einer Gruppenablösung funktionieren:

Ich rufe euch, Ihr Engel der Liebe und Wahrheit, bitte helft mir beim Ablösen von meinen alten Leidensmustern.
Nun rufe ich in meinen* Verstandesebenen *und im Unterbewusstsein die Leiden, welche geschaffen wurden, als ich in früheren Leben an Hunger starb.
Ich habe euch geschaffen, doch ich will und brauche euch nicht mehr. In diesem Leben gibt es keine Hungerszeit und keinen Mangel an Essen.
Ich befreie euch und löse euch auf, ihr Muster von Leiden und Sterben, von Hunger und Mangel. Gleichzeitig löse ich mich auch von euch, ihr Angstmuster von Fülle und Übermass. Ihr alle seid frei und ich bin frei. Liebe Engel helft mir dabei.

Nun rufe ich die Schmerzen und Leiden, die Traurigkeit sowie die Verlustängste meiner **Gefühls- und Emotional- Körper.** *Ihr seid seit damals beim Durchleiden der Hungerszeit entstanden, auch euch will ich nicht mehr. Ich entlasse euch. Ihr seid frei, wie auch ich frei sein will. Liebe Engel helft mir dabei.*
Nun rufe ich meinen **Körper**, *euch alle, ihr unzählbar vielen Geister. Aber vorallem ihr leitenden Chef-Geister aller meiner Organe. Ihr habt mit mir damals beim Hungerleiden und Sterben sehr gelitten. Ich bitte euch, löscht alle diese Energien und Erinnerungen in euch, aber auch diese des Übermasses und der Fülle. Ich leide jetzt an Übergewicht wie ihr auch. Es ist vorbei. Ich will, dass ihr euch erinnert an den Ursprung eures Seins, des vollkommen Gesund- und Heil-Seins.*
Löscht nun alles, was dagegen spricht. Löscht das, was ich euch durch Unkenntnis in diesem Leben sowie in den davor liegenden befohlen habe. Werdet frei! Wir sind zusammen gesund bis zur letzten Stund. Ich liebe euch, weil ihr mir mit aller Liebe dient, nicht nur in diesem Leben.
Ich danke Dir mein Gott und Schöpfer für meinen Körper. Er ist wunderbar und vollkommen, der Ausdruck des Göttlichen. Bitte hilf mir, dass ich diese Störungen wieder beheben kann. Ich bin das, und der Körper auch, was Du mir geschenkt hast. Amen.

4. Befreiung von Allergien

(bei Pollenflug aus Bäumen, Sträuchern, Blumen und Gräsern)

Umprogrammierung des Körpers:

Leider wird den an Allergien Leidenden immer eingebläut, dass sie wirklich Leidende seien und höchstens Linderung möglich sei. Viele glauben mehr an Chemikalien und an das zerstörende Cortison, als an einen Schöpfergeist und die eigene Heilkraft. Uns allen wird am Radio und TV, aber auch in jeder Zeitung mitgeteilt, dass jetzt der Pollenflug von diesem Strauch stattfindet und dann wieder von einem anderen. Diese Meldungen sind an und für sich ein totaler Stumpfsinn und nützen niemandem etwas. Die meisten werden verunsichert und in ihrem Leiden bestärkt. Ein Standartgebet hilft da nicht, weil wir selber diese Leidensmuster erschaffen haben. Jeder möchte eine echte Lebensqualität-Verbesserung, nicht das Gegenteil. Wie gehen wir vor?
Zuerst müssen wir das alte Leidensmuster erkennen, rufen und auflösen. Wir tragen dieses eventuell schon mehrere Inkarnationen lang mit uns herum. Es wirkt und wird jedes Mal stärker. Nach der Befreiung und Auflösung der Angstmuster (Elementale) können wir den **Körper-Geist** neu programmieren.

Gebet für die Auflösung

Ich rufe Dich mein Schöpfergott mit Deinen Dienern und Engeln zu mir. Geliebter Gott und Engel der Wahrheit, des Lichtes sowie der reinsten Liebe, ich bitte um Hilfe und Heilung. Helft mir bitte in meinem Körper und den verschiedenen Bewusstseinsebenen die alten Leidensmuster zu finden und aufzulösen. Ich rufe nun alle alten Erlebnisse und selbst erschaffenen Leiden aus früheren Zeiten, die ich auf allen Schichten eingelagert habe. Insbesondere jene, die mir vor der Natur und deren Blüten und Pollen Angst machen. Aber auch vor Insekten, wie Milben, Spinnen und Zecken.

Ich lebe nun in diesem Körper in dieser Zeit und Welt und ich will euch nicht mehr. Ihr Muster seid frei, und ich auch. Liebe Engel helft mir dabei.

Nun rufe ich das Oberbewusstsein meines Körpers. Ihr leitenden Geister seid und repräsentiert meinen Körper. Ihr wurdet gestört und mit falschen Befehlen eingedeckt. Bitte löscht nun alle Befehle von mir und von anderen Menschen, die euch über Telepathie so falsch programmierten.

Vor allem Ihr seid angesprochen, ihr leitenden Geister meiner Sinnesorgane, der Augen, Nase und Ohren. Erinnert euch, wie ihr am Anfang von allem Sein vom Schöpfer erschaffen wurdet. Ihr seid vollkommen ganz und heil. Ihr seid für mich sehr wichtig. Mit mir seid ihr gesund bis zur letzten Stund. Löscht nun alles, was dagegen wirkt. Ich liebe euch und ich liebe dich mein Körper.

Ich danke Dir Schöpfergott, dass du mich ganz und heil erschaffen hast und mir hilfst von meinen eigenen Urteilen und Ängsten frei zu sein. Ich danke Dir für all das Schöne in Deiner grossartigen Natur. Mein Körper ist ein Teil davon. Danke für die Sträucher, Bäume, Blumen und Gräser sowie für die Insekten. Sie sind wie ich ein Teil des Ganzen. Ich liebe euch, denn ihr seid herrliche Schmuckstücke und Zier unseres Planeten Erde. Ich umarme und liebe euch, ihr tut mir gut. Danke lieber Vater-Mutter-Gott für Deine Allliebe im Grossen sowie im Kleinsten. Ich danke Dir, dass ich hier sein darf in der Vielfalt Deiner unerreichbaren Kreativität. Gib mir die Kraft das Kleinste mit dem ganzen Ausdruck meines Herzens zu lieben. Dies gibt mir die Hoffnung und Freude Dein Grösstes und Herrlichstes zu entdecken und Deine Allliebe in mir zu integrieren. Danke für dein Licht, das in mir leuchtet und mir den Weg zu Dir zeigt. Amen.

5. Das Leiden an Übergewicht

Viele Menschen leiden an chronischem Übergewicht, sie kaufen immer zuviel ein und überfüllen konstant ihren Kühlschrank. Sie fühlen Zwang oder Druck, dies tun zu müssen. Später müssen sie dann viel Essbares wegschmeissen. Auch ihr dauerndes Hungergefühl können sie nicht einordnen. Diäten nützen nichts, weil der bekannte Jojo-Effekt, das Gewicht wieder hochschnellen lässt. Bei so manchen wurde ein Magenband angebracht oder gar ein Teil vom Magen entfernt. Sie nehmen trotzdem zu.
Ich habe entdeckt, dass die Ursache ihres Problems in ihrer Seelen-Vergangenheit liegt. Unzählige Menschen haben in früheren Leben ihr Leben bei einer Hungersnot verloren. Etliche sogar mehrmals in verschiedenen Leben. Nur wenige davon haben dadurch das Problem von Magersucht, sie können nichts mehr zunehmen. Bei so einem Ereignis findet auf allen Bewusstseinsebenen ein grosses Leiden statt. Der Verstand mit seinem oberen und mittleren Bewusstsein registriert das Problem und speichert es. Dabei werden viele verschiedene Gefühle von Leiden durchlebt. Ich sehe, wie alle meinen Lieben sterben und weiss, dass auch ich in den nächsten Tagen sterben werde.
Gleichzeitig registrieren die Körpergeister, dass sie nicht genug erhalten, melden Hunger und leiden Qualen. Dies alles ist registriert und bleibt in den Ebenen des Unterbewusstseins gespeichert. Da hilft nur, die gemachten Erfahrungen und daraus entstandenen Befehle in allen Ebenen zu löschen. Bitte haben Sie Geduld und kämpfen Sie für sich, Sie sind es wert!

Befreiungsritual zur Auflösung von Übergewicht

Lieber Gott und Ihr göttlichen Heilungsengel bitte helft mir: Lieber grosser Geist meines Körpers, ich rufe dich. Ich kenne dich, seit ich einen festen Körper habe. Aber ich habe dich

wegen Unkenntnis meines Verstandes mehr an deiner wichtigen Aufgabe behindert als gefördert. Ich bin in einem früheren Leben an Hunger gestorben. Unglaubliche Ängste haben mich vor dem Tod gequält und sich in meinem Gefühlsbereich eingespeichert. In diesem Leben brauche und will ich das nicht mehr.

Ich rufe bewusst meine Körpergeister an, die durch die Sterbensnot leidend geworden sind. Ich rufe alle Leidensmuster an, die durch das Verhungern entstanden sind. Ich rufe alle Muster an, die das Sammeln und Festhalten gespeichert haben. Ich rufe alle Muster an, die immer noch mehr und mehr essen wollen und nie satt werden. Ich will Euch nicht mehr, ich befreie Euch von mir.

Mein lieber Körper, meine lieben Körpergeister, ich möchte mich bei Euch entschuldigen für meine negativen Befehle, die ich Euch in diesem Leben, aber auch in den vielen anderen Leben zuvor, gegeben habe. Ich möchte Euch bitten, dass ihr alle Sterbensängste, Not, Schmerzen, Verletzungen, Enttäuschungen und Wut auflöst und ablegt. Mein lieber Körper lösche nun alles, was gegen dein eigentliches Heilsein und Gesundsein ist. Das möchte ich. Erinnere dich an deine Grundmuster, deine Grundaufgabe, nämlich das Heilsein. Mein lieber Körper, du bist vollkommen ganz und heil. Du bist schön, gesund, schlank und wunderbar. Ich liebe dich.

Ich danke dir für deine grosse und wichtige Aufgabe. Ich liebe dich und entschuldige mich nochmals.

Ich bitte Dich, geliebter grosser Schöpfer, hilf meinem Körper durch Deine Engel der Heilung. So sei es. Ich bin heil. Ich danke Dir und liebe Dich, da Du die Vollkommenheit in mir erschaffen hast. Mein Dank und meine Liebe gilt Dir Urschöpfer und dem Licht Deiner allgegenwärtigen Liebe.

6. Tischgebet

Gebet vor dem Essen

Vater-Mutter-Gott, Schöpfer von allem was ist, danke für alles, was Du uns immer schenkst. Danke für die lichtvolle, farbenfrohe Nahrung von unserer lieben Mutter Erde, die uns so treu ernährt.
Lieber Gott segne unser Essen mit Deinem Liebeslicht.
(Danke herrliche Tierseele, die du dich für uns geopfert hast.)
Danke, dass wir immer genug zu Essen haben. Das wünschen wir auch allen anderen Menschen auf dieser Erde. Amen.

7. Wassersegen

Unser Trinkwasser aus der Leitung verliert leider seine Schwingung der Quelle je länger es in Tanks, Reservoirs und Leitungen verbleibt. Es verliert sozusagen sein 'Bewusstsein des Lebens'. Trotzdem ist es noch um vieles besser als in Flaschen gekauftes Pseudo-Mineralwasser. Die hoch angepriesenen Mineralien werden beim Entgasen in den Abfüllfabriken zurück gelassen. Oder haben Sie je schon an ihrem Trinkglas einen deutlichen sichtbaren Kalkrand festgestellt? Den kann es eigentlich gar nicht geben, weil kaum Mineralien vorhanden sind. Sie selbst können durch Ihren Willen und die eigene Liebe jedes Wasser verändern. Am besten natürlich Leitungswasser, denn es ist sozusagen nicht 'ermordet' worden.

Anleitung

Wenn Sie das Wasser in einen Krug oder Trinkflasche fliessen lassen, sprechen Sie laut und deutlich: ***Liebes Wasser, ich liebe dich, ich danke dir, du tust mir gut.***

Sie werden feststellen, dass sich etwa nach einer halben Stunde im Krug Blasen bilden. Auch der Geruch des Wassers verändert sich zum Positiven. Diese kurze Ansprache des Wassers wirkt schon sichtbar und aktiv. Denn ihr Wunsch und Wille steht immer über der Materie. Denn er ist mit der Seele gekoppelt. Es gibt aber auch noch höhere Schwingungsebenen als nur Ihr Bewusstsein um Wasser und Nahrungsmittel zu verändern. Dies ist Segnen unter Mithilfe des Göttlichen Geistes. Wenn Sie das Wasser oder auch die Nahrung wie vorhin besprochen haben, können Sie anschliessend Folgendes laut sprechen:

Geliebter Gott und Schöpfer von allem, ich bitte Dich um Dein verstärktes Licht und Deinen Segen. Mach bitte dieses Wasser so wie Du Dir vorgestellt hast, dass es das Beste ist und Menschen gesund erhält und sogar heilt.
Ich danke für Deine Liebe zu mir. Amen.

8. Gebet für die Frühlingsnatur

Geliebter Schöpfergott in mir und in allem, ich rufe Dich um Dir zu danken. Wie herrlich und warm ist Dein Licht an diesem Frühlingstag, an dem alles erwacht, was den Winter über schlief. Danke, dass ich gesund bin und vieles von Deinem Grossartigen wahrnehmen kann und darf. Ich freue mich über die ersten Gräser und Blumen, über die Blüten an den Bäumen und Sträuchern. Nach der langen Kälte kommt mir das erste Grün vor wie eine Wiedergeburt. Das wärmende, Leben spendende Licht unseres Sonnenkörpers und Mitschöpfers von Dir erweckt nun alles zum Leben. Auch mein Herz erlebt durch dieses neue Wunder tiefe Freude.

Ich rieche den immer intensiver werdenden Duft der Erde, der Blumen und Blüten. Ich nehme den Duft des Wassers im Bach und im See wahr und spüre die Freude der Geister dieser Elemente. Ich höre das Murmeln der Natur-, Pflanzen- und Erdgeister, die jetzt so richtig wach werden.

Ich danke Dir für das Leben der Tiere in der Luft, die sich nun wieder am wärmenden Licht erfreuen, summen und jubilieren. Ich höre das Lachen der Kinder, die nun um die Häuser springen. Auch sie erfreuen sich am Frühling.

Lichtmutter – Lichtvater, danke für das neue Leben der erwachten Natur. Ich bin ein Teil davon, auch meine Lebensgeister erwachen. Doch den ewigen Frühling und das anhaltende Glücksgefühl in meinem Herzen erhalte ich nur durch Dich, Urquelle allen Seins. Amen

9. Gebet und Dank für alle Kreatur

Dieses Gebet kann als Meditation vorgetragen werden, schön langsam, dass sich die Teilnehmer Wort für Wort alles bildlich vorstellen können:

Grosser Gott und Schöpfer von alldem, was ist, ich rufe Dich, um mich für alles Leben um mich herum zu bedanken.
Danke für die Arbeit Deiner Geister aus den Mineralien- und Pflanzenreichen, denen aus den Wasser- und Tierreichen sowie den Geistern der Luft-, Feuer- und Lichtreiche.
Liebe Urquelle, danke, dass ich hier und jetzt sein darf inmitten deiner grossartigen Schöpfungsebene Erde. Danke, dass ich ein Teil von Deinem Ganzen bin und als Dein Kind Gottes diese segensreiche Zeit erleben kann. Ich spüre Dein Licht in mir. Diese Liebe, die ich wahrnehme und lebe, ist von Dir, ein Teil der Allliebe. Sie gibt mir Kraft, alles mit Leichtigkeit und Hoffnung und Freude zu erfüllen.
So möchte ich Dich, als Dein wahrnehmendes, kreatives Geschöpf um das wärmende Christuslicht in die Mitte meines Herzens bitten. Da, wo Dein Göttliches Höchstbewusstsein in mir wohnt, soll sich dieses rosarote Heillicht ausbreiten und mich und meinen Lebensraum einhüllen, das Haus, mein Dorf, die Gegend sowie meine Heimat, den ganzen Kontinent und bald die ganze Erdkugel. Dein rotes Liebeslicht leuchte und pulsiere um den gesamten Erdball.
Ich möchte, dass alle hohen Geister der Elemente, Feuer-, Licht-, Wasser-, Mineralienreiche sowie der Pflanzen- und Tierreiche meine Liebe und Dankbarkeit nun spüren und wahrnehmen können.
Oh, unendlich geliebte Quelle, danke für meine Freude und Glücksgefühle, die ich in dieser Ebene schon erlebe. Mein Herz wird verwöhnt von der Reichhaltigkeit Deiner Grossartigkeit

in allem was ist. Meine kleine Traurigkeit über meine körperliche Vergänglichkeit wird aufgelöst durch den Glauben, mein Vertrauen und das Wissen um die herrlichen Lichtwelten, die Du schon immer für uns bereitstellst. Wenn ich Deine lebendige Schöpfung hier mit Deinem Liebeslicht einhülle, so fühlt meine Seele wieder die Sehnsucht, zu Dir ins Licht zurück zu kehren. Also bringe ich Dein Licht auf unsere Erde. Ich bitte Dich um Dein heilendes Liebeslicht für alle meine Brüder und Schwestern, die gleichzeitig mit mir auf dem Weg der Erkenntnis sind. Führe uns aus unserer inneren Dunkelheit zu Deinem Christenlicht.
Mein Schöpfergott, danke für mein Sein, meine Sinne und Gefühle, mit ihnen kann ich einen Teil des unbeschreiblichen Grossen erahnen. Ich liebe Dich und Deine Werke. Amen.

10. Gebet zu den Tierseelen

Wenn Sie sich die Zeit nehmen um den Tieren zu zuschauen, wie sie leben in unseren Breiten, so merken Sie, dass sie allermeist aus Güte und Demut bestehen. Sie sind da und dienen, scheinen nichts zu erwarten und man weiss nie so richtig, was sie wahrnehmen und 'denken'. Und trotzdem haben sie Gefühle, wie Zuneigung und vor allem Treue. Ich meine natürlich unsere Haus- und Hoftiere, aber auch die Vögel, die ums Haus fliegen, nehmen uns wahr und spüren wie es uns geht oder wie wir uns fühlen. Hellsichtige können sogar um die Wildtiere im Wald eine wunderschöne Aura sehen aus rötlichem Liebeslicht. Wir können alle Tiere ansprechen und ihnen unsere Liebe zukommen lassen. Die Liebe zu den Tiergeschöpfen kehrt zu uns zurück, irgendwie und irgendwann. Wenn jemand Tiere quält und verachtet, wirkt das auf den Menschen als negatives Karma. Und dieses ist und bleibt an den Menschen gebunden, Leidensenergie, die von sich selber nie mehr weggeht oder einfach vergeht. Solche Leidenselemente müssen vom Verursacher Mensch als Ausgleich abgetragen werden. Niemand kann meinen, wenn ich den Hund oder die Katze des Nachbars quäle, mache das nichts und würde mich nicht belasten. Nein, das Gesetz von Ursache und Wirkung kommt immer wieder zum Zug und vergisst nie etwas.

Gibt es denn etwas Schöneres, als Tiere auf der Weide oder in den Ställen ein Liebesgebet zukommen zu lassen? Aber auch den Tieren am See, im Wald oder in Ihrem Garten tut dies gut und Sie werden wahrnehmen, dass dieses Gebet am besten wirkt, wenn Sie es laut sprechen und die Liebesengel bitten und auffordern, dies den nicht unmittelbar anwesenden Tieren mitzuteilen.

Gebet

*Liebste Tierseelen, ich rufe euch, hört mir bitte zu.
Ich freue mich, mit euch zusammen auf diesem Planeten zu leben. Ihr seid wunderbare Wesen und eine Zierde für die Erde. Ihr dient und liebt uns Menschen, obwohl viele von uns euch nicht wahrnehmen oder genug schätzen. Für diese möchte ich mich entschuldigen. Ich liebe euch und eure Seelen. Ich hülle euch ein mit dem rosaroten Liebeslicht und meiner Herzenswärme.
Danke Mutter-Vater-Gott für all das herrliche, grossartige Leben in Deinen Tierreichen und im Mikro- sowie Makrokosmos. Danke für die vielfältige Vogelwelt, die unser Leben bereichert und danke für all die Tiere, die mit uns zusammen leben.
Ich möchte meine Liebe auch an alle Tiere unter der Erde sowie im Wasser senden.
Danke für die Allliebe und den göttlichen Heilstrom, in dem auch ich und meine Lieben eingebettet sind. Amen.*

11. Gebet mit und für die Sonne

Die Sonne – unser Planet des Lichtes und des Lebens. Ohne sie gäbe es die Erde nicht. Ohne das Licht, das wiederum die Naturgeister des Luftelementes in Wärme umwandeln, gäbe es kein Leben. In frühen Kulturen wurde der Sonnengott/die Sonnengöttin verehrt und angebetet. Diese Menschen wussten schon, ohne das Licht der Sonne wächst nichts, lebt nichts. Das fällt sogar uns technisierten, wenig naturverbundenen Menschen auf. Nach drei Wochen mit Regen, Bewölkung und Kälte beginnen Mensch und Tier zu leiden.

Was gibt es Schöneres und Ergreifenderes, als wenn am Morgen die Sonne hinter Hügeln und Bergen empor steigt? Wenn die Dunkelheit, in der ich mich noch befinde, vom rosaroten Morgenlicht, das sich schnell von Osten her nähert, aufgezehrt wird? Das zarte Morgenlicht umschmeichelt die Berge, legt sich liebevoll über Matten und Bäume und trocknet die Tau behangenen Gräser. Die grauen, schwebenden Bodennebel bekommen ein inneres, rosarotes Leuchten, als würden Verliebte von der aufgehenden Sonne geküsst und daraufhin erröten.

Wenn erst der gelbrote, gleissende Sonnenball über dem Horizont emporsteigt, scheint es, als ob die Erde mit den Luftschichten vibriert. Über dem langsam hell werdenden Boden, sehe ich die sich ausbreitenden Urteilchen, die sich wie Wellen zu mir her bewegen. Oft sieht es aus wie eine gleichmässige Brandung am Meer. Diese zarten Wellen sind aus glimmerndem Licht, das mich zart berührt und energetisiert. Dies unbeschreibliche Gefühl ist mit nichts zu vergleichen. Es ist die Berührung des Leben spendenden Lichtes mit meinen Körpergeistern und mit meiner Seele.

Auch die wunderbaren Sonnenuntergänge sind herrlich und eindrücklich. Aber es ist das Abklingende, das erlöschende Licht. Wir wissen zwar, dass die Sonne nicht untergehen und erlöschen kann, jedoch wirkt es so. Für unseren Körper beginnt nun die

Erholungsphase, denn er braucht Ruhe, Schlaf und Erholung. Unsere Seele hingegen ist wie die Sonne beständig, leuchtend und aktiv. Sie wird nicht müde, nur weil ein Tag vorüber ist, das merkt man gut an Kindern, die einfach nicht ins Bett zu kriegen sind. Die Seele ist unzerstörbar und ewig lebend. Mit dem Körper ist sie nur temporär verbunden, eine gewisse Zeit zusammen, und natürlich jedes neue Leben als Inkarnation. Sie ist wie ein Sonnenaufgang im neuen Licht. Auch die Seele ist lichthungrig, ja unersättlich danach.
Die Dunkelheit ist für die Seele beinahe unerträglich und macht sie leidend. Auch durch die Zeiten und Räume, in denen der Mensch war und lebte, belastete er sich mit Leiden und Schmerzen. Vieles wurde ihm angetan und noch mehr hat ein jeder dem anderen zugefügt. Mit jeder Untat wird die Seele verfinstert und immer weiter vom inneren Licht getrennt. Bald ist der Mensch so belastet, dass er sich an seinem Leben nicht mehr erfreuen kann oder will. Er erträgt kaum mehr das Licht und fühlt sich von der Dunkelheit angezogen. Von diesem Dunkelleben hat es überall jede Menge und der Nachschub hört nicht auf. Wenn der leidende Mensch dann endlich merkt, dass sein Wille manipuliert wird und er es nicht mehr selber ist, der entscheidet, ist es schon sehr spät für seine Seele.

Es lohnt sich das Licht anzunehmen und so viel wie nur möglich einzufangen. Ich meine nicht nur das Sonnenlicht, sondern das Geistige Licht. Die Seele braucht auch öfter eine reinigende Dusche und einen stärkenden Balsam, nicht nur der physische Körper.

Sonnengebet zum Sonnenaufgang

Mutter-Vater-Gott des Lichtes, der Liebe des Lebens, ich rufe Dich!
Danke für das Lebenslicht, das Du uns schenkst durch den Planeten Sonne. Wie herrlich hast Du alles geschaffen – ein gutes und schönes Leben.
Ich rufe nun Dich, Du Mitschöpfergeist Bruder Sonne!
Wie grossartig bist Du und einmalig schön. Du hast vom Urschöpfer Deinen Auftrag bekommen, Licht auszusenden. Danke für dieses Leben schaffende Licht, das für alle Kreaturen auf dieser Erde gleichermassen strahlt. Ich freue mich an diesem Morgen und den ganzen Tag Dich zu sehen und zu spüren.
Ich weiss, dass Du auch morgen und alle Zeiten nach mir Wärme und Licht ausstrahlen wirst. Ich liebe Dich und Mutter-Vater-Gott. Amen

12. Für den Mann – Gebet für die Geliebte

Geliebter Gott und mein Schöpfer, ich danke Dir für die Liebe, die von meiner geliebten Partnerin zu mir fliesst. Danke für die Freude und das Glücksgefühl, das ich dabei empfinde. Ich spüre in meinem Herzen Liebe und Wärme für alles, was um mich herum lebendig ist. Danke für die Gabe, Liebe zu spüren und zu empfangen, aber auch weitergeben zu können.

Ich spüre Deine grosse Liebe, wenn sie mich streichelt und berührt.

Ich streichle ihre Haut und somit die Seele von ihr, in der Du wohnst und bist.

Deine Allliebe ist in ihr seit Anbeginn ihres Lebens und schon immer.

Schenke ihr die Gabe, dass sie Dich auch so spürt und wahrnimmt. Dies würde mein Glücksgefühl noch steigern und die Liebe zu ihr noch verstärken.

Geliebter Schöpfer von ihr und allem, ich möchte, dass alle Menschen so empfinden und glücklich sein können, wie ich in diesem Körper auf dieser Welt im Jetzt.

Danke dafür, dass ich Freude fühlen und alles im schönsten Licht sehen und wahrnehmen darf. Dein Licht in meinem Herzen soll vor allem wachsen und in mir die Sehnsucht nach Dir und den lichtvollen Ebenen stillen, die ich verliess, um noch mehr Erfahrungen zu sammeln. Aber ich weiss, ich kehre dorthin zurück, wenn ich hier alle meine unguten Muster und Untugenden abgelegt habe.

Wie schön ist es, ein Teil der Schöpfung zu sein.

Für die Frau – Gebet für den Geliebten

Geliebter Gott und mein Schöpfer, ich danke Dir für die Liebe, die von meinem geliebten Partner zu mir fliesst. Danke für die Freude und das Glücksgefühl, das ich dabei empfinde. Ich spüre in meinem Herzen Liebe und Wärme für alles, was um mich herum lebendig ist. Danke für die Gabe, Liebe zu spüren und zu empfangen, aber auch weitergeben zu können.
Ich spüre Deine grosse Liebe, wenn er mich streichelt und berührt.
Ich streichle seine Haut und somit die Seele von ihm, in der Du wohnst und bist.
Deine Allliebe ist in ihm seit Anbeginn seines Lebens und schon immer.
Schenke ihm die Gabe, dass er Dich auch so spürt und wahrnimmt. Dies würde mein Glücksgefühl noch steigern und die Liebe zu ihm noch verstärken.
Geliebter Schöpfer von ihm und allem, ich möchte, dass alle Menschen so empfinden und glücklich sein können, wie ich in diesem Körper auf dieser Welt im Jetzt.
Danke dafür, dass ich Freude fühlen und alles im schönsten Licht sehen und wahrnehmen darf. Dein Licht in meinem Herzen soll vor allem wachsen und in mir die Sehnsucht nach Dir und den lichtvollen Ebenen stillen, die ich verliess, um noch mehr Erfahrungen zu sammeln. Aber ich weiss, ich kehre dorthin zurück, wenn ich hier alle meine unguten Muster und Untugenden abgelegt habe.
Wie schön ist es, ein Teil der Schöpfung zu sein. Amen.

13. Taufritual

Für viele Menschen ist die Taufe ein Mysterium und ein Vorgang voller Rätsel. Aber auch Jesus liess sich von Johannes dem Täufer im Jordan taufen. So fragt man sich, wozu der höchste Geist in einem Menschen dem Wohl einer Taufe in einem Fluss nötig hatte und was dies denn bei ihm bewirkte? Für den Menschen Jesus, dem jegliche Naturgeister in allen Elementen gehorchten, hatte seine Taufe eine Art Verbindungs-Charakter. Er wollte den Menschen zeigen, ich bin einer von euch, keiner ist mehr denn ihr, ebenso ist keiner geringer als ihr. Die Taufe verstand Jesus als Initiation und Verbinden mit dem Göttlichen. Wobei bei einem Kleinkind mehr die Angehörigen und Eltern Freude an der Taufe haben und damit für das Kleine einen christlichen Weg vorgeben. In der Zeit von Jesus und danach liessen sich lediglich Erwachsene taufen, um einen christlichen Glauben anzunehmen und ihren 'alten' los zulassen. In den christlichen Kirchen wurde den Menschen Angst eingeflösst: wenn jemand nicht getauft ist, so kommt er in die Hölle, wenn er stirbt. Das ist natürlich eine Einschüchterung erster Klasse und auch noch eine Kopfwäsche, die Todesängste auslöst. Oh, mein Kind kommt in die Hölle, wenn es verunfallt und stirbt und ich bin allein daran Schuld. Aber das Ziel der Kirche war nur, ihre Gläubigen und deren Nachwuchs an sich zu binden.

Sie können sich gut vorstellen, dass Sie die Verantwortung für Ihr kleines Kind nicht auch noch für sein erwachsenes Alter übernehmen können. Denn das Kind ist auch eine erwachsene, alte Seele und eventuell noch erfahrener und reifer als Sie. Deshalb ist es eventuell richtiger, die eigentliche Taufe erst als Erwachsener zu empfangen sozusagen als eine Bestätigung oder Liebesvertrag mit dem Höchsten Schöpfergeist. Aber für die Eltern kann es beruhigend sein, wenn sie ihr Kind getauft haben und den Bund mit dem Gott der Liebe für ihr Kind geschlossen wissen. Es ist auch als Dank für das Geschenk von einem neuen Leben, das zu ihnen gekommen ist, zu verstehen.

Taufritual und Gebet

(Es ist unbedeutend, ob die Eltern oder ein Bekannter im Beisein des Kleinkindes das Gebet spricht.)

Wir rufen Dich lieber Vater-Mutter-Gott mit Dir Jesus Christus zu uns in unsere Mitte. Wir danken Dir für dieses Kind, das zu uns gekommen ist. Es ist eine alte Seele auf dem Weg durch Zeit und Raum, die mit diesem Körper neue Erkenntnisse oder Schuldabtragungen durchleben will.
Wir heissen dich willkommen bei uns in dieser Familie. Vieles können wir durch dich erkennen und neu erfahren. Wir meinen wohl, wir lehren dich etwas Neues, aber du, als alte Seele, kennst ja schon alles. So wollen wir dir vor allem Liebe und Geborgenheit schenken. Wir wollen für Dich da sein, Dir helfen, dein Lebensziel zu erreichen und deinen Lebensplan zu erfüllen.
Liebster Heiland Jesus Christus mit allen Deinen Engeln der Liebe, Freude und der Liebeskraft, segne dieses Kind, seinen Körper, seinen Geist und seine Seele. Hilf ihm, dass es mit Leichtigkeit durch das Leben gehen kann und sich seiner geistigen Freiheit immer bewusst sein wird.
Lieber Heiland segne dieses Wasser mit Deinem höchsten und reinsten Liebeslicht und segne das Öl, das vom Geist der Erde und der Pflanze stammt.
(Man nimmt ein wenig Wasser und Olivenöl und benetzt damit seine Stirn und die Kopfoberfläche, das Kronenchakra.)
Im Namen unseres Gottes der Liebe, taufen wir dich mit dem gesegneten Wasser des ewigen Lebens auf den Namen … (Name des Kindes).
Der heiligste Geist möge mit dir stets verbunden sein, dich leiten und beschützen.
Liebe … (Name des Kindes), ***das gesegnete Olivenöl, von einem uralten Baum als heiliges Gut der Mutter Erde, möge dein***

Stirnchakra reinigen und offen halten, lass das Licht deiner Seele leuchten zusammen mit dem Christuslicht in deinem Herzen. Dein Weg möge voll Licht und Freude sein.
Geliebter Jesus, segne mit Deiner Liebe die Eltern, damit sie zusammen mit … (Names des Kindes) *die Freuden des Himmels mit diesem Licht-Geschenk jetzt schon erleben dürfen.*
Grosser Schöpfer, wir danken Dir für die Gesundheit und die Fülle, den Reichtum für den Körper, Geist und Seele. Segne alle Anwesenden mit Deiner Liebe und Freude.
Wir danken. Amen.

14. Geführte Meditationen

Die Meditationen werden vorwiegend zu zweit oder in Gruppen durchgeführt. Eine Person leitet mit langsamer, deutlicher Sprache die Meditation in Ich-Form. Somit fühlt sich jeder Teilnehmer persönlich angesprochen.
Das Sitzen soll ohne Anstrengung sein, also auf bequemen Stühlen. Alles, was stört, drückt oder anstrengt, lenkt nur von der Konzentration auf die Übung ab. Liegen lädt dazu ein, dass man zu sehr entspannt und einschläft, ist also nicht sinnvoll. Auch von 'stillen Meditationen' halte ich nicht viel. Für was sollte ich in eine Gruppe gehen, um nur ruhig zu sein oder zu beten? Ich habe noch keine eindrücklichen Erfolgserlebnisse dabei von jemandem gehört. Eher, dass es schwer fällt, zur Ruhe zu kommen oder man sich gar durch die anderen gestört fühlt.
Manche Menschen reisen richtig weit durch die Welt, nach Indien oder anders wohin, um zwei Wochen in einem Ashram oder bei einem Guru zu meditieren. Ich kenne jede Menge Leute, die völlig ungeerdet zurückkamen oder, wie nach einer Hirnwäsche, danach psychische Probleme bekamen und sogar einen längeren Klinikaufenthalt benötigten. Hunderte von diesen Fällen musste ich schon behandeln. Es kann nicht sein, dass unser Verstand abschalten soll, nur weil einer im Nachthemd oder in einer farbigen Pluderhose Befehle erteilt. Der Guru kann meistens nicht einmal genau erklären, was er verlangt, doch weil's exotisch ist, nimmt man es halt als gut und wahr an.

In der geführten Meditation versuchen wir die Alltagsgedanken nicht zu zulassen. Wenn man alleine ist, will der Verstand uns hindern, mit der Seele Kotakt aufzunehmen. Unser Verstand kennt die Seele nicht, er wehrt sich sozusagen gegen etwas, was er nicht versteht.

Meditationen gibt es wie Sand am Meer. Aber nicht jede Art ist gleich wirkungsvoll oder geeignet für den einzelnen. Wir sind doch gemütsmässig oftmals sehr unterschiedlich motiviert, anders gesagt, nicht immer gleich gut drauf.
Gern frage ich im Anschluss, was die einzelnen Teilnehmer gefühlt oder wahrgenommen haben. Jeder hat etwas anderes erlebt.
Vorteilhaft ist es, wenn wir zuerst etwas für den Körper tun, ihm etwas geben, dann erst geistig arbeiten und uns der Seele zuwenden.
Besonders beliebt ist die 'Seelenreise', die Wanderung ausserhalb des Körpers. Nicht jedem gelingt sie auf Anhieb, doch plötzlich erscheint es uns leicht und einfach.

Beginn:

Wir sitzen ruhig und entspannt, die Hände auf die Knie gelegt. Wir atmen ruhig und gleichmässig.

Geliebter Gott, Urquelle von allem, was ist, beschütze uns in dieser Runde mit Deinen Engeln der Liebe und Freiheit vor niederen und negativen Geistwesen. Hülle uns alle in Dein Licht der Freude und Liebe, damit wir mit unserem Körper sprechen können. Ich danke Dir, mein Schöpfer, für meinen gesunden Körper und Geist, das grösste Geschenk von Dir in diesem Leben.
Lieber Geist von meinem Körper, ich spreche Dich nun an. Du dienst mir unermüdlich Tag und Nacht. Ich freue mich, als Seele in Dir zu sein. Wir sind zusammen gesund bis zur letzten Stund.
Ich rufe nun Dich du leitender Geist von meinem Knochenskelett. Du trägst mich und gibst mir Struktur und Form. Ich liebe Dich. Du bist gesund und stark.
Nun rufe ich den Geist von den Sehnen, Bändern und Muskulaturen. Ihr seid grossartig. Ich liebe euch, da ihr mir die Bewegung verschafft.

Nun rufe ich den Geist meiner Haut. Du bedeckst und repräsentierst mein Äusseres und bist mein grösstes Organ. Ich liebe Dich, du bist wunderbar und schön im Ausdruck.
Nun rufe ich den Geist von meinem Hirn und meinen Nervensystemen. Du bist wichtig und grossartig mit deiner Organisation. Ich liebe Dich, weil ich durch dich verlässliche Steuerungen habe und alles wahrnehme.
Nun rufe ich die Geister meines Herzens und meines Blutgefässsystems. Ihr seid sehr wichtig für mich und funktioniert perfekt. Ihr beliefert jede Stelle meines Körpers mit Lebensenergie. Ich danke Dir, mein Herz, ich liebe Dich.
Ich rufe euch, ihr Geister meiner Lunge, vom Magen und Verdauungsapparat. Ihr seid sehr wichtig für mich. Ich liebe euch für eure Arbeit. Mein Schöpfergott, ich danke Dir nochmal für Dein Werk, das Geschenk an mich.

Christus Heillicht

Lieber Heiland Jesus Christus schenke mir Dein pulsierendes Liebeslicht in mein Herz. Mit jedem Atemzug atme ich Dein rotes Liebeslicht ein und wieder aus. Ich fülle meinen Körper mit dieser pulsierenden Lichtenergie auf. (Visualisieren)
Ich stelle mir jetzt vor, wie auf meinen Händen eine Kugel aus Deinem roten Licht entsteht. Sie ist so gross wie ein Apfel und wird mit jedem Atemzug grösser. Zuerst wie eine Grapefruit, dann wie ein Fussball. Mit jedem Atemzug vergrössert sich die Lichtkugel in meinen Händen.
Bald ist der rote Lichtball so gross, dass ich ihn mit meinen ausgstreckten Armen nicht mehr umfassen kann. Nun wird er so gross, dass ich mich hineinstellen kann. (Visualisieren)
Ich möchte dieses göttliche Christuslicht weitersenden. Lieber Heiland Jesus Christus hilf mir dabei.
Also sende ich jetzt das Liebeslicht gegen Norden hin. Ich sehe, wie es sich auf dem Boden ausdehnt und hülle die Nordschweiz damit ein, Deutschland, die Ostsee sowie alle Nordländer.

Nun werde ich das rote Liebeslicht gegen Osten ausbreiten, über die Ostschweiz, Österreich, Ungarn und über das weite Russland. (Visualisieren)

Nun will ich das Rote Christuslicht gegen Süden hin ausbreiten. Ich sehe, wie es über die Alpen streicht, über Italien, Südfrankreich, übers Mittelmeer, Afrika. Dann gegen Osten, über den vorderen Orient, Arabien, Indien und die grossen Asiatischen Länder. Im Süden spannt es sich über Australien, Neuseeland und die Indonesischen Inseln und das weite Meer des Pazifiks. (Visualisieren)

Nun sehe ich, wie sich das leuchtende, wärmende Liebeslicht nach Westen hin ausbreitet, über Frankreich, Spanien, Portugal, England. Von da über den Atlantik nach Nordamerika. Es überflutet Südamerika bis zum Feuerland.

Ich schaue mir die Erde von aussen an und stelle fest, dass sie ganz im Liebeslicht eingehüllt ist.

Ich rufe nun Dich, Geist der Erde, grosse Erdenmutter, Gaia. Ich liebe Dich und hülle Dich ein ins höchste göttliche Christuslicht. Ich danke Dir, dass ich auf Dir sein darf und leben kann. Ich danke Dir für die Nahrung und das Licht, das darin gespeichert ist.

Ich möchte nun alle Geistwesen der Weltelemente in dieses Liebeslicht einhüllen, besonders auch den Geist des Meeres. Ich möchte, dass das rote Licht bis auf den Grund der Meere und Seen dringt und alle Lebewesen unter Wasser einhüllt.

Ich möchte, dass dieses Christuslicht alle Menschen einhüllt und segnet. Es soll allen Führern von Religionen helfen, geistreich zu wirken und zu dienen. Ich möchte, dass allen politischen Führern ihre Verantwortung klar wird und sie von der Liebe durchdrungen werden.

Ich danke Dir Jesus Christus für Dein Liebeslicht in mir und um mich. Bitte heile die, die Dich kennen und rufen.

(Ein paar Minuten die Erde im roten Liebeslicht anschauen)

Wahlweise kann nun die Seelenreise **1** oder **2** gewählt werden:

Lieber Körper, bleibe ganz ruhig und gelassen, ich will eine Seelenreise machen. Ich kehre bald zurück.

Seelenreise 1: Insel im Abendlicht

(Augen geschlossen halten und sich die Bilder im Inneren vorstellen)

Ich verlasse diesen Ort und gehe über eine grüne Wiese in Richtung eines Waldes. Ich komme auf einen Naturpfad entlang eines lustig murmelnden Bächleins. Die Sonne scheint und alles blüht. Ich rieche die Blumen und Gräser. Ich gelange an den Wald und sehe die verschiedenen Sträucher und grossen Bäume. Das Bächlein hüpft und sprudelt über moosige Steine. Ich rieche Farn und Moos. Die Sonnenstrahlen brechen durch die Baumkronen. Sie geben ein mystisches Licht voll geheimnisvoller Schatten.
Beschwingt wandere ich über den Waldweg und fühle mich ganz leicht. Nun öffnet sich der Wald und ich trete hinaus ins warme Sonnenlicht auf eine Riedlandschaft (Moorlandschaft). Insekten summen und schwirren um mich herum. Schon rieche ich das Wasser des nahen Sees und sehe die ersten Schilfpflanzen. Bald stehe ich am Schilfgürtel, durch den ich das Funkeln der sonnendurchfluteten Wasseroberfläche blitzen sehe. Ein kleines Holzboot dümpelt auf dem Wasser und kratzt am Schilf im immer gleichen Rhythmus der sanften Wellenbewegung. Ich will meinen Körper hier lassen, damit ich als Geist mit meiner Seele aufs Wasser fahren kann. Lieber Körper, lege dich nun hier ins Gras und erhole dich. Ich komme zurück.
Ich sehe, wie er sich hinlegt und steige ruhig ins schwankende Ruderboot, greife die Ruder und stosse vom Ufer ab. Ich befinde mich nun im vollen Sonnenlicht auf dem leicht bewegten

Wasser. Leise tauchen die Ruder in die funkelnde Oberfläche. Beim Auftauchen perlen tausende von Wassertropfen ab wie Diamanten und kehren zurück ins Wasser.
Die schon etwas tief stehende Sonne wirft ihr goldenes Licht über den ganzen See. Sanft gleitet das Boot mit mir über das Wasser. Ich fühle mich leicht und glücklich im Licht der Sonnenstrahlen, die mich streicheln und wärmen.
Ich sehe in der Ferne eine kleine Insel, auf die steuere ich zu. Die Sonne steht über ihr und hüllt sie in Zauberlicht. Ich erreiche das Ufer und stosse an Land. Ich stehe auf und steige behutsam aus. Eigentlich ist die Insel nur ein kleiner, mit Gras bewachsener Hügel. Die Halme wiegen sich im sanften Wind und scheinen aus Gold zu sein. Langsam schlendere ich auf die Anhöhe. Farbige Schmetterlinge begleiten mich, während ich durch ein Blumenmeer schreite.
Oben wartet schon eine bequeme Bank, auf die ich mich setze. Ich blicke aufs Wasser hinter meinem Hügel, das im Sonnenlicht schimmert und gleisst. Oh wie fühle ich mich hier oben wohlig und leicht, geborgen und frei.
Geliebter Gott in mir, ich fühle mich hier nun wie zuhause angekommen. Bitte sende mir Deine Engel der Liebe und Wahrheit, damit sie mir noch mehr von Deiner Herrlichkeit zeigen können. Göttliche Engel, bitte helft mir, meine Leiden und Missverständnisse aufzulösen. Helft mir, meine Unklarheiten aufzulösen und mich aus meinen Irrtümern zu befreien. Bitte helft mir, mich von alter Schuld und Last zu befreien. So will ich an dieser Stelle allen meinen Widersachern vergeben, die mich geplagt oder gequält haben in allen meinen Leben. Ich möchte nun die Familiendramen aus allen Zeiten und alles Karma ablegen und auflösen.

(Wir bleiben wenige Minuten in dieser Stille und lassen dieses Licht auf uns einwirken)

Ich fühle mich nun regeneriert und glücklich. Ich bin bereit aufzustehen. Leichten Schrittes gehe ich den Hang hinab. Der sanfte Wind hat sich gelegt. Das Boot liegt ruhig im glasklaren Wasser und wartet, dass ich es besteige. Ich greife die Ruder und stosse vom Ufer ab. Die Insel wird nun von der Sonne ganz in rosarotes Licht gehüllt. Auch in mir drin nehm' ich es wahr, ein tiefes Liebesgefühl. Ich gleite über das Wasser, es kommt mir vor, als würde ich schweben. Wieder perlt das Wasser von den Ruderblättern, als bestünde jeder Tropfen aus den Farben des Regenbogens.
Ich erreiche das Ufer genau dort, wo meine Bootsfahrt begann. Das Schilf raschelt und ich lege an. Beim Aussteigen sehe ich meinen Körper schlafend im Gras liegen. Ich trete an ihn heran und umarme ihn. Sofort bin ich wieder eins mit ihm.
Geliebter Gott, ich danke Dir für diesen gesunden Köper. Bitte hilf mir, die einschränkenden Befehle, die ich unzählige Male gegen ihn gesprochen oder gedacht habe, aufzulösen. Ich lösche sie aus allen Leben, damit ich heil und glücklich sein kann. Danke, Amen.
Ich stehe auf und hüpfe dem Bächlein freudvoll entlang zurück zum Wald. Ich höre die Vögel ihr Lied singen und die Insekten die Begleitung summen. Auch das Plätschern des Baches kommt mir nun lauter vor. Der Wald wirkt leuchtend und die Pflanzen haben eine farbige Aura. Ich nehme nun viel mehr wahr und fühle mich sehr wohl.
Der Wald öffnet sich und ich wandere beschwingt auf der grünen Wiese zurück, hierher in diesen Raum. Ich bin wach und fühle mich leicht und entspannt.

Seelenreise 2: Kristallpyramide

Ich atme weiterhin das Christuslicht über das Herzchakra und meinen Solarplexus ein und aus. Ich fühle, wie ich das Liebeslicht gleichmässig ein- und ausströmen lasse. (Visualisieren)
Ich stelle mir nun vor, dass mein Herzchakra über und über voll ist mit Licht und ich mich mittendrin befinde. Ich stehe im unendlichen Lichtraum meines Herzchakras. Ich sehe um mich eine glänzende, leuchtende Wand, die kreisrund ist. Von oben kommt ein weisses, gleissendes Licht. Es ist so hell, ich bin nicht in der Lage hinauf zu schauen, doch es rieselt über mich hinunter und ich fühle mich wohl. Ich möchte, dass der Raum um mich nun grösser wird und sofort weicht die Enge. Der Raum um mich gleicht nun einer kreisrunden Halle. Ich schaue mich um und stelle fest, dass ich ein weisses, langes Hemd anhabe, das wie auch die Haut meiner Hände leuchtet und strahlt. Ich sehe auf den Boden, der wie gläserner Marmor leuchtet. Einen Schatten von mir gibt es nicht. Es scheint, als fliesse das Licht durch mich hindurch.
Die Wände sind wie grauer Anthrazit, doch das helle Licht schimmert und lebt auf seinen feinen Strukturen.
Ich spüre nun, dass ich die Seele in meinem Körper bin. Ich höre diesen meinen lieben Körper um mich herum atmen und arbeiten.
Ich fühle mich leicht wie eine Feder und beginne zu schweben. Durch die Bewegung des Musters an den Wänden erkenne ich, dass ich nach oben gleite. Zuerst langsam, doch bald fliege ich wie ein Blatt im Wind gerade nach oben, immer schneller. Ich bin so leicht.
Bald fühle ich, wie sich der Sog nach oben verlangsamt. Ich komme am obersten Punkt meines Lichtkanals an. Ich gelange auf eine Ebene, die sich inmitten von schneeweissen Wolken bläulich abhebt. Um mich herum sehe ich eine weite, hügelige Landschaft aus weich gewellten Wolken. Sie sind nicht nur weiss

wie Schnee, sie glitzern auch, als ob sie voller Kristalle wären. Über meinem Kopf spannt sich ein tiefdunkles Firmament, welches von funkelnden Sternen nur so leuchtet.
Ist das nur ein Traum? Was sehe ich da? Viele andere Seelen sehe ich in der Ferne. Vor mir liegt ein Weg aus blauen Glasplatten so leuchtend, als ob sie von unten her beleuchtet würden. Ich bewege mich nun inmitten dieser Wolkenhügel auf dem blau leuchtenden Weg.
Hinter dem linken bauschigen Kristall-Wolkenhügel erscheint nun eine grosse, blau leuchtende Glaspyramide. Je näher ich ihr komme, umso grösser, ja gigantischer wird sie. Von innen leuchten unzählige Lichter durch ihre Kristallwände. Nun komme ich auf eine Weggabelung und ich biege nach links ab, direkt auf den Zugang zur Pyramide. Viele andere Seelen gehen vor und hinter mir auf das hohe, rot leuchtende Portal zu. Immer noch wächst die Pyramide. Sie ist um ein Vielfaches grösser, als die grösste Ägyptische Pyramide. An ihrer Seite gibt es ebenfalls eine Toröffnung, jedoch oben neugotisch spitz. Das Leuchten des Weges wechselt auf Rosarot. Ich betrete das rot leuchtende Portal und sehe grosse Mengen an Seelen in lichten Gewändern. Der Boden einer riesigen Halle leuchtet smaragdgrün. Ich bin überwältigt von der Dimension des Raumes und sehe hinauf zur Spitze. Von dort hängt ein gewaltiger Kristall herab, so gross wie ein Haus. Aus ihm strömen alle nur erdenklichen Farben in Form von Licht. Das Licht fällt wie ein zarter Schleier aus dem durchsichtigen Kristall. Ich gehe durch die Gasse der Seelen auf einen Glastisch zu, der sich in der Mitte der Halle befindet. An diesem grossen Tisch angekommen werde ich lächelnd eingeladen, mich darauf zu legen. Er besteht aus reinstem Kristall, er ist etwa viermal so gross wie mein eigenes Bett. Darauf liegt ein Kissen, es scheint ebenso aus Kristall zu sein und doch ist es herrlich weich. Ich schaue in die Gesichter, der vielen um mich stehenden Seelen und auch sie blicken erwartungsvoll auf mich.

Das Licht vom riesigen Kristall fällt auf mich und hüllt mich ein. Der Tisch leuchtet von unten in reinstem Violett und durchstrahlt sogar meine Arme und Hände. Ich spüre, wie diese leuchtenden Farben meinen Körper durchdringen und wohlige Gefühle in mir auslösen.
Geliebter Gott und Schöpfer von uns allen ich rufe Dich mit allen Engeln der reinen Liebe. Ich bitte Dich um Unterstützung für meine bedrückte Seele und meinen Körper auf der Erde. Hilf mir, mich von alten Leidensmustern, von Verwünschungen und Verfluchungen zu befreien. Bitte hilf meinem Körper, dass er von diesen vielen negativen Mustern und Befehlen frei wird. Danke, dass ich nun vom heilenden Licht durchflutet werde, somit wird meine selbsterschaffene dunkle Seite schwächer. Danke für diesen glückseeligen Moment hier in dieser göttlichen Lichtschwingung.

Ich fühle mich nun gereinigt. So erhebe ich mich und stehe auf. Die Seelen bilden sofort eine Gasse und deuten mir auf die Gegenseite des Eingangs zu gehen. Ein von unten her rosarot leuchtender Weg führt mich durch das Smaragdgrün der Halle. In der schrägen Pyramidenwand öffnet sich ein Tor. Ich habe Einblick in eine beinahe ebenso grosse Halle von rechteckiger Form. Die Schönheit ihres Anblickes macht mich sprachlos und fast schwindelig. Vom Eingang aus gesehen stehe ich auf der Schmalseite dieses riesigen Kuppelsaales. Auch hier ist der Boden von unten beleuchtet und scheint aus blutroten Kristallplatten zu sein. Die Wände der unüberschaubar grossen Halle sind mit goldenen Friesen und Säulen verziert. Ihr Bordeauxrot strahlt Wärme aus und ist mit feinen Ornamenten durchzogen. Die hohe Decke ist zwar flach, doch an den vier Seiten von halbrunden Gewölben abgestützt. Auch da ist alles mit hellem Rot mit Gold. Es scheint alles aus Kristall, denn wenn ich genau hinschaue, sehe ich die Sterne durch die Decke und Wände leuchten. Mein Herz klopft noch

höher als schon zuvor in der blauen Pyramide. In der Mitte befindet sich ein Podest mit sieben Stufen, worauf ein grosser, goldener Sessel steht. Darin sitzt eine blau gekleidete Gestalt.
Je länger ich darauf zugehe, bemerke ich, dass die Gestalt riesenhaft ist. Nun stehe ich vor dem Podest und schaue in das freundlich blickende Gesicht der Riesin. Sie lächelt und winkt mich zu ihr herauf. Trotz ihrer grossen Gestalt fühle ich mich wohl und von enormer Liebe angezogen. Innerlich erregt steige ich die sieben Stufen hinauf und komme mir mit jedem Schritt kleiner vor. Kaum stehe ich vor ihr, breitet sie die Arme aus. Ich werde in sie hineingezogen und aufgenommen.
(Ganz kleine Pause, um den Verschmelzungsakt zu spüren)

Ich befinde mich in ihrem Inneren und schaue aus ihren Augen in den weiten Saal. Es sind inzwischen tausende Lichtfreunde eingeströmt und sammeln sich um uns. Ich kann alles um mich wahrnehmen, auch was oben oder unten ist, ohne meine Augen oder meinen Kopf zu bewegen. Ich beginne zu begreifen, dass ich die Gelegenheit bekommen habe, mich im bewussten Zustand mit meiner grossen Urseele zu treffen. Die mich umfangende Liebesenergie ist unvorstellbar, auf eine schöne Art atemberaubend, exstatisch. Das Gefühl der absoluten, unbeschreiblichen Gottesnähe. Die Ur-Sehnsucht zu dieser Ur-Liebeskraft schlummert schon immer in meiner Seele.
Am liebsten würde ich für immer hier bleiben, doch ich weiss ich muss wieder zurück, weil ich mir viel vorgenommen habe für dieses Leben. Fast widerwillig trete ich aus dem grossen Seelenkörper aus und hüpfe die Stufen hinunter. Die Seelen öffnen mir eine Gasse und ich mache ein paar Schritte. Ich drehe mich um und schaue nochmal ins liebevoll lächelnde Gesicht dieses grossen, göttlichen Lichtseelenwesens. Aus den Augen treten smaragdgrüne Lichtbänder aus, die mit Rosarot

durchzogen sind. Sie umschweben und begleiten mich während ich den Rückweg aus dem Saal antrete. Ich spüre die Liebeswärme aussen und innen und habe das Gefühl, ich würde schweben.
Ich betrete wieder die blaue Pyramide und durchquere sie auf dem rosarot leuchtenden Weg. Ich sehe nun auf dem Kristalltisch eine andere Seele liegen, die vom regenbogenfarbigen Lichtmeer geduscht wird. Ich freue mich mit ihr und mit allen hier an diesem Liebesspiel der Spektralfarben.
Nun trete ich durch das rotleuchtende Portal und gehe wieder unter dem Sternen-Himmelszelt. Mitten auf dem Weg bleibe ich stehen und bestaune die Brillanten des Himmels in ihrer reinsten Vollkommenheit. Ich fixiere einen der näher scheinenden und möchte ihn genauer ansehen. Schwupp macht es und er steht direkt vor mir, riesengross. Vor Schreck falle ich rückwärts in die weiche Wolkenmasse. Ja, er steht direkt über mir und ich kann alles genau sehen, wie unter einem Mikroskop. (ein klein wenig Zeit lassen)

Nun will ich ihn nicht mehr so nahe vor mir haben, und er weicht sofort zurück auf seinen Platz und in seiner ursprünglichen Grösse. Ich sehe nun rechts von mir einen anderen Stern, der mich interessiert und schwupp steht der sofort in extremer Grösse über mir. Er hat einen grossen, breiten Ring um sich wie unser Saturn. Ich sehe viele Monde aus groben Steinstrukturen und aus Eis um ihn schweben. Auf ihm kann ich nicht auf den Grund sehen, es scheinen Gaswolken um ihn zu hängen, er macht keinen gemütlichen Eindruck. Ich will, dass er zurückweicht und sofort ist er wieder in die Masse von Lichtsternen eingetaucht. Ich stehe auf und sehe, dass mich viele Seelen beobachtet haben und glücklich lachen.
Ich gehe nun auf dem Lichtweg dorthin zurück, wo ich angekommen bin. In der Ferne sehe ich schon meine Lichtsäule in den dunklen Himmel leuchten. Leichtfüssig komme ich voran,

während ich nur staune über diese Wunder um mich herum. Ich stelle mich in den Lichtstrahl, blicke einmal noch zurück auf die luftige, bezaubernde Wolkenlandschaft und beginne in den Lichtkanal einzutauchen. Erst langsam, dann schneller gleite ich zurück zu meinem Körper.
Mein Schweben wird langsamer und ich bin wieder in meinem Inneren gelandet. Ich sehe nun von innen durch das helle Licht meine Organe, wie sie arbeiten und wirken, unermüdlich und grossartig. Lieber Schöpfer ich danke Dir für dieses grossartige Geschenk von meinem Körper. Ich freue mich, in ihm glücklich zu sein im Hier und Jetzt.
Lieber Körper ich rufe Dich und freue mich mit Dir, Schönes zu erleben. Du bist grossartig und bist mit mir zusammen gesund bis zur letzten Stund.

Anton Styger's Buch: Band 1
536 Seiten ISBN: 978-3-033-01586-9

Erlebnisse mit den Zwischenwelten

Untertitel: **Seelenbefreiungen**

Haben Sie sich schon mal gefragt, warum Sie sich nach einem Besuch, nach einer Veranstaltung oder einfach einem Einkaufsbummel in der Stadt völlig kraftlos und ausgelaugt fühlen? Schieben Sie die Energielosigkeit der Tagesform, allgemeinem Stress oder Unwohlsein, zu wenig geschlafen oder ähnlichen Erklärungen zu? Haben Sie manchmal das Gefühl, Sie können Dinge sehen, fühlen oder hören, die andere nicht wahrnehmen können? In diesem Buch erfahren Sie, wie schwer belastete oder besetzte Menschen von Energieräubern befreit werden. Gebundene Seelen, Astralwesen oder dämonische Energien existieren, auch wenn die befallenen Menschen nicht gewusst oder geglaubt haben, dass es so etwas gibt.

Der Glaube an Wiedergeburt und Eigenverantwortung sind zentrale Bestandteile der Lebensauffassung des medialen Autors.
Anhand seiner vielen Erlebnisse können Sie erkennen, wie vielseitig und grossartig die geistige Welt ist und auch wirkt.
Viele in der Praxis erprobten Anleitungen, Befreiungs- und Schutzgebete können Ihnen im Alltag helfen, die Leichtigkeit des Seins unbeschwert zu geniessen.

Anton Styger's Buch: Band 2
405 Seiten ISBN: 978-3-033-02067-2

Erlebnisse mit den Zwischenwelten

Untertitel: **Erlösungen**

In diesem Buch beschreibt der Autor seinen Zugang zum lebendigen Wesen unseres Planeten und gibt fundierte Anleitungen, wie jeder selbst damit in Kontakt treten kann. Er zeigt auf, dass unser Verantwortungs–Bewusstein und unsere Liebe entscheidend für unsere weitere Existenz auf diesem Planeten sind.
Mit ganz persönlichen Erfahrungen, seiner herzlichen schweizer Art und immer etwas trockenem Humor führt er den Leser unterhaltsam durch die schwierigsten Themen unseres Seins. Ausführlich geht er darauf ein, wie er Menschen, Häuser, ja ganze Landstriche von gebundenen Seelen, Astralwesen oder dämonischen Energien befreit. Er beschreibt die Erlösung von Seelen in Kriegsgegenden, Massengräbern und auf Schlachtfeldern. Auch wie man sich davor dauerhaft schützen kann ist Thema.

Desweiteren erklärt Anton Styger, wie wir Sterbende unterstützen können, entspannt und angstlos den Übergang in die andere Welt zu erleben.
Sein Werkzeug zur Befreiung und Heilung sind nach wie vor die liebevollen, persönlichen Anrufungen und Gebete.
Hier lesen Sie ausführlich, wie Sie diese in Ihrem Alltag praktisch anwenden können.

Anton Styger's Taschenbuch: **Gebete für die Seele**
133 Seiten ISBN: 978-3-033-02089-4

Das Leben wieder selbst in die Hand nehmen!
Dieses Buch wird Ihre Suche nach dem eigenen Ich beleben und Ihr Gottverständnis positiv beeinflussen.

Anton Styger lebt in der Schweiz im Ägerital. Er ist der Autor der Buchreihe **Erlebnisse mit den Zwischenwelten** und befasst sich mit dem Vermessen von Häusern und Ställen, dort wo Menschen oder Tiere unter geomantischen oder elektrotechnischen Störzonen leiden. Dabei stösst er fast immer auch auf störende Fremdbelastungen feinstofflicher Art. Von Kindesalter an hellsichtig, sind diese ihm schon seit jeher vertraut.
Über Jahrzehnte entwickelte er zahlreiche Übungen und Gebete, um sich von unsichtbaren Fremdenergien oder aber auch von eigenen, oft sehr einschränkenden Seelenmustern und immer wiederkehrenden Verletzungen zu befreien.

Aufgrund der grossen Resonanz auf seine ersten Werke fasst er nun die Anleitungen und Rituale aus Band 1 und 2 zu einem Handbuch zusammen. Es ist angefüllt mit den gesammelten Gebeten des Autors, die sich wie Liebesdialoge mit dem Schöpfer lesen. Seine Übungen und Anrufungen werden bereits von unzähligen Lesern mit Freude und Hingabe erfolgreich angewendet.

Buchvertrieb: EDIS GmbH, D-82054 Sauerlach
Tel. 0049/8104/6677-0, Fax -99, Mail: info@edis-online.de

Spirituelle Wegbegleiterin Antonie Anderle, www.seelencoach.com
Mail: anderle@seelencoach.com

Therapeuten im Anton Styger Netzwerk: www.styger-netzwerk.ch

Monatl. Sprechzeiten und Meditationen mit A.Styger, Tensor-Verkauf:
Energieworld, CH-8840 Einsiedeln, www.energie-world.ch

Monatl. Styger-Seminare: CH-6147 Altbüron, www.brunnmatthof.ch

Anton-Styger-Events in München organisiert:
Gudula Blau, www.annapurnasshop.de

Ablösen von spirituellen Belastungen, Haus- und Stallbefreiung:
Christa Bichlmayr, Steiermark, Mail: christa.bichlmayr@aon.at

Ablöserituale und Tensor-Verkauf: Roberto Schandor
A-8280 Fürstenfeld, Mail: naturladen.schandor@aon.at